Die Privatisierung kommunaler Einrichtungen und die interkommunale Zusammenarbeit unter dem Blickwinkel des Vergaberechts

DRESDNER SCHRIFTEN ZUM ÖFFENTLICHEN RECHT

Herausgegeben von Jochen Rozek

Band 13

PL ACADEMIC RESEARCH

Reinald Cornelius Günther

Die Privatisierung kommunaler Einrichtungen und die interkommunale Zusammenarbeit unter dem Blickwinkel des Vergaberechts

PL ACADEMIC RESEARCH

Bibliografische Information der Deutschen Nationalbibliothek
Die Deutsche Nationalbibliothek verzeichnet diese Publikation in der Deutschen Nationalbibliografie; detaillierte bibliografische Daten sind im Internet über http://dnb.d-nb.de abrufbar.

Zugl.: Dresden, Techn. Univ., Diss., 2012

88
ISSN 1439-0132
ISBN 978-3-631-63351-9

www.peterlang.de

Meinen Eltern

Vorwort

Die vorliegende Dissertation wurde im Wintersemester 2011/2012 von der Juristischen Fakultät der Technischen Universität Dresden als Dissertation angenommen. Sie befindet sich auf dem Stand 1. September 2009 – mit Aktualisierungen in wichtigen Punkten.

Sehr viel Dank gilt meinem Doktorvater, Herrn Professor Dr. Jochen Rozek, für die immer freundliche und hilfreiche Betreuung sowie die Aufnahme der Dissertation in seine Schriftenreihe „Dresdner Schriften zum Öffentlichen Recht". Herrn Professor Dr. Martin Schulte gilt Dank für die schnelle Erstellung des Zweitgutachtens.

Bedanken möchte ich mich zudem bei Matthias Beer, LL.M. und Dirk Hofmann, die es auf sich genommen haben, diese Arbeit sowohl aus juristischer als auch aus nicht-juristischer Sicht durchzulesen. Meiner Frau danke ich für ihre Unterstützung, insbesondere in der Phase kurz vor Abgabe der Dissertation.

Gewidmet ist diese Arbeit meinen Eltern.

Berlin, im November 2012 Reinald Günther

Inhaltsverzeichnis

Abkürzungsverzeichnis

a.A.	andere Auffassung
ABl.	Amtsblatt
AktG	Aktiengesetz
AO	Abgabenordnung
AöR	Archiv des öffentlichen Rechts
Art.	Artikel
Aufl.	Auflage
AuR	Arbeit und Recht
Az.	Aktenzeichen
BAföG	Bundesausbildungsförderungsgesetz
BauGB	Baugesetzbuch
BayGO	Bayerische Gemeindeordnung
BB	Betriebsberater
Bd.	Band
Beschl.	Beschluss
BetrVG	Betriebsverfassungsgesetz
BGB	Bürgerliches Gesetzbuch
BGBl.	Bundesgesetzblatt
BGH	Bundesgerichtshof
BGHZ	Entscheidungen des Bundesgerichtshofes in Zivilsachen
BT-Drs.	Bundestags-Drucksache
BVerfG	Bundesverfassungsgericht
BVerfGE	Entscheidungen des Bundesverfassungsgerichts
BVerwG	Bundesverwaltungsgericht
bzw.	beziehungsweise
DB	Der Betrieb
ders.	derselbe
dies.	dieselbe / dieselben
DÖV	Die öffentliche Verwaltung
DrittelbG	Drittelbeteiligungsgesetz
DVBl	Deutsches Verwaltungsblatt
EGV	EG-Vertrag
EichG	Eichgesetz

Einf.	Einführung
Einl.	Einleitung
EL	Ergänzungslieferung
ELR	European Law Reporter
endg.	endgültig
EUV	EU-Vertrag
EuGH	Europäischer Gerichtshof
EuZW	Europäische Zeitschrift für Wirtschaftsrecht
EWiR	Entscheidungen zum Wirtschaftsrecht
EWS	Europäisches Wirtschafts- und Steuerrecht
f. / ff.	folgende / fortfolgende
Fn.	Fußnote
GemHH	Der Gemeindehaushalt
GewArch	Gewerbearchiv
GG	Grundgesetz
GkG	Gerichtskostengesetz
GkG NRW	Nordrhein-Westfälisches Gesetz über kommunale Gemeinschaftsarbeit
GKZ SH	Schleswig-Holsteinisches Gesetz über kommunale Zusammenarbeit
GmbHG	Gesetz betreffend die Gesellschaften mit beschränkter Haftung
GO NRW	Nordrhein-Westfälische Gemeindeordnung
GO SH	Schleswig-Holsteinische Gemeindeordnung
GWB	Gesetz gegen Wettbewerbsbeschränkungen
HessKGG	Hessisches Gesetz über kommunale Gemeinschaftsarbeit
HGO	Hessische Gemeindeordnung
Hrsg.	Herausgeber
IR	InfrastrukturRecht
JA	Juristische Ausbildung
JBl.	Juristische Blätter
JZ	Juristenzeitung
Kommission	Kommission der Europäischen Gemeinschaften
krit.	kritisch
KrW-/AbfG	Kreislaufwirtschafts-/Abfallgesetz
LG	Landgericht
LKV	Landes- und Kommunalverwaltung
LT-Drs.	Landtags-Drucksache
MitbestG	Mitbestimmungsgesetz
m.w.N.	mit weiteren Nachweisen
NGO	Niedersächsische Gemeindeordnung

NJW	Neue Juristische Wochenschrift
NKomZG	Niedersächsisches Gesetz über kommunale Zusammenarbeit
NordÖR	Zeitschrift für öffentliches Recht in Norddeutschland
Nr.	Nummer
NVwZ	Neue Zeitschrift für Verwaltungsrecht
NWG	Niedersächsisches Wassergesetz
NWVBl.	Nordrhein-Westfälische Verwaltungsblätter
NZBau	Neue Zeitschrift für Baurecht und Vergaberecht
NZV	Neue Zeitschrift für Verkehrsrecht
OLG	Oberlandesgericht
OVG	Oberverwaltungsgericht
RhPfGemO	Rheinland-Pfälzische Gemeindeordnung
Rn.	Randnummer
Rs.	Rechtssache
S.	Seite
SächsGemO	Sächsische Gemeindeordnung
SächsGVBl.	Sächsisches Gesetz- und Verordnungsblatt
SächsKomZG	Sächsisches Gesetz über kommunale Zusammenarbeit
Slg.	Sammlung (Amtliche Sammlung der Rechtsprechung des Europäischen Gerichtshofs)
Überbl.	Überblick
v.	von / vom
VergR	Vergaberecht
VergabeR	Vergaberecht – Zeitschrift für das gesamte Vergaberecht
VerwArch	Verwaltungsarchiv
v. d.	von der
VG	Verwaltungsgericht
vgl.	vergleiche
VK	Vergabekammer
Vorb.	Vorbemerkung
VR	Verwaltungsrundschau
VVDStRL	Veröffentlichungen der Vereinigung deutscher Staatsrechtslehrer
VwGO	Verwaltungsgerichtsordnung
VwVfG	Verwaltungsverfahrensgesetz
WRP	Wettbewerb in Recht und Praxis
WuW	Wirtschaft und Wettbewerb
z.B.	zum Beispiel
ZfBR	Zeitschrift für deutsches und internationales Bau- und Vergaberecht

ZG	Zeitschrift für Gesetzgebung
ZGR	Zeitschrift für Unternehmens- und Gesellschaftsrecht
ZHR	Zeitschrift für das gesamte Handelsrecht und Wirtschaftsrecht
Ziff.	Ziffer
ZKF	Zeitschrift für Kommunalfinanzen
ZPO	Zivilprozessordnung
ZVgR	Zeitschrift für deutsches und internationales Vergaberecht

Erster Teil
Einführung

Erster Abschnitt
Gegenstand und Gang der Untersuchung

Insbesondere ihre teilweise desolaten Finanzen haben bei den Kommunen gegen Ende des vergangenen Jahrhunderts verstärkt zu der Erkenntnis geführt, dass sie sämtliche der ihnen obliegenden Aufgaben zukünftig nicht mehr allein erfüllen werden können. So sind die Kommunen immer weiter dazu übergegangen, mit der Durchführung ihrer Aufgaben Private zu betrauen oder Aufgaben gleich vollständig in den privaten Sektor zu verlagern. In den letzten Jahren war dann nicht mehr nur die Abgabe von Aufgaben, sondern auch die gemeinsame kommunale Erfüllung derselben Gegenstand des Handelns.

Erst allmählich machen sich die Kommunen bewusst, dass – rechtlich betrachtet – sowohl Privatisierungen als auch kommunale Kooperationen zumeist jedenfalls dem Grenzbereich des Vergaberechts zuzuordnen sind und daher manchmal einzelne Aspekte über die Ausschreibungspflichtigkeit solcher Vorgänge entscheiden.

Vor diesem Hintergrund will diese Arbeit die Grenzen des Vergaberechts aufzeigen und die für eine Ausschreibungspflicht entscheidenden Aspekte benennen. Zu diesem Zweck sollen noch im *ersten Teil* die für die Untersuchung wesentlichen Begriffe bestimmt sowie die Vor- und Nachteile einer Privatisierung gegenübergestellt werden. Zugleich sind die einzelnen Privatisierungsformen voneinander abzugrenzen und die vergaberechtlichen Grundlagen darzustellen. Der *zweite Teil* beschäftigt sich sodann mit der verfassungsrechtlichen Zulässigkeit von Privatisierungen.

Nach dieser Hinführung auf das Thema sind Gegenstand des *dritten Teils* zunächst Tatbestände, bei deren Vorliegen es nicht oder zumindest teilweise nicht zu einer Anwendung des Vergaberechts kommt. Hierbei handelt es sich um die Dienstleistungskonzession, die Beleihung und das von der Rechtsprechung entwickelte so genannte In-house-Geschäft. Der *vierte Teil* beinhaltet im Anschluss daran die Ausschreibungspflichtigkeit der im ersten Teil bereits vorgestellten „klassischen“ Privatisierungsformen. Ein Augenmerk ist hier insbesondere auf die zur Zeit stark diskutierte Ausschreibungspflichtigkeit kommunaler Grundstücksverkäufe zu legen.

Ist nunmehr die Anwendung des Vergaberechts auf Privatisierungen geklärt, soll im *fünften Teil* die Anwendung auf kommunale Kooperationen untersucht werden. Abschließend sind im *sechsten Teil* kurz die wesentlichen Folgen anzusprechen, mit denen Kommunen – auch unter dem Blickwinkel des Gebührenrechts – zu rechnen haben, wenn eine Ausschreibung rechtswidrig unterblieben ist.

Zweiter Abschnitt
Bestimmung der Begriffe „kommunale Einrichtung“ und „Privatisierung“

Zunächst sind, da dies für das weitere Verständnis unerlässlich ist, die Schlüsselbegriffe „kommunale Einrichtung“ und „Privatisierung“ zu definieren.

A. Die kommunale Einrichtung

Der Begriff der kommunalen Einrichtung dient der organisationsrechtlichen Erfassung der von einer Kommune – also einem Landkreis, einer Stadt oder einer Gemeinde[1] – bereitgestellten Verwaltung und sonstigen Dienstleistungen, was durch den Begriff „Einrichtung“ verdeutlicht wird[2]. Die „Einrichtung“ definiert sich als zweckformierte, also auf die Erbringung bzw. Bereitstellung einer bestimmten Dienstleistung ausgerichtete, Personen- und/oder Sachgesamtheit[3]. Hieraus ergibt sich ein weites Spektrum, das von Bibliotheken und Museen bis hin zu Krankenhäusern oder Versorgungs- und Verkehrsbetrieben reichen kann[4].

Abzugrenzen sind kommunale Einrichtungen zum einen von kommunalen öffentlichen Einrichtungen und zum anderen von kommunalen Unternehmen. Bei einer kommunalen öffentlichen Einrichtung handelt es sich um einen Unterfall der kommunalen Einrichtung, nämlich um eine der Benutzung durch die Einwohner und etwaige Dritte gewidmete kommunale Einrichtung[5]. Auch die Begriffe „kommunale Einrichtung“ und „kommunales Unternehmen“ ergänzen sich und gehen ineinander über. Zu unterscheiden ist zwischen nichtwirtschaftlichen und wirtschaftlichen kommunalen Unternehmen. Nichtwirtschaftliche kommunale Unternehmen sind diejenigen, zu deren Betrieb die Kommune gesetzlich

---

1 *Creifelds*, Rechtswörterbuch, 19. Aufl. 2007, S. 680 f. („Kommunen“).

2 *Kluth*, in: Wolff/Bachof/Stober (Hrsg.), Verwaltungsrecht, Bd. 3, 5. Aufl. 2004, § 95 Rn. 179.

3 *Gern*, Deutsches Kommunalrecht, 3. Aufl. 2003, Rn. 528; *Kluth*, in: Wolff/Bachof/Stober (Hrsg.), Verwaltungsrecht, Bd. 3, 5. Aufl. 2004, § 95 Rn. 182.

4 *Detterbeck*, Allgemeines Verwaltungsrecht, 7. Aufl. 2009, Rn. 69; *Gurlit*, in: Erichsen/Ehlers (Hrsg.), Allgemeines Verwaltungsrecht, 13. Aufl. 2006, § 34 Rn. 32.

5 *Gern*, Deutsches Kommunalrecht, 3. Aufl. 2003, Rn. 528; *Kluth*, in: Wolff/Bachof/Stober, Verwaltungsrecht, Bd. 3, 5. Aufl. 2004, § 95 Rn. 183; *Ulbrich*, in: Vogelgesang/Lübking/Ulbrich, Kommunale Selbstverwaltung, 3. Aufl. 2005, Rn. 93.

verpflichtet ist oder die lediglich der kommunalen Eigenbedarfsdeckung dienen[6]. Nichtwirtschaftliche kommunale Unternehmen sind daher in der Regel zugleich kommunale öffentliche Einrichtungen[7]. Darüber hinaus kann sich die Kommune auch wirtschaftlich betätigen und zu diesem Zweck (wirtschaftliche) Unternehmen gründen[8]. Wirtschaftliche kommunale Unternehmen können dabei ebenfalls kommunale öffentliche Einrichtungen sein[9]. In diesem Fall handelt es sich auch bei kommunalen Unternehmen um kommunale Einrichtungen[10].

B. Der Begriff der Privatisierung

Eine einheitliche und umfassende Definition *der* Privatisierung besteht nicht[11], vielmehr handelt es sich um einen unbestimmten Rechtsbegriff[12]. Die noch darzustellenden Privatisierungsformen[13] zeigen jedoch, dass es in jedem Fall zu der Übertragung von dem Staat obliegenden Aufgaben auf Rechtssubjekte des privaten Rechts kommt[14].

Der Begriff der Privatisierung ist somit weitgehend gleichbedeutend mit dem Begriff der Entstaatlichung[15]. Unter Entstaatlichung ist die Suche nach dem Träger einer Aufgabe und die Suche nach der zweckmäßigsten Organisationsform

---

6 *Gern*, Deutsches Kommunalrecht, 3. Aufl. 2003, Rn. 726; *v. Mutius*, Kommunalrecht, 1. Aufl. 1996, Rn. 514.

7 *Kluth*, in: Wolf/Bachof/Stober (Hrsg.), Verwaltungsrecht, Bd. 3, 5. Aufl. 2004, § 95 Rn. 203; *v. Mutius*, Kommunalrecht, 1. Aufl. 1996, Rn. 497.

8 *Gern*, Deutsches Kommunalrecht, 3. Aufl. 2003, Rn. 725; *v. Mutius*, Kommunalrecht, 1. Aufl. 1996, Rn. 498.

9 *Gern*, Deutsches Kommunalrecht, 3. Aufl. 2003, Rn. 725; *Kluth*, in: Wolf/Bachof/Stober (Hrsg.), Verwaltungsrecht, Bd. 3, 5. Aufl. 2004, § 95 Rn. 203.

10 Vgl. zum Begriff des kommunalen Unternehmens auch *Westermann*, in: Cronauge/Westermann, Kommunale Unternehmen, 5. Aufl. 2006, Rn. 22 ff.

11 *Di Fabio*, JZ 1999, 585; *Peine*, DÖV 1997, 354; *v. Hagemeister*, Die Privatisierung öffentlicher Aufgaben, 1992, S. 40; vgl. auch *Burgi*, Funktionale Privatisierung und Verwaltungshilfe, 1999, S. 9.

12 *Stober*, in: Wolff/Bachof/Stober (Hrsg.), Verwaltungsrecht, Bd. 3, 5. Aufl. 2004, v. § 90 Rn. 6.

13 Vgl. unten, erster Teil, vierter Abschnitt.

14 *Forster*, Privatisierung und Regulierung der Wasserversorgung, 2007, S. 38; *Hüser*, Ausschreibungspflichten bei der Privatisierung öffentlicher Aufgaben, 2005, S. 57; *Kunert*, Vergaberecht und öffentliches Recht, 2003, S. 41; *Opitz*, ZVgR 2000, 98; *Peine*, DÖV 1997, 354; *Völmicke*, Privatisierung öffentlicher Leistungen in Deutschland, 1996, S. 43; *v. Hagemeister*, Die Privatisierung öffentlicher Aufgaben, 1992, S. 40.

15 *Di Fabio*, JZ 1999, 585; *Görgmaier*, DÖV 1977, 356 ff.; *Gusy*, in: Gusy (Hrsg.), Privatisierung von Staatsaufgaben, 1. Aufl. 1998, S. 1.

für die Erledigung öffentlicher Aufgaben zu verstehen. Es geht um das Aufzeigen von Möglichkeiten, wie öffentliche Aufgaben im Interesse der Bürger mit weniger Staat wirkungsvoll erfüllt werden können[16]. Sowohl Privatisierung als auch Entstaatlichung bedeutet die Rückgabe staatlich verwalteter Bereiche an die freie, privatrechtlich organisierte Gesellschaft[17]. Vor diesem Hintergrund besteht keine Notwendigkeit, zwischen beiden Begriffen genau zu unterscheiden, wie *Hüser* dies fordert[18]. Ihm ist allerdings insoweit zuzustimmen, als dass der Begriff der Entstaatlichung in einem weiten Sinne verstanden werden muss – gemeint sein kann nicht allein ein *vollständiger* Wechsel von der Sphäre des Staates in die Sphäre der Gesellschaft – und die Organisationsprivatisierung nicht erfasst.

Zu trennen ist der Begriff der Privatisierung demgegenüber von dem Begriff der Deregulierung. Der Begriff der Deregulierung beschreibt das Vorgehen des Staates, „Regelungen zu vermeiden und zu verringern, marktwidrige Eingriffe in den Wettbewerb zu beseitigen sowie das Recht einfacher, überschaubarer, verständlicher, effektiver und zügiger zu machen“[19]. Die Deregulierung bewirkt also, dass der Staat diejenigen Voraussetzungen, die es Privaten erst ermöglichen oder erleichtern, öffentliche Aufgaben zu übernehmen, schafft oder verbessert. Ein Privatisierungsvorgang, also die Verlagerung öffentlicher Aufgaben, ist damit jedoch (noch) nicht verbunden[20], sondern zunächst nur die Zulassung Privater neben dem Staat[21]. Die Deregulierung kann die Privatisierung von Staatsaufgaben daher allenfalls befördern[22].

---

16 *Görgmaier*, DÖV 1977, 356.

17 *Di Fabio*, JZ 1999, 585; *Ronellenfitsch*, NVwZ 1998, 1023.

18 *Hüser*, Ausschreibungspflichten bei der Privatisierung öffentlicher Aufgaben, 2005, S. 55 f.

19 *Stober*, DÖV 1995, 126. So auch *Burgi*, Funktionale Privatisierung und Verwaltungshilfe, 1999, S. 2; *Forster*, Privatisierung und Regulierung der Wasserversorgung, 2007, S. 36.

20 *Forster*, Privatisierung und Regulierung der Wasserversorgung, 2007, S. 38; *Hüser*, Ausschreibungspflichten bei der Privatisierung öffentlicher Einrichtungen, 2005, S. 55; *Peine*, DÖV 1997, 355.

21 *Burgi*, Funktionale Privatisierung und Verwaltungshilfe, 1999, S. 11; *ders.*, NVwZ 2001, 602.

22 *Hüser*, Ausschreibungspflichten bei der Privatisierung öffentlicher Aufgaben, 2005, S. 55.

Dritter Abschnitt
Die Privatisierung kommunaler Einrichtungen – Vor- und Nachteile

Ist nunmehr bekannt, was – in einem weiten Sinne – unter der Privatisierung (nicht nur) kommunaler Einrichtungen zu verstehen ist, sollen nachfolgend die regelmäßig für eine Privatisierung, auch als „Flucht in das Privatrecht“ bezeichnet[23], angeführten hauptsächlichen[24] Gründe dargestellt und auf ihre Berechtigung hin überprüft werden. Zugleich sind die mit einer Privatisierung verbundenen Nachteile nicht außer Acht zu lassen. Die Diskussion hat sich hierbei lange Zeit auf die Nutzung privatrechtlicher Organisationsformen durch den Staat, also die Organisationsprivatisierung[25], konzentriert.

A. Die Vorteile einer Privatisierung

I. Einfachere Errichtung und Auflösung von Privatrechtsvereinigungen

Für eine Privatisierung wird zunächst vorgebracht, dass die Errichtung und Auflösung von Privatrechtsvereinigungen im Vergleich zu der öffentlich-rechtlicher Organisationsformen einfacher und flexibler sei[26]. Das Privatrecht zähle die Organisationsformen abschließend auf und regele deren Errichtung und Auflösung. Da die Erfüllung der gesetzlichen Voraussetzungen nicht viel Zeit in Anspruch nehme, sei die Errichtung oder Auflösung von Privatrechtsvereinigungen kurzfristig möglich[27]. Jedenfalls für die Errichtung von juristischen Personen und teilrechtsfähigen Vereinigungen des öffentlichen Rechts bedürfe es hingegen

---

23 *Unruh*, DÖV 1997, 654, unter Verweis auf *Fleiner*, Institutionen des Verwaltungsrechts, 8. Aufl. 1928, S. 326.

24 Eine ausführliche Darstellung findet sich bei *v. Hagemeister*, Die Privatisierung öffentlicher Aufgaben, 1992, S. 72 ff.

25 Vgl. hierzu unten, erster Teil, vierter Abschnitt.

26 *Ehlers*, Verwaltung in Privatrechtsform, 1984, S. 293; *Schuppert*, Die Erfüllung öffentlicher Aufgaben, 1981, S. 126.

27 *Ehlers*, Verwaltung in Privatrechtsform, 1984, S. 293 f., 297; *Erbguth/Stollmann*, DÖV 1993, 802; *Unruh*, DÖV 1997, 654.

zumeist eines besonderen förmlichen Gesetzes, da es an diesbezüglichen allgemeinen Regelungen in anderen Gesetzen grundsätzlich fehle. Dies führe dazu, dass die Errichtung von juristischen Personen und teilrechtsfähigen Vereinigungen des öffentlichen Rechts umständlich und zeitaufwendig sei[28]. Zudem könne ein Tätigwerden des Gesetzgebers nicht erzwungen werden[29]. Sei die juristische Person oder teilrechtsfähige Vereinigung des öffentlichen Rechts aber durch besonderes förmliches Gesetz errichtet worden und enthalte dieses keine anderweitige Regelung, obliege auch ihre Auflösung dem Gesetzgeber[30].

Unbestreitbar ist die Errichtung und Auflösung von Privatrechtsvereinigungen schneller und flexibler. Allerdings beschränkt sich dieser Vorteil gerade nur auf diese zeitlich vergleichsweise kurzen Phasen. Vorteile auch für die Zeit des Bestehens der Privatrechtsvereinigung ergeben sich hieraus indessen nicht[31]. Somit kommt die schnellere und flexiblere Errichtung und Auflösung allenfalls dann umfassend zum Tragen, wenn eine Privatrechtsvereinigung lediglich für einen kurzen Zeitraum errichtet werden soll. Allerdings ist auch die Errichtung und Auflösung von Privatrechtsvereinigungen mit Nachteilen verbunden, da hier teilweise nicht unerhebliche Notar- und Gerichtskosten anfallen, während dies bei öffentlich-rechtlichen Organisationsformen nicht der Fall ist[32].

II. Flexibilität im Rahmen der internen Aufbau- und Ablauforganisation

Neben ihrer einfacheren und flexibleren Errichtung und Auflösung wird als Vorteil von Privatrechtsvereinigungen zudem angesehen, dass sich ihre interne Aufbau- und Ablauforganisation schnell veränderten Umständen von außen anpassen lasse[33]. Die öffentlich-rechtlichen Organisationsformen seien hier aufgrund der hierarchischen Verwaltungsstruktur zu schwerfällig und unbeweglich. Ausgangspunkt aller Entscheidungskompetenzen sei die Leitungsebene, Dienstwege seien einzuhalten, die Rechte und Pflichten der Mitarbeiter genau festgelegt und

28 *Ehlers*, Verwaltung in Privatrechtsform, 1984, S. 295 f.; *Unruh*, DÖV 1997, 655; vgl. auch *Püttner*, Die öffentlichen Unternehmen, 1969, S. 137; *Rüfner*, Formen öffentlicher Verwaltung im Bereich der Wirtschaft, 1967, S. 241 f.

29 *Ehlers*, Verwaltung in Privatrechtsform, 1984, S. 296.

30 *Ehlers*, Verwaltung in Privatrechtsform, 1984, S. 297; *Erbguth/Stollmann*, DÖV 1993, 802; *Unruh*, DÖV 1997, 655.

31 *Erbguth/Stollmann*, DÖV 1993, 804; *Unruh*, DÖV 1997, 655.

32 *Erbguth/Stollmann*, DÖV 1993, 804; *Unruh*, DÖV 1997, 655; *Wais*, DÖV 1977, 271.

33 *Görgmaier*, DÖV 1977, 361; *Ossenbühl*, DÖV 1971, 519; *Stober*, in: Wolff/Bachof/Stober (Hrsg.), Verwaltungsrecht, Bd. 3, 5. Aufl. 2004, § 91 Rn. 49.

die Aufgaben arbeitsteilig nach genauen Vorgaben standardisiert und formalisiert zu erfüllen[34]. Eine Entlastung der Leitungsebene einhergehend mit einer Stärkung der Eigenverantwortung der Mitarbeiter sei nicht möglich[35].

Dem steht jedoch entgegen, dass durch die Einrichtung von Stäben, Ausschüssen, Beiräten und Arbeitskreisen auch die Aufbau- und Ablauforganisation von öffentlich-rechtlichen Organisationsformen flexibel gestaltet werden kann und dies eine schnelle Reaktion auf veränderte äußere Umstände ermöglicht[36]. Darüber hinaus darf nicht verkannt werden, dass bürokratische Strukturen in einem gewissen Ausmaß zwingend notwendig sind. Auch die heutigen Managementmodelle beruhen auf bürokratischen Strukturen. Infolge einer Privatisierung wird lediglich eine öffentliche durch eine private Bürokratie ersetzt, so dass die Gegenüberstellung öffentlich-rechtlicher und privatrechtlicher Organisationsformen insofern unergiebig ist[37].

III. Umgehung des öffentlichen Dienst-, Besoldungs- und Haushaltsrechts

Von den Privatisierungsbefürwortern wird darüber hinaus angeführt, dass eine Privatisierung die Bindung des Staates an das öffentliche Dienst-, Besoldungs- und Haushaltsrecht entfallen lasse. Sowohl das Dienst- als auch das Besoldungsrecht seien den heutigen Anforderungen nicht mehr angemessen. Kritikpunkte sind insbesondere mangelnde Beweglichkeit aufgrund der Berufung in Beamtenverhältnisse auf Lebenszeit, starre Stellenpläne in festgelegten Laufbahnsystemen, mangelnde Sanktionsmöglichkeiten bei nicht leistungsgerechter Aufgabenerfüllung sowie eine zu niedrige und nicht leistungsbezogene Bezahlung gerade von Führungskräften[38]. Ebenso verhalte es sich mit dem Haushaltsrecht. Aufgrund zahlreicher Vorgaben und Kontrollmechanismen sei es kaum möglich, kurzfristig auf veränderte wirtschaftliche Rahmenbedingungen zu reagieren[39].

---

34 *Ehlers*, Verwaltung in Privatrechtsform, 1984, S. 300; *Erbguth/Stollmann*, DÖV 1993, 803 f.

35 *Erbguth/Stollmann*, DÖV 1993, 804; *Unruh*, DÖV 1997, 656.

36 *Ehlers*, Verwaltung in Privatrechtsform, 1984, S. 301 f.; vgl. auch *Unruh*, DÖV 1997, 656.

37 Zum Ganzen *Machura*, VR 2001, 79.

38 Zum Ganzen *Ehlers*, DÖV 1986, 900; *Erbguth/Stollmann*, DÖV 1993, 803; *Grabbe*, Verfassungsrechtliche Grenzen der Privatisierung kommunaler Aufgaben, 1979, S. 47; *Ossenbühl*, DÖV 1971, 519; *Rüfner*, Formen öffentlicher Verwaltung im Bereich der Wirtschaft, 1967, S. 254; *v. Hagemeister*, Die Privatisierung öffentlicher Aufgaben, 1992, S. 92.

39 *Ossenbühl*, DÖV 1971, 519; *Stober*, NJW 1984, 452; *Unruh*, DÖV 1997, 656.

Privatrechtliche Organisationsformen ermöglichten es hingegen, sich z.B. unbürokratisch finanzielle Mittel am Kapitalmarkt zu beschaffen[40].

Es lässt sich indes feststellen, dass das öffentliche Dienst- und Besoldungsrecht im Vergleich zu den in der Privatwirtschaft geltenden Grundsätzen nicht unbedingt nachteilig ist. So sind in der Vergangenheit auch in das Dienst- und Besoldungsrecht leistungsbezogene Elemente eingeführt worden[41]. Eine höhere Bezahlung kann durch den Abschluss eines Angestelltenverhältnisses mit außertariflicher Bezahlung erreicht werden[42]. In Hinblick auf das öffentliche Haushaltsrecht ist nicht zu vergessen, dass dieses in der Vergangenheit ebenfalls flexibilisiert worden ist. Zudem schützen gerade die Regeln des Haushaltsrechts den Staat und seine Untergliederungen auch vor der Eingehung finanzieller Risiken und sind Voraussetzung für eine transparente Ausgabenpolitik[43].

IV. Gesteigerte Kreditwürdigkeit und Möglichkeit der Haftungsbeschränkung

Als weiterer Vorteil gegenüber öffentlich-rechtlichen Organisationsformen soll Privatrechtsvereinigungen eine höhere Kreditwürdigkeit zukommen[44]. In diesen Zusammenhang ist auch das Argument zu stellen, dass sich bei Privatrechtsvereinigungen die Möglichkeit der Haftungsbeschränkung bietet[45]. Die höhere Kreditwürdigkeit von Privatrechtsvereinigungen ergebe sich zum einen aus der häufig unzureichenden finanziellen Ausstattung juristischer Personen des öffentlichen Rechts bei gemäß § 882a ZPO privilegierter Stellung im Zwangsvollstreckungsverfahren[46]. Zum anderen – und dies sei ausschlaggebend – zögen Kreditinstitute eine Zusammenarbeit mit Unternehmen in privatrechtlicher Orga-

---

40 *Rüfner*, Formen öffentlicher Verwaltung im Bereich der Wirtschaft, 1967, S. 255; *Wais*, DÖV 1977, 271.

41 Vgl. z.B. § 42a BBesG.

42 *Ehlers*, Verwaltung in Privatrechtsform, 1984, S. 307; *ders.*, DÖV 1986, 900; *Erbguth/Stollmann*, DÖV 1993, 805; vgl. auch *Schäffer*, DÖV 1988, 154.

43 Zum Ganzen *Erbguth/Stollmann*, DÖV 1993, 805.

44 *Ehlers*, Verwaltung in Privatrechtsform, 1984, S. 323; *Grabbe*, Verfassungsrechtliche Grenzen der Privatisierung kommunaler Aufgaben, 1979, S. 30; *Unruh*, DÖV 1997, 656

45 *Ossenbühl*, DÖV 1971, 519; *Ronellenfitsch*, DÖV 1999, 706; *Stober*, NJW 1984, 452.

46 *Ehlers*, Verwaltung in Privatrechtsform, 1984, S. 323 Fn. 164; *Erbguth/Stollmann*, DÖV 1993, 803; *Unruh*, DÖV 1997, 656.

nisationsform vor, da ihnen die öffentlich-rechtlichen Organisationsformen weitgehend fremd seien[47].

Gegen eine höhere Kreditwürdigkeit von Privatrechtsvereinigungen spricht jedoch, dass der Staat und seine Untergliederungen für die Verbindlichkeiten ihrer Einrichtungen haften, wenn sie sich öffentlich-rechtlicher Organisationsformen bedienen. Da der Staat wiederum für seine Untergliederungen haftet, könnte es daher letztendlich nur bei einem Staatsbankrott zu einem Kreditausfall kommen[48]. Zutreffend ist allerdings, dass sich bei Privatrechtsvereinigungen die Möglichkeit der Haftungsbeschränkung bietet[49].

V. Entlastung der öffentlichen Haushalte, Effizienzsteigerung und Rückzug des Staates

Neben diesen hauptsächlich auf die Nutzung privatrechtlicher Organisationsformen durch den Staat bezogenen Gründen – die jedoch zumindest teilweise auch für Privatisierungsformen, bei denen es zu einer Beteiligung Privater kommt, gelten – werden weitere Gründe für eine Privatisierung, diesmal insbesondere unter Beteiligung Privater, genannt.

Vorgebracht wird zunächst eine Entlastung der öffentlichen Haushalte[50]. Durch eine Privatisierung könnten dem Staat obliegende Aufgaben kostengünstiger erfüllt und defizitäre Aufgabenbereiche ganz abgegeben werden. Hiermit ginge zudem der Abbau von Personalkosten einher[51]. Darüber hinaus komme es durch eine Privatisierung – als weiterer Vorteil – zu einer Steigerung der Effizienz. Bei privater Aufgabenerfüllung könne flexibler auf Nachfrageänderungen und technologische Verbesserungen reagiert werden. Kostenvorteile ergäben sich auch aus einer wettbewerbsbedingten Zunahme von die Produktion und Verfah-

47 *Ehlers*, Verwaltung in Privatrechtsform, 1984, S. 323 f.; *Erbguth/Stollmann*, DÖV 1993, 803; *Unruh*, DÖV 1997, 656.

48 Zum Ganzen *Ehlers*, Verwaltung in Privatrechtsform, 1984, S. 324; *Erbguth/Stollmann*, DÖV 1993, 805; *Unruh*, DÖV 1997, 656.

49 Diesbezüglich wird teilweise vertreten, dass sich aus dem Sozialstaats- und dem Rechtsstaatsprinzip eine haftungsrechtliche Garantenstellung des Staates ergebe, die es ihm untersage, sich auf eine Haftungsbeschränkung zu berufen. So *Ehlers*, Verwaltung in Privatrechtsform, 1984, S. 321 f.; *Erbguth/Stollmann*, DÖV 1993, 807; *Unruh*, DÖV 1997, 657.

50 *Völmicke*, Privatisierung öffentlicher Leistungen in Deutschland, 1996, S. 35; *v. Hagemeister*, Die Privatisierung öffentlicher Aufgaben, 1992, S. 81.

51 *v. Hagemeister*, Die Privatisierung öffentlicher Aufgaben, 1992, S. 81 f.

ren betreffenden Neuerungen[52]. Ordnungspolitisch sei jedoch entscheidend, dass eine Privatisierung nicht zuletzt zu einem Rückzug des Staates aus der Produktion von Gütern und der Erbringung von Leistungen führen könne, die nicht in einem engeren Zusammenhang zu seinen Aufgabenbereichen stünden[53]. Hierdurch komme es sowohl zu einer Stärkung des Staates, da er sich auf die tatsächlich von ihm zu erfüllenden Aufgaben konzentrieren könne, als auch zu einer Stärkung der Privatwirtschaft und des Wettbewerbs[54].

Dem ist zumindest bezüglich der beiden erstgenannten Punkte zu widersprechen. Ob eine Privatisierung tatsächlich zu einer Entlastung der öffentlichen Haushalte führt, ist zu bezweifeln. Denn für defizitäre Einrichtungen werden Private – wenn überhaupt – nur dann Interesse zeigen, wenn sie dauerhaft Zuschüsse erhalten, was den öffentlichen Haushalten aber kaum zu einer Entlastung verhelfen wird. An der Privatisierung gewinnbringender Einrichtungen kann der Staat hingegen kein Interesse haben, führt dies doch zu ausbleibenden Gewinnabführungen. Auch gesunkenen Personalkosten stehen zunächst einmal erhöhte Aufwendungen im Rahmen der Entlassung des betreffenden Personals gegenüber. Nicht vergessen werden dürfen darüber hinaus für die Kontrolle der privatisierten Einrichtung entstehende Kosten sowie etwaige Folgelasten für Kostenüberwälzungen des Privaten auf Dritte[55]. Ebenso ist die Behauptung zu bezweifeln, eine Privatisierung führe zu einer Steigerung der Effizienz. Allein die Erfüllung einer Aufgabe in einer privatrechtlichen Organisationsform oder durch einen Privaten spricht für sich genommen noch nicht für eine höhere Effizienz[56]. Vielmehr können sowohl die öffentlich-rechtliche als auch die privatrechtliche Aufgabenerfüllung reibungslos vonstatten gehen oder Ineffizienzen aufweisen[57].

---

52 Zum Ganzen *Völmicke*, Privatisierung öffentlicher Leistungen in Deutschland, 1996, S. 40 f.; *v. Hagemeister*, Die Privatisierung öffentlicher Aufgaben, 1992, S. 86.

53 *Grabbe*, Verfassungsrechtliche Grenzen der Privatisierung kommunaler Aufgaben, 1979, S. 48; *Völmicke*, Privatisierung öffentlicher Leistungen in Deutschland, 1996, S. 30.

54 *Lämmerzahl*, Die Beteiligung Privater an der Erledigung öffentlicher Aufgaben, 2007, S. 68; *Völmicke*, Privatisierung öffentlicher Leistungen in Deutschland, 1996, S. 30; *v. Hagemeister*, Die Privatisierung öffentlicher Aufgaben, 1992, S. 76 f., 93 f.; vgl. auch *Kunert*, Vergaberecht und öffentliches Recht, 2003, S. 30.

55 Zum Ganzen *Machura*, VR 2001, 81, der in diesem Zusammenhang von einem „Privatisierungsparadoxon" spricht; *v. Hagemeister*, Die Privatisierung öffentlicher Aufgaben, 1992, S. 83.

56 *Stober*, NJW 1984, 452; vgl. auch *Forster*, Privatisierung und Regulierung der Wasserversorgung, 2007, S. 65 f.

57 *v. Hagemeister*, Die Privatisierung öffentlicher Aufgaben, 1992, S. 90.

B. Die Nachteile einer Privatisierung

Diesen für eine Privatisierung sprechenden Gründen stehen allerdings, neben den bereits jeweils genannten, Nachteile gegenüber, die sich insbesondere im Verhältnis zu den Bürgern auswirken. Die wesentlichen dieser – von *Erbguth/ Stollmann*[58] herausgearbeiteten und sich in erster Linie wiederum auf die Nutzung privatrechtlicher Organisationsformen durch den Staat konzentrierender – Nachteile sollen im Folgenden kurz dargestellt werden.

I. Defizite in der Verfahrensgestaltung

Infolge einer Privatisierung kommt es zu Defiziten in der Verfahrensgestaltung. Bedient sich der Staat privatrechtlicher Organisationsformen bestehen bezüglich der Verfahrensgestaltung keine konkreten rechtlichen Vorgaben. Der Verfahrensverlauf bestimmt sich nicht nach den transparenten, von der Verwaltungspraxis und der Rechtsprechung konkretisierten Vorschriften der Verwaltungsverfahrensgesetze, sondern allenfalls nach von dem Träger selbst gesetzten Innenrecht. Dies führt für die Bürger aber, selbst wenn man für die Verfahrensgestaltung auf allgemeine Rechtsgrundsätze zurückgreift, zu einem geringeren Maß an Rechtssicherheit[59].

II. Transparenz- und Publizitätsverluste

Durch die Errichtung von Privatrechtsvereinigungen kommt es zudem zu Transparenz- und Publizitätsverlusten. Das zu beachtende Rechtsstaats- und Demokratieprinzip beinhaltet unter anderem die Erkennbarkeit, Berechenbarkeit und Überschaubarkeit des Staates. Errichtet der Staat aber immer zahlreicher Privatrechtsvereinigungen, verdeckt dies den tatsächlichen Umfang seiner Betätigung[60]. Im Gegensatz zu den öffentlich-rechtlichen Organisationsformen lassen die privatrechtlichen Organisationsformen nicht von vornherein eine Staatszuge-

58 *Erbguth/Stollmann*, DÖV 1993, 807 ff., die von „Argumenten für eine öffentlich-rechtliche Organisationsform" sprechen.

59 Zum Ganzen *Erbguth/Stollmann*, DÖV 1993, 808.

60 Vgl. jedoch § 99 SächsGemO, nach dem für den Gemeinderat ein jährlicher Beteiligungsbericht anzufertigen und öffentlich auszulegen ist.

hörigkeit erkennen. Die Erkennbarkeit, Berechenbarkeit und Überschaubarkeit des Staates nimmt infolgedessen ab[61].

III. Verminderter Rechtsschutz

Stehen den Bürgern Privatrechtsvereinigungen gegenüber, ist für sie damit auch ein verminderter Rechtsschutz verbunden. Selbst wenn sich der Staat nur einer privatrechtlichen Organisationsform bedient, sind, da er in diesem Fall nur privatrechtlich handeln kann[62], bei Rechtsstreitigkeiten statt der Verwaltungs- die Zivilgerichte zuständig[63]. Die Zivilprozessordnung ist für den Rechtsschutzsuchenden im Vergleich zur Verwaltungsgerichtsordnung jedoch insoweit ungünstiger, als sie auf die Initiative der Parteien ausgerichtet ist. So gilt nicht der Untersuchungsgrundsatz (§ 86 VwGO), sondern der Verhandlungsgrundsatz, die Parteien trifft infolgedessen eine Darlegungs- und Beweislast. Zudem obliegen dem Staat im Zivilprozess unter Umständen nicht so weitgehende Vorlage- und Auskunftspflichten, wie dies gemäß § 99 VwGO im Verwaltungsprozess der Fall ist. Darüber hinaus ist gemäß §§ 9 und 17 GKG vor den Verwaltungsgerichten ein Gerichtskostenvorschuss nur für bestimmte Auslagen vorgesehen, nicht aber – wie in bürgerlichen Rechtsstreitigkeiten – für das Verfahren im Allgemeinen[64].

IV. Beeinträchtigung der parlamentarischen Kontrolle

Nicht zuletzt stellt es sich als ein Nachteil privatrechtlicher Organisationsformen dar, dass es zu einer Beeinträchtigung der parlamentarischen Kontrolle kommt. Die demokratisch legitimierten Organe des Staates und seiner Untergliederungen haben keine unmittelbaren Durchgriffsrechte mehr auf die einzelnen Gesellschaften, insbesondere nicht auf die laufende Geschäftsführung. Es kommt somit zu einer Begrenzung der ihnen eigentlich zustehenden Rechte und Pflichten[65].

---

61 Zum Ganzen *Ehlers*, Verwaltung in Privatrechtsform, 1984, S. 266; *Erbguth/Stollmann*, DÖV 1993, 808 f.

62 *Ehlers*, Verwaltung in Privatrechtsform, 1984, S. 172; *Ossenbühl*, DVBl 1974, 541.

63 *Kopp/Schenke*, VwGO, 15. Aufl. 2007, § 40 Rn. 12; *Rennert*, in: Eyermann, VwGO, 12. Aufl. 2006, § 40 Rn. 47; *Sodan*, in: Sodan/Ziekow (Hrsg.), VwGO, 2. Aufl. 2006, § 40 Rn. 316.

64 *Meyer*, GKG, 10. Aufl. 2008, § 10 Rn. 9. Zum Ganzen *Erbguth/Stollmann*, DÖV 1993, 809.

65 Zum Ganzen *Erbguth/Stollmann*, DÖV 1993, 809; *Stober*, NJW 1984, 452.

C. Ergebnis

Nach einer Bewertung der wesentlichen für und gegen eine Privatisierung sprechenden Argumente ist somit zusammenfassend festzuhalten, dass eine Privatisierung nicht uneingeschränkt vorteilhaft ist. Auch die staatliche Aufgabenerfüllung in öffentlich-rechtlichen Organisationsformen bietet Vorteile. Insbesondere sind diejenigen Nachteile nicht außer Acht zu lassen, die sich bei einer Privatisierung im Verhältnis zu den Bürgern ergeben.

Vierter Abschnitt
Die einzelnen Privatisierungsformen

Die vergaberechtliche Behandlung der Privatisierung kommunaler Einrichtungen hängt entscheidend von dem Inhalt des jeweiligen Privatisierungsvorgangs ab. Aufgrund dessen ist es notwendig, die einzelnen Privatisierungsformen und ihre Folgen zu erläutern. Trotz uneinheitlicher Terminologie und zahlreicher Untergliederungen lassen sich anhand der Reichweite der Privatisierung drei Hauptformen herausarbeiten. Zu unterscheiden ist somit zwischen der *Organisationsprivatisierung* (auch formelle Privatisierung genannt), der *Aufgabenprivatisierung* (auch materielle Privatisierung genannt) und der *funktionalen Privatisierung.*

A. Die Organisationsprivatisierung

Die Organisationsprivatisierung ist die schwächste Form der Privatisierung. Sie ist nicht auf eine irgend geartete Beteiligung von Privaten ausgerichtet, sondern führt lediglich zu einem Wechsel der Rechtsform, in der die Kommune eine Aufgabe erfüllt[66]. Statt einer öffentlich-rechtlichen Organisationsform bedient sich die Kommune infolge einer Organisationsprivatisierung nunmehr einer privatrechtlichen Organisationsform – in der Regel einer Gesellschaft mit beschränkter Haftung oder einer Aktiengesellschaft –, um eine Aufgabe zu erfüllen[67]. Die von der Kommune errichtete privatrechtliche Gesellschaft unterscheidet sich zwar rechtlich von ihr, allerdings hält die Kommune sämtliche Anteile[68]. Dies hat zur Folge, dass der Kommune weiterhin sowohl die Aufgabe selbst als

---

66 *Dreher*, NZBau 2002, 246; *Forster*, Privatisierung und Regulierung der Wasserversorgung, 2007, S. 92; *Lämmerzahl*, Die Beteiligung Privater an der Erledigung öffentlicher Aufgaben, 2007, S. 101.

67 *Di Fabio*, JZ 1999, 588; *Mayen*, DÖV 2001, 111; *Völmicke*, Privatisierung öffentlicher Leistungen in Deutschland, 1996, S. 47.

68 *Endler*, NZBau 2002, 125; *Forster*, Privatisierung und Regulierung der Wasserversorgung, 2007, S. 92; *Masing*, ZfBR 2002, 451; *Mayen*, DÖV 2001, 111; a.A. *Burgi*, NVwZ 2001, 603; *Graf Vitzthum*, AöR Bd. 104 (1979), S. 588; *Lämmerzahl*, Die Beteiligung Privater an der Erledigung öffentlicher Aufgaben, 2007, S. 102. Die fehlende Beteiligung Privater ist jedoch gerade kennzeichnend für eine Organisationsprivatisierung.

auch ihre Durchführung obliegt. Ihre dahingehend bestehenden Verantwortlichkeiten werden durch die Organisationsprivatisierung nicht geschmälert[69]. Von einer echten Privatisierung kann daher nicht gesprochen werden[70]. Die Organisationsprivatisierung ist vielmehr Ausdruck des den Kommunen zukommenden Wahlrechts, in welcher Rechtsform sie ihnen obliegende Aufgaben erfüllen[71].

B. Die Aufgabenprivatisierung

Die Aufgabenprivatisierung ist demgegenüber die stärkste Form der Privatisierung. Die Kommune überträgt hier eine bisher von ihr erfüllte Aufgabe auf einen Privaten. Es kommt somit zu der Verlagerung einer Aufgabe als solcher in den privaten Sektor[72]. Privatisiert wird – anders als bei der Organisationsprivatisierung – die Aufgabe selbst, nicht lediglich ihre Organisation[73]. Hieraus resultiert, dass die Kommune durch die Aufgabenprivatisierung ihre Trägerschaft für die Aufgabe und die Durchführung derselben verliert. Die diesbezüglichen Verantwortlichkeiten gehen auf den Privaten über[74]. Darüber hinaus reduziert sich der Bestand der Aufgaben, die der Kommune obliegen[75]. Die Aufgabenprivatisierung stellt somit letztendlich einen Aufgabenverzicht der Kommune dar[76].

Als Unterfall der Aufgabenprivatisierung ist die *Vermögensprivatisierung* zu nennen. Im Gegensatz zur Aufgabenprivatisierung entledigt sich die Kommune bei der Vermögensprivatisierung jedoch nicht ihr obliegenden Aufgaben, sondern Vermögensgegenständen[77]. Diese veräußert sie gleich einem privaten An-

---

69 *Dreher*, NZBau 2002, 246; *Graf Vitzthum*, AöR Bd. 104 (1979), S. 587; *Lämmerzahl*, Die Beteiligung Privater an der Erledigung öffentlicher Aufgaben, 2007, S. 102 f.; *Völmicke*, Privatisierung öffentlicher Leistungen in Deutschland, 1996, S. 47.

70 *Di Fabio*, JZ 1999, 588; *Görgmaier*, DÖV 1977, 357; *Gramm*, VerwArch Bd. 90 (1999), S. 331; *Mayen*, DÖV 2001, 111.

71 *Lämmerzahl*, Die Beteiligung Privater an der Erledigung öffentlicher Aufgaben, 2007, S. 104 f.; *Schmidt*, ZGR 1996, 349.

72 *Dreher*, NZBau 2002, 246; *Endler*, NZBau 2002, 125; *Mayen*, DÖV 2001, 111.

73 *Lämmerzahl*, Die Beteiligung Privater an der Erledigung öffentlicher Aufgaben, 2007, S. 97.

74 *Forster*, Privatisierung und Regulierung der Wasserversorgung, 2007, S. 93 f.; *Mayen*, DÖV 2001, 111; *Ortner*, Vergabe von Dienstleistungskonzessionen, 2007, S. 52; *Scheike*, Materielle Privatisierung kommunaler Sparkassen, 2004, S. 42; *Völmicke*, Privatisierung öffentlicher Leistungen in Deutschland, 1996, S. 49.

75 *Mayen*, DÖV 2001, 111; *Schoch*, DÖV 1993, 378.

76 *Dreher*, NZBau 2002, 246; *Lämmerzahl*, Die Beteiligung Privater an der Erledigung öffentlicher Aufgaben, 2007, S. 97; *Masing*, ZfBR 2002, 451.

77 *Hüser*, Ausschreibungspflichten bei der Privatisierung öffentlicher Aufgaben, 2005, S. 94; *Kupczyk*, Vergaberechtliche Aspekte des In-house-Geschäfts, 2008, S. 65; *Scheike*, Materielle Privatisierung kommunaler Sparkassen, 2004, S. 40.

bieter auf dem Markt an Private[78]. Als Vermögensgegenstände kommen hierbei aufgrund ihres Wertes insbesondere Liegenschaften und Unternehmensbeteiligungen in Betracht[79]. Keine Vermögensprivatisierung stellt es jedoch dar, wenn die Kommune Anteile einer Eigen- oder weitere Anteile einer gemischtwirtschaftlichen Gesellschaft an einen Privaten veräußert. Da es hierdurch zu einer gemeinsamen Aufgabenerfüllung der Kommune mit dem Privaten kommt oder eine solche vertieft wird, handelt es sich um einen Fall der funktionalen Privatisierung[80].

C. Die funktionale Privatisierung

Die funktionale Privatisierung ist – ihrer Reichweite nach – zwischen der Organisations- und der Aufgabenprivatisierung einzuordnen. Es kommt zu einer Beteiligung Privater, allerdings nur an der Durchführung einer Aufgabe. Die Kommune privatisiert nicht eine Aufgabe als solche, sondern deren Vollzug[81]. Infolgedessen obliegt der Kommune zwar weiterhin die Aufgabe als solche, nicht mehr aber ihre unmittelbare Durchführung und die diesbezüglich bestehende Verantwortung[82]. Die funktionale Privatisierung geht in ihrer Wirkung somit über die Organisationsprivatisierung hinaus und bleibt hinter der Aufgabenprivatisierung zurück. Sie ist gekennzeichnet durch das Zusammenwirken des staatlichen und des privaten Sektors.

Ein unmittelbares Zusammenwirken bei der Erfüllung einer kommnalen Aufgabe ist in der Form einer gemischt-wirtschaftlichen Gesellschaft möglich, an der sowohl die Kommune als auch der Private beteiligt sind. Man spricht in diesem Fall von einer *institutionellen Public Private Partnership*. Eine solche kann auf zwei Wegen zustande kommen: Entweder errichtet die Kommune im Rahmen einer Organisationsprivatisierung zunächst eine Eigengesellschaft und

78 *Lämmerzahl*, Die Beteiligung Privater an der Erledigung öffentlicher Aufgaben, 2007, S. 99.

79 *Scheike*, Materielle Privatisierung kommunaler Sparkassen, 2004, S. 40; *Schoch*, DVBl 1994, 962.

80 Vgl. auch *Hüser*, Ausschreibungspflichten bei der Privatisierung öffentlicher Aufgaben, 2005, S. 94.

81 *Burgi*, NVwZ 2001, 603; *Di Fabio*, JZ 1999, 589; *Dreher*, NZBau 2002, 247; *Endler*, NZBau 2002, 125; *Kupczyk*, Vergaberechtliche Aspekte des In-house-Geschäfts, 2008, S. 65; *Lämmerzahl*, Die Beteiligung Privater an der Erledigung öffentlicher Aufgaben, 2007, S. 106; *Tiemann*, Privatisierung öffentlicher Unternehmen in Deutschland und Frankreich, 2009, S. 67.

82 *Forster*, Privatisierung und Regulierung der Wasserversorgung, 2007, S. 95; *Ortner*, Vergabe von Dienstleistungskonzessionen, 2007, S. 47; *Scheike*, Materielle Privatisierung kommunaler Sparkassen, 2004, S. 42.

veräußert zu einem späteren Zeitpunkt Anteile derselben an einen Privaten oder der Private ist bereits an der Errichtung der (gemischt-wirtschaftlichen) Gesellschaft beteiligt[83].

Der funktionalen Privatisierung sind darüber hinaus zwei Unterformen zuzuordnen: die *Dienstleistungskonzession* und die *Beleihung*. Bei der Dienstleistungskonzession bedient sich die Kommune ebenfalls in der Regel eines Privaten, um eine ihr obliegende Aufgabe durchzuführen. Die Besonderheit besteht lediglich darin, dass der Private das wirtschaftliche Risiko seiner Tätigkeit trägt. Er erhält keine Vergütung von der Kommune, sondern finanziert sich aus den – in der Höhe unbestimmten – Einnahmen, die ihm unmittelbar von den Leistungsempfängern oder sonstigen Dritten zufließen[84]. Zwar kann eine Dienstleistungskonzession auch mit der Übertragung einer Aufgabe als solcher einhergehen[85]. Da eine Dienstleistungskonzession aber nur für einen begrenzten Zeitraum erteilt wird, handelt es sich dann nicht um einen Fall der Aufgabenprivatisierung. Denn aufgrund dessen kommt es gerade nicht zu einem Aufgabenverzicht der Kommune[86].

Beliehene sind nach der herrschenden so genannten *Rechtsstellungstheorie* Privatrechtssubjekte, die mit der hoheitlichen Wahrnehmung von Staatsaufgaben betraut sind. Sie sind folglich dazu befugt, Staatsaufgaben in den Handlungsformen des öffentlichen Rechts selbständig wahrzunehmen[87]. Der Beliehene ist somit nicht gleich einer staatlichen Behörde tätig, vielmehr ist er selbst Behörde im Sinne der §§ 1 Abs. 4, 35 VwVfG[88]. Aus diesem Grund wird die Zugehörigkeit der Beleihung zu der funktionalen Privatisierung teilweise verneint[89]. Allerdings wird hierbei verkannt, dass der Beliehene seine Stellung als Privater

83 Zum Ganzen vgl. unten, vierter Teil, dritter Abschnitt.

84 Zum Ganzen *Hüser*, Ausschreibungspflichten bei der Privatisierung öffentlicher Aufgaben, 2005, S. 306 ff.; *Ortner*, Vergabe von Dienstleistungskonzessionen, 2007, S. 85.

85 *Ortner*, Vergabe von Dienstleistungskonzessionen, 2007, S. 64 f.

86 *Burgi*, DVBl 2003, 951 mit Fn. 15; *Endler*, NZBau 2002, 125 f.; a.A. *Enzian*, DVBl 2002, 237; *Fischer/Zwetkow*, NVwZ 2003, 282; *Tiemann*, Privatisierung öffentlicher Unternehmen in Deutschland und Frankreich, 2009, S. 72; *Zacharias*, DÖV 2001, 458 f.; *Ortner*, Vergabe von Dienstleistungskonzessionen, 2007, S. 53, plädiert – vermittelnd – dafür, die Dienstleistungskonzession dem Sachverhalt entsprechend der Aufgaben- oder der funktionalen Privatisierung zuzuordnen.

87 *Burgi*, NVwZ 2007, 383 f.

88 *Bull/Mehde*, Allgemeines Verwaltungsrecht mit Verwaltungslehre, 8. Aufl. 2009, Rn. 385; *Burgi*, NVwZ 2007, 384; *Ruffert*, in: Erichsen/Ehlers (Hrsg.), Allgemeines Verwaltungsrecht, 13. Aufl. 2006, § 20 Rn. 22; *Stober*, in: Wolff/Bachof/Stober (Hrsg.), Verwaltungsrecht, Bd. 3, 5. Aufl. 2004, § 90 Rn. 54.

89 *Peine*, DÖV 1997, 362; *Scholz*, NJW 1997, 15; *Steiner*, NJW 1994, 3150; *Weiß*, DVBl 2002, 1168.

grundsätzlich nicht verliert. Teil der Verwaltung wird er nur in Bezug auf die von ihm wahrzunehmenden Aufgaben. Der Beliehene ist der Verwaltung zwar angegliedert, nicht aber eingegliedert. Daher ist auch die Beleihung ein Fall der funktionalen Privatisierung[90].

90 Zum Ganzen *Hüser*, Ausschreibungspflichten bei der Privatisierung öffentlicher Aufgaben, 2005, S. 81; *Kopp/Ramsauer*, VwVfG, 10. Aufl. 2008, § 1 Rn. 58; *Ortner*, Vergabe von Dienstleistungskonzessionen, 2007, S. 48; *v. Hagemeister*, Die Privatisierung öffentlicher Aufgaben, 1992, S. 61.

Fünfter Abschnitt
Die vergaberechtlichen Grundlagen

Den Rechtsrahmen für eine eventuelle Ausschreibungspflichtigkeit von Privatisierungen kommunaler Einrichtungen bildet das nationale Vergaberecht, bestehend aus den Vorschriften des vierten Teils des Gesetzes gegen Wettbewerbsbeschränkungen, der Vergabeverordnung (VgV) sowie der Verdingungsordnungen für Bauleistungen (VOB), Leistungen (VOL) und freiberufliche Leistungen (VOF). Infolgedessen soll an dieser Stelle ein Überblick über den Aufbau des Vergaberechts sowie seinen personellen und sachlichen Anwendungsbereich gegeben werden. Entscheidend für die Beurteilung der Ausschreibungspflichtigkeit von Privatisierungen kommunaler Einrichtungen ist jedoch der sachliche Anwendungsbereich des Vergaberechts. Auf diesen wird daher im Verlauf der Untersuchung noch ausführlich eingegangen.

A. Der Aufbau des Vergaberechts

Dem nationalen Vergaberecht liegen die europäischen Vergaberichtlinien 2004/18/EG[91] und 2004/17/EG[92] sowie 89/665/EWG[93] und 92/13/EWG[94] zu-

91 Richtlinie 2004/18/EG v. 31.3.2004 über die Koordinierung der Verfahren zur Vergabe öffentlicher Bauaufträge, Lieferaufträge und Dienstleistungsaufträge, ABl. L 134 v. 30.4.2004, S. 114.

92 Richtlinie 2004/17/EG v. 31.3.2004 zur Koordinierung der Zuschlagserteilung durch Auftraggeber im Bereich der Wasser-, Energie- und Verkehrsversorgung sowie der Postdienste, ABl. L 134 v. 30.4.2004, S. 1.

93 Richtlinie 89/665/EWG v. 21.12.1989 zur Koordinierung der Rechts- und Verwaltungsvorschriften für die Anwendung der Nachprüfungsverfahren im Rahmen der Vergabe öffentlicher Liefer- und Bauaufträge, ABl. L 395 v. 30.12.1989, S. 33.

94 Richtlinie 92/13/EWG v. 25.2.1992 zur Koordinierung der Rechts- und Verwaltungsvorschriften für die Anwendung der Gemeinschaftsvorschriften über die Auftragsvergabe durch Auftraggeber im Bereich der Wasser-, Energie- und Verkehrsversorgung sowie im Telekommunikationssektor, ABl. L 76 v. 23.3.1992, S. 14. Sowohl die Richtlinie 89/665/EWG als auch die Richtlinie 92/13/EWG ist durch die Richtlinie 2007/66/EG v. 11.12.2007 zur Änderung der Richtlinien 89/665/EWG und 92/13/EWG des Rates im Hinblick auf die Verbesserung der Wirksamkeit der Nachprüfungsverfahren bezüglich der Vergabe öffentlicher Aufträge, ABl. L 335 v. 20.12.2007, S. 31, novelliert worden.

grunde. Diese regeln den personellen und sachlichen Anwendungsbereich des europäischen Vergaberechts und die durchzuführenden Vergabeverfahren (Richtlinien 2004/18/EG und 2004/17/EG) sowie den Bieterrechtsschutz (Richtlinien 89/665/EWG und 92/13/EWG).

Ausgangspunkt des nationalen Vergaberechts ist der vierte Teil des Gesetzes gegen Wettbewerbsbeschränkungen. Dieser enthält die Vorschriften über den Anwendungsbereich des Vergaberechts (§§ 97 bis 100), die durchzuführenden Vergabeverfahren (§ 101) sowie den Bieterrechtsschutz (§§ 101a bis 124)[95]. Neben dem vierten Teil des Gesetzes gegen Wettbewerbsbeschränkungen sind die Vergabeverordnung[96] und die Verdingungsordnungen für Bauleistungen, Leistungen und freiberufliche Leistungen zu beachten[97]. Die Vergabeverordnung – eine auf § 127 GWB beruhende Rechtsverordnung der Bundesregierung und des Bundesrates – regelt zunächst die so genannten Schwellenwerte (§§ 2 bis 3), deren Erreichen oder Überschreiten durch den Auftragswert gemäß § 100 Abs. 1 GWB Voraussetzung für eine Anwendung des Vergaberechts ist. Darüber hinaus bestimmt die Vergabeverordnung, welche Auftraggeber bei der Vergabe von Bauleistungen, Leistungen oder freiberuflichen Leistungen welche Teile und Abschnitte der jeweiligen Verdingungsordnung anzuwenden haben (§§ 4 bis 7)[98].

Die Verdingungsordnungen für Bauleistungen, Leistungen und freiberufliche Leistungen sind keine staatlichen Normen, sondern privatrechtliche Vereinbarungen zwischen der Auftraggeber- und der Auftragnehmerseite[99]. Sie gliedern sich mit Ausnahme der Verdingungsordnung für freiberufliche Leistungen jeweils in einen Teil A und einen Teil B, die Verdingungsordnung für Bauleistungen zudem noch in einen Teil C. Vergaberechtlich von Bedeutung sind jedoch allein die Teile A, die detailliert die Durchführung der Vergabeverfahren regeln und in vier Abschnitte aufgeteilt sind. Während der erste Abschnitt Vorschriften des ursprünglichen nationalen Vergaberechts enthält, handelt es sich bei den übrigen Abschnitten um in nationales Recht umgesetztes europäisches Vergaberecht[100]. Infolge der statischen Verweisungen in der Vergabeverordnung kommt

95 Die Vorschriften über den Anwendungsbereich des Vergaberechts sind zwischenzeitlich weiter ausdifferenziert worden und erstrecken sich nunmehr über die §§ 97 bis 100c GWB.

96 Verordnung über die Vergabe öffentlicher Aufträge v. 9.1.2001, BGBl. I 2001, S. 110.

97 Am 19.7.2012 ist zudem eine besondere Vergabeverordnung für die Bereiche Verteidigung und Sicherheit in Kraft getreten (BGBl. I 2012, S. 1509).

98 In der aktuellen Fassung der Vergabeverordnung handelt es sich um die §§ 4 bis 6.

99 *Dreher*, in: Immenga/Mestmäcker (Hrsg.), Wettbewerbsrecht, Bd. 2, 4. Aufl. 2007, Vor §§ 97 ff., Rn. 48; *Hüser*, Ausschreibungspflichten bei der Privatisierung öffentlicher Aufgaben, 2005, S. 33.

100 Zwischenzeitlich sind die Vorschriften des dritten und vierten Abschnitts der Verdingungsordnungen in der so genannten Sektorenverordnung zusammengefasst worden. Vgl. hierzu z.B. *Müller*, VergabeR 2010, 302 ff. sowie unten, vierter Teil, zweiter Abschnitt, B. II. 6.

den Teilen A der Verdingungsordnungen für Bauleistungen und Leistungen sowie der Verdingungsordnung für freiberufliche Leistungen ebenfalls verbindliche Außenwirkung zu[101].

Diese abgestufte Verweisungssystematik von dem Gesetz gegen Wettbewerbsbeschränkungen über die Vergabeverordnung bis zu den eigentlich nur privatrechtlich vereinbarten Verdingungsordnungen wird auch als „Kaskadenprinzip" bezeichnet[102].

B. Der personelle Anwendungsbereich des Vergaberechts

Gemäß § 97 Abs. 1 GWB sind nur „öffentliche Auftraggeber" verpflichtet, Vergabeverfahren durchzuführen. Wer als öffentlicher Auftraggeber anzusehen ist – und somit den personellen Anwendungsbereich des Vergaberechts – bestimmt § 98 GWB.

Entscheidend für die vorliegende Untersuchung ist sogleich § 98 Nr. 1 GWB, dem zufolge

> „Gebietskörperschaften sowie deren Sondervermögen"

öffentliche Auftraggeber sind. Gebietskörperschaften sind Körperschaften des öffentlichen Rechts, deren Hoheitsbereich durch einen räumlich abgegrenzten Teil des Staatsgebiets bestimmt wird[103]. Zu den Gebietskörperschaften sind daher auch Landkreise, Städte und Gemeinden – also Kommunen – zu zählen[104]. Bei der Privatisierung kommunaler Einrichtungen ist der personelle Anwendungsbereich des Vergaberechts somit immer eröffnet.

Die übrigen in § 98 GWB genannten öffentlichen Auftraggeber sollen, da für den Verlauf der Untersuchung nicht von Bedeutung, nur grob in zwei Kategorien unterteilt werden[105]. Zu der *ersten Kategorie* gehören Auftraggeber, die entweder

---

101 *Glahs*, in: Kapellmann/Messerschmidt (Hrsg.), VOB, 1. Aufl. 2003, Einl. VOB/A Rn. 23; *Mager*, Vergaberecht und Gebührenrecht, 2007, S. 41; *Otting*, NVwZ 2001, 776; *Pache*, DVBl 2001, 1786.

102 *Loer*, Public Private Partnership und Public Public Partnership, 2007, S. 56; *Ortner*, Vergabe von Dienstleistungskonzessionen, 2007, S. 15.

103 *Creifelds*, Rechtswörterbuch, 19. Aufl. 2007, S. 451 („Gebietskörperschaften").

104 *Wagner*, in: Langen/Bunte (Hrsg.), Deutsches und europäisches Kartellrecht, Bd. 1, 10. Aufl. 2006, § 98 Rn. 7; *Eschenbruch*, in: Kulartz/Kus/Portz (Hrsg.), GWB-Vergaberecht, 2. Aufl. 2009, § 98 Rn. 77; *Zeiss*, in: Heiermann/Zeiss/Kullack/Blaufuß (Hrsg.), Vergaberecht, 2. Aufl. 2008, § 98 GWB Rn. 12.

105 Der Unterteilung liegt diejenige von *Zeiss*, in: Heiermann/Zeiss/Kullack/Blaufuß (Hrsg.), Vergaberecht, 2. Aufl. 2008, § 98 GWB Rn. 4, zugrunde. Vgl. auch *Bungenberg*, in: Loewenheim/Meessen/Riesenkampff (Hrsg.), Kartellrecht, 2. Aufl. 2009, § 98 Rn. 4.

institutioneller Teil des Staates sind oder die der Staat beherrscht. Diese Auftraggeber werden von § 98 Nr. 2, Nr. 3 und Nr. 4 Alt. 2 erfasst. Die *zweite Kategorie* besteht demgegenüber aus Auftraggebern, die – grundsätzlich im Wettbewerb stehend oder aus anderen Gründen wirtschaftlich handelnd – eigentlich nicht des Vergaberechts bedürften, um ihre Beschaffung an wirtschaftlichen Kriterien auszurichten. Ihre Eigenschaft als öffentliche Auftraggeber erklärt sich daraus, dass sie entweder in bestimmten Sektoren tätig sind, in denen kein oder kein ausreichender Wettbewerb herrscht (§ 98 Nr. 4 Alt. 1), oder mit finanziellen Mitteln des Staates/staatlich beherrschter Stellen (§ 98 Nr. 5) oder statt ihrer (§ 98 Nr. 6) tätig werden und Aufträge vergeben.

Zu beachten ist, dass der Europäische Gerichtshof dem Begriff des öffentlichen Auftraggebers ein funktionales Verständnis zugrunde legt[106]. Es kommt demnach nicht auf die Rechtsform des Auftraggebers an. Entscheidend ist vielmehr, ob er im Allgemeininteresse liegende Aufgaben nichtgewerblicher Art erfüllen soll, ihm Rechtspersönlichkeit zukommt und inwieweit er mit dem Staat verbunden ist[107]. § 98 Nr. 2 GWB ist Ausdruck dieses funktionalen Verständnisses[108].

C. Der sachliche Anwendungsbereich des Vergaberechts

Sachlich findet das Vergaberecht gemäß § 100 Abs. 1 GWB zunächst nur Anwendung, wenn der Auftragswert die in § 2 VgV bestimmten Schwellenwerte erreicht oder überschreitet. Ist dies nicht der Fall, sind bei der Vergabe von Aufträgen weder der vierte Teil des Gesetzes gegen Wettbewerbsbeschränkungen, die Vergabeverordnung, die Abschnitte 2 bis 4 der Verdingungsordnungen für Bauleistungen und Leistungen (Teile A) oder die Verdingungsordnung für freiberufliche Leistungen zu beachten. Vielmehr finden nur die Bundeshaushaltsordnung und die Landeshaushaltsordnungen sowie der erste Abschnitt der Verdingungsordnungen für Bauleistungen und Leistungen (Teile A) Anwendung[109].

---

106 EuGH, Rs. 31/87, Slg. 1988, 4652, Rn. 11 – *„Beentjes"*; Rs. C-214/00, Slg. 2003, I-4700, Rn. 53 – *„Kommission/Spanien"*.

107 EuGH, Rs. C-214/00, Slg. 2003, I-4700, Rn. 52 ff. – *„Kommission/Spanien"*.

108 *Bischoff*, in: Willenbruch/Bischoff (Hrsg.), Vergaberecht, 1. Aufl. 2008, § 98 GWB Rn. 8; *Bungenberg*, in: Loewenheim/Meessen/Riesenkampff, Kartellrecht, 2. Aufl. 2009, § 98 GWB Rn. 10; *Hüser*, Ausschreibungspflichten bei der Privatisierung öffentlicher Aufgaben, 2005, S. 34.

109 *Bungenberg*, in: Loewenheim/Meessen/Riesenkampff (Hrsg.), Kartellrecht, 2. Aufl. 2009, Vor §§ 97 ff. GWB, Rn. 13; *Loer*, Public Private Partnership und Public Public Partnership, 2007, S. 60; *Stickler*, in: Reidt/Stickler/Glahs, Vergaberecht, 2. Aufl. 2003, § 100 GWB Rn. 8 f.

Hinzukommt die Beachtung des primären Gemeinschaftsrechts[110]. Für die Untersuchung wird daher davon ausgegangen, dass die Schwellenwerte erreicht oder überschritten sind und eine Anwendung des Vergaberechts nicht deshalb ausgeschlossen ist. Zugleich soll in diesem Zusammenhang klargestellt werden, dass mit dem Begriff „(nationales) Vergaberecht" die Vorschriften des vierten Teils des Gesetzes gegen Wettbewerbsbeschränkungen sowie die aufgrund ihrer Anwendung findenden Vorschriften bezeichnet werden.

Weitere Voraussetzung für die Eröffnung des vergaberechtlichen Anwendungsbereichs ist gemäß § 99 Abs. 1 GWB das Vorliegen eines „öffentlichen Auftrags", also eines entgeltlichen Vertrages zwischen einem öffentlichen Auftraggeber und einem Unternehmen über die Beschaffung von Leistungen, der Liefer-, Bau- oder Dienstleistungen zum Gegenstand hat, einer Baukonzession oder eines Auslobungsverfahrens, das zu einem Dienstleistungsauftrag führen soll. In § 99 Abs. 2 bis 6 GWB werden diese Formen des öffentlichen Auftrags definiert. Um spätere Ergebnisse nicht vorwegzunehmen, soll an dieser Stelle allerdings nur kurz auf den Vertragsbegriff eingegangen werden.

Dieser umfasst seit jeher privatrechtliche Verträge. Anfangs war jedoch umstritten, ob dies auch für öffentlich-rechtliche Verträge gilt. Die Auffassung, dass öffentlich-rechtliche Verträge nicht unter § 99 Abs. 1 GWB fallen[111], war im Wesentlichen der Begründung des Regierungsentwurfs zu § 99 GWB im Rahmen des Vergaberechtsänderungsgesetzes[112] geschuldet, nach der öffentlichrechtliche Verträge nicht unter den Begriff des entgeltlichen Vertrages und in den Anwendungsbereich der §§ 97 ff. GWB fallen sollten[113].

Gegen die Begrenzung des Anwendungsbereichs der §§ 97 ff. GWB sprach hingegen, dass die europäischen Vergaberichtlinien nicht zwischen privatrechtlichen und öffentlich-rechtlichen Verträgen differenzierten[114]. Zudem bereitet die Qualifizierung eines Vertrages als privat- oder öffentlich-rechtlich im Einzelfall große Probleme[115]. Nicht zuletzt – und wohl am gewichtigsten – ist die Ein-

---

110 *Röwekamp*, in: Kulartz/Kus/Portz (Hrsg.), GWB-Vergaberecht, 2. Aufl. 2009, § 100 Rn. 13; *Stickler*, in: Reidt/Stickler/Glahs, Vergaberecht, 2. Aufl. 2003, § 100 GWB Rn. 10; *Willenbruch*, in: Willenbruch/Bischoff (Hrsg.), Vergaberecht, 1. Aufl. 2008, § 99 GWB Rn. 68 ff. Ausführlich hierzu unten, sechster Teil, erster Abschnitt.

111 OLG Celle, NZBau 2000, 299 (300); OLG Naumburg, VergabeR 2001, 134 (136); *Dreher*, DB 1998, 2587.

112 Gesetz zur Änderung der Rechtsgrundlagen für die Vergabe öffentlicher Aufträge v. 26.8.1998, BGBl. I, S. 2512.

113 BT-Drs. 13/9340, S. 15 (dort noch § 108 GWB).

114 *Dreher*, in: Immenga/Mestmäcker (Hrsg.), Wettbewerbsrecht, Bd. 2, 4. Aufl. 2007, § 99 Rn. 18; *Kunert*, Vergaberecht und öffentliches Recht, 2003, S. 60.

115 *Burgi*, NZBau 2002, 59; *Stickler*, in: Reidt/Stickler/Glahs, Vergaberecht, 2. Aufl. 2003, Vorb. §§ 97–101 GWB, Rn. 14.

ordnung eines Vertrages als privat- oder öffentlich-rechtlich in den einzelnen Mitgliedstaaten unterschiedlich ausgestaltet. Aus diesem Grund wäre es zu einer uneinheitlichen Rechtsanwendung gekommen. Denn für Mitgliedstaaten, in denen Aufträge in der Regel auf der Grundlage (nach nationalem Recht) öffentlich-rechtlicher Verträge vergeben werden, hätte dies eine weitgehende Befreiung von der Anwendung der europäischen Vergaberichtlinien bedeutet[116].

Mit dieser Argumentation hat der Europäische Gerichtshof schließlich klargestellt, dass öffentlich-rechtliche ebenso wie privatrechtliche Verträge von den europäischen Vergaberichtlinien erfasst werden[117]. Seither fallen unstreitig auch öffentlich-rechtliche Verträge unter den Vertragsbegriff des § 99 Abs. 1 GWB[118].

Eine Begrenzung des Anwendungsbereichs der §§ 97 ff. GWB enthält hingegen § 100 Abs. 2 GWB[119], der Tatbestände normiert, bei deren Vorliegen das Vergaberecht nicht einschlägig ist. Es handelt sich hierbei um eng auszulegende und auf den Einzelfall bezogene Ausnahmen. Infolgedessen sind diese Tatbestände – bis auf die Prüfung der Ausschreibungspflichtigkeit kommunaler Kooperationen – außen vor zu lassen. Allerdings ist das Vorliegen einzelner Tatbestände des § 100 Abs. 2 GWB (im Einzelfall) auch bei der Privatisierung kommunaler Einrichtungen denkbar.

---

116 Zum Ganzen *Burgi*, NZBau 2002, 60; *Kunert*, Vergaberecht und öffentliches Recht, 2003, S. 60 f.; *Wagner*, in: Langen/Bunte (Hrsg.), Deutsches und europäisches Kartellrecht, Bd. 1, 10. Aufl. 2006, § 98 Rn. 3.

117 EuGH, Rs. C-399/98, Slg. 2001, I-5435, Rn. 73 – *„Teatro alla Bicocca"*.

118 OLG Düsseldorf, NZBau 2004, 398 (399); *Byok*, NJW 1998, 2777; *Kunert*, Vergaberecht und öffentliches Recht, 2003, S. 61; *Pieper*, DVBl 2000, 163; *Stickler*, in: Reidt/Stickler/Glahs, Vergaberecht, 2. Aufl. 2003, Vorb. §§ 97–101 GWB, Rn. 14; *Willenbruch*, in: Willenbruch/Bischoff (Hrsg.), Vergaberecht, 1. Aufl. 2008, § 99 GWB Rn. 28.

119 Aufgrund der Ausdifferenzierung der Vorschriften über den Anwendungsbereich des Vergaberechts sind die Ausnahmetatbestände nunmehr in § 100 Abs. 2 bis 6 und Abs. 8 sowie in den §§ 100a bis 100c GWB geregelt.

Zweiter Teil
Die Zulässigkeit und Grenzen der Privatisierung kommunaler Einrichtungen

Bevor die Ausschreibungspflichtigkeit der Privatisierung kommunaler Einrichtungen untersucht wird, ist noch darauf einzugehen, inwieweit eine solche Privatisierung überhaupt zulässig ist. Die Zulässigkeit und Grenzen sind hierbei an Europa-, Verfassungs-, Bundes- und Landesrecht zu messen. In diesen Zusammenhang ist auch die Frage zu stellen, inwieweit sich die Kommune durch die Privatisierung ihrer zuvor bestehenden Verantwortlichkeiten entledigen kann. Allem vorgelagert ist jedoch die Unterscheidung zwischen Staatsaufgaben und öffentlichen Aufgaben.

Erster Abschnitt
Die Unterscheidung zwischen Staatsaufgaben und öffentlichen Aufgaben

Infolge einer Privatisierung kommt es zu einem Wechsel: Das öffentliche Sonderrecht und die staatliche Hoheitsgewalt werden zugunsten des Privatrechts und der gesellschaftlichen Freiheit zurückgelassen[120]. Eine Privatisierung ist somit Ausdruck des Gegensatzes zwischen Staat und Gesellschaft[121]. In diesen Hintergrund fügt sich auch die Unterscheidung zwischen Staatsaufgaben und öffentlichen Aufgaben ein.

Eine öffentliche Aufgabe ist durch das überindividuelle Interesse an ihrer Erfüllung gekennzeichnet[122]. Sie unterscheidet sich von einer privaten Aufgabe insofern, als dass mit ihr nicht ausschließlich eigennützige, sondern fremdnützige Tätigkeiten verbunden sind[123]. Eine Aufgabe wird also zu einer öffentlichen Aufgabe, wenn ein öffentliches Interesse an ihrer Erfüllung besteht[124]. Ihre Erfüllung muss mit anderen Worten dem Gemeinwohl dienen[125]. Die Verfolgung öffentlicher Interessen oder die Sicherstellung des Gemeinwohls und somit die Erfüllung öffentlicher Aufgaben ist allerdings nicht dem Staat vorbehalten, sondern obliegt gleichermaßen der Gesellschaft. Öffentliche Aufgaben können daher auch von Privaten erfüllt werden[126].

---

120 *Di Fabio*, JZ 1999, 585.

121 *Di Fabio*, JZ 1999, 585; *Forster*, Privatisierung und Regulierung der Wasserversorgung, 2007, S. 87.

122 *Lämmerzahl*, Die Beteiligung Privater an der Erledigung öffentlicher Aufgaben, 2007, S. 34.

123 *Lämmerzahl*, Die Beteiligung Privater an der Erledigung öffentlicher Aufgaben, 2007, S. 34.

124 *Forster*, Privatisierung und Regulierung der Wasserversorgung, 2007, S. 88.; *Ipsen*, Allgemeines Verwaltungsrecht, 5. Aufl. 2007, Rn. 46; *Isensee*, in: Isensee/Kirchhof (Hrsg.), Handbuch des Staatsrechts, Bd. 4, 3. Aufl. 2006, § 73 Rn. 12; *Weiß*, Privatisierung und Staatsaufgaben, 2002, S. 22.

125 *Bull*, Die Staatsaufgaben nach dem Grundgesetz, 1973, S. 50; *Burgi*, Funktionale Privatisierung und Verwaltungshilfe, 1999, S. 43; *Forster*, Privatisierung und Regulierung der Wasserversorgung, 2007, S. 88; *Ipsen*, Allgemeines Verwaltungsrecht, 5. Aufl. 2007, Rn. 46; *Klein*, DÖV 1965, 759; *Lämmerzahl*, Die Beteiligung Privater an der Erledigung öffentlicher Aufgaben, 2007, S. 34.

126 BVerfG, BVerfGE 83, 363 (384 f.); *Burgi*, Funktionale Privatisierung und Verwaltungshilfe, 1999, S. 26 ff.; *Di Fabio*, JZ 1999, 587; *Forster*, Privatisierung und Regulierung der Wasserversorgung, 2007, S. 88; *Isensee*, in: Isensee/Kirchhof (Hrsg.), Handbuch des Staatsrechts, Bd. 4, 3. Aufl. 2006, § 73 Rn. 12; *Lämmerzahl*, Die Beteiligung Privater an der Erledigung öffentlicher Aufgaben, 2007, S. 35.

Staatsaufgaben sind nun diejenigen öffentlichen Aufgaben, die der Staat nach der jeweils geltenden Verfassungsordnung zulässigerweise für sich in Anspruch nimmt[127]. Staatsaufgaben sind – als Unterfall – somit immer auch öffentliche Aufgaben, während umgekehrt von dem Vorliegen einer öffentlichen Aufgabe nicht auf das Vorliegen einer Staatsaufgabe geschlossen werden kann[128]. Der Begriff der Staatsaufgaben steht demzufolge für die in den Grenzen der Verfassung liegenden Tätigkeiten des Staates[129]. Auch das Bundesverfassungsgericht unterscheidet dahingehend zwischen Staats- und öffentlichen Aufgaben[130].

Aus der Definition der Staatsaufgaben folgt, dass der Bestand dieser Aufgaben offen ist[131]. Denn er hängt im Rahmen der Verfassung und der politischen Gestaltungsfreiheit des Gesetzgebers von den jeweiligen politischen Vorstellungen ab, die sich in den staatlichen Entscheidungsinstanzen institutionalisieren und durchsetzen[132]. Somit ist auch die Frage, welche Staatsaufgaben privatisierbar sind, anhand des positiven Rechts, und hier zuvorderst der Verfassung, zu beantworten[133]. Ein objektiv bestimmbarer Bestand dem Staat zwingend vorbehaltener und infolgedessen nicht privatisierbarer Aufgaben – so genannte originäre, notwendige oder echte Staatsaufgaben[134] – besteht hingegen nicht, da einer jeden solchen Aufzählung das Staatsverständnis des jeweiligen Betrachters zugrunde liegt[135].

Es ist deutlich geworden, dass die Zulässigkeit und Grenzen der Privatisierung (Übertragung) von Staatsaufgaben – also ihre Rückführung in öffentliche Aufga-

---

127 *Ossenbühl*, VVDStRL Bd. 29 (1971), 153; *Schoch*, DVBl 1994, 962; *v. Hagemeister*, Die Privatisierung öffentlicher Aufgaben, 1992, S. 7.

128 *Isensee*, in: Isensee/Kirchhof (Hrsg.), Handbuch des Staatsrechts, Bd. 4, 3. Aufl. 2006, § 73 Rn. 13; *Klein*, DÖV 1965, 756; *Weiß*, Privatisierung und Staatsaufgaben, 2002, S. 25.

129 *Bull*, Die Staatsaufgaben nach dem Grundgesetz, 1973, S. 50; *Burgi*, Funktionale Privatisierung und Verwaltungshilfe, 1999, S. 41; *Forster*, Privatisierung und Regulierung der Wasserversorgung, 2007, S. 88; *Isensee*, in: Isensee/Kirchhof (Hrsg.), Handbuch des Staatsrechts, Bd. 4, 3. Aufl. 2006, § 73 Rn. 13; *Klein*, DÖV 1965, 758.

130 BVerfG, BVerfGE 12, 205 (243); BVerfGE 41, 205 (218); BVerfGE 53, 366 (401); undifferenziert hingegen BVerfGE, 17, 371 (376 f.).

131 *Grabbe*, Verfassungsrechtliche Grenzen der Privatisierung kommunaler Aufgaben, 1979, S. 36, der Staats- und öffentliche Aufgaben gleichsetzt; *Klein*, DÖV 1965, 758; *Ossenbühl*, VVDStRL Bd. 29 (1971), 153; *Schoch*, DVBl 1994, 962.

132 *Ossenbühl*, VVDStRL Bd. 29 (1971), 153 f.

133 *Forster*, Privatisierung und Regulierung der Wasserversorgung, 2007, S. 90; *Grabbe*, Verfassungsrechtliche Grenzen der Privatisierung kommunaler Aufgaben, 1979, S. 37; *Ossenbühl*, VVDStRL Bd. 29 (1971), 154.

134 *Bull*, Die Staatsaufgaben nach dem Grundgesetz, 1973, S. 99 f.

135 *Forster*, Privatisierung und Regulierung der Wasserversorgung, 2007, S. 89; *Ossenbühl*, VVDStRL Bd. 29 (1971), 152; vgl. auch *Bull*, Die Staatsaufgaben nach dem Grundgesetz, 1973, S. 102.

ben[136] – nur anhand des positiven Rechts bestimmt werden können. Dies gilt somit gleichermaßen für die Zulässigkeit und Grenzen der Privatisierung kommunaler Einrichtungen. Denn die Einrichtungen einer Kommune dienen der Erfüllung ihr obliegender Aufgaben, die wiederum den Staatsaufgaben zuzurechnen sind[137].

In diesem Zusammenhang ist klarzustellen, dass „obliegende" Aufgaben nicht mit Aufgaben gleichzusetzen sind, deren Trägerschaft für den Staat oder seine Untergliederungen zwingend ist. Staatsaufgaben sind ihrer Definition zufolge diejenigen öffentlichen Aufgaben, die der Staat zulässigerweise in Anspruch nimmt. Entscheidend ist hier – gerade in Hinblick auf die Kommunen – nicht, ob eine Aufgabe zwingend zu erfüllen ist. Vielmehr „obliegt" dem Staat oder seinen Untergliederungen eine (Staats-)Aufgabe bereits dann, wenn er oder seine Untergliederungen diese wahrnehmen. Die Gründe für die Wahrnehmung der Aufgabe sind hingegen unerheblich[138].

---

136 Vgl. *Kämmerer*, Privatisierung, 2001, S. 34; *Osterloh*, VVDStRL Bd. 54 (1995), 225 Fn. 77.

137 Vgl. *Bull*, Die Staatsaufgaben nach dem Grundgesetz, 1973, S. 51; *Grabbe*, Verfassungsrechtliche Grenzen der Privatisierung kommunaler Aufgaben, 1979, S. 38.

138 Vgl. hierzu auch *Lämmerzahl*, Die Beteiligung Privater an der Erledigung öffentlicher Aufgaben, 2007, S. 38 f.

Zweiter Abschnitt
Die Zulässigkeit und Grenzen der Privatisierung kommunaler Einrichtungen

A. Das Europarecht

Zu klären ist zunächst, ob und inwieweit das Europarecht die Privatisierung kommunaler Einrichtungen einschränkt. Festzustellen ist, dass das Europarecht dem grundsätzlich nicht entgegensteht. So bestimmt Art. 295 EGV[139], dass die Eigentumsordnung in den Mitgliedstaaten unberührt bleibt. Privatisierungen liegen somit in dem Ermessen der Mitgliedstaaten[140]. Betätigt sich eine Kommune wirtschaftlich, ist sie allerdings gemäß Art. 86 Abs. 1 EGV[141] Privaten gleichgestellt und muss die Vorgaben des EG-Vertrages beachten. Dies schränkt Art. 86 Abs. 2 EGV lediglich für den Kommunen obliegende Aufgaben der Daseinsvorsorge ein[142]. Infolge des Ausnahmecharakters von Art. 86 Abs. 2 EGV übt Art. 86 EGV faktisch sogar einen Privatisierungsdruck aus[143].

B. Das Grundgesetz

I. Der wirtschaftspolitische Charakter des Grundgesetzes

Das Grundgesetz zeichnet sich durch *wirtschaftspolitische Neutralität* aus[144]. Es enthält – bewusst – keine ausdrücklichen die Wirtschaftsverfassung betreffenden

139 Nach dem Inkrafttreten des Vertrages von Lissabon entspricht Art. 295 EGV Art. 345 des in Vertrag über die Arbeitsweise der Europäischen Union umbenannten EGV.

140 *Völmicke*, Privatisierung öffentlicher Leistungen in Deutschland, 1996, S. 86.

141 Nach dem Inkrafttreten des Vertrages von Lissbon entspricht Art. 86 EGV Art. 106 des in Vertrag über die Arbeitsweise der Europäischen Union umbenannten EGV.

142 Zum Ganzen *Lämmerzahl*, Die Beteiligung Privater an der erledigung öffentlicher Aufgaben, 2007, S. 135 f.

143 *Lämmerzahl*, Die Beteiligung Privater an der Erledigung öffentlicher Aufgaben, 2007, S. 140; *Weiß*, Privatisierung und Staatsaufgaben, 2002, S. 360; *ders.*, AöR Bd. 128 (2003), S. 97; vgl. auch *Völmicke*, Privatisierung öffentlicher Leistungen in Deutschland, 1996, S. 87.

144 So ausdrücklich BVerfG, BVerfGE 4, 7 (17); *Maurer*, Staatsrecht I, 5. Aufl. 2007, § 8 Rn. 87.

Regeln[145]. Allerdings darf hieraus nicht gefolgert werden, dass das Grundgesetz eine beliebige Wirtschaftsverfassung deckt. Das Bundesverfassungsgericht hat zwar schon 1954 die wirtschaftspolitische Neutralität des Grundgesetzes bekräftigt, gleichzeitig aber betont, dass jede dem Gesetzgeber sachdienlich erscheinende Wirtschaftspolitik dem Grundgesetz im Übrigen gerecht werden müsse[146]. Sieht man die Grundrechte, die allgemeinen Verfassungsprinzipien, zuvorderst das Sozialstaats- und Rechtstaatsprinzip, und die Kompetenzvorschriften zusammen, kann dem Grundgesetz allerdings eine Gewährleistung der sozialen Marktwirtschaft entnommen werden. Dies steht jedoch nicht in Widerspruch zu seiner wirtschaftpolitischen Neutralität, da es sich weder einem wirtschaftspolitischen System noch einer wirtschaftswissenschaftlichen Lehre angeschlossen hat, die als verfassungsrechtliche Maßstäbe bei der Bewertung wirtschaftspolitischer Entscheidungen dienen könnten[147].

Infolgedessen sind dem Grundgesetz kaum absolute Privatisierungsverbote zu entnehmen[148]. Dennoch zeigt es in diesem Zusammenhang Grenzen auf, die nachfolgend beschrieben werden sollen.

II. Das Demokratieprinzip des Art. 20 Abs. 1 und 2 GG

Das Demokratieprinzip ist in Art. 20 Abs. 1 GG grundsätzlich festgelegt und wird in Art. 20 Abs. 2 GG konkretisiert. Es handelt sich um das zentrale Verfassungsprinzip des Grundgesetzes, das über Art. 28 Abs. 1 GG auch auf die Kommunen Anwendung findet[149].

1. Inhalt des Demokratieprinzips

Aus dem Demokratieprinzip folgt, dass grundsätzlich alle Entscheidungen vom Volk getroffen werden müssen bzw., wenn dies nicht der Fall ist, die für das

---

145 *Stein/Frank*, Staatsrecht, 20. Aufl. 2007, S. 381; *Völmicke*, Privatisierung öffentlicher Leistungen in Deutschland, 1996, S. 59; *v. Hagemeister*, Die Privatisierung öffentlicher Aufgaben, 1992, S. 101.

146 BVerfG, BVerfGE 4, 7 (17 f.); *Maurer*, Staatsrecht I, 5. Aufl. 2007, § 8 Rn. 87.

147 Zum Ganzen *Maurer*, Staatsrecht I, 5. Aufl. 2007, § 8 Rn. 88; a.A. *Stein/Frank*, Staatsrecht, 20. Aufl. 2007, S. 381 ff.; *Zippelius/Würtenberger*, Deutsches Staatsrecht, 32. Aufl. 2008, § 35 Rn. 3.

148 *Püttner*, LKV 1994, 194; *Schröder*, LKV 2007, 207.

149 *Dreier*, in: Dreier (Hrsg.), GG, Bd. 2, 2. Aufl. 2006, Art. 20 (Einf.) Rn. 5, 16; *Herzog*, in: Maunz/Dürig, GG, Bd. 3, Art. 20, II. Rn. 1.

Volk handelnden Staatsorgane ihre Legitimation unmittelbar oder mittelbar aus einem Willensakt des Volkes herleiten müssen[150].

Art. 20 Abs. 2 Satz 2 GG konkretisiert die grundsätzliche Entscheidungsgewalt des Volkes. Werden Entscheidungen nicht unmittelbar durch das Volk getroffen, fallen die Innehabung und die Ausübung der Entscheidungsgewalt auseinander. Dies erfordert einen allgemeinen Legitimationszusammenhang, der beim Volk beginnt und sein Ende in dem die Entscheidung treffenden Organ oder Amtswalter findet[151]. Dieser Legitimationszusammenhang birgt drei Varianten:

- Die *funktionell-institutionelle Legitimation* beschreibt, dass die Verfassung selbst die Funktionen bzw. Institutionen von Legislative, Exekutive und Judikative vorsieht.
- Die *personell-organisatorische Legitimation* verlangt das Bestehen eines ununterbrochenen Legitimationszusammenhangs, der – letztlich rückführbar auf das Volk – bis zu dem die Entscheidung treffenden Organ oder Amtswalter reichen muss.
- Demgegenüber bezieht sich die *sachlich-inhaltliche Legitimation* auf die Notwendigkeit der inhaltlichen Herleitung der Entscheidungen der Staatsorgane. Im Vordergrund steht hier die Steuerung von Verwaltung und Rechtsprechung durch die parlamentarischen Gesetze. Dem Staat im Allgemeinen, also den personell-demokratisch legitimierten Vertretern, müssen hinreichende Einfluss-, Steuerungs- und Kontrollmöglichkeiten bei der Wahrnehmung der staatlichen Aufgaben zukommen[152].

Nicht notwendig ist, dass im Einzelfall alle drei Varianten gleichermaßen bestehen. Das Bundesverfassungsgericht fordert lediglich ein bestimmtes Legitimationsniveau[153] und geht infolgedessen von einem Zusammenwirken der unterschiedlichen Arten des Legitimationszusammenhangs aus[154].

---

150 *Sommermann*, in: v. Mangoldt/Klein/Starck (Hrsg.), GG, Bd. 2, 5. Aufl. 2005, Art. 20 Rn. 82.

151 Zum Ganzen *Dreier*, in: Dreier (Hrsg.), GG, Bd. 2, 2. Aufl. 2006, Art. 20 (Demokratie) Rn. 113; *Herzog*, in: Maunz/Dürig, GG, Bd. 3, Art. 20, II. Rn. 52 f.

152 Zum Ganzen *Dreier*, in: Dreier (Hrsg.), GG, Bd. 2, 2. Aufl. 2006, Art. 20 (Demokratie) Rn. 114 ff.; vgl. auch *Klein*, Veräußerung öffentlicher Unternehmen und Vergaberecht, 2005, S. 41 f; *Mayen*, DÖV 2001, 113.

153 BVerfG, BVerfGE 83, 60 (72); BVerfGE 93, 37 (67); Dreier, in: Dreier (Hrsg.), GG, Bd. 2, 2. Aufl. 2006, Art. 20 (Demokratie) Rn. 117, Fn. 338.

154 *Dreier*, in: Dreier (Hrsg.), GG, Bd. 2, 2. Aufl. 2006, Art. 20 (Demokratie) Rn. 117; *Sachs*, in: Sachs (Hrsg.), GG, 5. Aufl. 2009, Art. 20 Rn. 35.

Zudem wird aus dem Demokratieprinzip in Verbindung mit dem Rechtsstaatsprinzip das „Gebot staatlicher Ingerenz“ hergeleitet[155]. Dem Staat obliegt auch nach einer Privatisierung eine Restverantwortung, die Durchführung der nunmehr privat wahrgenommenen Aufgabe zu überwachen[156]. Das Ziel der Restverantwortung, die entweder als Erfüllungsverantwortung, Gewährleistungsverantwortung oder Auffangverantwortung ausgestaltet sein kann[157], ist die sachgerechte Erfüllung des öffentlichen Auftrags[158].

2. Privatisierung vor dem Hintergrund des Demokratieprinzips

Das Demokratieprinzip steht der Privatisierung kommunaler Einrichtungen im Grundsatz nicht entgegen. Sicherzustellen ist allerdings, dass ein ausreichender Legitimationszusammenhang besteht. Dieser kann z.B. durch Weisungsbefugnisse, aber auch durch Mittel der Aufsicht hergestellt werden[159]. Das Ausmaß des Legitimationszusammenhangs ist abhängig von der Bedeutung der zu privatisierenden Aufgabe. Umfang und Intensität der Weisungs- und Aufsichtsbefugnisse sind an dem politischen Gewicht der Aufgabe und den mit dieser verbundenen Befugnissen auszurichten[160]. Im Rahmen der funktionalen Privatisierung kommt es allerdings nur auf die hinreichende Legitimation des konkreten staatlichen Entscheidungsanteils an[161].

Ebenso ist entscheidend, dass der Staat seiner Restverantwortung in Hinblick auf die privatisierte Aufgabe gerecht werden kann. Hierzu bedarf es Einwirkungspflichten, deren Reichweite – wie das Ausmaß des Legitimationszusammenhangs – von der Bedeutung der Aufgabe abhängt. Je mehr durch die Erfüllung der Aufgabe die Wahrnehmung anderer grundrechtsbedeutsamer Aufgaben des Staates beeinträchtigt und die Freiheit beeinträchtigende Umstände geschaffen werden können, desto tiefgehenderer Einwirkungspflichten bedarf es[162].

---

155 *Mayen*, DÖV 2001, 113; *Spannowsky*, DVBl 1992, 1074.

156 *Burgi*, NVwZ 2001, 606; *Ehlers*, JZ 1990, 1093; *Mayen*, DÖV 2001, 112; *Rozek*, in: Mecking/Schulte (Hrsg.), Grenzen der Instrumentalisierung von Stiftungen, 2003, S. 68; *Schoch*, DVBl 1994, 969 f.; *Schuppert*, DÖV 1998, 833; *Spannowsky*, DVBl 1992, 1072.

157 *Hoffmann-Riem*, DÖV 1997, 441 f.; *Schuppert*, DÖV 1998, 834 f.

158 *Mehde*, VerwArch Bd. 91 (2000), S. 563.

159 *Klein*, Veräußerung öffentlicher Unternehmen und Vergaberecht, 2005, S. 42 f.; *Ossenbühl*, VVDStRL Bd. 29 (1971), 160; *Völmicke*, Privatisierung öffentlicher Leistungen in Deutschland, 1996, S. 71 f.

160 *Ossenbühl*, VVDStRL Bd. 29 (1971), 160 f.

161 *Mehde*, VerwArch Bd. 91 (2000), S. 557.

162 Zum Ganzen *Spannowsky*, DVBl 1992, 1075.

III. Das Sozialstaatsprinzip des Art. 20 Abs. 1 GG

Auch das Sozialstaatsprinzip ist in Art. 20 Abs. 1 GG verankert. In Art. 28 Abs. 1 GG wird es wiederholt und gilt somit auch für die Kommunen als Bestandteile der Länder[163].

1. Inhalt des Sozialstaatsprinzips

Das Sozialstaatsprinzip ist inhaltlich weit und unbestimmt gehalten[164]. Es handelt sich aber nicht nur um einen Programmsatz, sondern um eine unmittelbar geltende Staatsleitlinie, die alle Staatsgewalten bei ihrem Handeln zu beachten haben[165]. Das Sozialstaatsprinzip enthält die Verpflichtung, für eine gerechte Sozialordnung zu sorgen[166]. Es ist allerdings eng auszulegen und gewährt keine konkreten, einklagbaren Rechtsansprüche[167]. Vor diesem Hintergrund ist dem Sozialstaatsprinzip in der Regel nicht zu entnehmen, soziale Leistungen in einem bestimmten Umfang zu gewähren[168]. Nicht jede Verringerung sozialer Leistungen führt zu einer Verletzung des Sozialstaatsprinzips[169]. Entscheidend ist lediglich, dass der gegenwärtige soziale Standard im Wesentlichen gewahrt bleibt[170]. Soweit das Sozialstaatsprinzip dem Gesetzgeber Ziele vorgibt, bleibt diesem jedenfalls die Art und Weise der Erreichung dieser Ziele überlassen. Das Grundgesetz legt in diesem Zusammenhang weder eine staatliche Aufgabenerfüllung fest noch ordnet es eine solche dem Tätigwerden Privater unter[171].

---

163 *Grabbe*, Verfassungsrechtliche Grenzen der Privatisierung kommunaler Aufgaben, 1979, S. 58.

164 *Hofmann*, in: Schmidt-Bleibtreu/Hofmann/Hopfauf (Hrsg.), GG, 11. Aufl. 2008, Art. 20 Rn. 29; *Sachs*, in: Sachs (Hrsg.), GG, 5. Aufl. 2009, Art. 20 Rn. 46.

165 *Grabbe*, Verfassungsrechtliche Grenzen der Privatisierung kommunaler Aufgaben, 1979, S. 57; *Herzog*, in: Maunz/Dürig, GG, Bd. 3, Art. 20, VIII. Rn. 6 (EL 18); *Sommermann*, in: v. Mangoldt/Klein/Starck (Hrsg.), GG, Bd. 2, 5. Aufl. 2005, Art. 20 Rn. 103.

166 BVerfG, BVerfGE 94, 241 (263); BVerfGE 97, 169 (185).

167 *Herzog*, in: Maunz/Dürig, GG, Bd. 3, Art. 20, VIII. Rn. 24, 28 (EL 18); *Hofmann*, in: Schmidt-Bleibtreu/Hofmann/Hopfauf (Hrsg.), GG, 11. Aufl. 2008, Art. 20 Rn. 29.

168 BVerfG, BVerfGE 110, 412 (445); *Klein*, Veräußerung öffentlicher Unternehmen und Vergaberecht, 2005, S. 45.

169 *Völmicke*, Privatisierung öffentlicher Leistungen in Deutschland, 1996, S. 68 f.

170 *Grabbe*, Verfassungsrechtliche Grenzen der Privatisierung kommunaler Aufgaben, 1979, S. 66; *Klein*, Veräußerung öffentlicher Unternehmen und Vergaberecht, 2005, S. 45.

171 *Hofmann*, in: Schmidt-Bleibtreu/Hofmann/Hopfauf (Hrsg.), GG, 11. Aufl. 2008, Art. 20 Rn. 29; *Sachs*, in: Sachs (Hrsg.), GG, 5. Aufl. 2009, Art. 20 Rn. 48; *Sommermann*, in: v. Mangoldt/Klein/Starck (Hrsg.), GG, Bd. 2, 5. Aufl. 2005, Art. 20 Rn. 103, 116 f.

2. Privatisierung vor dem Hintergrund des Sozialstaatsprinzips

Das Sozialstaatsprinzip verpflichtet die Kommunen, für sozialen Ausgleich, soziale Sicherheit und soziale Gerechtigkeit zu sorgen[172]. Hiervon umfasst ist auch die Daseinsvorsorge, zu verstehen als die Sicherstellung der sozialen Existenzbedingungen[173]. In welcher Art und Weise die Kommunen dieser Verpflichtung nachkommen, gibt das Grundgesetz indes nicht vor. Ein absolutes Privatisierungsverbot ergibt sich aus dem Sozialstaatsprinzip somit nur, wenn Private den sozialen Mindeststandard nicht sicherstellen können[174]. Ansonsten obliegt es den Kommunen lediglich, aufgrund der ihnen infolge einer Privatisierung zukommenden allgemeinen Ingerenzpflicht die Einhaltung der Grenzen des Sozialstaatsprinzips sicherzustellen[175].

IV. Das Rechtsstaatsprinzip des Art. 20 Abs. 2 Satz 2 und Abs. 3 GG

Im Rahmen des Rechtsstaatsprinzips, niedergelegt in Art. 20 Abs. 2 Satz 2 und Abs. 3 GG, ist auf den Grundsatz der Gesetzmäßigkeit der Verwaltung abzustellen. Dieser besteht wiederum aus den Grundsätzen des *Vorrangs des Gesetzes* und des *Vorbehalts des Gesetzes*[176] und schränkt die Privatisierung kommunaler Einrichtungen so in zweierlei Richtung ein.

1. Der Grundsatz des Vorrangs des Gesetzes

Der Grundsatz des Vorrangs des Gesetzes fordert, dass die Verwaltung nicht gegen bestehende Gesetze verstoßen darf[177]. Hieraus wird eine Bindung des Staates und seiner Untergliederungen an die Grundsätze rechtsstaatlichen Han-

172 *Gröschner*, in: Dreier (Hrsg.), GG, Bd. 2, 2. Aufl. 2006, Art. 20 (Sozialstaat) Rn. 37.

173 *Gröschner*, in: Dreier (Hrsg.), GG, Bd. 2, 2. Aufl. 2006, Art. 20 (Sozialstaat) Rn. 55.

174 *Püttner*, LKV 1994, 194.

175 *Görgmaier*, DÖV 1977, 358; *v. Hagemeister*, Die Privatisierung öffentlicher Aufgaben, 1992, S. 159.

176 *Hofmann*, in: Schmidt-Bleibtreu/Hofmann/Hopfauf (Hrsg.), GG, 11. Aufl. 2008, Art. 20 Rn. 70; *Sommermann*, in: v. Mangoldt/Klein/Starck (Hrsg.), GG, Bd. 2, 5. Aufl. 2005, Art. 20 Rn. 270.

177 *Sachs*, in: Sachs (Hrsg.), GG, 5. Aufl. 2009, Art. 20 Rn. 112; *Schulze-Fielitz*, in: Dreier (Hrsg.), GG, Bd. 2, 2. Aufl. 2006, Art. 20 (Rechtsstaat) Rn. 92; *Sommermann*, in: v. Mangoldt/Klein/Starck (Hrsg.), GG, Bd. 2, 5. Aufl. 2005, Art. 20 Rn. 271.

delns und die Pflicht abgeleitet, kontrollfreie Bereiche zu verhindern[178]. Die Kommune ist somit gehalten, auch nach einer Privatisierung durch entsprechende Aufsichts- und Einwirkungsbefugnisse die rechtsstaatliche Aufgabenerfüllung sicherzustellen[179]. Dies gilt allerdings nicht, soweit eine Aufgabenprivatisierung stattgefunden hat. Denn in diesem Fall ist die kommunale Einrichtung schließlich aus dem staatlichen Bereich entlassen worden[180].

2. Der Grundsatz des Vorbehalts des Gesetzes

Der Grundsatz des Vorbehalts des Gesetzes bestimmt hingegen, dass Maßnahmen des Staates einer gesetzlichen Grundlage bedürfen[181]. Nicht letztendlich geklärt ist, auf welche Bereiche sich dieses Erfordernis bezieht. Unstreitig bedarf unmittelbar regelndes belastendes (freiheitsverkürzendes) Staatshandeln – also der Bereich der Eingriffsverwaltung – zwingend einer gesetzlichen Grundlage[182]. Nach einer weitergehenden Auffassung soll der Vorbehalt des Gesetzes hingegen umfassend gelten, also auch für den Bereich der Leistungsverwaltung, jedenfalls soweit diesem grundlegende Bedeutung zukommt[183].

Darüber hinaus kann die gesetzliche Regelung der Privatisierung einer kommunalen Einrichtung noch unter anderen Gesichtpunkten zwingend erforderlich sein. Anzuführen ist in diesem Zusammenhang zunächst das *Erfordernis der Publizität.* Hinter diesem Begriff verbirgt sich das Verbot der Entziehung von Staatsleistungen dadurch, dass sie dem Bürger – soweit er anspruchsberechtigt ist – durch die Verlagerung und die Vermischung von Kompetenzen intransparent gemacht werden[184]. Zu beachten ist auch die *demokratische Komponente des Gesetzesvorbehalts*, nach der politisch bedeutsame Entscheidungen – auch organisatorischer Art – durch die Parlamente zu treffen sind[185]. Nicht zuletzt werden

---

178 *Klein*, Veräußerung öffentlicher Unternehmen und Vergaberecht, 2005, S. 40; *Spannowsky*, ZGR 1996, 413; *Völmicke*, Privatisierung öffentlicher Leistungen in Deutschland, 1996, S. 63 ff.

179 *Klein*, Veräußerung öffentlicher Unternehmen und Vergaberecht, 2005, S. 40.

180 *Klein*, Veräußerung öffentlicher Unternehmen und Vergaberecht, 2005, S. 40 f.

181 *Sachs*, in: Sachs (Hrsg.), GG, 5. Aufl. 2009, Art. 20 Rn. 113; *Sommermann*, in: v. Mangoldt/Klein/Starck (Hrsg.), GG, Bd. 2, 5. Aufl. 2005, Art. 20 Rn. 273.

182 *Schulze-Fielitz*, in: Dreier (Hrsg.), GG, Bd. 2, 2. Aufl. 2006, Art. 20 (Rechtsstaat) Rn. 107; *Völmicke*, Privatisierung öffentlicher Leistungen in Deutschland, 1996, S. 63; *v. Hagemeister*, Die Privatisierung öffentlicher Aufgaben, 1992, S. 109.

183 *Hofmann*, in: Schmidt-Bleibtreu/Hofmann/Hopfauf (Hrsg.), GG, 11. Aufl. 2008, Art. 20 Rn. 71; *Sommermann*, in: v. Mangoldt/Klein/Starck (Hrsg.), GG, Bd. 2, 5. Aufl. 2005, Art. 20 Rn. 281.

184 *Ossenbühl*, VVDStRL Bd. 29 (1971), 170 f.

185 *Ossenbühl*, VVDStRL Bd. 29 (1971), 172 f.

die *Errichtung und Beendigung von Verwaltungsträgern in öffentlich-rechtlichen Organisationsformen* dem Gesetzesvorbehalt unterstellt, so dass dies auch für Verwaltungsträger in privatrechtlichen Organisationsformen gefordert werden könnte[186].

Infolge des Grundsatzes des Vorbehalts des Gesetzes kann für die Privatisierung kommunaler Einrichtungen infolgedessen eine gesetzliche Regelung notwendig sein. Ausreichend ist allerdings auch eine Entscheidung der kommunalen Organe, also des Gemeinderats oder Kreistags[187].

V. Die kommunale Selbstverwaltungsgarantie des Art. 28 Abs. 2 GG

Art. 28 Abs. 2 GG beinhaltet eine Garantie der kommunalen Selbstverwaltung. Ein aus dieser Vorschrift resultierendes – gegebenenfalls absolutes – Privatisierungsverbot erschließt sich infolgedessen nicht unmittelbar. Allerdings leitet das Bundesverwaltungsgericht aus Art. 28 Abs. 2 GG nicht nur eine Garantie der kommunalen Selbstverwaltung, sondern auch eine Pflicht, diese zu bewahren, ab.

1. Inhalt der kommunalen Selbstverwaltungsgarantie

Art. 28 Abs. 2 GG beinhaltet mit der kommunalen Selbstverwaltungsgarantie zwei Gewährleistungen: das Vorhandensein eines bestimmten Aufgabenbestandes und die eigenverantwortliche Erledigung der Aufgaben[188]. Systematisch sind dabei drei Garantieebenen zu unterscheiden: Die *institutionelle Rechtssubjektsgarantie*, die *objektive Rechtsinstitutionsgarantie* und die *subjektive Rechtsstellungsgarantie*[189]. Die institutionelle Rechtssubjektsgarantie sichert – als Voraussetzung für die eigentliche Selbstverwaltungsgarantie – den Bestand der Kommunen als Einrichtung, wenn auch nicht ihren individuellen Bestand. Demgegenüber ist Inhalt der objektiven Rechtsinstitutionsgarantie, dass den Kommu-

---

186 *Ossenbühl*, VVDStRL Bd. 29 (1971), 173.

187 *Ossenbühl*, VVDStRL Bd. 29 (1971), 174; *v. Hagemeister*, Die Privatisierung öffentlicher Aufgaben, 1992, S. 111; vgl. auch *Schoch*, DVBl 1994, 970.

188 *Henneke*, in: Schmidt-Bleibtreu/Hofmann/Hopfauf (Hrsg.), GG, 12. Aufl. 2011, Art. 28 Rn. 34.

189 *Henneke*, in: Schmidt-Bleibtreu/Hofmann/Hopfauf (Hrsg.), GG, 12. Aufl. 2011, Art. 28 Rn. 41; *Tettinger/Schwarz*, in: v. Mangoldt/Klein/Starck (Hrsg.), GG, Bd. 2, 6. Aufl. 2010, Art. 28 Rn. 155 ff., jeweils unter Berufung auf *Klaus Stern*.

nen bestimmte Aufgaben zukommen und sie diese eigenverantwortlich wahrnehmen dürfen. Die subjektive Rechtsstellungsgarantie gibt den Kommunen – abschließend – eine rechtsschutzfähige Abwehrposition, um die ihnen gewährleisteten Rechte durchsetzen zu können[190].

Bei der Frage, was unter dem Vorhandensein eines bestimmten Aufgabenbestandes zu verstehen ist, muss differenziert werden. Während Art. 28 Abs. 2 Satz 1 GG den Städten und Gemeinden alle Angelegenheiten der örtlichen Gemeinschaft zuweist, sind den Gemeindeverbänden, also den Landkreisen, nach Art. 28 Abs. 2 Satz 2 GG keine bestimmten Aufgaben zugewiesen und gewährleistet. Ihr Aufgabenkreis unterliegt der Bestimmung durch den Gesetzgeber, wobei Art. 28 Abs. 2 Satz 3 GG allerdings auch den Gemeindeverbänden die Zuständigkeit für die Grundlagen der finanziellen Eigenverantwortung sichert[191]. Für die Gemeindeverbände ist der Garantiegehalt des Art. 28 Abs. 2 GG daher insoweit gemindert, als dass sie nur über einen Mindestbestand an Aufgaben des eigenen Wirkungskreises verfügen müssen[192].

2. Privatisierung vor dem Hintergrund der kommunalen Selbstverwaltungsgarantie

Ein Konflikt zwischen der kommunalen Selbstverwaltungsgarantie und der Privatisierung kommunaler Einrichtungen ist lange Zeit nicht gesehen worden. Dies hat sich durch ein Urteil des Bundesverwaltungsgerichts vom 27.5.2009 geändert, in dem es aus Art. 28 Abs. 2 GG nicht nur eine vor Eingriffen schützende Garantie der kommunalen Selbstverwaltung, sondern auch eine Pflicht der Wahrung und Sicherung des kommunalen Aufgabenbestandes ableitet[193]. Anlass des Urteils war die Entscheidung der Stadt Offenbach, die bisher von ihr selbst vorgenommene Ausrichtung des Weihnachtsmarktes auf einen privaten Dritten zu übertragen. In dem hierzu geschlossenen Vertrag war festgelegt, dass dem privaten Dritten in eigener Verantwortung die Auswahl der Marktbeschicker, die Marktordnung sowie die Werbung für und die Durchführung des Weihnachts-

---

190 Zum Ganzen *Henneke*, in: Schmidt-Bleibtreu/Hofmann/Hopfauf (Hrsg.), GG, 12. Aufl. 2011, Art. 28 Rn. 41 ff.; *Pieroth*, in: Jarass/Pieroth, GG, 11. Aufl. 2011, Art. 28 Rn. 11; *Tettinger/Schwarz*, in: v. Mangoldt/Klein/Starck (Hrsg.), GG, Bd. 2, 6. Aufl. 2010, Art. 28 Rn. 156 ff.

191 Zum Ganzen *Pieroth*, in: Jarass/Pieroth, GG, 11. Aufl. 2011, Art. 28 Rn. 12, 30; *Tettinger/Schwarz*, in: v. Mangoldt/Klein/Starck (Hrsg.), GG, Bd. 2, 6. Aufl. 2010, Art. 28 Rn. 168, 237 und 243.

192 *Henneke*, in: Schmidt-Bleibtreu/Hofmann/Hopfauf (Hrsg.), GG, 12. Aufl. 2011, Art. 28 Rn. 36; *Pieroth*, in: Jarass/Pieroth, GG, 11. Aufl. 2011, Art. 28 Rn. 30.

193 BVerwG, NVwZ 2009, 1305 ff.

marktes obliegt. Er sollte dabei in eigener Verantwortung, für eigene Rechnung und unabhängig von Einzelweisungen der Stadt tätig werden. Im Jahr 2006 wurde der Vertrag dahingehend geändert, dass die Auswahl der Marktbeschicker nunmehr in eigener Verantwortung des privaten Dritten auf der Grundlage eines öffentlichen Bewerbungsverfahrens unter privatrechtlichen Grundsätzen erfolgen sollte. Hiergegen ging ein nicht zu dem Weihnachtsmarkt zugelassener Marktbeschicker vor[194].

Das Bundesverwaltungsgericht hat dieses von ihm als Aufgabenprivatisierung angesehene Vorgehen der Stadt Offenbach für unzulässig gehalten. Nach seiner Auffassung ist der Rechtsbegriff der Angelegenheiten der örtlichen Gemeinschaft nicht inhaltslos und disponibel, sondern entsprechend dem Sinn der grundgesetzlichen Selbstverwaltungsgarantie zu verstehen und zu interpretieren. Die Gemeinden seien aufgrund der Selbstverwaltungsgarantie nicht nur vor Eingriffen in den Kernbestand ihrer Aufgaben geschützt. Vielmehr ergebe sich aus Art. 28 Abs. 2 Satz 1 GG auch eine Bindung der Gemeinden, den Bestand ihrer Aufgaben zu erhalten, und damit

> „die grundsätzliche Pflicht der gemeindlichen Wahrung und Sicherung ihres eigenen Aufgabenbestandes, wenn dieser in den Angelegenheiten der örtlichen Gemeinschaft wurzelt.“[195]

Aufgrund dessen sei es den Gemeinden nicht überlassen, freiwillige Selbstverwaltungsangelegenheiten zu übernehmen und wieder abzugeben. Andernfalls sei es ihnen nämlich möglich, den Inhalt der kommunalen Selbstverwaltung auszuhöhlen, also Aufgaben, welche die Gemeinden für die Gemeindeangehörigen wahrzunehmen hätten. Daher müsse die Gemeinde bei einer Übertragung von Angelegenheiten des örtlichen Wirkungskreises jedenfalls immer Einwirkungs- und Steuerungsmöglichkeiten zurückbehalten. Sie könne sich nicht „ihres genuinen Verantwortungsbereichs für die Wahrnehmung ihrer Angelegenheiten des örtlichen Wirkungskreises“ begeben. Bei einer Privatisierung kämen somit nur die Formen der Organisations- und funktionalen Privatisierung in Betracht[196].

Hinsichtlich der seiner Auffassung nach nicht vollständig privatisierbaren freiwilligen Selbstverwaltungsaufgaben differenziert das Bundesverwaltungsgericht dabei noch einmal: Zum einen zwischen Aufgaben, die der wirtschaftlichen Betätigung der Gemeinde dienen, und Aufgaben, die in einem Zusammenhang mit kulturellen, sozialen oder traditionsbildenden Zwecken stehen. So sei zweifelhaft, ob eine wirtschaftliche Betätigung der Gemeinde „das Zusammenleben und Zusammenwohnen der Menschen in der politischen Gemeinschaft“ betreffe.

---

194 Zum Ganzen BVerwG, NVwZ 2009, 1305 (1305 f.).

195 Zum Ganzen BVerwG, NVwZ 2009, 1305 (1306).

196 Zum Ganzen BVerwG, NVwZ 2009, 1305 (1306 f.).

Zum anderen innerhalb dieser für das Zusammenleben und Zusammenwohnen der Menschen bedeutsamen Aufgaben. Denn je länger die Gemeinde bereits für eine solche Aufgabe verantwortlich sei, desto mehr obliege ihr eine wirksame Wahrnehmung derselben[197].

Diese Auslegung des Art. 28 Abs. 2 GG durch das Bundesverwaltungsgericht ist – zu Recht – auf vielfältige Kritik gestoßen. Art. 28 Abs. 2 GG lässt sich ein Wahrnehmungsgebot und damit ein Privatisierungsverbot freiwilliger Selbsverwaltungsaufgaben nicht entnehmen. Seinem Wortlaut und Sinn und Zweck nach gewährleistet die Vorschrift Kommunen, alle Aufgaben der örtlichen Gemeinschaft bzw. die ihnen gesetzlich zugewiesenen Aufgaben des eigenen Wirkungskreises eigenverantwortlich erledigen zu dürfen. Art. 28 Abs. 2 GG enthält somit lediglich ein Recht der Kommunen, eine (Selbstverwaltungs-)Garantie zu ihren Gunsten[198]. Ein Wahrnehmungsgebot freiwilliger Selbstverwaltungsaufgaben der Kommunen bedürfte einer ausdrücklichen gesetzlichen Regelung[199]. Gesteht Art. 28 Abs. 2 GG den Kommunen aber nur ein Recht, nämlich das Recht zu, welcher freiwilliger Selbstverwaltungsaufgaben sie sich annehmen, ohne ihnen diesbezüglich zugleich auch eine Pflicht aufzuerlegen, bedeutet dies in der Konsequenz, dass die Kommunen ebenso ungebunden darüber entscheiden können müssen, ob sie von diesen Aufgaben einzelne nicht mehr wahrnehmen[200]. *Ehlers*[201] weist zutreffend darauf hin, dass Art. 28 Abs. 2 GG als Kompetenzvorschrift zwar durchaus Bindungswirkungen entfaltet und somit ein Untermaßverbot beinhaltet. Dieses Untermaßverbot nimmt den Kommunen die Möglichkeit, sich aus der Wahrnehmung freiwilliger Selbstverwaltungsaufgaben gänzlich zurückzuziehen. Es berührt allerdings nicht die Befugnis der Kommunen, über den Umfang ihrer freiwilligen Selbstverwaltungsaufgaben zu entscheiden[202].

Die Auffassung des Bundesverwaltungsgerichts gerät nicht nur mit Art. 28 Abs. 2 GG in Konflikt, sondern auch mit der in zahlreichen Gemeindeordnungen zu findenden so genannten echten Subsidiaritätsklausel. Diese zwingt die Kommune bei einer wirtschaftlichen Betätigung zu dem Nachweis, dass sie den

---

197 Zum Ganzen BVerwG, NVwZ 2009, 1305 (1307).

198 Zum Ganzen vgl. oben, zweiter Teil, zweiter Abschnitt, B. V. 1. sowie *Donhauser*, NVwZ 2010, 933; *Ehlers*, DVBl 2009, 1456; *Schoch*, DVBl 2009, 1534 f.; a. A. *Katz*, NVwZ 2010, 406 f.; *Winkler*, JZ 2009, 1170.

199 *Donhauser*, NVwZ 2010, 933; *Schoch*, DVBl 2009, 1534.

200 *Ehlers*, DVBl 2009, 1456; *Schoch*, DVBl 2009, 1535.

201 DVBl 2009, 1456.

202 *Ehlers*, DVBl 2009, 1456, der dies nur für angezeigt hält, „wenn es für lebenswichtige Güter oder Dienstleistungen keinen Markt gibt oder es zu einem Marktversagen kommt“; zustimmend *Winkler*, JZ 2009, 1170, der die Grenze erreicht sieht, wenn die Zahl der freiwilligen Selbstverwaltungsaufgaben so gering geworden ist, dass nicht mehr von einer Selbstverwaltung gesprochen werden kann.

Zweck besser und wirtschaftlicher als ein Privater erfüllen kann[203]. Das Bundesverwaltungsgericht hat dies durchaus erkannt und eine Unterscheidung zwischen Aufgaben, mit denen sich die Gemeinde wirtschaftlich betätigt, und Aufgaben, die kulturellen, sozialen oder traditionsbildenden Zwecken dienen, vorgenommen. Lediglich bei Letzteren sieht das Bundesverwaltungsgericht Aufgabenprivatisierungen als kritisch an. Diese Unterscheidung ist jedoch bereits deshalb nur schwer handhabbar, weil auch Aufgaben kultureller, sozialer oder traditionsbildender Art häufig mit einer wirtschaftlichen Betätigung der Kommune einhergehen[204].

Vor diesem Hintergrund steht die kommunale Selbstverwaltungsgarantie des Art. 28 Abs. 2 GG der Zulässigkeit auch von Aufgabenprivatisierungen unverändert grundsätzlich nicht entgegen. Selbst ein Bejahen der diesbezüglichen Rechtsprechung des Bundesverwaltungsgerichts würde jedoch nicht zu einem absoluten Verbot solcher Privatisierungen führen. Denn das Bundesverwaltungsgericht sieht „lediglich" die materielle Privatisierung bestimmter Aufgaben oder kommunaler Einrichtungen als unzulässig an.

VI. Der Funktionsvorbehalt des Art. 33 Abs. 4 GG

Nicht zuletzt muss sich die Privatisierung kommunaler Einrichtungen an dem Funktionsvorbehalt des Art. 33 Abs. 4 GG messen lassen.

1. Inhalt des Funktionsvorbehalts

Trotz der unklaren Formulierung ist es unbestritten, dass der Funktionsvorbehalt personell nur Beamte erfasst[205]. Entscheidend für die Bestimmung des sachlichen Inhalts des Funktionsvorbehalts ist hingegen die Frage, was unter den Begriff der „hoheitsrechtlichen Befugnisse" zu fassen ist. Sicher ist zwar, dass nur Funktionen der Exekutive und die Eingriffsverwaltung erfasst sind[206]. Unklar ist allerdings bis heute, ob und inwieweit auch die Leistungsverwaltung umfasst ist. Vor dem Hintergrund der Entstehungsgeschichte des Art. 33 Abs. 4 GG und des besonderen Status von Beamten ist jedoch davon auszugehen, dass sich der Um-

---

203 *Donhauser*, NVwZ 2010, 934; *Schoch*, DVBl 2009, 1538, jeweils mit Beispielen.

204 *Ehlers*, DVBl 2009, 1457; vgl. auch *Schoch*, DVBl 2009, 1538, der – unabhängig hiervon – kritisiert, dass in den Gemeindeordnungen gerade kein Gegensatz zwischen wirtschaftlichen und kulturellen oder sozialen Einrichtungen bestehe.

205 *Maunz*, in: Maunz/Dürig, GG, Bd. 4, Art. 33 Rn. 39.

206 *Jachmann*, in: v. Mangoldt/Klein/Starck (Hrsg.), GG, Bd. 2, 5. Aufl. 2005, Art. 33 Rn. 31.

fang des Funktionsvorbehalts nicht an der Grenze zwischen Eingriffs- und Leistungsverwaltung festmachen lässt. Abzustellen ist vielmehr darauf, inwiefern für die Erfüllung der in Frage stehenden Tätigkeit die spezielle Pflichtenstellung eines Beamten typischerweise wesentlich ist[207]. Dies bedeutet, dass Aufgaben von wesentlicher Grundrechtsrelevanz in der Regel Beamten vorbehalten bleiben sollen[208].

Art. 33 Abs. 4 GG soll gewährleisten, dass dem Beamtentum ein substantiell bedeutsamer Tätigkeitsbereich erhalten bleibt[209]. Der Parlamentarische Rat war sich jedoch einig, dass es zu einer – im Vergleich zur Vergangenheit – restriktiveren Verbeamtungspraxis kommen sollte, wohl auch vor dem Hintergrund der Verhaltensweise des Beamtentums während des Dritten Reichs. Dem Beamtentum sollte ein Mindest-Tätigkeitsbereich, nicht ein maximaler Aufgabenbereich gesichert werden[210]. Hinzukommt der besondere Status eines Beamten, der sich aus drei Aspekten speist: Zum einen aus seiner Pflichtenstellung dem Staat gegenüber, die sich unter anderem in der Verfassungstreue, der Neutralität und dem Streikverbot konkretisiert. Zum anderen aus der Unabhängigkeit des Beamten, die ihn zu einem Garanten einer effektiven Gewaltenteilung werden lässt. Darüber hinaus ist der Beamte Amtsträger, also staatliches Organ, was seine Stellung demokratisch legitimiert.[211] In der Zusammenschau ergibt sich hieraus eine Einengung der „hoheitsrechtlichen Befugnisse". Das Beamtentum soll eine kontinuierliche, von den Parteien unabhängige und der Verfassung wie auch den Gesetzen entsprechende Erfüllung derjenigen Aufgaben sicherstellen, welche die Kernfunktionen des Staates betreffen. Vor dem Hintergrund, dass die Ausübung hoheitsrechtlicher Befugnisse nach dem Willen des Parlamentarischen Rates nur vorliegen sollte, wenn der Staat dem Bürger obrigkeitlich entgegentritt, ist der in diesem Zusammenhang anzulegende Maßstab eine Grundrechtsrelevanz der zu erfüllenden Aufgabe von nicht nur untergeordneter Bedeutung[212]. Infolgedessen orientiert sich der Umfang des Funktionsvorbehalts nicht an der Unterscheidung zwischen Eingriffs- und Leistungsverwaltung. Abzustellen ist vielmehr darauf, inwiefern für die Erfüllung der in Frage stehenden Tätigkeit die spezielle Pflich-

---

207 Zum Ganzen *Masing*, in: Dreier (Hrsg.), GG, Bd. 2, 2. Aufl. 2006, Art. 33 Rn. 65 f..

208 *Jachmann*, in: v. Mangoldt/Klein/Starck (Hrsg.), GG, Bd. 2, 5. Aufl. 2005, Art. 33 Rn. 34; *Völmicke*, Privatisierung öffentlicher Leistungen in Deutschland, 1996, S. 80.

209 *Maunz*, in: Maunz/Dürig, GG, Bd. 4, Art. 33 Rn. 32.

210 Zum Ganzen *Waechter*, NZV 1997, 335.

211 Zum Ganzen *Jachmann*, in: v. Mangoldt/Klein/Starck (Hrsg.), GG, Bd. 2, 5. Aufl. 2005, Art. 33 Rn. 33.

212 Zum Ganzen *Jachmann*, in: v. Mangoldt/Klein/Starck (Hrsg.), GG, Bd. 2, 5. Aufl. 2005, Art. 33 Rn. 33 f.

tenstellung eines Beamten typischerweise wesentlich ist[213]. Unabhängig hiervon ist anerkannt, dass es Ausnahmen vom Funktionsvorbehalt geben kann, soweit dies sachliche Gründe rechtfertigen[214].

2. Privatisierung vor dem Hintergrund des Funktionsvorbehalts

Der Funktionsvorbehalt des Art. 33 Abs. 4 GG kann der Privatisierung einer kommunalen Einrichtung somit nur entgegenstehen, wenn diese mit der Übertragung hoheitlicher Befugnisse einhergeht. Auch dann steht Art. 33 Abs. 4 GG einer Privatisierung jedoch nicht zwingend entgegen. Denn die Ausübung hoheitlicher Befugnisse ist Beamten nur „in der Regel" und nur zu übertragen, wenn es sich um eine „ständige Aufgabe" handelt. Infolgedessen lässt Art. 33 Abs. 4 GG die Übertragung von Hoheitsbefugnissen auf Private zu, soweit dies sachlich gerechtfertigt und zeitlich begrenzt ist[215]. Hierbei ist jedoch zu beachten, dass dies nur Hoheitsbefugnisse betreffen kann, die dem Staat nicht zwingend zugewiesen sind. Von einer Privatisierung ausgenommen sind daher jedenfalls die klassischen Staatsfunktionen, die dem Gewaltmonopol des Staates entspringen[216]. Ansonsten stellt Art. 33 Abs. 4 GG eine absolute Privatisierungsschranke somit aber nur dar, soweit es im Rahmen einer Aufgabenprivatisierung zu der Übertragung hoheitlicher Befugnisse kommen soll.

C. Bundesrecht

Das Bundesrecht gewährt Unternehmen in öffentlich-rechtlichen Organisationsformen im Vergleich zu solchen in privatrechtlichen Organisationsformen zahlreiche Vorteile[217]. Hieraus ergibt sich aber kein grundsätzliches Verbot der Privatisierung kommunaler Einrichtungen. Allerdings enthält das Bundesrecht auch Aufgaben, die zwingend dem Staat obliegen, und infolgedessen eine Aufgabenprivatisierung ausgeschlossen ist. Als Beispiele sind § 11 EichG, § 16 Abs. 1 KrW-/AbfG und die §§ 40, 40a BAföG zu nennen, die festlegen, dass jedenfalls die Verantwortung für die Durchführung der jeweiligen Aufgabe zwingend beim Staat zu verbleiben hat. Im Ergebnis ist somit für jede Aufgabe gesondert zu

213 *Masing*, in: Dreier (Hrsg.), GG, Bd. 2, 2. Aufl. 2006, Art. 33 Rn. 66.
214 *Masing*, in: Dreier (Hrsg.), GG, Bd. 2, 2. Aufl. 2006, Art. 33 Rn. 70; *Waechter*, NZV 1997, 332.
215 *Masing*, in: Dreier (Hrsg.), GG, Bd. 2, 2. Aufl. 2006, Art. 33 Rn. 69 f.
216 Zum Ganzen *Klein*, Veräußerung öffentlicher Unternehmen und Vergaberecht, 2005, S. 46.
217 Vgl. hierzu *Völmicke*, Privatisierung öffentlicher Leistungen in Deutschland, 1996, S. 88 f.

prüfen, ob sich aus dem für sie maßgeblichen Fachrecht ergibt, dass sie nur durch öffentlich-rechtlich organisierte Verwaltungsträger wahrgenommen werden darf[218].

D. Landesrecht

Auch das Landesrecht steht der Privatisierung kommunaler Einrichtungen nicht grundsätzlich entgegen. Wie auf der Ebene des Bundesrechts ergeben sich aber auch hier im Einzelfall Privatisierungsverbote, jedenfalls bei der vollständigen Abgabe einer Aufgabe.

Auf der Ebene des Landesrechts dürfen jedoch auch die Gemeindeordnungen nicht außer Acht gelassen werden. Diese beinhalten Vorschriften, denen zwei Regelungsbereiche zugrunde liegen. Zum einen geht es um die Zulässigkeit kommunaler wirtschaftlicher Betätigung an sich – also das „Ob" einer wirtschaftlicher Betätigung –, zum anderen um besondere Anforderungen, welche die Errichtung öffentlicher Unternehmen in privatrechtlichen Organisationsformen betreffen, also das „Wie" einer wirtschaftlichen Betätigung[219].

Die das „Ob" betreffenden Schrankenbestimmungen in den Gemeindeordnungen finden ihre Grundlage in § 67 der Deutschen Gemeindeordnung von 1935. Nach dieser Vorschrift war es Kommunen nur dann erlaubt wirtschaftliche Unternehmen zu errichten oder wesentlich zu erweitern, wenn dies durch einen öffentlichen Zweck gerechtfertigt war, das Unternehmen in einem angemessenen Umfang zur Leistungsfähigkeit der Kommune und zu dem voraussichtlichen Bedarf stand und ein Dritter den Zweck nicht besser oder wirtschaftlicher erfüllen konnte[220]. Diese Voraussetzungen haben die Gemeindeordnungen weitestgehend übernommen[221].

Für die Frage der Zulässigkeit der Privatisierung kommunaler Einrichtungen noch interessanter sind die Voraussetzungen, welche die Gemeindeordnungen für die Errichtung öffentlicher Unternehmen in privatrechtlichen Organisationsformen aufstellen. Entscheidend ist, dass der Staat und seine Untergliederungen im Rahmen des geltenden Rechts frei zwischen den öffentlich-rechtlichen und privatrechtlichen Organisationsformen wählen können. Diese Wahlfreiheit ergibt sich für die Kommunen aus Art. 28 Abs. 2 GG, denn sie ist Bestandteil der zur

---

218 Zum Ganzen *Erbguth/Stollmann*, DÖV 1993, 800.

219 Ähnliche Vorschriften enthalten teilweise auch die Landkreisordnungen.

220 Zum Ganzen *Gern*, Deutsches Kommunalrecht, 3. Aufl. 2003, Rn. 719.

221 Vgl. z.B. § 97 Abs. 1 SächsGemO.

Selbstverwaltungsgarantie gehörenden Organisationshoheit[222]. Von diesem Grundsatz der Wahlfreiheit ausgehend und diesen ergänzend, legen die Gemeindeordnungen fest, dass privatwirtschaftlich organisierte öffentliche Unternehmen nur unter bestimmten Bedingungen errichtet werden dürfen. Die aufgestellten Voraussetzungen reichen von der Sicherstellung der Aufgabenerfüllung der Kommune über die Begrenzung der Haftung der Kommune auf einen ihrer Leistungsfähigkeit angemessenen Betrag bis zur Durchführung der Abschlussprüfung nach dem Haushaltsgrundsätzegesetz und Genehmigungserfordernissen bzw. Vorlagepflichten bei der Rechtsaufsichtsbehörde[223]. Aufgrund der notwendigen Begrenzung der Haftung scheiden bereits diejenigen privatrechtlichen Organisationsformen aus, bei denen eine Haftungsbegrenzung grundsätzlich nicht in Betracht kommt, wie z.B. die Gesellschaft bürgerlichen Rechts oder die Offene Handelsgesellschaft[224]. Darüber hinaus beinhalten die Gemeindeordnungen teilweise eine grundsätzliche Präferenz für öffentlich-rechtliche Organisationsformen[225].

Wie oben bereits angemerkt, ergibt sich aus diesen Vorschriften jedoch kein grundsätzliches Privatisierungsverbot kommunaler Einrichtungen.

---

222 *Ehlers*, DÖV 1986, 897 f.; *Gern*, Deutsches Kommunalrecht, 3. Aufl. 2003, Rn. 720; vgl. z.B. § 95 Abs. 1 SächsGemO.

223 Vgl. z.B. §§ 95 ff. SächsGemO.

224 *Geis*, Kommunalrecht, 1. Aufl. 2008, § 12 Rn. 71; *Gern*, Deutsches Kommunalrecht, 3. Aufl. 2003, Rn. 758.

225 Vgl. z.B. § 95 Abs. 3 SächsGemO, der vor der Errichtung eines öffentlichen Unternehmens in einer privatrechtlichen Organisationsform eine eingehende Befassung des Gemeinderats mit den sich hieraus ergebenden Vor- und Nachteilen fordert, und § 108 Abs. 4 Satz 4 NGO, der die Führung sonstiger kommunaler Einrichtungen in Organisationsformen des privaten Rechts nur unter eng gefassten Voraussetzungen zulässt.

Dritter Teil
Ausnahmen von der Ausschreibungspflicht

Jenseits der in § 100 Abs. 2 GWB[226] ausdrücklich geregelten Tatbestände bestehen weitere – nicht ausdrücklich geregelte – Tatbestände, bei deren Vorliegen es von vornherein nicht oder zumindest teilweise nicht zu einer Anwendung des Vergaberechts kommt. Hierbei handelt es sich um die Dienstleistungskonzession, die Beleihung sowie das von der Rechtsprechung entwickelte so genannte In-house-Geschäft. Diese Ausnahmen von der Ausschreibungspflicht sind daher der vergaberechtlichen Behandlung der „klassischen" Privatisierungsformen und der interkommunalen Zusammenarbeit voranzustellen. Später kann auf die hier gewonnenen Erkenntnisse zurückgegriffen werden.

---

226 Nunmehr § 100 Abs. 2 bis 6 und Abs. 8 sowie §§ 100a bis 100c GWB.

Erster Abschnitt
Die Dienstleistungskonzession

Eine entscheidende Ausnahme von der Ausschreibungspflicht stellt die Dienstleistungskonzession dar. Diese fällt unbestritten nicht in den Anwendungsbereich der europäischen Vergaberichtlinien und – mangels einer entsprechenden Regelung – infolgedessen auch nicht in denjenigen des nationalen Vergaberechts. Uneinigkeit herrscht hingegen darüber, unter welchen Voraussetzungen das Vorliegen einer Dienstleistungskonzession zu bejahen ist. Dies wird durch einen mangelnden rechtlichen Rahmen begünstigt.

A. Ausschluss der Dienstleistungskonzession aus dem Anwendungsbereich der europäischen Vergaberichtlinien

I. Begriff der Dienstleistungskonzession

Die Dienstleistungskonzession hat – anders als die Baukonzession in der Richtlinie 93/37/EWG[227] – in der Richtlinie 92/50/EWG[228] keine Erwähnung gefunden. Während die Richtlinie 93/37/EWG bezüglich der Baukonzession bei der Vergabe zu beachtende Verfahrensregeln aufstellte, fehlte es in Hinblick auf die Dienstleistungskonzession bereits an einer Definition.

Dies hat sich mit dem Erlass der nunmehr geltenden europäischen Vergaberichtlinien geändert. Sowohl Art. 1 Abs. 4 der Richtlinie 2004/18/EG als auch Art. 1 Abs. 3 lit. b der Richtlinie 2004/17/EG enthalten jetzt eine – gleichlautende – Definition der Dienstleistungskonzession. Bei Dienstleistungskonzessionen handelt es sich demzufolge um

> „Verträge, die von öffentlichen Dienstleistungsaufträgen nur insoweit abweichen, als die Gegenleistung für die Erbringung der Dienstleistungen ausschließlich in dem Recht zur Nutzung der Dienstleistung oder in diesem Recht zuzüglich der Zahlung eines Preises besteht.“

---

227 Richtlinie 93/37/EWG v. 14.6.1993 zur Koordinierung der Verfahren zur Vergabe öffentlicher Bauaufträge, ABl. L 199 v. 9.8.1993, S. 54.

228 Richtlinie 92/50/EWG v. 18.6.1992 über die Koordinierung der Verfahren zur Vergabe öffentlicher Dienstleistungsaufträge, ABl. L 209 v. 24.7.1992, S. 1.

Die Richtlinien 2004/18/EG und 2004/17/EG haben allerdings nichts an der Tatsache geändert, dass – sowohl auf europäischer als auch auf nationaler Ebene – nur das Vergabeverfahren bezüglich der Baukonzession eine besondere Regelung erfahren hat.

II. Ausschreibungsfreiheit der Dienstleistungskonzession

Aus der Tatsache, dass zwar in der Richtlinie 93/37/EWG die Baukonzession ausdrücklich geregelt war, die Dienstleistungskonzession in der Richtlinie 92/50/EWG aber nicht einmal Erwähnung gefunden hatte, wurde zunächst der Schluss gezogen, dass Dienstleistungskonzessionen gleich Dienstleistungs*aufträgen* zu behandeln seien[229]. Die Kommission trat dieser Auffassung in ihrer *Mitteilung zu Auslegungsfragen im Bereich Konzessionen im Gemeinschaftsrecht* jedoch mit dem Argument entgegen, dass das Verfahren zur Erteilung einer Dienstleistungskonzession dann viel komplexer ausgestaltet sei, als das Verfahren zur Erteilung einer Baukonzession[230].

Dem ist der Europäische Gerichtshof in seiner Entscheidung *„Telaustria"*[231] gefolgt. Zur Begründung hat er auf die Entstehungsgeschichte der Richtlinien 92/50/EWG und 93/38/EWG[232] Bezug genommen und diese mit der Entstehungsgeschichte der für Bauaufträge geltenden Richtlinie 93/37/EWG verglichen: Die Kommission habe bezüglich der Richtlinie 92/50/EWG vorgeschlagen, die Dienstleistungskonzession ebenso in den Anwendungsbereich dieser Richtlinie einzubeziehen. Dem sei der Gemeinschaftsgesetzgeber jedoch nicht gefolgt. In Hinblick auf die Richtlinie 93/38/EWG habe die Dienstleistungskonzession auch nach dem Willen der Kommission nicht in den Anwendungsbereich dieser Richtlinie fallen sollen. Diese Auffassung werde gestützt durch einen Vergleich mit der für Bauaufträge geltenden Richtlinie 93/37/EWG, welche auch die Baukonzession umfasse. Denn eine Regelung der Dienstleistungskonzession sei in der an demselben Tag wie die Richtlinie 93/37/EWG erlassenen Richtlinie 93/38/EWG gerade nicht erfolgt[233].

---

229 *Böckel*, LKV 2003, 394.

230 Kommission, Mitteilung zu Auslegungsfragen im Bereich Konzessionen im Gemeinschaftsrecht, AblEG 2000, Nr. C 121/02, S. 4, Ziff. 2.2, Fn. 15.

231 EuGH, Rs. C-324/98, Slg. 2000, I-10770 – *„Telaustria"*.

232 Richtlinie 93/38/EWG v. 14.6.1993 zur Koordinierung der Auftragsvergabe durch Auftraggeber im Bereich der Wasser-, Energie- und Verkehrsversorgung sowie im Telekommunikationssektor, ABl. L 199 v. 9.8.1993, S. 84.

233 EuGH, Rs. C-324/98, Slg. 2000, I-10770, Rn. 46 ff. – *„Telaustria"*.

Die Richtlinie 2004/18/EG regelt nunmehr ausdrücklich in Art. 17, dass sich ihr Anwendungsbereich nicht auf die Dienstleistungskonzession erstreckt. Auch die Richtlinie 2004/17/EG nimmt die Dienstleistungskonzession in Art. 18 von ihrem Anwendungsbereich aus, soweit diese von einem Sektorenauftraggeber zu dem Zweck seiner Sektorentätigkeit vergeben wird.

B. Voraussetzungen der Dienstleistungskonzession

Da die Dienstleistungskonzession nicht in den Anwendungsbereich der europäischen Vergaberichtlinien und des nationalen Vergaberechts fällt, ist es unerlässlich, die ihr zugrunde liegenden Voraussetzungen genau herauszuarbeiten. Insbesondere ist der Frage nachzugehen, ob die nur auf rechtstechnischen Erwägungen beruhende Feststellung des Europäischen Gerichtshofs, dass die Dienstleistungskonzession nicht ausschreibungspflichtig ist, auch materiellrechtlich begründet werden kann.

Nach den Generalanwälten *La Pergola* und *Alber* sprechen vier Anhaltspunkte für das Vorliegen einer Dienstleistungskonzession[234]: Der *erste Anhaltspunkt* betrifft den Empfänger der erbrachten Dienstleistung. Bei der Dienstleistungskonzession sei dies nicht wie bei einem Dienstleistungsauftrag der Auftraggeber. Vielmehr erhalte ein außerhalb der Vertragsbeziehung stehender Dritter, in der Regel die Allgemeinheit, die Leistung und entrichte hierfür ein Entgelt. Der *zweite Anhaltspunkt* betrifft die Dienstleistung selbst. Diese müsse dergestalt im öffentlichen bzw. allgemeinen Interesse liegen, dass ihre Erbringung einer öffentlichen Einrichtung obliege, so dass im Zuge der Konzessionierung an die Stelle des Konzessionsgebers der Konzessionsnehmer trete. Der *dritte Anhaltspunkt* hat das Entgelt des Konzessionsnehmers zum Gegenstand, das nämlich ganz oder teilweise der Dienstleistung entnommen werde, die der Konzessionsnehmer erbringe. Als *vierten Anhaltspunkt* nennen *La Pergola* und *Alber* die Verteilung des wirtschaftlichen Risikos. Im Rahmen der Dienstleistungskonzession liege dieses Risiko, das sich aus der Bewirtschaftung der der Konzession zugrunde liegenden Dienstleistung ergebe, auf Seiten des Konzessionsnehmers.

Zusammengefasst ergeben sich somit zunächst drei die Dienstleistungskonzession kennzeichnende Merkmale[235], die es näher zu untersuchen gilt:

---

234 Schlussanträge des Generalanwalts in der Rs. C-360/96, Slg. 1998, I-6824, Rn. 26 – *„Gemeente Arnhem"*; Schlussanträge des Generalanwalts in der Rs. C-108/98, Slg. 1999, I-5221, Rn. 50 – *„Comune di Ischia"*.

235 EuGH, Rs. C-458/03, Slg. 2005, I-8612, Rn. 38 ff. – *„Parking Brixen"*; *Böckel*, LKV 2003, 395; *Jennert*, NZBau 2005, 131 f.

- Die Übertragung einer der Kommune obliegenden Aufgabe auf einen Privaten;
- der Umstand, dass Empfänger der Dienstleistung ein Dritter ist, der außerhalb der Vertragsbeziehung zwischen dem Konzessionsgeber und dem Konzessionsnehmer steht und dass
- die Vergütung des Privaten nicht aus einem festen Entgelt, sondern aus dem Recht zur Nutzung der eigenen Leistung – insbesondere durch die Erhebung von Gebühren bei den Empfängern der Dienstleistung – besteht, so dass das wirtschaftliche Risiko auf Seiten des Privaten liegt.

Nachfolgend ist zu prüfen, inwieweit diese Merkmale für das Vorliegen einer Dienstleistungskonzession zwingend sind und ob sich aus diesen auch eine materiellrechtliche Begründung für die fehlende Ausschreibungspflichtigkeit der Dienstleistungskonzession ableiten lässt.

I. Gegenstand der Dienstleistungskonzession: Der Kommune obliegende Aufgabe

Ein Merkmal der Dienstleistungskonzession ist die Übertragung einer der Kommune obliegenden Aufgabe. Unklar ist hingegen, inwieweit dieses Merkmal zwingend gegeben sein muss. In der Literatur wird vertreten, dass die Dienstleistungskonzession eine Aufgabe der Daseinsvorsorge zum Inhalt haben müsse. Als Begründung wird zum einen auf die Schlussanträge des Generalanwalts *Alber* in der Rechtssache *„Comune di Ischia"* verwiesen, der davon spricht, dass eine „Aufgabe im Allgemeininteresse" erfüllt werden müsse[236], und zum anderen auf die *Mitteilung zu Auslegungsfragen im Bereich Konzessionen im Gemeinschaftsrecht* der Kommission[237]. Darüber hinaus wird argumentiert, dass die besondere Sensibilität der Aufgaben der Daseinsvorsorge und ihre Bedeutung für die Allgemeinheit der materiellrechtliche Grund für die Herausnahme der Dienstleistungskonzession aus dem Anwendungsbereich des Vergaberechts seien. Denn dies erfordere – unter dem Stichwort *intuitus personae* – die Möglichkeit der freien Auswahl eines vertrauenswürdigen Partners durch die Anwendung flexibleren Verfahrensrechts als es das Vergaberecht darstelle[238].

236 Schlussanträge des Generalanwalts in der Rs. C-108/98, Slg. 1999, I-5221, Rn. 50 – *„Comune die Ischia"*.

237 *Böckel*, LKV 2003, 396.

238 VG Neustadt a. d. W., VergabeR 2002, 51 (54); *Ullrich*, ZVgR 2000, 92 f.

Notwendigerweise ist aber zu trennen zwischen der Kommune obliegenden Aufgaben und Aufgaben der Daseinsvorsorge.

1. Der Kommune obliegende Aufgaben

Nach der Definition in Art. 1 Abs. 4 der Richtlinie 2004/18/EG bzw. in Art. 1 Abs. 3 lit. b der Richtlinie 2004/17/EG sind Dienstleistungskonzessionen „Verträge, die von öffentlichen Dienstleistungsaufträgen nur insoweit abweichen, als [...]". Bei Dienstleistungskonzessionen handelt es sich demzufolge zunächst einmal im Grundsatz um öffentliche Dienstleistungsaufträge. Erst aufgrund von besonderen Merkmalen, welche die Dienstleistungskonzession von einem öffentlichen Dienstleistungsauftrag unterscheiden, kommt es zu einer Herausnahme der Dienstleistungskonzession aus dem Anwendungsbereich der europäischen Vergaberichtlinien. Hieraus ergibt sich, dass – in einem ersten Schritt – zunächst der Anwendungsbereich des Vergaberechts eröffnet sein muss, bevor – in einem zweiten Schritt – festzustellen ist, inwieweit die zu betrachtenden Verträge die Merkmale einer Dienstleistungskonzession aufweisen.

Voraussetzung für die Anwendung des Vergaberechts ist unter anderem, dass ein Beschaffungsvorgang gegeben ist[239]. Dies ist der Fall, wenn der öffentliche Auftraggeber vergleichbar einem privaten Nachfrager seinerseits als Nachfrager von Bau-, Liefer- oder Dienstleistungen auftritt[240]. Zudem muss der Beschaffungsbezug gegeben sein, der Beschaffungsvorgang muss also der Eigenbedarfsdeckung des öffentlichen Auftraggebers dienen[241]. Im Rahmen einer Dienstleistungskonzession übernimmt ein Privater die Erfüllung einer Aufgabe. Es kommt in diesem Fall somit nur zu einer Beschaffung der Kommune, soweit es sich um eine Aufgabe handelt, welche die Kommune andernfalls selbst erfüllen müsste. Ansonsten fragt sie am Markt nicht zu ihren Gunsten eine Leistung nach, sondern tritt allenfalls als Organisator der Erfüllung von anderen obliegenden Aufgaben in Erscheinung.

In diesem Zusammenhang kann es nicht darauf ankommen, ob die Kommune sich der Aufgabe freiwillig angenommen hat oder von Gesetzes wegen hierzu gezwungen war. Es muss sich nicht um eine Aufgabe handeln, die zum engeren

---

239 *Stickler*, in: Reidt/Stickler/Glahs, Vergaberecht, 2. Aufl. 2003, § 97 GWB Rn. 4; *Wagner*, in: Langen/Bunte (Hrsg.), Deutsches und europäisches Kartellrecht, Bd. 1, 10. Aufl. 2006, § 99 GWB Rn. 12; *Zeiss*, in: Heiermann/Zeiss/Kullack/Blaufuß (Hrsg.), Vergaberecht, 2. Aufl. 2008, § 99 GWB Rn. 5.

240 *Zeiss*, in: Heiermann/Zeiss/Kullack/Blaufuß (Hrsg.), Vergaberecht, 2. Aufl. 2008, § 99 GWB Rn. 5.

241 Vgl. ausführlich unten, vierter Teil, zweiter Abschnitt, B. II.

oder typischen Aufgabenbereich einer Kommune zählt. Auch kann es für die Anwendung des Vergaberechts nicht darauf ankommen, ob die Kommune die Aufgabe zulässigerweise wahrnimmt[242]. Entscheidend ist, dass die Kommune die Erfüllung der Aufgabe übernommen hat[243]. Ist dies geschehen, gehört diese einstweilen zu ihrem Verantwortungsbereich. Dass die Tätigkeit materiell privatisiert werden könnte, ist nicht von Bedeutung. Denn im Zeitpunkt des Nachfragens am Markt benötigt die Kommune eine Leistung zur Erfüllung einer ihr obliegenden Aufgabe[244].

Infolgedessen steht fest, dass Inhalt einer Dienstleistungskonzession die Erfüllung einer der Kommune obliegenden Aufgabe sein muss, da andernfalls bereits aus diesem Grund der Anwendungsbereich des Vergaberechts nicht eröffnet wäre[245]. Hierdurch wird jedoch zugleich deutlich, dass – in Abgrenzung zu einem Dienstleistungsauftrag – diese Voraussetzung nicht unbedingt für das Vorliegen einer Dienstleistungskonzession spricht, sondern nur entscheidend für den zu beachtenden Anwendungsbereich des Vergaberechts ist.

2. Aufgaben der Daseinsvorsorge

Noch immer unklar ist hingegen, inwiefern eine Dienstleistungskonzession eine Aufgabe der Daseinsvorsorge zum Inhalt haben muss.

Exkurs – Der Begriff der Daseinsvorsorge

Welche Aufgaben solche der Daseinsvorsorge sind, lässt sich bis heute nicht hinreichend bestimmen. So führt auch *Ernst Forsthoff*, der diesen Begriff geprägt hat, aus, dass der Umfang der im Rahmen der Daseinsvorsorge zu erbringenden Leistungen nicht abstrakt zu bestimmen sei. Hinzu zu zählen sei jedenfalls alles das, was „zur Fristung der physischen Existenz" erforderlich sei[246].

Hilfreich bei der Bestimmung des Begriffs der Daseinsvorsorge sind die diesbezüglichen Überlegungen von *Forsthoff*. Ausgangspunkt seiner Überlegungen waren die Anfang des letzten Jahrhunderts beginnenden sozialen Veränderungen. Es kam infolge der Industrialisierung zu einer Verstädterung weiter Teile der

242 So aber *Zirbes*, VergabeR 2002, 313; vgl. auch *Nettesheim*, EWS 2007, 148.

243 So auch *Burgi*, DVBl 2003, 951 Fn. 13; *Ruhland*, Die Dienstleistungskonzession, 2006, S. 104.

244 Vgl. hierzu auch *Nettesheim*, EWS 2007, 148 f.

245 Im Ergebnis ebenso *Stickler*, in: Reidt/Stickler/Glahs, Vergaberecht, 2. Aufl. 2003, § 99 GWB Rn. 27a; insofern unzutreffend *Gabriel*, LKV 2005, 287.

246 *Forsthoff*, Der Staat der Industriegesellschaft, 1971, S. 76 f.

Bevölkerung, was dazu führte, dass sich der von *Forsthoff* so genannte beherrschte Lebensraum des einzelnen immer weiter verringerte. Der bäuerlich geprägten und sich weitgehend selbst versorgenden Bevölkerung gingen die Voraussetzungen ihrer Eigenständigkeit verloren. Infolgedessen war der einzelne zu seiner Daseinsführung auf fremde Hilfe angewiesen[247]. Aufgaben der Daseinsvorsorge sind vor diesem Hintergrund also Aufgaben, die für die Daseinsführung unabdingbar sind, der einzelne für sich aber nicht zu erbringen vermag; bezogen auf die Trennung zwischen Staat und Gesellschaft geht es um die Aufgaben, welche die Gesellschaft nicht erbringen kann. So spricht *Forsthoff* davon, dass die soziale Bedürftigkeit – also die Unfähigkeit, die Voraussetzungen des eigenen Daseins selbst zu schaffen – jeden in außerordentlichem Maße betreffe, dessen Existenz nicht durch einen beherrschten Lebensraum abgesichert sei. Sie betreffe mittlerweile sogar jedermann, da die Lebensform der hochindustrialisierten Nationen eigenständige Daseinsformen nicht mehr zulasse[248]. Es gelte, dass „der Staat [...] durch seine Verwaltung niemals und unter keinen Umständen etwas anderes leisten [soll], als die Herstellung der Bedingungen der persönlichen, wirtschaftlichen und gesellschaftlichen Entwicklung, welche der Einzelne sich nicht selber zu schaffen vermag und es dann dem Einzelnen und seiner freien selbständigen Tat überlassen [soll], aus der Benutzung dieser Bedingungen sich sein eigenes Leben zu bilden und zu entwickeln"[249]. Solche Aufgaben hat *Forsthoff* dem Staat zugewiesen[250]. In Deutschland sind Aufgaben der Daseinsvorsorge folglich dem Staat obliegende Aufgaben. Leistungen der Daseinsvorsorge müssen in allen modernen Staaten erbracht werden. Wer hierfür die Verantwortung trägt, kann allerdings – abhängig von der Gesellschaftsordnung – in den einzelnen Staaten unterschiedlich ausgestaltet sein[251].

Zu beachten ist aber, dass es sich in diesem Zusammenhang nur um Aufgaben handelt, welche von Seiten des einzelnen bzw. der Gesellschaft nicht oder nicht zufriedenstellend erbracht werden können, so dass sich der Staat ihrer annehmen muss. Die konkret hierunter zu fassenden Aufgaben lassen sich nicht abschließend benennen und orientieren sich an den jeweiligen, die Gesellschaft prägenden Umständen. Hinzukommt, was technisch und finanziell für ein modernes

247 Zum Ganzen *Forsthoff*, Die Verwaltung als Leistungsträger, 1938, S. 4 ff.; *ders.*, Der Staat der Industriegesellschaft, 1971, S. 75 f.

248 *Forsthoff*, Der Staat der Industriegesellschaft, 1971, S. 76.

249 *v. Unruh*, DÖV 2005, 780 mit Zitat von *v. Stein*, Verwaltungslehre, Bd. II., S. 59.

250 *Forsthoff*, Der Staat der Industriegesellschaft, 1971, S. 76; vgl. auch *Doerfert*, JA 2006, 317; *Schink*, DVBl 2005, 861 f.

251 Zum Ganzen *Schink*, DVBl 2005, 861.

Leben üblich ist[252]. Sie unterliegen daher einem ständigen Wandel. Als Aufgaben der Daseinsvorsorge werden z.B. die Wasser- und Energieversorgung, die Post und Telekommunikation, der öffentliche Personennahverkehr, die Abfallentsorgung und die Krankenhausversorgung angesehen[253].

Streitig ist, ob es sich bei dem Begriff der Daseinsvorsorge um einen Rechtsbegriff oder nur um ein politisches Leitziel oder einen soziologischen Begriff handelt. Sicher ist hingegen, dass aus diesem Begriff keine Rechtsfolgen hergeleitet werden können. Die Teilhaberechte des einzelnen können im demokratischen und sozialen Rechtsstaat auf die Grundrechte und das Sozialstaatsprinzip gestützt werden[254].

Auch wenn Aufgaben der Daseinsvorsorge dem Staat obliegende Aufgaben sind, bedeutet dies nicht, dass eine Aufgabe der Daseinsvorsorge zwingend Inhalt einer Dienstleistungskonzession sein muss. Denn dem Staat obliegende Aufgaben sind – umgekehrt – nicht mit Aufgaben der Daseinsvorsorge gleichzusetzen.

Gegen die Auffassung, Inhalt einer Dienstleistungskonzession müsse eine Aufgabe der Daseinsvorsorge sein, bestehen – im Gegenteil – in mehrfacher Hinsicht Bedenken. So spricht die Kommission in ihrer *Mitteilung zu Auslegungsfragen im Bereich Konzessionen im Gemeinschaftsrecht* nur davon, dass eine Dienstleistungskonzession „üblicherweise" Tätigkeiten zum Inhalt habe, die nach ihrer Natur, ihrem Gegenstand und nach den Vorschriften, denen sie unterliegen, in den Verantwortungsbereich des Staates fallen und die Gegenstand von ausschließlichen und besonderen Rechten sein können[255]. Der Europäische Gerichtshof ist auf dieses angebliche Merkmal der Dienstleistungskonzession bisher nicht ausdrücklich eingegangen. In dem Urteil *„Kommission/Italien"* hat er jedoch darauf hingewiesen, dass das Vorliegen einer im Allgemeininteresse liegenden Aufgabe nicht entscheidend sei für die Frage, ob eine Dienstleistungskonzession gegeben ist[256].

Entscheidend dürfte hingegen die Konturenlosigkeit des Begriffs der Daseinsvorsorge sein. Eine abschließende Definition hierfür existiert weder im Gemein-

---

252 Zum Ganzen *Forsthoff*, Die Verwaltung als Leistungsträger, 1938, S. 7; *ders.*, Der Staat der Industriegesellschaft, 1971, S. 77.

253 *Blankart*, WuW 2002, 340; *Forsthoff*, Die Verwaltung als Leistungsträger, 1938, S. 42; *Schink*, DVBl 2005, 861.

254 Zum Ganzen *Grabbe*, Verfassungsrechtliche Grenzen der Privatisierung kommunaler Aufgaben, 1979, S. 63.

255 Kommission, Mitteilung zu Auslegungsfragen im Bereich Konzessionen im Gemeinschaftsrecht, AblEG 2000, Nr. C 121/02, S. 4, Ziff. 2.2.

256 EuGH, Rs. C-382/05, Slg. 2007, I-6659, Rn. 43 – *„Kommission/Italien"*.

schaftsrecht noch auf nationaler Ebene[257]. Die Bestimmung, welche Aufgaben als Aufgaben der Daseinsvorsorge zu verstehen sind, obliegt grundsätzlich den Mitgliedstaaten. Die Kommission ist insoweit auf eine Missbrauchskontrolle beschränkt[258]. Müsste eine Aufgabe der Daseinsvorsorge zwingend Inhalt einer Dienstleistungskonzession sein, würde dies zu einer uneinheitlichen Rechtsanwendung führen[259]. Nicht zuletzt hat der Europäische Gerichtshof in der Rechtssache *„Telaustria"*[260] deutlich gemacht, dass die Herausnahme der Dienstleistungskonzession aus dem Anwendungsbereich des Vergaberechts seiner Auffassung nach nicht so sehr auf materiellrechtlichen Gründen, als vielmehr auf rechtstechnischen Erwägungen beruht. Das *intuitus personae* liegt der besonderen Stellung der Dienstleistungskonzession folglich wohl nicht zugrunde. Soweit man auf diesen Gesichtspunkt abstellen möchte, scheint jedenfalls Art. 86 Abs. 2 EGV als umfassender Ausnahmetatbestand im Gemeinschaftsrecht von den Wettbewerbs- und Binnenmarktregeln der dogmatisch geeignetere Ort hierfür zu sein[261].

Es bleibt somit festzuhalten, dass zwar eine der Kommune obliegende Aufgabe Inhalt einer Dienstleistungskonzession sein muss. Überwiegende Gründe sprechen allerdings dafür, dass es sich nicht notwendigerweise um eine Aufgabe der Daseinsvorsorge handeln muss[262].

II. Vertragsbeziehung des Konzessionsnehmers mit einem außenstehenden Dritten

Weiteres Merkmal der Dienstleistungskonzession ist das Bestehen eines Rechtsverhältnisses zwischen dem Konzessionsnehmer und einem Dritten, der außerhalb des zwischen dem Konzessionsnehmer und dem Konzessionsgeber bestehenden Rechtsverhältnisses steht. Hierbei handelt es sich um ein zwingendes

---

257 *Jennert*, NZBau 2005, 132; *ders.*, NZBau 2005, 625.

258 Kommission, Mitteilung zu Leistungen der Daseinsvorsorge in Europa, AblEG 2001, Nr. C 17/04, Rn. 22.

259 Schlussanträge des Generalanwalts in der Rs. C-324/98, Slg. 2000, I-10747, Rn. 36 – *„Telaustria"*; *Loer*, Public Private Partnership und Public Public Partnership, 2007, S. 209; *Ortner*, Vergabe von Dienstleistungskonzessionen, 2007, S. 74.

260 EuGH, Rs. C-324/98, Slg. 2000, I-10770 – *„Telaustria"*.

261 *Jennert*, NZBau 2005, 132.

262 *Loer*, Public Private Partnership und Public Public Partnership, 2007, S. 209 f.; *Nettesheim*, EWS 2007, 148; *Ortner*, Vergabe von Dienstleistungskonzessionen, 2007, S. 73 f.; unklar *Ruhland*, Die Dienstleistungskonzession, 2006, S. 104 f.; vgl. zudem *Burgi*, Die Dienstleistungskonzession ersten Grades, 1. Aufl. 2004, S. 66.

Merkmal der Dienstleistungskonzession, soll sich der Konzessionsnehmer doch gerade über die Verwertung seiner Dienstleistung gegenüber Dritten refinanzieren[263]. Offen ist jedoch, ob die Vertragsbeziehung des Konzessionsnehmers mit einem außenstehenden Dritten die Herausnahme der Dienstleistungskonzession auch materiellrechtlich zu begründen vermag.

Wie schon bei der Frage, ob eine der Kommune obliegende Aufgabe zwingender Inhalt einer Dienstleistungskonzession ist, besteht vorliegend ebenfalls eine Verbindung zu der vergaberechtlichen Voraussetzung des Vorliegens eines Beschaffungsvorgangs. So besteht die Auffassung, dass es im Rahmen der Dienstleistungskonzession an einem Beschaffungsverhalten des Staates fehle. Dieser trete nicht als Nachfrager auf, sondern organisiere nur eine bestimmte Leistung für Dritte, in der Regel die Bürger[264]. Anderer Auffassung nach liegt eine Beschaffung nicht vor, weil aus Sicht des Auftraggebers eine Verwertungshandlung im Mittelpunkt stehe. Er trete als Anbieter, nicht als Nachfrager auf[265]. Dies ist allerdings nicht zutreffend, so dass die Herausnahme der Dienstleistungskonzession aus dem Anwendungsbereich des Vergaberechts materiellrechtlich so nicht begründet werden kann.

1. Die Kommune als Organisator von Leistungen

Soweit die Kommune nur als Organisator von Leistungen für Dritte in Erscheinung tritt, unterliegt sie nicht dem Vergaberecht. Denn sie beschafft Leistungen nicht, um ihren eigenen Bedarf zu decken, sondern den Bedarf Dritter. Für die Frage der Anwendung des Vergaberechts kommt es somit nicht darauf an, ob die Kommune eine von ihr beschaffte Leistung auch selbst nutzt oder Dritten zur Verfügung stellt. Entscheidend ist vielmehr, ob die Kommune eine Leistung beschafft, um ihren eigenen Bedarf zu decken[266]. Es muss in den Verantwortungsbereich der Kommune fallen, die Leistung zu beschaffen und sie gegebenenfalls Dritten, insbesondere den Bürgern, zur unmittelbaren Nutzung bereitzustellen[267].

Allein die Tatsache, dass im Rahmen der Dienstleistungskonzession der Konzessionsnehmer eine Leistung unmittelbar gegenüber Dritten erbringt, bedeutet somit nicht, dass die Kommune diese Leistung – vergaberechtsfrei – lediglich

---

263 Vgl. hierzu unten, dritter Teil, erster Abschnitt, B. III.

264 *Jennert*, NZBau 2005, 132.

265 OLG Düsseldorf, NZBau 2005, 652 (653); VG Neustadt a. d. W., VergabeR 2002, 51 (54); *Gröning*, NZBau 2001, 123; *ders.*, VergabeR 2002, 26.

266 Vgl. oben, dritter Teil, erster Abschnitt, B. I. 1.

267 *Ullrich*, ZVgR 2000, 86.

organisiert hätte. Stattdessen ist zu prüfen, ob die Kommune in Erfüllung einer ihr obliegenden Aufgabe die Leistung beschafft und den Dritten zur Verfügung gestellt hat[268]. Bei einer Dienstleistungskonzession ist aber gerade dies der Fall: Die Kommune bedient sich eines Privaten, des Konzessionsnehmers, um eine ihr obliegende Aufgabe nicht erfüllen zu müssen. Sie beschafft also die durch den Konzessionsnehmer unmittelbar gegenüber den Dritten zu erbringende Leistung, um ihren eigenen Bedarf zu decken[269]. Wäre Gegenstand der Dienstleistungskonzession keine der Kommune obliegende Aufgabe und infolgedessen mit einer Beschaffung zur Deckung des eigenen Bedarfs der Kommune verbunden, wäre der Anwendungsbereich des Vergaberechts von vornherein nicht eröffnet, weil es an einer Grundvoraussetzung fehlte[270]. Das Vergaberecht würde also nicht aufgrund eines Charakteristikums der Dienstleistungskonzession keine Anwendung finden. Vielmehr würde auch ein Dienstleistungsauftrag nicht vorliegen.

Somit geht die Annahme fehl, der Staat organisiere mit der Vergabe einer Dienstleistungskonzession lediglich eine Leistung für Dritte. Wäre dies zutreffend, würde die fehlende Ausschreibungspflichtigkeit nicht auf einem Charakteristikum der Dienstleistungskonzession beruhen, die Herausnahme gerade der Dienstleistungskonzession aus dem Anwendungsbereich des Vergaberechts könnte materiellrechtlich so nicht begründet werden.

2. Die Kommune als Anbieter

Auch soweit die Kommune als Anbieter am Markt in Erscheinung tritt, unterliegt sie nicht dem Vergaberecht. Dies erklärt sich aus dem dann fehlenden Beschaffungsvorgang. Hiervon ist aber nur auszugehen, wenn die Kommune etwas gänzlich abgibt, entweder eine ihr obliegende Aufgabe – so im Rahmen der Aufgabenprivatisierung – oder in ihrem Eigentum stehende Vermögensgegenstände, wie bei der Vermögensprivatisierung[271].

Hiervon ist bei der Dienstleistungskonzession jedoch nicht auszugehen. Da zwingende Voraussetzung der Dienstleistungskonzession nicht ist, dass dem Konzessionsnehmer die Aufgabe selbst übertragen wird, kann es auch nur zu der Übertragung der Durchführung einer Aufgabe kommen[272]. In diesem Fall befin-

268 *Jennert*, NZBau 2005, 133.

269 *Burgi*, NZBau 2005, 610; *Jennert*, NZBau 2005, 133; *Hattig/Ruhland*, NZBau 2005, 628; *Ullrich*, ZVgR 2000, 93.

270 Vgl. oben, dritter Teil, erster Abschnitt, B. I. 1.

271 Vgl. hierzu unten, vierter Teil, zweiter Abschnitt.

272 OLG Jena, VergabeR 2008, 653 (657); *Ortner*, Vergabe von Dienstleistungskonzessionen, 2007, S. 87; *Ruhland*, Die Dienstleistungskonzession, 2006, S. 76, die insoweit zwischen der

det sich die Kommune allerdings unzweifelhaft nicht in der Position eines Anbieters. Denn sie entledigt sich schließlich nicht der betreffenden Aufgabe selbst und überträgt diese auf den Konzessionsnehmer. Vielmehr beschafft sie bei dem Konzessionsnehmer eine Leistung, nämlich die Durchführung der Aufgabe.

Aber auch wenn die Kommune im Rahmen einer Dienstleistungskonzession dem Konzessionsnehmer nicht nur die Durchführung, sondern eine Aufgabe an sich überträgt[273], führt dies zu keinem anderen Ergebnis. Zwar hat die Kommune dann formal eine Anbieterstellung inne. Allerdings darf dies nicht darüber hinwegtäuschen, dass die Kommune dennoch für sich eine Leistung beschafft. Denn die Aufgabenübertragung erfolgt befristet und kann – abhängig von der vertraglichen Ausgestaltung – widerrufen werden[274]. Die Kommune entledigt sich der betreffenden Aufgabe somit nicht im Sinne eines Aufgabenverzichts[275]. Stattdessen steht bereits im Zeitpunkt der Aufgabenübertragung fest, dass und wann die Aufgabe der Kommune wieder zufällt. Vor diesem Hintergrund besteht jedoch in Hinblick auf die Frage, ob die Kommune für sich eine Leistung beschafft, kein Unterschied zu dem vorstehenden Fall, dass lediglich die Durchführung einer Aufgabe übertragen wird.

Eine Anbieterstellung des Staates im Rahmen der Dienstleistungskonzession scheidet daher aus. Infolgedessen kann hiermit ebenso wenig materiellrechtlich begründet werden, dass die Vergabe einer Dienstleistungskonzession nicht ausschreibungspflichtig ist.

III. Entgeltlichkeit und Übertragung des wirtschaftlichen Risikos

Als drittes und grundlegendes Merkmal einer Dienstleistungskonzession ist der Umstand zu nennen, dass die Vergütung des Konzessionsnehmers nicht aus einem festen Entgelt, sondern aus dem Recht zur Nutzung der eigenen Leistung insbesondere durch die Erhebung von Gebühren bei den Empfängern der Dienstleistung besteht, so dass das wirtschaftliche Risiko auf Seiten des Konzessionsnehmers liegt. Nachdem dies bei den anderen Merkmalen der Dienstleistungskonzession nicht der Fall war, ist fraglich, ob dem nunmehr vorliegenden eine materiellrechtliche Abgrenzungsfunktion zum Dienstleistungsauftrag zukommt.

„klassischen Dienstleistungskonzession“ und der „Dienstleistungskonzession ersten Grades“ unterscheidet.

273 Vgl. hierzu *Ortner*, Vergabe von Dienstleistungskonzessionen, 2007, S. 64 ff.

274 *Ruhland*, Die Dienstleistungskonzession, 2006, S. 114.

275 *Burgi*, DVBl 2003, 951 mit Fn. 15; *Endler*, NZBau 2002, 125 f.

1. Das wirtschaftliche Risiko als Abgrenzungsmerkmal

Gemäß § 99 Abs. 1 GWB setzt ein Dienstleistungsauftrag voraus, dass es sich um einen entgeltlichen Vertrag handelt. Zu klären ist daher, ob es der Dienstleistungskonzession an der vergaberechtlichen Voraussetzung der Entgeltlichkeit fehlt. Ein einheitliches Verständnis liegt dem Begriff des Entgelts allerdings nicht zugrunde, seine Auslegung ist umstritten.

Eine *enge Auffassung* geht davon aus, dass als „Entgelt" lediglich Geldzahlungen in Betracht kommen. Zur Begründung wird auf die Dienstleistungskonzession Bezug genommen, die statt eines Entgelts ein Nutzungsrecht gewähre und gerade nicht in den Anwendungsbereich des Vergaberechts falle[276].

Demgegenüber steht eine *weite Auffassung*, nach der unter „Entgelt" nicht nur finanzielle Gegenleistungen im engeren Sinne zu verstehen sind, sondern vielmehr jede Art von geldwerter Gegenleistung ausreichend ist. Erfasst sind in der Folge grundsätzlich alle zweiseitig verpflichtenden Verträge, in denen die Gegenleistung geldwerten Charakter hat[277]. Für diese Auffassung spricht bereits, dass andernfalls das Vergaberecht allein dadurch umgangen werden könnte, dass der Auftraggeber dem Auftragnehmer für die Erbringung seiner Leistungen anderweitige Vorteile als eine Geldzahlung verspricht. Zudem erklärt sich das weite Verständnis des Entgeltbegriffs daraus, dass dieser zunächst nur die vergaberechtspflichtigen öffentlichen Aufträge von vergaberechtsfreien Gefälligkeitsverhältnissen oder außerrechtlichen Beziehungen abgrenzen soll[278].

Sieht man aber die Entgeltlichkeit bereits mit dem Vorliegen eines zweiseitig verpflichtenden Vertrages, in dem die Gegenleistung geldwerten Charakter hat, als gegeben an, wäre auch im Rahmen der Dienstleistungskonzession diese Voraussetzung grundsätzlich immer zu bejahen. Denn der Konzessionsnehmer erhält für die von ihm im Rahmen der Dienstleistungskonzession zu erbringende Leistung das Recht, selbige gegenüber den unmittelbaren (dritten) Nutzern zu verwerten, was zu einem Verzicht des Staates auf einen geldwerten Vorteil führt[279].

---

276 *Werner/Köster*, NZBau 2003, 421 f.

277 EuGH, Rs. C-399/98, Slg. 2001, I-5435, Rn. 76 ff. – *„Teatro alla Bicocca"*; OLG Düsseldorf, NZBau 2005, 652 (653); OLG Naumburg, NZBau 2006, 58 (62); *Eschenbruch*, in: Kulartz/Kus/Portz (Hrsg.), GWB-Vergaberecht, 2. Aufl. 2009, § 99 Rn. 70 ff.; *Ullrich*, ZVgR 2000, 87; *Wagner*, in: Langen/Bunte (Hrsg.), Deutsches und europäisches Kartellrecht, Bd. 1, 10. Aufl. 2006, § 99 GWB Rn. 15; *Zeiss*, in: Heiermann/Zeiss/Kullack/Blaufuß (Hrsg.), Vergaberecht, 2. Aufl. 2008, § 99 GWB Rn. 48 f.

278 OLG Naumburg, NZBau 2006, 58 (62); *Dreher*, in: Immenga/Mestmäcker (Hrsg.), Wettbewerbsrecht, Bd. 2, 4. Aufl. 2007, § 99 Rn. 20.

279 *Byok*, NJW 2001, 2298; *Loer*, Public Private Partnership und Public Public Partnership, 2007, S. 206; *Rautenberg*, ZfBR 2002, 241.

Vor diesem Hintergrund stellt sich die Frage, ob es im Rahmen der Dienstleistungskonzession zu einer engeren Auslegung des Entgeltbegriffs kommt oder ein weiteres, sich nicht unmittelbar aus dem Entgeltbegriff ergebendes Merkmal hinzutritt.

a) Engere Auslegung des Entgeltbegriffs

Im Sinne einer engeren Auslegung des Entgeltbegriffs wird angenommen, dass das Merkmal der Entgeltlichkeit immer einen geldwerten *öffentlichen* Vorteil fordere, der auf einer wirtschaftlichen Zuwendung gerade durch den öffentlichen Auftraggeber beruhe. Nur ein solches Verständnis entspreche dem Sinn und Zweck des Vergaberechts, bei der Beschaffung von Leistungen mit öffentlichen (Steuer-)Geldern die Empfänger dieser Mittel in einem transparenten und nachvollziehbaren Verfahren zu bestimmen. Trotz der europäischen Vergaberichtlinien sei die klassische Zielsetzung des Vergaberechts, die sparsame Verwendung staatlicher Haushaltsmittel, erhalten geblieben. Staatliches Beschaffungsverhalten bedeute somit immer auch staatliche Mittelverwendung. Das im Rahmen einer Dienstleistungskonzession dem Konzessionsnehmer gewährte Nutzungsrecht sei nicht als ein solcher geldwerter Vorteil anzusehen[280].

Die vorstehende Auffassung verkennt indes die dem Vergaberecht maßgeblich zugrundeliegende Zielsetzung und wie diese erreicht werden soll. Das Vergaberecht war zunächst ausschließlich Haushalts- und damit Innenrecht, bis es zu einer Regelung im Gesetz gegen Wettbewerbsbeschränkungen kam, verbunden mit der (europarechtlich erzwungenen) Folge der – zumindest teilweisen – Außenwirkung[281]. Hierdurch bedingt war auch ein Wechsel der primären Zielsetzung des Vergaberechts. Stand vor der Reform des Vergaberechts noch die Gewährleistung einer wirtschaftlichen und sparsamen Haushaltsführung im Vordergrund[282], geht es nunmehr in erster Linie um die Sicherstellung von Wettbewerb, Transparenz und der Verhinderung von Diskriminierung[283]. Das Vergaberecht soll dazu dienen, die Nachfragemacht des Staates zu begrenzen. Bei Beschaffungen soll es nicht zu einer Bevorzugung einzelner Bieter aus unsachlichen Gründen kommen. Für die Entscheidung maßgeblich soll einzig sein, welcher Bieter die ausgeschriebene Leistung bei adäquater Ausführung am wirtschaftlichsten

280 Zum Ganzen *Hattig/Ruhland*, NZBau 2005, 628; vgl. auch *Ruhland*, Die Dienstleistungskonzession, 2006, S. 192 f.

281 Zur historischen Entwicklung des Vergaberechts *Glahs*, in: Reidt/Stickler/Glahs, Vergaberecht, 2. Aufl. 2003, Einl. Rn. 1 ff.

282 *Zeiss*, in: Heiermann/Zeiss/Kullack/Blaufuß (Hrsg.), Vergaberecht, 2. Aufl. 2008, Einl. VergR Rn. 87.

283 *Stickler*, in: Reidt/Stickler/Glahs, Vergaberecht, 2. Aufl. 2003, § 97 GWB Rn. 1a.

anbietet[284]. Hierbei besteht eine enge Verbindung zu den Grundrechten der Berufs- und Eigentumsfreiheit. Das Vergaberecht soll aber auch die Grundfreiheiten, so die Dienstleistungs-, Niederlassungs-, Warenverkehrsfreiheit und die Arbeitnehmerfreizügigkeit gewährleisten[285]. Zwar ist auch eine wirtschaftliche und sparsame Haushaltsführung weiterhin von Bedeutung, allerdings soll diese gerade durch die Gewährleistung von Wettbewerb sichergestellt werden. Denn eine Beteiligung möglichst vieler Bieter an einem Vergabeverfahren und der Wettbewerb unter diesen ermöglicht es dem öffentlichen Auftraggeber, Verträge zu den bestmöglichen Konditionen abzuschließen[286].

Entscheidend ist somit, dass der Staat Beschaffungen nach sachlich begründeten Kriterien vornimmt. Dies aber steht in keinem Zusammenhang mit der Frage, wer die zu erbringende Leistung vergütet. Sobald der Staat den Auftrag vergeben hat, hat er seine Nachfragemacht bereits ausgeübt. Andere Bieter können diesen Auftrag nicht mehr erhalten, sie bleiben ausgeschlossen. Nunmehr aber ist es unerheblich, von wem der erfolgreiche Bieter seine Vergütung bekommt. Denn er hat durch den Staat einen Auftrag erhalten, für den er vergütet wird[287]. Das Merkmal der Entgeltlichkeit ist auch dann erfüllt, wenn das Entgelt nicht unmittelbar vom öffentlichen Auftraggeber stammt, da die Funktion der Entgeltlichkeit darin liegt, die wirtschaftliche Ausrichtung der betreffenden Aufträge in Abgrenzung z.B. zu rein privaten, außerrechtlichen Leistungsbeziehungen zum Ausdruck zu bringen[288].

Vor diesem Hintergrund kann auch der Aussage des Europäischen Gerichtshofs, dass sich der entgeltliche Charakter eines Beschaffungsvertrages auf die Gegenleistung der öffentlichen Verwaltung bezieht[289], nicht entnommen werden, dass das Entgelt aus öffentlichen Mitteln stammen muss. Vielmehr kann es nur darauf ankommen, ob das Entgelt der öffentlichen Verwaltung zurechenbar ist. So hat der Europäische Gerichtshof in einem anderen Urteil festgestellt, dass die Verwendung öffentlicher Mittel kein konstitutives Element für das Vorliegen eines öffentlichen Auftrags ist[290].

---

284 *Frenz*, Handbuch Europarecht, Bd. 3, 1. Aufl. 2007, Rn. 1701.

285 *Frenz*, Handbuch Europarecht, Bd. 3, 1. Aufl. 2007, Rn. 1703 ff. und 1717.

286 *Noch*, WuW 1998, 1060.

287 Vgl. auch *Ullrich*, ZVgR 2000, 93.

288 *Dreher*, in: Immenga/Mestmäcker (Hrsg.), Wettbewerbsrecht, Bd. 2, 4. Aufl. 2007, § 99 Rn. 20; *Graef*, VergabeR 2004, 174.

289 EuGH, Rs. C-399/98, Slg. 2001, I-5435, Rn. 77 – *„Teatro alla Bicocca"*; Rs. C-220/05, Slg. 2007, I-412, Rn. 45 – *„Stadt Roanne"*.

290 EuGH, Rs. C-126/03, Slg. 2004, I-11209, Rn. 20 – *„Heizkraftwerk München"*. Hierfür spricht auch das Urteil des Europäischen Gerichtshofs in der Rs. C-382/05 (Slg. 2007, I-6659, Rn. 24, 33 – *„Kommission/Italien"*). Dort schließt der Europäische Gerichtshof einen entgeltlichen

Dies verdeutlicht zugleich, dass es für das Vorliegen der Entgeltlichkeit und somit eines Dienstleistungsauftrags nicht allein entscheidend sein kann, wenn der Auftragnehmer seine Vergütung (formal) unmittelbar vom öffentlichen Auftraggeber erhält[291].

b) Hinzutreten eines weiteren Merkmals

Allerdings ist in Betracht zu ziehen, dass ein weiteres Merkmal den Entgeltbegriff ergänzt, mit Hilfe dessen die Dienstleistungskonzession gegenüber dem Dienstleistungsauftrag materiellrechtlich abgegrenzt werden kann. Abgestellt werden könnte hierbei auf das Merkmal „wirtschaftliches Risiko". Dieses wird auch von der Kommission und der Rechtsprechung als entscheidend angesehen. In der *Mitteilung zu Auslegungsfragen im Bereich Konzessionen im Gemeinschaftsrecht* spricht die Kommission davon, dass eine Konzession dann vorliege, wenn dem Unternehmer die mit der Dienstleistung einhergehenden Risiken oblägen, da er seine Vergütung, in welcher Form auch immer, von dem Benutzer erhalte[292]. Ebenso sieht Generalanwalt *Fennelly* als wichtigstes Indiz für die Frage, ob ein Vertrag eine Dienstleistungskonzession oder einen Dienstleistungsauftrag darstellt, an, ob der Vertrag die Übertragung eines Rechts zur Verwertung einer bestimmten Dienstleistung umfasst und ob gleichzeitig das mit einer solchen Übertragung verbundene Risiko zu einem erheblichen Teil auf den Konzessionsnehmer übergeht[293]. Nicht zuletzt wird auch in der Literatur auf das Merkmal des wirtschaftlichen Risikos abgestellt[294].

Dienstleistungsauftrag nicht aus, obwohl der Staat hinsichtlich der Vergütung nur als Mittelsmann fungierte.

291 EuGH, Rs. C-382/05, Slg. 2007, I-6659, Rn. 33 – *„Kommission/Italien"*; OLG Jena, VergabeR 2008, 653 (657 f.).

292 Kommission, Mitteilung zu Auslegungsfragen im Bereich Konzessionen im Gemeinschaftsrecht, AblEG 2000, Nr. C 121/02, S. 4, Ziff. 2.2.; vgl. auch Mitteilung an das europäische Parlament, den Rat, den europäischen Wirtschafts- und Sozialausschuss und den Ausschuss der Regionen zu öffentlich-privaten Partnerschaften und den gemeinschaftlichen Rechtsvorschriften für das öffentliche Beschaffungswesen und Konzessionen, KOM (2005) 569 endg., S. 7, Ziff. 3.1.

293 Schlussanträge des Generalanwalts in der Rs. C-324/98, Slg. 2000, I-10747, Rn. 37 – *„Telaustria"*; so auch EuGH, Rs. C-458/03, Slg. 2005, I-8612, Rn. 40 – *„Parking Brixen"*; Rs. C-382/05, Slg. 2007, I-6659, Rn. 34 – *„Kommission/Italien"*; Urt. v. 13.11.2008, Rs. C-437/07, Rn. 29 – *„Kommission/Italien"*; OLG Düsseldorf, NZBau 2002, 634 (635); NZBau 2005, 650 (650 f.); OLG München, VergabeR 2008, 845 (849); OLG Brandenburg, VergabeR 2009, 468 (473); OLG Karlsruhe, VergabeR 2009, 164 (166); VG Frankfurt (Oder), LKV 2002, 99 (101); VK Düsseldorf, NZBau 2001, 46 (47).

294 *Böckel*, LKV 2003, 395; *Bungenberg*, in: Loewenheim/Meessen/Riesenkampff (Hrsg.), Kartellrecht, 2. Aufl. 2009, § 99 GWB Rn. 59; *Endler*, NZBau 2002, 128; *Eschenbruch*, in:

Doch ist zu klären, inwiefern sich das Merkmal des wirtschaftlichen Risikos auf die Frage der Entgeltlichkeit auswirkt. Als „Entgelt“ ist grundsätzlich jede Art von geldwerter Gegenleistung anzusehen. Erst durch diese geldwerte Gegenleistung erlangt der Auftragnehmer – in Verbindung mit dem Recht, den Auftrag durchzuführen – eine gegenüber den Wettbewerbern vorteilhafte wirtschaftliche Position. Das Durchführen eines Auftrags ohne auskömmliches Entgelt bringt für den Auftragnehmer in der Regel keinen Vorteil mit sich, sondern führt – im Gegenteil – zu einer Schwächung seiner Marktposition. Soweit für den Auftragnehmer bei Übernahme des Auftrags nicht sicher ist, ob er ein auskömmliches Entgelt bekommen wird, ist dies nicht mit der Situation vergleichbar, in der ihm dies von vornherein bekannt ist. Liegt das wirtschaftliche Risiko auf Seiten des Auftragnehmers, hängt die Frage, ob die Übernahme des Auftrags für den Auftragnehmer wirtschaftlich von Vorteil ist, von seinem unternehmerischen Handeln und weiteren letztendlich nicht kalkulierbaren Faktoren ab. Dem Auftragnehmer ist es zu Anfang nicht möglich vollumfänglich einzuschätzen, ob die Übernahme des Auftrags für ihn einen wirtschaftlichen Vorteil, verbunden mit einer Stärkung seiner Marktposition, oder einen wirtschaftlichen Nachteil bedeutet; für ihn ist also unklar, ob er diesen Auftrag durchführen soll oder nicht. Diese wirtschaftliche Unsicherheit dauert zudem über die Laufzeit des Auftrags hinweg fort.

Vor diesem Hintergrund ist das Merkmal der Entgeltlichkeit im Rahmen der Dienstleistungskonzession nur dann gegeben, wenn der Konzessionsnehmer zusammen mit der Erfüllung einer dem Staat obliegenden Tätigkeit nicht auch das sich hieraus ergebende wirtschaftliche Risiko übernommen hat. Das Merkmal des wirtschaftlichen Risikos stellt folglich den materiellrechtlichen Grund für die Herausnahme der Dienstleistungskonzession aus dem Anwendungsbereich des Vergaberechts dar[295].

Kulartz/Kus/Portz (Hrsg.), GWB-Vergaberecht, 2. Aufl. 2009, § 99 Rn. 229; *Haug*, VergabeR 2009, 171; *Nettesheim*, EWS 2007, 148; *Otting*, in: Bechtold (Hrsg.), GWB, 5. Aufl. 2008, § 99 Rn. 8; *Prieß/Eichler*, VergabeR 2008, 753; *Stickler*, in: Reidt/Stickler/Glahs, Vergaberecht, 2. Aufl. 2003, § 99 GWB Rn. 27a.

295 In diese Richtung auch *Jennert*, NZBau 2005, 134; *Loer*, Public Private Partnership und Public Public Partnership, 2007, S. 208, der allerdings dennoch von dem Vorliegen der Entgeltlichkeit ausgeht; *Ruhland*, Die Dienstleistungskonzession, 2006, S. 193. Vgl. zudem OLG Jena, VergabeR 2008, 653 (657 f.), das in einem Vorabentscheidungsersuchen an den Europäischen Gerichtshof ebenfalls das Merkmal des wirtschaftlichen Risikos als entscheidend ansieht, nicht jedoch die Frage, ob der öffentliche Auftraggeber Vergütungsschuldner ist (vgl. oben, dritter Teil, erster Abschnitt, B. III. 1. a). Der Europäische Gerichtshof hat dies bestätigt, vgl. Rs. C-206/08, Slg. 2009, I-8380, Rn. 57 ff. – *„Eurawasser“*.

2. Definition des wirtschaftlichen Risikos

Der Begriff des wirtschaftlichen Risikos ist allerdings ziemlich unbestimmt. Wann von einer Übernahme des wirtschaftlichen Risikos durch den Konzessionsnehmer gesprochen werden kann, lässt sich daher nicht ohne weiteres festlegen. Entscheidend ist, dass der Unternehmer gezwungen ist, das Nutzungsrecht selbst zu verwerten und sich hieraus eine wirtschaftliche Unsicherheit ergibt[296]. Der Ertrag muss von einer eigenen unternehmerischen Leistung abhängig sein. Soweit von vornherein außer Zweifel steht, dass die Gegenleistung auskömmlich ist, handelt es sich folglich um ein Entgelt im Sinne des § 99 Abs. 1 GWB[297]. Abzustellen ist hierbei auf den Zeitpunkt des Vertragsschlusses. Denn gerade in diesem Zeitpunkt hat der Auftragnehmer zu entscheiden, ob er mit der Übernahme des Auftrags bereit ist, ein wirtschaftliches Risiko einzugehen oder wegen dieses wirtschaftlichen Risikos die Übernahme des Auftrags ablehnt. In diesem Zeitpunkt spiegelt sich die Ungewissheit, welche der Unternehmer im Rahmen der Dienstleistungskonzession einzugehen bereit sein muss, in höchstem Grade wider.

Zusammenfassend ist unter „wirtschaftlichem Risiko" also die im Zeitpunkt des Vertragsschlusses bestehende Unsicherheit über die aus dem Nutzungsrecht erzielbaren Erträge in Abhängigkeit von den eigenen unternehmerischen Möglichkeiten und der damit verbundenen Verwertbarkeit der Dienstleistung auf dem Markt zu verstehen[298].

3. Vorliegen des wirtschaftlichen Risikos

Inhalt einer Dienstleistungskonzession sind teilweise Tätigkeiten, die Gegenstand ausschließlicher und besonderer Rechte sind oder für die ein Anschluss- und Benutzungszwang besteht. Auch kann es vorkommen, dass der Konzessionsnehmer seine Vergütung nicht nur von den Nutzern seiner Dienstleistung, sondern einen Teil auch von Seiten der Kommune als Konzessionsgeber erhält.

296 Schlussanträge des Generalanwalts in der Rs. C-360/96, Slg. 1998, I-6824, Rn. 26 – *„Gemeente Arnhem"*; EuGH, Rs. 360/96, Slg. 1998, I-6846, Rn. 25 – *„Gemeente Arnhem"*; Schlussanträge des Generalanwalts in der Rs. C-324/98, Slg. 2000, I-10747, Rn. 31, insbes. Fn. 27 – *„Telaustria"*; Kommission, Mitteilung zu Auslegungsfragen im Bereich Konzessionen im Gemeinschaftsrecht, AblEG 2000, Nr. C 121/02, S. 4, Ziff. 2.2.

297 Schlussanträge des Generalanwalts in der Rs. C-324/98, Slg. 2000, I-10747, Rn. 33 – *„Telaustria"*; *Ortner*, Vergabe von Dienstleistungskonzessionen, 2007, S. 129, der darauf abstellt, dass für den Konzessionsnehmer ein Verlustrisiko bestehen bleiben muss.

298 *Jennert*, NZBau 2005, 134.

Teilweise wird hierdurch das Vorliegen einer Dienstleistungskonzession generell ausgeschlossen, teilweise ist darauf abzustellen, bis zu welchem Punkt noch von einem für den Unternehmer bestehenden wirtschaftlichen Risiko gesprochen werden kann.

a) Ausschließliche oder besondere Rechte

Die zu beantwortende Frage ist somit, ob Tätigkeiten, die Gegenstand ausschließlicher oder besonderer Rechte sind, ein wirtschaftliches Risiko des Konzessionsnehmers ausschließen. Ausschließliche oder besondere Rechte führen jedoch lediglich dazu, dass das Recht zur Durchführung und Verwertung der betreffenden Tätigkeit lediglich einer Person zusteht. Sie haben infolgedessen nur bedingte Auswirkungen auf die wirtschaftliche Verwertbarkeit der übertragenen Tätigkeit. Zwar helfen dem Konzessionsnehmer ausschließliche oder besondere Rechte, da er bei der Durchführung und Verwertung der Tätigkeit, die Gegenstand der Dienstleistungskonzession ist, nicht mit anderen Unternehmen konkurriert. Allerdings bedeutet dies nicht, dass bzw. in welchem Umfang die übertragene Tätigkeit überhaupt wirtschaftlich zu verwerten ist. Entscheidend ist in diesem Zusammenhang vielmehr, inwiefern Dritte gezwungen sind, die von dem Konzessionsnehmer angebotene Leistung in Anspruch zu nehmen. Ist dies von Gesetzes wegen oder faktisch, weil die Leistung nicht substituierbar ist[299], der Fall, kommt es für die Übernahme des wirtschaftlichen Risikos durch den Konzessionsnehmer darauf an, ob sich für diesen im Zeitpunkt des Vertragsschlusses bereits hieraus eine auskömmliche Vergütung ergibt[300].

Ist hiervon nicht auszugehen, schließt die Verleihung ausschließlicher oder besonderer Rechte die Übernahme des wirtschaftlichen Risikos nicht aus. In diesem Zusammenhang ist zu beachten, dass der Konzessionsnehmer gerade keine von vornherein festgelegte Vergütung erhält, sondern lediglich das Recht zur Verwertung seiner eigenen Leistung. Die Verleihung ausschließlicher oder besonderer Rechte stellt vor diesem Hintergrund auch eine Kompensation für das wirtschaftliche Risiko des Konzessionsnehmers dar[301]. So spricht auch die Kommission in ihrer *Mitteilung zu Auslegungsfragen im Bereich Konzessionen im Gemeinschaftsrecht* davon, dass eine Dienstleistungskonzession üblicherwei-

---

299 VK Düsseldorf, NZBau 2001, 46 (47); *Ullrich*, ZVgR 2000, 95.

300 Vgl. hierzu auch unten, dritter Teil, erster Abschnitt, B. III. 3. b), da ein Zwang, die von dem Konzessionsnehmer angebotene Leistung zu nutzen, zumeist in Form eines Anschluss- und Benutzungszwangs bestehen wird.

301 *Böckel*, LKV 2003, 395 f.; *Nettesheim*, EWS 2007, 149.

se Tätigkeiten zum Inhalt habe, die Gegenstand ausschließlicher und besonderer Rechte sein könnten[302].

Im Ergebnis bleibt somit festzuhalten, dass die Verleihung ausschließlicher oder besonderer Rechte das von dem Konzessionsnehmer im Rahmen einer Dienstleistungskonzession zu übernehmende wirtschaftliche Risiko nicht ausschließt, soweit die Nutzer der Dienstleistung nicht gezwungen sind, diese in Anspruch zu nehmen.

b) Anschluss- und Benutzungszwang

Das Bestehen eines Anschluss- und Benutzungszwangs hat zur Folge, dass dem Konzessionsnehmer von vornherein bekannt ist, dass und in welchem Umfang die von ihm anzubietende Leistung von Dritten in Anspruch genommen werden wird. Dies schließt die Übernahme des wirtschaftlichen Risikos durch den Konzessionsnehmer und somit das Vorliegen einer Dienstleistungskonzession jedoch nicht zwingend aus[303]. Vielmehr ist auch hier zu prüfen, ob der Konzessionsnehmer im Zeitpunkt des Vertragsschlusses sicher sein kann, bereits aufgrund des Anschluss- und Benutzungszwangs eine auskömmliche Vergütung zu erhalten. Denn für die Annahme des wirtschaftlichen Risikos auf Seiten des Konzessionsnehmers ist entscheidend, dass der wirtschaftliche Erfolg seines Tätigwerdens – der schließlich über seine Marktposition entscheidet – von seiner unternehmerischen Leistung abhängt. Dies ist bereits der Fall, wenn sich der Konzessionsnehmer im Zeitpunkt des Vertragsschlusses nicht einer auskömmlichen Vergütung sicher sein kann.

Hier ist zu beachten, dass es insbesondere bei langfristigen Dienstleistungskonzessionen trotz Bestehens eines Anschluss- und Benutzungszwangs häufig schwierig sein wird, schon im Zeitpunkt des Vertragsschlusses von einer auskömmlichen Vergütung auszugehen. So kann sich z.B. das Verbrauchs- oder sonstige Verhalten der Nutzer ändern oder es kann zu der Verwirklichung von Haftungs- oder sonstiger betrieblicher Risiken kommen[304].

---

302 Kommission, Mitteilung zu Auslegungsfragen im Bereich Konzessionen im Gemeinschaftsrecht, AblEG 2000, Nr. C 121/02, S. 4, Ziff. 2.2 und S. 5, Ziff. 2.4.

303 *Ortner*, Vergabe von Dienstleistungskonzessionen, 2007, S. 140 f.; *Ruhland*, Die Dienstleistungskonzession, 2006, S. 70 f.; a.A. VG Frankfurt (Oder), LKV 2002, 99 (100 f.); VK Düsseldorf, NZBau 2001, 46 (47); *Böckel*, LKV 2003, 395; *Ullrich*, ZVgR 2000, 95.

304 *Bohne/Heinbuch*, NVwZ 2006, 494; *Ortner*, Vergabe von Dienstleistungskonzessionen, 2007, S. 141.

c) *Gewährung staatlicher Zuschüsse*

Weiter kann es vorkommen, dass der Konzessionsnehmer neben seiner über die Nutzer der Dienstleistung realisierten Vergütung Zuschüsse von Seiten der Kommune erhält. In Betracht kommt dies insbesondere, wenn es sich um Tätigkeiten handelt, die sich mit Blick auf den Markt und gemeinwohlsichernde Vorgaben als nicht profitabel erweisen oder weil der Staat – unter dem Stichwort des *sozialen Preises* – die Kosten für die Nutzer gering halten möchte[305].

Zu beachten ist in diesem Zusammenhang die in Art. 1 Abs. 4 der Richtlinie 2004/18/EG[306] enthaltene Definition der Dienstleistungskonzession. Dieser zufolge besteht die Gegenleistung des Konzessionsnehmers für die Erbringung der Dienstleistung ausschließlich in dem Recht zur Nutzung der Dienstleistung *oder in diesem Recht zuzüglich der Zahlung eines Preises*. Das Verständnis dieses Teils der Definition geht teilweise dahin, dass es somit zulässig sei, wenn der Konzessionsnehmer noch Zuzahlungen an den öffentlichen Auftraggeber leiste[307]. Dem steht allerdings die *Mitteilung zu Auslegungsfragen im Bereich Konzessionen im Gemeinschaftsrecht* der Kommission entgegen. Dort heißt es zu der insoweit gleichlautenden Definition der Baukonzession:

> „Nach Meinung der Kommission liegt ein öffentlicher Bauauftrag im Sinne des Gemeinschaftsrechts vor, wenn die Kosten des Werks im wesentlichen vom Auftraggeber getragen werden und der Auftragnehmer seine Vergütung nicht im Wege von direkt bei den Benutzern des Werks erhobenen Gebühren erlangt. Die Tatsache, dass laut Richtlinie die Gegenleistung im Nutzungsrecht zuzüglich der Zahlung eines Preises bestehen kann, ändert nichts an dieser Feststellung. Dieser Fall tritt in der Praxis tatsächlich auf. So trägt der Staat zuweilen einen Teil der Nutzungskosten der Konzession, um den Preis für den Benutzer zu senken (Praxis der ‚sozialen Preise').“[308]

Der europäische Richtliniengeber hat folglich vielmehr die Situation beschreiben wollen, dass der Konzessionsnehmer – sowohl im Rahmen der Bau- als auch der Dienstleistungskonzession – von Seiten des öffentlichen Auftraggebers zusätzlich zu der ihm von den Nutzern zustehenden Vergütung Zuschüsse erhält. Die Gewährung staatlicher Zuschüsse schließt eine Dienstleistungskonzession somit grundsätzlich nicht aus[309].

---

305 *Hattig/Ruhland*, NZBau 2005, 629.

306 Vgl. auch Art. 1 Abs. 3 lit. b der Richtlinie 2004/17/EG.

307 *Eschenbruch*, in: Kulartz/Kus/Portz (Hrsg.), GWB-Vergaberecht, 1. Aufl. 2006, § 99 Rn. 216.

308 Kommission, Mitteilung zu Auslegungsfragen im Bereich Konzessionen im Gemeinschaftsrecht, AblEG 2000, Nr. C 121/02, S. 3, Ziff. 2.1.2.

309 So auch OLG München, VergabeR 2008, 845 (849); OLG Brandenburg, VergabeR 2009, 468 (474); *Hattig/Ruhland*, NZBau 2005, 629; *Nettesheim*, EWS 2007, 149; *Stickler*, in: Reidt/Stickler/Glahs, Vergaberecht, 2. Aufl. 2003, § 99 GWB Rn. 27a; *Zeiss*, in: Heier-

Entscheidend ist jedoch, dass trotz derartiger Zuschüsse das wirtschaftliche Risiko beim Konzessionsnehmer verbleibt[310]. Die Entscheidung, ob zusätzliche staatliche Zuschüsse der Annahme einer Dienstleistungskonzession entgegenstehen, kann daher notwendigerweise nur infolge einer Einzelfallbetrachtung getroffen werden. Der Zuschuss darf für den Konzessionsnehmer nicht zu einer von vornherein auskömmlichen Vergütung führen. In diese wirtschaftliche Betrachtung sind auch andere zugunsten des Konzessionsnehmers eventuell bestehende Instrumente, wie z.B. ein Anschluss- und Benutzungszwang, einzubeziehen.

Dies verdeutlicht, dass es nicht darauf ankommt, ob der Konzessionsnehmer ein den Verhältnissen auf dem freien Markt entsprechendes wirtschaftliches Risiko übernimmt oder das mit der betreffenden Tätigkeit verbundene und dem Konzessionsgeber obliegende[311]. Entscheidend ist allein, dass der wirtschaftliche Erfolg der Durchführung der Tätigkeit von der unternehmerischen Leistung des Konzessionsnehmers abhängt.

C. Ergebnis

Die Dienstleistungskonzession fällt nicht in den Anwendungsbereich des Vergaberechts. Auch wenn sie bisher keine gesetzliche Regelung erfahren hat, haben sich zu beachtende Voraussetzungen herausgebildet. Unabdingbar ist insoweit, dass die Kommune die Erfüllung einer ihr obliegenden Aufgabe abgibt und es zu einer Verlagerung des wirtschaftlichen Risikos auf den Konzessionsnehmer kommt. Die Verlagerung des wirtschaftlichen Risikos begründet zugleich auch materiellrechtlich die Herausnahme der Dienstleistungskonzession aus dem Anwendungsbereich des Vergaberechts.

---

mann/Zeiss/Kullack/Blaufuß (Hrsg.), Vergaberecht, 2. Aufl. 2008, § 99 GWB Rn. 139. Vgl. auch EuGH, Rs. C-410/04, Slg. 2006, I-3311, Rn. 16 – *„ANAV"*. *Eschenbruch* hat seine gegenteilige Auffassung mittlerweile auch aufgegeben, vgl. Kulartz/Kus/Portz (Hrsg.), GWB-Vergaberecht, 2. Aufl. 2009, § 99 Rn. 232.

310 OLG Brandenburg, VergabeR 2009, 468 (474).

311 Vgl. hierzu OLG Jena, VergabeR 2008, 653 (658 f.), sowie OLG München, Beschl. v. 2.7.2009, Az. Verg 5/09, Rn. 98 ff., die diese Frage dem Europäischen Gerichtshof vorgelegt haben. Nach Auffassung des Europäischen Gerichtshofs ist es ausreichend, wenn der Konzessionsgeber sein – etwaig beschränktes – wirtschaftliches Risiko ganz oder zu einem wesentlichen Teil auf den Konzessionsnehmer überträgt, vgl. Rs. C-206/08, Slg. 2009, I-8380, Rn. 71 ff. – *„Eurawasser"* und Rs. C-274/09, EuZW 2011, 353, Rn. 29 – *„Rettungsdienst Stadler"*.

Das „wirtschaftliche Risiko“ lässt sich als im Zeitpunkt des Vertragsschlusses bestehende Unsicherheit über die aus dem Nutzungsrecht erzielbaren Erträge in Abhängigkeit von dem eigenen unternehmerischen Können und der hieraus resultierenden Annnahme der Dienstleistung durch die Nutzer verstehen. Es kommt entscheidend darauf an, ob sich der Konzessionsnehmer bereits im Zeitpunkt des Vertragsschlusses einer auskömmlichen Vergütung sicher sein kann. Vor diesem Hintergrund schließen weder die Verleihung ausschließlicher oder besonderer Rechte noch das Bestehen eines Anschluss- und Benutzungszwangs oder die Gewährung staatlicher Zuschüsse zwingend die Übernahme des wirtschaftlichen Risikos durch den Konzessionsnehmer und somit das Vorliegen einer Dienstleistungskonzession aus.

Zweiter Abschnitt
Die Beleihung

Als weitere Ausnahme von der Ausschreibungspflicht kommt die Beleihung in Betracht. Es ist noch immer unklar, ob die Beleihung umfassend oder nur unter bestimmten Voraussetzungen von der Anwendung des Vergaberechts ausgenommen ist. Hiermit eng verbunden ist die Bestimmung des Anwendungsbereichs von Art. 45 EGV[312] sowie die Frage, inwiefern eine Beauftragung mittels Verwaltungsakt dem Vergaberecht unterfällt, so dass auch auf diese Punkte einzugehen ist.

A. Inhalt und Bedeutung der Beleihung

Durch die Beleihung wird Privatrechtssubjekten nach der herrschenden *Rechtsstellungstheorie*[313] die Berechtigung eingeräumt, bestimmte Staatsaufgaben und Befugnisse im eigenen Namen und in den Handlungsformen des öffentlichen Rechts wahrzunehmen[314]. Es geht um die selbständige hoheitliche Wahrnehmung bestimmter Staatsaufgaben[315]. Nachdem das Institut der Beleihung über Jahrzehnte hinweg eher ein Schattendasein geführt hat, erfreut es sich seit einigen Jahren im modernen, auf Kooperation, Verantwortungs- und Arbeitsteilung angelegten Verwaltungsstaat wieder zunehmender Beliebtheit[316]. Gibt die Beleihung doch dem Staat die Möglichkeit an die Hand, die öffentliche Verwaltung zu entlasten sowie private Initiative, Finanzmittel und Sachkenntnis für sich und auch die Bürger nutzbar zu machen[317].

---

312 Nach dem Inkrafttreten des Vertrages von Lissbon entspricht Art. 45 EGV Art. 51 des in Vertrag über die Arbeitsweise der Europäischen Union umbenannten EGV.

313 Zu dieser und zu der konkurrierenden modifizierten Aufgabentheorie *Freitag*, Das Beleihungsrechtsverhältnis, 2005, S. 21 ff., 30 ff.; zu den sonstigen Theorien vgl. *v. Heimburg*, Verwaltungsaufgaben und Private, 1982, S. 31 ff.

314 BVerwG, DVBl 1990, 712 (713); *Hüser*, Ausschreibungspflichten bei der Privatisierung öffentlicher Aufgaben, 2005, S. 80; *Stober*, in: Wolff/Bachof/Stober (Hrsg.), Verwaltungsrecht, Bd. 3, 5. Aufl. 2004, § 90 Rn. 4.

315 *Burgi*, NVwZ 2007, 383 f.

316 *Stober*, in: Wolff/Bachof/Stober (Hrsg.), Verwaltungsrecht, Bd. 3, 5. Aufl. 2004, § 90 Rn. 1 f.

317 *Stober*, in: Wolff/Bachof/Stober (Hrsg.), Verwaltungsrecht, Bd. 3, 5. Aufl. 2004, § 90 Rn. 3.

Die Beleihung unterliegt dem institutionellen Gesetzesvorbehalt. Es bedarf hierzu folglich einer vorherigen gesetzlichen Ermächtigung[318]. Die Beleihung kann entweder unmittelbar durch Gesetz oder durch Rechtsverordnung oder Verwaltungsakt erfolgen. Möglich ist auch eine Beleihung durch den Abschluss eines öffentlich-rechtlichen Vertrages[319].

B. Die Beleihung und die Ausübung öffentlicher Gewalt

Eine Ausnahme von der Anwendung des Vergaberechts ist mit der Beleihung in jedem Fall dann verbunden, wenn es zu einer Ausübung öffentlicher Gewalt durch den Beliehenen kommt[320].

I. Die Ausübung öffentlicher Gewalt als primärrechtliche Ausnahme von der Anwendung des Vergaberechts

Die Begrenzung des vergaberechtlichen Anwendungsbereichs bei der Ausübung öffentlicher Gewalt ist auf die Vorschrift des Art. 45 EGV zurückzuführen. Dort heißt es:

> „Auf Tätigkeiten, die in einem Mitgliedstaat dauernd oder zeitweise mit der Ausübung öffentlicher Gewalt verbunden sind, findet dieses Kapitel in dem betreffenden Mitgliedstaat keine Anwendung."

Art. 45 EGV bildet folglich eine Bereichsausnahme[321] und befreit unmittelbar von der Beachtung des Kapitels 2 des Dritten Teils, Titel III des EG-Vertrages, welches das Niederlassungsrecht beinhaltet. Gemäß Art. 55 EGV[322] findet Art. 45 EGV aber auch auf das Kapitel 3 des Dritten Teils, Titel III des EG-

---

318 OVG Nordrhein-Westfalen, NJW 1980, 1406 (1407); *Burgi*, NVwZ 2007, 384; *Ossenbühl*, VVDStRL Bd. 29 (1971), 169 ff.; *Stelkens*, NVwZ 2004, 307.

319 *Freitag*, Das Beleihungsrechtsverhältnis, 2005, S. 97; *Michaelis*, Der Beliehene, 1969, S. 140 f., der die Möglichkeit eines öffentlich-rechtlichen Vertrages ausschließt; *Neumann/ Müller*, NZBau 2003, 301; *Stelkens*, NVwZ 2004, 307; *Stober*, in: Wolff/Bachof/Stober (Hrsg.), Verwaltungsrecht, Bd. 3, 5. Aufl. 2004, § 90 Rn. 44.

320 *Braun/Buchmann*, NZBau 2007, 691; *Burgi*, NVwZ 2007, 385 ff.; *Dörr*, JZ 2004, 709; *Dreher*, NZBau 2002, 256 f.; *Opitz*, ZVgR 2000, 104 f.

321 *Müller-Graff*, in: Streinz (Hrsg.), EUV/EGV, 1. Aufl. 2003, Art. 45 EGV Rn. 1; *Rautenberg*, ZfBR 2002, 240.

322 Nach dem Inkrafttreten des Vertrages von Lissabon entspricht Art. 55 EGV Art. 62 des in Vertrag über die Arbeitsweise der Europäischen Union umbenannten EGV.

Vertrages, Anwendung. Demzufolge finden sowohl die Niederlassungsfreiheit als auch die Dienstleistungsfreiheit keine Anwendung, soweit es um die Ausübung öffentlicher Gewalt geht. Infolgedessen findet auch das auf diese Grundfreiheiten gestützte Sekundärrecht keine Anwendung. Da die europäischen Vergaberichtlinien unter anderem der Verwirklichung der Niederlassungs- und der Dienstleistungsfreiheit dienen[323], bewirkt Art. 45 EGV die Unanwendbarkeit derselben und damit letztendlich – im Wege einer primärrechtskonformen Auslegung – die Unanwendbarkeit des nationalen Vergaberechts[324].

Art. 45 EGV ergänzt die Vorschrift des Art. 39 Abs. 4 EGV[325], welche die Arbeitnehmerfreizügigkeit für unanwendbar erklärt, soweit es um die Beschäftigung in der öffentlichen Verwaltung eines Mitgliedstaates geht[326]. Art. 45 EGV hat wie Art. 39 Abs. 4 EGV den Zweck, den Mitgliedstaaten zu gestatten, die Ausübung öffentlicher Gewalt den eigenen Staatsangehörigen vorzubehalten, weil dies einer besonderen staatsbürgerlichen Loyalität bedarf[327]. Da der Anwendungsbereich des Art. 45 EGV nicht auf die Beschäftigung in der öffentlichen Verwaltung beschränkt ist, soll er – insofern weitergehend als Art. 39 Abs. 4 EGV – den Mitgliedstaaten die Möglichkeit erhalten, mit der Ausübung öffentlicher Gewalt nicht nur die öffentliche Verwaltung, sondern auch Private zu betrauen[328].

---

323 *Dörr*, JZ 2004, 709; vgl. auch *Frenz*, Handbuch Europarecht, Bd. 3, 1. Aufl. 2007, Rn. 1749 ff., 1731 ff.

324 *Burgi*, NVwZ 2007, 385; *Graef*, VergabeR 2004, 173; *Opitz*, ZVgR 2000, 105; *Rautenberg*, ZfBR 2002, 240; für eine unmittelbare Anwendung des Art. 45 EGV *Dreher*, NZBau 2002, 256; *Hüser*, Ausschreibungspflichten bei der Privatisierung öffentlicher Aufgaben, 2005, S. 292; *Neumann/Müller*, NZBau 2003, 300. Der Bundesgerichtshof, NVwZ 2009, 605 (607), verneint demgegenüber eine Unanwendbarkeit des nationalen Vergaberechts, da der Gesetzgeber Art. 45 EGV nicht umgesetzt habe und hierzu auch nicht gezwungen sei. Diese Argumentation verkennt allerdings, dass es einer diesbezüglichen Ausnahmeregelung im nationalen Vergaberecht aufgrund einer primärrechtskonformen Auslegung oder sogar einer unmittelbaren Anwendbarkeit des Art. 45 EGV gerade nicht bedarf. Vgl. hierzu auch *Röbke*, NZBau 2009, 205.

325 Nach dem Inkrafttreten des Vertrages von Lissbon entspricht Art. 39 EGV Art. 45 des in Vertrag über die Arbeitsweise der Europäischen Union umbenannten EGV.

326 *Schlag*, in: Schwarze (Hrsg.), EU-Kommentar, 2. Aufl. 2009, Art. 45 EGV Rn. 2; *Tiedje/Troberg*, in: v. d. Groeben/Schwarze (Hrsg.), EUV/EGV, Bd. 1, 6. Aufl. 2003, Art. 45 EGV Rn. 2.

327 *Müller-Graff*, in: Streinz (Hrsg.), EUV/EGV, 1. Aufl. 2003, Art. 45 EGV Rn. 3; *Geiger*, EUV/EGV, 4. Aufl. 2004, Art. 45 EGV Rn. 3.

328 *Tiedje/Troberg*, in: v. d. Groeben/Schwarze (Hrsg.), EUV/EGV, Bd. 1, 6. Aufl. 2003, Art. 45 EGV Rn. 2.

II. Die Voraussetzungen des Art. 45 EGV

Der Begriff „Ausübung öffentlicher Gewalt“ ist ein gemeinschaftsrechtlicher Begriff. Er gibt – praktisch als Rahmen – vor, welche Tätigkeiten Ausübung öffentlicher Gewalt sein können. Soweit dies bei Tätigkeiten der Fall ist, müssen diese auch in dem jeweiligen Mitgliedstaat als Ausübung öffentlicher Gewalt angesehen werden, um in den Anwendungsbereich des Art. 45 EGV zu fallen[329]. Als Ausnahme von Grundfreiheiten ist Art. 45 EGV eng auszulegen[330]. Der Ausnahmebereich geht nur soweit, wie es der Zweck erfordert, um dessentwillen die Ausnahme besteht[331]. Vor diesem Hintergrund können gemeinschaftsrechtlich nur solche Tätigkeiten Ausübung öffentlicher Gewalt sein, die Gegenstand staatlicher Hoheitsgewalt sind[332]. Dies bedeutet jedoch keine Beschränkung auf den Bereich der – z.B. durch die Polizei oder die Strafvollzugsbehörden ausgeübten – reinen Zwangsgewalt[333]. Zwar fehlt bisher eine Definition des Begriffs der öffentlichen Gewalt durch den Europäischen Gerichtshof. Allerdings spricht es für die Ausübung öffentlicher Gewalt, wenn dem Bürger gegenüber von Zwangsbefugnissen Gebrauch gemacht wird[334].

Die enge Auslegung des Art. 45 EGV führt zudem dazu, dass unter Berufung auf diese Vorschrift die Anwendung der betreffenden Grundfreiheiten nicht umfänglich ausgeschlossen werden kann[335]. Der Europäische Gerichtshof fordert vielmehr, dass sich Art. 45 EGV nur auf diejenigen Tätigkeiten erstreckt, die eine unmittelbare und spezifische Ausübung öffentlicher Gewalt vorsehen[336].

---

329 Zum Ganzen *Müller-Graff*, in: Streinz (Hrsg.), EUV/EGV, 1. Aufl. 2003, Art. 45 EGV Rn. 4; *Randelzhofer/Forsthoff*, in Grabitz/Hilf, Das Recht der Europäischen Union, Bd. 2, Art. 45 EGV Rn. 5 (EL 18, Mai 2001).

330 *Endler*, NZBau 2002, 129; *Randelzhofer/Forsthoff*, in: Grabitz/Hilf, Das Recht der Europäischen Union, Bd. 2, Art. 45 EGV Rn. 8 (EL 18, Mai 2001); *Schlag*, in: Schwarze (Hrsg.), EU-Kommentar, 2. Aufl. 2009, Art. 45 EGV Rn. 6.

331 EuGH, Rs. 2/74, Slg. 1974, 631, Rn. 42/43 – *„Reyners“*; Rs. 147/86, Slg. 1988, 1651, Rn. 7 – *„Kommission/Griechenland“*; Rs. C-114/97, Slg. 1998, I-6732, Rn. 34 – *„Kommission/Spanien“*.

332 *Müller-Graff*, in: Streinz (Hrsg.), EUV/EGV, 1. Aufl. 2003, Art. 45 EGV Rn. 5; *Randelzhofer/Forsthoff*, in: Grabitz/Hilf, Das Recht der Europäischen Union, Bd. 2, Art. 45 EGV Rn. 8 (EL 18, Mai 2001).

333 *Grüb*, Niederlassungs- und Dienstleistungsfreiheit für Private mit hoheitlichen Befugnissen, 1999, S. 116.

334 Schlussanträge des Generalanwalts in der Rs. 2/74, Slg. 1974, 657 (665) – *„Reyners“*.

335 *Müller-Graff*, in: Streinz (Hrsg.), EUV/EGV, 1. Aufl. 2003, Art. 45 EGV Rn. 6; *Schlag*, in: Schwarze (Hrsg.), EU-Kommentar, 2. Aufl. 2009, Art. 45 EGV Rn. 7.

336 EuGH, Rs. 2/74, Slg. 1974, 631, Rn. 44/45 – *„Reyners“*; Rs. C-42/92, Slg. 1993, I-4066, Rn. 8 – *„Thijsen“*; Rs. C-355/98, Slg. 2000, I-1234, Rn. 25 – *„Kommission/Belgien“*;

Ausgeschlossen sind infolgedessen Hilfs- oder Unterstützungsfunktionen für die öffentliche Verwaltung[337].

III. Art. 45 EGV im Rahmen der Beleihung

Vor dem Hintergrund der gemeinschaftsrechtlichen Voraussetzungen des Art. 45 EGV ist zu prüfen, inwiefern diese Vorschrift die Beleihung von dem Anwendungsbereich des Vergaberechts ausnimmt.

Da es sich bei dem Begriff „Ausübung öffentlicher Gewalt" um einen gemeinschaftsrechtlichen Begriff handelt, kann die Beleihung aufgrund des Art. 45 EGV von vornherein nur dann von einer eventuell bestehenden Ausschreibungspflicht befreit sein, wenn es sich bei der Tätigkeit des Beliehenen um die unmittelbare und spezifische Ausübung von Zwangsbefugnissen handelt. Dies macht es erforderlich, dass zwischen dem Beliehenen und dem Bürger ein Subordinationsverhältnis besteht. Der Beliehene muss dazu befugt sein, gegenüber dem Bürger Sachverhalte einseitig zu regeln mit der Folge, dass dieser der Regelung auch gegen seinen Willen zunächst Folge leisten muss[338]. Aufgrund dessen sind insbesondere, aber nicht nur solche Tätigkeiten erfasst, in deren Rahmen der Beliehene Verwaltungsakte erlassen kann[339]. Nicht als Ausübung öffentlicher Gewalt kann es daher angesehen werden, soweit es um schlicht-hoheitliches Verwaltungshandeln geht[340]. Auf der anderen Seite kommt es allerdings in Hinblick auf die „Ausübung öffentlicher Gewalt" nicht auf die Unterscheidung zwischen Eingriffs- und Leistungsverwaltung an. Denn auch im Rahmen der Leistungsverwaltung kann ein Subordinationsverhältnis bestehen und muss es

---

Tiedje/Troberg, in: v. d. Groeben/Schwarze (Hrsg.), EUV/EGV, Bd. 1, 6. Aufl. 2003, Art. 45 EGV Rn. 10, Fn. 11.

337 *Tiedje/Troberg*, in: v. d. Groeben/Schwarze (Hrsg.), EUV/EGV, Bd. 1, 6. Aufl. 2003, Art. 45 EGV Rn. 10.

338 *Grüb*, Niederlassungs- und Dienstleistungsfreiheit für Private mit hoheitlichen Befugnissen, 1999, S. 117; vgl. auch *Dreher*, NZBau 2002, 256 f.; *Graef*, VergabeR 2004, 173; *Hüser*, Ausschreibungspflichten bei der Privatisierung öffentlicher Aufgaben, 2005, S. 294; *Kunert*, Vergaberecht und öffentliches Recht, 2003, S. 56 f.

339 *Ortner*, Vergabe von Dienstleistungskonzessionen, 2007, S. 99; *Randelzhofer/Forsthoff*, in: Grabitz/Hilf, Das Recht der Europäischen Union, Bd. 2, Art. 45 EGV Rn. 8 (EL 18, Mai 2001).

340 *Althaus*, NZBau 2000, 278; *Grüb*, Niederlassungs- und Dienstleistungsfreiheit für Private mit hoheitlichen Befugnissen, 1999, S. 121 f.; *Müller-Graff*, in: Streinz (Hrsg.), EUV/EGV, 1. Aufl. 2003, Art. 45 EGV Rn. 5; offen gelassen von *Burgi*, NVwZ 2007, 387.

teilweise z.B. zu dem Erlass von Verwaltungsakten kommen[341]. Hiervon abgesehen ist die Grenze zwischen Eingriffs- und Leistungsverwaltung in bestimmten Bereichen kaum mehr zu ziehen. So ist beispielsweise die Gewährung von Zuwendungen grundsätzlich der Leistungsverwaltung zuzuordnen. Zugleich wird aber in die Rechte derjenigen Antragsteller eingegriffen, denen eine Zuwendung versagt wird[342].

Die Voraussetzungen, unter denen – gemeinschaftsrechtlich – von der Ausübung öffentlicher Gewalt auszugehen ist, machen deutlich, dass bei einer Beleihung nicht automatisch von der Ausübung öffentlicher Gewalt auszugehen ist. Zwar dient die Beleihung der selbständigen hoheitlichen Wahrnehmung bestimmter Staatsaufgaben durch Private. Eine solche muss aber nicht mit der Ausübung von Zwangsbefugnissen einhergehen[343].

Problematisch ist die Frage, inwiefern vorbereitende Handlungen, die ihrerseits nicht mit Zwangsbefugnissen verbunden sind, als Ausübung öffentlicher Gewalt anzusehen sind. Hierbei muss unterschieden werden zwischen vorbereitenden Handlungen für andere Stellen und Handlungen, welche die eigene – als Ausübung öffentlicher Gewalt anzusehende Entscheidung – des Beliehenen vorbereiten[344]. Vorbereitende Handlungen für andere Stellen unterfallen nicht der Vorschrift des Art. 45 EGV, da sie keine eigene Entscheidungsbefugnis beinhalten[345]. Diese Sichtweise lässt sich hingegen nicht vollumfänglich auf Handlungen übertragen, welche die eigene Entscheidung vorbereiten. Denn diese Handlungen sind untrennbar mit die Ausübung öffentlicher Gewalt darstellenden Entscheidung des Beliehenen selbst verbunden. Die Vorbereitungshandlungen sind notwendige Voraussetzung der letztendlich zu treffenden Entscheidung, diese ist ohne die Vorbereitungshandlungen nicht denkbar. Liegen die Vorbereitungshandlungen und die hierzu ergehende Entscheidung in der Hand derselben Stelle, würde eine Unterscheidung dieser Verfahrenshandlungen zu der Aufspaltung

---

341 *Grüb*, Niederlassungs- und Dienstleistungsfreiheit für Private mit hoheitlichen Befugnissen, 1999, S. 122.

342 *Burgi*, NVwZ 2007, 387; zu eng daher *Dreher*, NZBau 2002, 256 f.; *Opitz*, ZVgR 2000, 105.

343 EuGH, Rs. C-147/86, Slg. 1988, 1651, Rn. 6 ff. – *„Kommission/Griechenland"*; *Braun/Buchmann*, NZBau 2007, 691; *Dreher*, NZBau 2002, 256 f.; *Freitag*, Das Beleihungsrechtsverhältnis, 2005, S. 127 f.; *Hüser*, Ausschreibungspflichten bei der Privatisierung öffentlicher Aufgaben, 2005, S. 294; *Kunert*, Vergaberecht und Öffentliches Recht, 2003, S. 55 f.; *Opitz*, ZVgR 2000, 105; *Ortner*, Vergabe von Dienstleistungskonzessionen, 2007, S. 99; a.A. *Burgi*, NZBau 2002, 61 f., differenzierter hingegen in NVwZ 2007, 387; *Rautenberg*, ZfBR 2002, 240.

344 *Burgi*, NVwZ 2007, 388.

345 EuGH, Rs. C-306/89, Slg. 1991, I-5880, Rn. 7 – *„Kommission/Griechenland"*.

eines einheitlichen Vorgangs führen. Infolgedessen sind solche vorbereitende Handlungen ebenfalls als Ausübung öffentlicher Gewalt anzusehen[346].

C. Die Beleihung ohne die Ausübung öffentlicher Gewalt

Wenn die Tätigkeit des Beliehenen die Voraussetzungen des Art. 45 EGV nicht erfüllt, ist noch immer die Frage unbeantwortet, inwiefern das Vergaberecht auf die Beleihung Anwendung findet oder nicht. Zunächst ist es dann von Bedeutung, sich zu vergegenwärtigen, was der Vorgang der Beleihung genau umfasst.

I. Unterscheidung zwischen Beleihungsakt und Akt der Aufgabenübertragung

Es ist bereits ausgeführt worden, dass mit der Beleihung Privatrechtssubjekten die Berechtigung eingeräumt wird, bestimmte Staatsaufgaben und Befugnisse im eigenen Namen und in den Handlungsformen des öffentlichen Rechts wahrzunehmen[347]. Dies hat zur Folge, dass zwischen der Beleihung selbst und der Übertragung der (Staats-)Aufgabendurchführung zu unterscheiden ist. Der Beleihungsakt dient ausschließlich der Befugnisübertragung, während der Akt der Aufgabenübertragung den Privaten zu der Durchführung bestimmter Aufgaben verpflichtet[348]. Es ist somit in Hinblick auf die Ausschreibungspflichtigkeit der Beleihung zum einen die Ausschreibungspflichtigkeit des Beleihungsaktes und zum anderen diejenige des Aktes der Aufgabenübertragung zu betrachten. So hat auch der Bundesgerichtshof zunächst die Ausschreibungspflichtigkeit des Beleihungsaktes – von ihm als „Übertragung eines Teils der Staatsfunktion auf einen Privaten mit der Befugnis, selbständig und im eigenen Namen öffentlich-rechtliche Verwaltungstätigkeit auszuüben“ bezeichnet – und daraufhin die Aus-

---

346 Zum Ganzen *Burgi*, NVwZ 2007, 387 f.; a.A. *Randelzhofer/Forsthoff*, in: Grabitz/Hilf, Das Recht der Europäischen Union, Bd. 2, Art. 45 EGV Rn. 8 (EL 18, Mai 2001).

347 Vgl. oben, dritter Teil, zweiter Abschnitt, A.

348 *Braun/Buchmann*, NZBau 2007, 693 f.; *Dreher*, NZBau 2002, 255 f.; *Hüser*, Ausschreibungspflichten bei der Privatisierung öffentlicher Aufgaben, 2005, S. 282; *Kopp/Ramsauer*, VwVfG, 10. Aufl. 2008, § 1 Rn. 58, Fn. 41; *Rennert*, in: Eyermann, VwGO, 12. Aufl. 2006, § 40 Rn. 87; *Stober*, in: Wolff/Bachof/Stober (Hrsg.), Verwaltungsrecht, Bd. 3, 5. Aufl. 2004, § 90 Rn. 41.

schreibungspflichtigkeit der von dem Auftraggeber und dem Beliehenen getroffenen vertraglichen Leistungsbeziehungen geprüft[349].

II. Die Ausschreibungspflichtigkeit des Beleihungsaktes

Um die Ausschreibungspflichtigkeit der Beleihung zu klären, ist daher nunmehr in einem ersten Schritt zu untersuchen, wie der Beleihungsakt vergaberechtlich zu beurteilen ist.

Der Anwendungsbereich des Vergaberechts ist eröffnet, wenn der Staat den Markt in Anspruch nimmt, um für sich Leistungen zu beschaffen[350]. Mit Hilfe des Beleihungsaktes überträgt der Staat Privatrechtssubjekten Hoheitsbefugnisse und befähigt diese im Zuge dessen, sich der Handlungsformen des öffentlichen Rechts zu bedienen. Dieser Vorgang stellt somit keine Beschaffung von Leistungen dar, denn der Staat überträgt lediglich einen Teil der originär nur ihm zukommenden Hoheitsmacht. Der Beleihungsakt ist infolgedessen nicht ausschreibungspflichtig[351]. Auch wenn der Staat – hierauf folgend – dem Beliehenen Hoheitsaufgaben zur Durchführung überträgt, also Leistungen am Markt beschafft, führt dies zu keiner anderen Bewertung. Zwar ist der Beleihungsakt Voraussetzung für den Akt der Aufgabenübertragung, allerdings bestehen beide unabhängig voneinander und sind getrennt zu betrachten.

Keine Bedeutung kommt in diesem Zusammenhang der Handlungsform zu. Es ist unerheblich, ob die Beleihung selbst in Form eines einseitigen Hoheitsaktes – dem Wortlaut des § 99 Abs. 1 GWB nach schon kein öffentlicher Auftrag – oder eines öffentlich-rechtlichen Vertrages erfolgt. Auch wenn öffentlich-rechtliche ebenso wie privatrechtliche Verträge grundsätzlich in den Anwendungsbereich des Vergaberechts fallen, ist dennoch entscheidend, dass der Beleihungsakt nicht der Beschaffung von Leistungen dient.

---

349 BGH, BGHZ 148, 55 (61); hierzu *Schröder*, NVwZ 2005, 26; *Zeiss*, DVBl 2003, 436 f.

350 *Bungenberg*, in: Loewenheim/Meessen/Riesenkampff (Hrsg.), Kartellrecht, 2. Aufl. 2009, § 99 GWB Rn. 11; *Eschenbruch*, in: Kulartz/Kus/Portz (Hrsg.), GWB-Vergaberecht, 2. Aufl. 2009, § 99 Rn. 11; *Zeiss*, in: Heiermann/Zeiss/Kullack/Blaufuß (Hrsg.), Vergaberecht, 2. Aufl. 2008, § 99 GWB Rn. 24.

351 BGH, BGHZ 148, 55 (61); *Dreher*, NZBau 2002, 255 f.; *Hüser*, Ausschreibungspflichten bei der Privatisierung öffentlicher Aufgaben, 2005, S. 282; *Schimanek*, NZBau 2005, 310, der allerdings unzutreffend davon ausgeht, eine Beleihung könne nur durch einseitigen Hoheitsakt erfolgen; *Schröder*, NVwZ 2005, 26; *Stober*, in: Wolff/Bachof/Stober (Hrsg.), Verwaltungsrecht, Bd. 3, 5. Aufl. 2004, § 90 Rn. 41; *Zeiss*, DVBl 2003, 436.

III. Die Ausschreibungspflichtigkeit des Aktes der Aufgabenübertragung

Eine Beleihung erfolgt vor dem Hintergrund, dass Privaten so die Durchführung grundsätzlich dem Staat vorbehaltener Aufgaben ermöglicht wird. Neben der Beleihung selbst kommt es somit auch zu der Übertragung der Durchführung bestimmter Hoheitsaufgaben auf den Privaten. Der Beleihungsakt geht, nicht zwingend in unmittelbarer zeitlicher Abfolge, einher mit einem Akt der Aufgabenübertragung. Zwar ist der Beleihungsakt ausschreibungsfrei, doch ist es diskussionswürdig, ob dies auch für den Akt der Aufgabenübertragung gilt.

Die Übertragung der Durchführung bestimmter Hoheitsaufgaben stellt sich hierbei als die Beschaffung von Leistungen am Markt dar, welche der Staat andernfalls selbst erbringen müsste. Zur Feststellung der Ausschreibungspflichtigkeit des Aktes der Aufgabenübertragung gilt es zunächst nach der Rechtsform zu unterscheiden, in der die Übertragung der Durchführung der Hoheitsaufgaben erfolgt.

1. Der Akt der Aufgabenübertragung in der Form eines einseitigen Hoheitsaktes

Die Übertragung der Durchführung der Aufgaben kann zum einen – wie auch die Beleihung – durch einseitigen Hoheitsakt, mithin unmittelbar durch Gesetz oder durch Rechtsverordnung oder Verwaltungsakt erfolgen. Die Übertragung (der Durchführung) von Aufgaben durch Gesetz oder Rechtsverordnung fällt allerdings nicht in den Anwendungsbereich des Vergaberechts, da § 99 Abs. 1 GWB öffentliche Aufträge als „entgeltliche *Verträge*" definiert[352].

Aufgrund dessen soll auch die Übertragung durch Verwaltungsakt nicht dem Vergaberecht unterfallen[353]. Diese Auffassung wird aber in jüngster Zeit in ihrer Grundsätzlichkeit mit dem Argument in Frage gestellt, dass auch mittels Verwaltungsakt vertragsähnliche Zustände herbeigeführt werden könnten. Dies gelte

352 *Dreher*, in: Immenga/Mestmäcker (Hrsg.), Wettbewerbsrecht, Bd. 2, 4. Aufl. 2007, § 99 Rn. 6; *Stickler*, in: Reidt/Stickler/Glahs, Vergaberecht, 2. Aufl. 2003, § 99 GWB Rn. 4; *Wagner*, in: Langen/Bunte (Hrsg.), Deutsches und europäisches Kartellrecht, Bd. 1, 10. Aufl. 2006, § 99 GWB Rn. 2. Unabhängig hiervon käme für Kommunen ohnehin nur der Erlass von Rechtsverordnungen grundsätzlich in Betracht; hierzu *Detterbeck*, Allgemeines Verwaltungsrecht, 7. Aufl. 2009, Rn. 830 f.; *Ehlers*, in: Erichsen/Ehlers (Hrsg.), Allgemeines Verwaltungsrecht, 13. Aufl. 2006, § 2 Rn. 49.

353 *Burgi*, NZBau 2002, 62; *Dörr*, JZ 2004, 709; *Eschenbruch*, in: Kulartz/Kus/Portz (Hrsg.), GWB-Vergaberecht, 2. Aufl. 2009, § 99 Rn. 62.

insbesondere, wenn der Verwaltungsakt zustimmungsbedürftig sei, da er dann nur ein funktionales Äquivalent zu einem Vertrag sei[354]. Dem ist insoweit zuzustimmen, als dass auch die Regelung eines Sachverhaltes mittels Verwaltungsakt durchaus vertragsähnlich ausgestaltet sein kann. Die Einbeziehung der Übertragung (der Durchführung) von Aufgaben durch Verwaltungsakt in den Anwendungsbereich des Vergaberechts kommt dennoch nicht in Betracht.

Dem steht der eindeutige Wortlaut des § 99 Abs. 1 GWB entgegen. Der Verwaltungsakt stellt, auf welchem Weg er auch zustande gekommen sein mag, einen einseitigen Hoheitsakt, nicht aber einen Vertrag dar. In diesem Zusammenhang gilt es zwar die Zielsetzung des Vergaberechts – die Sicherstellung von Wettbewerb und Transparenz sowie die Verhinderung von Diskriminierung zur Schaffung eines gemeinsamen Binnenmarktes[355] – zu beachten. Allerdings kann der Vertragsbegriff auch richtlinienkonform nicht so erweiternd ausgelegt werden, dass Verwaltungsakte, selbst wenn sie zwischen dem Staat und dem Adressaten ausgehandelt worden sind, erfasst werden[356]. Denn auch in diesem Fall ist die Vergleichbarkeit zwischen Verwaltungsakt und Vertrag nicht in dem Maße gegeben, dass eine Gleichbehandlung beider Handlungsformen geboten oder gar zwingend wäre.

So besteht bei den „Verhandlungen" über den Inhalt eines solchen Verwaltungsaktes keine so weitgehende Gleichordnung zwischen dem Staat und dem Adressaten, wie dies bei einem Vertrag der Fall ist. Vielmehr kann der Staat – sollte er dies für notwendig erachten und es sich nicht um einen zustimmungsbedürftigen Verwaltungsakt handeln – einseitig einen Verwaltungsakt erlassen, der seinen Vorstellungen entspricht. Auch nach dem Erlass eines ausgehandelten Verwaltungsaktes ist der Adressat dem Staat nicht so gleichgestellt, wie dies Vertragsparteien sind. Denn der Staat kann den Verwaltungsakt selbst vollstrecken. Er muss nicht wie ein privater Gläubiger – der Adressat – die Justiz bemühen und sich erst einen Titel beschaffen, sondern kann die notwendigen Maßnahmen selbst ergreifen[357]. Vor diesem Hintergrund unterfallen Verwaltungsakte nicht der Vorschrift des § 99 Abs. 1 GWB, selbst wenn sie einen vergaberechtlich relevanten Vorgang beinhalten[358].

Zusammenfassend gilt es festzuhalten, dass die Übertragung (der Durchführung) von Aufgaben oder eine sonstige Beschaffung durch einseitigen Hoheitsakt

354 *Burgi*, NVwZ 2007, 385.

355 *Stickler*, in: Reidt/Stickler/Glahs, Vergaberecht, 2. Aufl. 2003, § 97 GWB Rn 1a.

356 *Endler*, NZBau 2002, 129.

357 Vgl. *App/Wettlaufer*, Verwaltungsvollstreckungsrecht, 4. Aufl. 2005, § 1 Rn. 4.

358 *Endler*, NZBau 2002, 129; *Hattig/Ruhland*, VergabeR 2005, 430.

nicht ausschreibungspflichtig ist. Eine andere Frage ist es jedoch, inwieweit sich der Staat einer solchen Handlungsform bedienen kann[359].

2. Der Akt der Aufgabenübertragung in der Form eines öffentlich-rechtlichen Vertrages

Die Übertragung der Durchführung hoheitlicher Aufgaben kann nicht nur durch einseitigen Hoheitsakt, sondern auch durch öffentlich-rechtlichen Vertrag erfolgen. Die Übertragung (der Durchführung) von Aufgaben durch öffentlich-rechtlichen Vertrag steht der Anwendung des Vergaberechts grundsätzlich nicht entgegen. Öffentliche Aufträge sind gemäß § 99 Abs. 1 GWB entgeltliche Verträge. Der Vertragsbegriff ist diesbezüglich nicht auf privatrechtliche Verträge beschränkt[360].

Keine Bedeutung kommt in diesem Zusammenhang der Unterscheidung zwischen koordinationsrechtlichen und subordinationsrechtlichen öffentlich-rechtlichen Verträgen zu. Ein subordinationsrechtlicher öffentlich-rechtlicher Vertrag liegt vor, wenn die Vertragsparteien außerhalb des Vertragsverhältnisses in einem Verhältnis der Über- und Unterordnung zueinander stehen[361]. Andernfalls handelt es sich um einen koordinationsrechtlichen öffentlich-rechtlichen Vertrag. Einer anderen Auffassung zufolge kommt es für die Unterscheidung zwischen koordinationsrechtlichen und subordinationsrechtlichen öffentlich-rechtlichen Verträgen darauf an, ob der Vertragsschluss zwischen verschiedenen Verwaltungsträgern oder zwischen dem Staat auf der einen und dem Bürger auf der anderen Seite erfolgt ist[362]. In Hinblick auf öffentlich-rechtliche Verträge, mittels derer der Staat Privaten hoheitliche Aufgaben zur Durchführung überträgt, kommt es indessen nicht auf die Unterschiede beider Auffassungen an. Denn es handelt sich zum einen um öffentlich-rechtliche Verträge im Verhältnis Staat – Bürger, zum anderen besteht zwischen den Vertragsparteien ein Verhältnis der Über- und Unterordnung. Dies zeigt sich bereits daran, dass der Beliehene sowohl der Rechts- als auch der Fachaufsicht durch die zuständige Behörde unterworfen ist[363]. Soweit die Aufgabenübertragung durch öffentlich-rechtlichen

359 Vgl. hierzu unten, dritter Teil, zweiter Abschnitt, C. IV.

360 Vgl. oben, erster Teil, fünfter Abschnitt, C.

361 *Henneke*, in: Knack, VwVfG, 8. Aufl. 2004, § 54 Rn. 9; *Kopp/Ramsauer*, VwVfG, 10. Aufl. 2008, § 54 Rn. 48.

362 *Burgi*, NZBau 2002, 58 m.w.N.

363 *Burgi*, NVwZ 2007, 384.

Vertrag erfolgt, handelt es sich somit um einen subordinationsrechtlichen öffentlich-rechtlichen Vertrag[364].

Allerdings sind subordinationsrechtliche ebenso wie koordinationsrechtliche öffentlich-rechtliche Verträge ausschreibungspflichtig. Das Vergaberecht bleibt bei subordinationsrechtlichen öffentlich-rechtlichen Verträgen nicht aus dem Grund außen vor, weil statt des Vertragsschlusses gemäß § 54 Satz 2 VwVfG auch ein Verwaltungsakt erlassen werden könnte und Verwaltungsakte als einseitige Hoheitsakte nicht ausschreibungspflichtig sind[365]. Denn § 54 Satz 2 VwVfG stellt nicht darauf ab, dass in dem konkreten Fall auch ein Verwaltungsakt hätte erlassen werden können. Diesbezüglich ist vielmehr statt einer konkreten, eine abstrakte Betrachtungsweise angezeigt. Entscheidend ist, dass der Gegenstand des öffentlich-rechtlichen Vertrages so oder ähnlich auch durch einen Verwaltungsakt hätte geregelt werden können[366]. Die Annahme einer fehlenden Anwendbarkeit des Vergaberechts in den Fällen subordinationsrechtlicher öffentlich-rechtlicher Verträge ist insoweit auf ein fehlerhaftes Begriffsverständnis zurückzuführen[367]. Unabhängig hiervon sind – wie soeben ausgeführt[368] – der Erlass eines Verwaltungsaktes und der Abschluss eines öffentlich-rechtlichen Vertrages hinsichtlich ihres Zustandekommens und ihrer Auswirkungen nicht vollumfänglich miteinander vergleichbar. Somit kommt es für die Anwendbarkeit des Vergaberechts nur darauf an, ob tatsächlich ein Verwaltungsakt erlassen oder ein öffentlich-rechtlicher Vertrag abgeschlossen worden ist.

Einer Anwendung des Vergaberechts steht auch nicht entgegen, dass die Übertragung der Durchführung der Aufgaben mit Hilfe eines öffentlichen-rechtlichen Vertrages mit einer Beleihung einhergeht.

a) Keine Ausschreibungsfreiheit wegen Staatsorganisationsakt

Eine Ausschreibungsfreiheit des Aktes der Aufgabenübertragung kommt zunächst nicht in Betracht, weil es sich bei der Beleihung und der Übertragung der Durchführung hoheitlicher Aufgaben um einen Staatsorganisationsakt handeln würde.

Das Vergaberecht gelangt nach seinem Sinn und Zweck, den Wettbewerb auf den öffentlichen Beschaffungsmärkten zu schützen und auszubauen, nur dann zur Anwendung, wenn der öffentliche Auftraggeber zum Zwecke der Beschaf-

364 So auch *Freitag*, Das Beleihungsrechtsverhältnis, 2005, S. 99.

365 So aber *Kulartz*, NZBau 2001, 176; *Schulte*, NZBau 2000, 275.

366 *Burgi*, NZBau 2002, 58; *Henneke*, in: Knack, VwVfG, 8. Aufl. 2004, § 54 Rn. 9; *Kopp/Ramsauer*, VwVfG, 10. Aufl. 2008, § 54 Rn. 48.

367 *Burgi*, NZBau 2002, 58 Fn. 14.

368 Vgl. oben, dritter Teil, zweiter Abschnitt, C. III. 1.

fung von Leistungen den Markt in Anspruch nimmt. Vor diesem Hintergrund werden innerstaatliche Aufgaben- und Organisationsverteilungen nicht vom Vergaberecht erfasst. Denn Maßnahmen dieser Art entspringen der internen, hoheitlichen Organisationsfreiheit des Staates, dessen Organisationsstruktur das Vergaberecht gerade nicht vorschreiben soll[369]. Da der Beliehene nicht nur gleich einer Behörde tätig ist, sondern in Bezug auf die von ihm zu erfüllenden Aufgaben selbst Behörde im Sinne der §§ 1 Abs. 4, 35 VwVfG ist[370], liegt es nahe, die Beleihung mit einhergehender Übertragung der Durchführung bestimmter öffentlich-rechtlicher Aufgaben als einen solchen ausschreibungsfreien Staatsorganisationsakt anzusehen.

Dies ist indes nicht der Fall. Zwar ist der Beliehene in Bezug auf die von ihm zu erfüllenden Aufgaben selbst Behörde im Sinne der §§ 1 Abs. 4, 35 VwVfG. Allerdings hat sich seine Rechtsnatur erst durch den Vorgang der Beleihung bezüglich der ihm in diesem Zusammenhang zur Durchführung übertragenen öffentlich-rechtlichen Aufgaben von einem vormaligen Privatrechtssubjekt zu einer Behörde gewandelt. Zuvor hat der Staat hingegen einen privaten Dritten am Markt ausgewählt, für ihn bestimmte Leistungen zu erbringen. Erst durch diesen Vorgang und die für die Erbringung der Leistungen notwendige Beleihung ist der Private in die Staatsorganisation eingegliedert worden, so dass von einem ausschreibungsfreien Staatsorganisationsakt nicht gesprochen werden kann.

b) Keine Ausschreibungsfreiheit wegen Einheit von Beleihungsakt und Aufgabenübertragungsakt

Die Ausschreibungspflichtigkeit des Aktes der Aufgabenübertragung mit Hilfe eines öffentlich-rechtlichen Vertrages wird auch nicht dadurch gehindert, dass die – immer ausschreibungsfreie – Beleihung und die Übertragung der Durchführung der öffentlich-rechtlichen Aufgaben unter Umständen eng miteinander verbunden sind[371]. Eine untrennbare Einheit von Beleihungsakt und Aufgabenübertragungsakt kommt von vornherein nur bei einer inhaltlichen Verbundenheit in Betracht, wenn also beide Akte in demselben öffentlich-rechtlichen Vertrag enthalten sind. Eine nur zeitliche Verbundenheit kann eine untrennbare Einheit hingegen von vornherein nicht begründen. Die Beleihung und Übertragung der Durchführung der hoheitlichen Aufgaben in demselben einseitigen Hoheitsakt ist

369 *Eschenbruch*, in: Kulartz/Kus/Portz (Hrsg.), GWB-Vergaberecht, 2. Aufl. 2009, § 99 Rn. 11; *Frenz*, Handbuch Europarecht, Bd. 3, 1. Aufl. 2007, Rn. 2085.

370 *Bull/Mehde*, Allgemeines Verwaltungsrecht mit Verwaltungslehre, 8. Aufl. 2009, Rn. 385; *Burgi*, NVwZ 2007, 384; *Ruffert*, in: Erichsen/Ehlers (Hrsg.), Allgemeines Verwaltungsrecht, 13. Aufl. 2006, § 20 Rn. 22; *Kopp/Ramsauer*, VwVfG, 10. Aufl. 2008, § 1 Rn. 58.

371 Hierzu *Braun/Buchmann*, NZBau 2007, 694.

in diesem Zusammenhang nicht von Interesse, da der Akt der Aufgabenübertragung mittels einseitigen Hoheitsaktes ohnehin nicht dem Vergaberecht unterliegt.

Doch auch wenn der Beleihungsakt und der Akt der Aufgabenübertragung in demselben öffentlich-rechtlichen Vertrag enthalten sind, führt dies nicht zu der Ausschreibungsfreiheit dieses Vertrages. Denn es gilt zu beachten, dass – wie bereits deutlich gemacht[372] – nicht die Beleihung, sondern die Übertragung der Durchführung bestimmter Aufgaben im Vordergrund steht. Hierbei handelt es sich jedoch, im Gegensatz zu der Beleihung selbst, um einen ausschreibungspflichtigen Beschaffungsvorgang. Eine funktionale Betrachtungsweise muss daher dazu führen, dass in diesem Fall der gesamte, den Beleihungs- und den Aufgabenübertragungsakt beinhaltende, öffentlich-rechtliche Vertrag ausschreibungspflichtig ist[373]. Von einer „systemfremden Unterwerfung sämtlicher hoheitlicher Aufgabenübertragungen unter das Vergaberechtsregime" kann vor diesem Hintergrund nicht gesprochen werden[374]. Andernfalls wäre dem Staat auch die Möglichkeit an die Hand gegeben, die Anwendung des Vergaberechts allein dadurch zu umgehen, dass Beleihung und Übertragung der Durchführung der öffentlich-rechtlichen Aufgaben in demselben öffentlich-rechtlichen Vertrag erfolgen.

IV. Die Zulässigkeit der Übertragung der Aufgabendurchführung mittels einseitigen Hoheitsaktes

Überträgt der Staat die Durchführung hoheitlicher Aufgaben mit Hilfe eines öffentlich-rechtlichen Vertrages, handelt es sich hierbei – soweit die Erfüllung der Aufgaben nicht mit der Ausübung öffentlicher Gewalt verbunden ist – um einen ausschreibungspflichtigen Beschaffungsvorgang. Anders stellt es sich hingegen bei einer Übertragung mittels einseitigen Hoheitsaktes dar. Da das Vergaberecht gemäß § 99 Abs. 1 GWB nur bei auf vertraglichen Vereinbarungen beruhenden Beschaffungsvorgängen Anwendung findet, kann die Übertragung in diesem Fall ausschreibungsfrei erfolgen. In der Folge ist die Anwendung des Vergaberechts von der Handlungsform – öffentlich-rechtlicher Vertrag oder einseitiger Hoheitsakt – abhängig. Es liegt in der Hand des Staates als Auftraggeber, ob eine Ausschreibung stattfindet, obwohl Inhalt und Ziel des Handelns

372 Vgl. oben, dritter Teil, zweiter Abschnitt, C. I. 3.

373 Ebenso *Ortner*, Vergabe von Dienstleistungskonzessionen, 2007, S. 99; vgl. auch *Kunert*, Vergaberecht und Öffentliches Recht, 2003, S. 65 ff.

374 So aber *Braun/Buchmann*, NZBau 2007, 694.

unverändert bleiben: die Übertragung festgelegter Staatsaufgaben zur Durchführung auf ein Privatrechtssubjekt. Allerdings ist es unbestreitbar, dass der Staat als hauptsächlicher Adressat des Vergaberechts nicht den Anwendungsbereich desselben bestimmen kann.

Vor diesem Hintergrund zeichnet sich ab, dass dem Staat die Handlungsform des einseitigen Hoheitsaktes zur Beschaffung von Leistungen am Markt nur dann belassen werden kann, wenn das Vergaberecht aufgrund der Wahl der Handlungsform des einseitigen Hoheitsaktes keine Beschränkung erfährt. Dies ist allerdings nur bei Aufgaben denkbar, deren Durchführung mit der Ausübung öffentlicher Gewalt im Sinne des Art. 45 EGV verbunden ist, da das Vergaberecht nur dann bereits aus diesem Grund unabhängig von der Handlungsform auch auf den Aufgabenübertragungsakt keine Anwendung findet[375]. Von dieser Ausnahme abgesehen ist die Übertragung der Durchführung öffentlich-rechtlicher Aufgaben durch einseitigen Hoheitsakt unzulässig, da ansonsten das Vergaberecht ohne sachliche Rechtfertigung nicht zur Anwendung gelangt. Die Möglichkeit des Staates, die Handlungsform frei zu wählen, darf nicht zur Umgehung wettbewerbsschützender Vorschriften missbraucht werden. Denn aus wettbewerbsrechtlicher Sicht besteht zwischen der Beleihung und der freien Beauftragung eines Privaten kein Unterschied[376].

D. Ergebnis

Die Beleihung ist nicht gänzlich dem Anwendungsbereich des Vergaberechts entzogen. Nur soweit die Durchführung der öffentlich-rechtlichen Aufgaben mit der Ausübung öffentlicher Gewalt im Sinne des Art. 45 EGV verbunden ist, besteht keine Ausschreibungspflicht.

Ist dies nicht der Fall, muss zwischen dem Beleihungsakt und dem Akt der Aufgabenübertragung unterschieden werden. Auf den Beleihungsakt findet das Vergaberecht – unabhängig von der für den Beleihungsakt gewählten Handlungsform – keine Anwendung, da es sich hierbei nicht um die Beschaffung von Leistungen, sondern nur um eine Befugnisübertragung handelt. Für den Akt der Aufgabenübertragung gilt: Indem der Staat die grundsätzlich ihm obliegende Durchführung hoheitlicher Aufgaben auf einen Privaten überträgt, beschafft er Leistungen am Markt, so dass der Aufgabenübertragungsakt ein vergaberechtlich relevanter Vorgang ist. Aufgrund des eindeutigen Wortlauts des § 99 Abs. 1

375 Zum Ganzen *Endler*, NZBau 2002, 129; in Bezug auf die Handlungsform des Verwaltungsaktes *Burgi*, NZBau 2002, 62.

376 Vgl. OLG Naumburg, NZBau 2004, 62 (64).

GWB gilt dies allerdings nur, wenn die Übertragung der Durchführung der hoheitlichen Aufgaben mit Hilfe eines öffentlich-rechtlichen Vertrages erfolgt.

Da der Staat infolgedessen durch die Wahl der Handlungsform darüber entscheiden kann, ob das Vergaberecht auf den Aufgabenübertragungsakt Anwendung findet, gilt es die Frage zu beantworten, inwiefern diese dem Staat zukommende Wahlfreiheit zu beschränken ist. Der Staat kann als hauptsächlicher Adressat des Vergaberechts nicht den Anwendungsbereich desselben bestimmen. Die Übertragung der Durchführung der Aufgaben muss daher mittels öffentlich-rechtlichen Vertrages erfolgen, da es ansonsten zu einer sachlich nicht gerechtfertigten Außerachtlassung des Vergaberechts kommt. Eine Ausnahme besteht nur bei Aufgaben, deren Durchführung mit der Ausübung öffentlicher Gewalt verbunden ist, denn eine Umgehung des Vergaberechts ist dann ausgeschlossen.

Dritter Abschnitt
Das „In-house-Geschäft" – Ausnahme von der Ausschreibungspflicht infolge richterlicher Rechtsfortbildung

A. Einführung

Das europäische und mit ihm das nationale Vergaberecht findet auf Eigenleistungen eines öffentlichen Auftraggebers keine Anwendung. Fehlt es dem Auftragnehmer an einer eigenen Rechtspersönlichkeit, liegt bereits kein Vertrag vor[377]. Dies ergibt auch vor dem Hintergrund der bestimmenden Ziele des europäischen und nationalen Vergaberechts Sinn. Die Vorschriften dienen der Marktöffnung und der Sicherstellung von Wettbewerb[378]. Erbringt ein öffentlicher Auftraggeber eine Leistung selbst, fehlt es an einer Beschaffung. Er gerät mit dem Markt nicht in Berührung, eine Gefahr für den Wettbewerb ist ausgeschlossen. Für den öffentlichen Auftraggeber besteht auch kein Zwang, die Erfüllung der ihm obliegenden Aufgaben rechtlich selbständigen Unternehmen zu übertragen. Die Erfüllung gänzlich mit eigenen Mitteln steht in seinem freien Ermessen[379].

Der Anwendungsbereich des Vergaberechts ist eröffnet, wenn ein öffentlicher Auftraggeber einen Vertrag über die Erbringung von Leistungen abschließt. Nach der Rechtsprechung des Europäischen Gerichtshofs ist es für die Annahme eines solchen Vertrages bereits ausreichend, wenn es sich um eine Vereinbarung zwischen einem öffentlichen Auftraggeber und einer rechtlich von diesem verschiedenen Person handelt[380]. Vergaberechtlich relevant ist infolgedessen unter anderem auch die Beauftragung einer im Zuge einer Organisationsprivatisierung entstandenen Eigengesellschaft durch eine Kommune. Allerdings besteht – geht man von den bereits vorstehend angesprochenen maßgeblichen Zielen des euro-

377 Schlussanträge der Generalanwältin in der Rs. C-26/03, Slg. 2005, I-4, Rn. 49 – *„Stadt Halle"*.

378 Schlussanträge der Generalanwältin in der Rs. C-26/03, Slg. 2005, I-4, Rn. 56 – *„Stadt Halle"*.

379 EuGH, Rs. C-26/03, Slg. 2005, I-26, Rn. 48 – *„Stadt Halle"*; Schlussanträge der Generalanwältin in der Rs. C-458/03, Slg. 2005, I-8588, Rn. 42 – *„Parking Brixen"*.

380 EuGH, Rs. C-107/98, Slg. 1999, I-8139, Rn. 49 f. *„Teckal"*; Rs. C-458/03, Slg. 2005, I-8612, Rn. 57 f. – *„Parking Brixen"*; Rs. C-340/04, Slg. 2006, I-4166, Rn. 32 f. – *„Carbotermo"*.

päischen und des nationalen Vergaberechts aus – kein signifikanter Unterschied zwischen der Beauftragung z.B. eines Eigenbetriebs, dem keine eigene Rechtspersönlichkeit zukommt[381], und der Beauftragung einer Eigengesellschaft durch eine Kommune. Die Kommune bemüht in beiden Fällen nicht den Markt, sondern erfüllt die betreffende Aufgabe mit eigenen Mitteln. Die Tatsache, dass die Eigengesellschaft mit einer eigenen, von derjenigen der Kommune verschiedenen Rechtspersönlichkeit ausgestattet ist, ändert hieran nichts. Die Anwendung des Vergaberechts auch in solchen Fällen würde zu einer in Hinblick auf die Marktöffnung und die Sicherstellung von Wettbewerb nicht gebotenen Beschränkung der Organisationsfreiheit des Staates führen. Vor diesem Hintergrund hat der Europäische Gerichtshof Kriterien entwickelt, nach denen die Auftragsvergabe von einem öffentlichen Auftraggeber an eine rechtlich von diesem verschiedene Person ausnahmsweise vergaberechtlich ohne Bedeutung bleibt – das „In-house-Geschäft". Eine Kodifikation ist – obwohl zunächst geplant – bisher weder in den europäischen Vergaberichtlinien[382] noch im nationalen Vergaberecht[383] erfolgt.

Wie gezeigt, sind die Fälle des In-house-Geschäfts immer solche, in denen eine Kommune eine rechtlich von ihr verschiedene Person mit der Erbringung von Leistungen beauftragt. In Abgrenzung zu der Beauftragung einer von der Kommune rechtlich nicht verschiedenen Person, müssten diese Fälle daher terminologisch korrekt eigentlich als „Quasi-In-house-Geschäfte" oder „In-house-Geschäfte im weiteren Sinn" bezeichnet werden[384]. Der Einfachheit halber soll im Folgenden jedoch der Begriff „In-House-Geschäft" weiter Verwendung finden.

B. Die Voraussetzungen des In-house-Geschäfts

Der Europäische Gerichtshof hat das Vorliegen eines In-house-Geschäfts an drei Voraussetzungen festgemacht:

---

381 *Westermann*, in: Cronauge/Westermann, Kommunale Unternehmen, 5. Aufl. 2006, Rn. 142.

382 Hierzu *Bergmann*, Die Vergabe öffentlicher Aufträge und das In-house-Geschäft, 2005, S. 170 ff.

383 Hierzu *Pape/Holz*, NJW 2005, 2266.

384 Schlussanträge der Generalanwältin in der Rs. C-26/03, Slg. 2005, I-4, Rn. 49 – *„Stadt Halle"*; Schlussanträge der Generalanwältin in der Rs. C-458/03, Slg. 2005, I-8588, Rn. 2 – *„Parking Brixen"*; *Kupczyk*, Vergaberechtliche Aspekte des In-house-Geschäfts, 2008, S. 11 f.

- Zunächst muss eine Vereinbarung zwischen einem öffentlichen Auftraggeber und einer rechtlich von diesem verschiedenen Person bestehen;
- der öffentliche Auftraggeber muss über die Person eine Kontrolle ausüben wie über eine eigene Dienststelle und
- die Person muss ihre Tätigkeit im Wesentlichen für den oder die öffentlichen Auftraggeber verrichten, die ihre Anteile innehaben[385].

Es wird deutlich, dass es sich bei diesen Voraussetzungen um nur rudimentäre Kriterien handelt, die ausfüllungsbedürftig sind. Der Europäische Gerichtshof hat seine Rechtsprechung – gezwungen durch die anfängliche Unklarheit – in den vergangenen Jahren präzisiert. Dennoch stellen sich weiter den Anwendungsbereich des In-house-Geschäfts betreffende Fragen, die nachfolgend einer Klärung zugeführt werden sollen. Solche Fragen sind jedoch immer vor dem Hintergrund zu sehen, dass es sich bei dem In-house-Geschäft um eine Ausnahme von der Ausschreibungspflicht handelt. Der Europäische Gerichtshof hat dies häufig betont und ausgeführt, dass Ausnahmen von der Anwendung der europäischen Vergaberichtlinien eng auszulegen seien. Die Beweislast für das Vorliegen der die Ausnahme rechtfertigenden Voraussetzungen obliege demjenigen, der sich auf sie berufe[386].

Der Europäische Gerichtshof hat die Grundsätze des In-house-Geschäfts nicht auf eine der europäischen Vergaberichtlinien beschränkt, sondern den Anwendungsbereich auf die Richtlinien 92/50/EWG, 93/36/EWG und 93/37/EWG erstreckt[387]. Zur Begründung hat er darauf hingewiesen, dass den Erwägungen des In-house-Geschäfts die Prämisse zugrunde liege, dass die Anwendung der Richtlinien 92/50/EWG, 93/36/EWG und 93/37/EWG von dem Vorliegen eines zwischen zwei verschiedenen Personen geschlossenen Vertrages abhänge[388]. Die Grundsätze des In-house-Geschäfts finden infolgedessen auch auf die Richtlinie 2004/18/EG, in welcher die drei vorgenannten Richtlinien nunmehr zusammengefasst sind, Anwendung[389].

385 Vgl. nur EuGH, Rs. C-107/98, Slg. 1999, I-8139, Rn. 50 f. – *„Teckal"*.

386 EuGH, Rs. C-26/03, Slg. 2005, I-26, Rn. 44 ff. – *„Stadt Halle"*; Rs. C-458/03, Slg. 2005, I-8612, Rn. 63 – *„Parking Brixen"*; Rs. C-410/04, Slg. 2006, I-3311, Rn. 26 – *„ANAV"*.

387 Vgl. nur EuGH, Rs. C-458/03, Slg. 2005, I-8612, Rn. 58 f. – *„Parking Brixen"*.

388 EuGH, Rs. C-458/03, Slg. 2005, I-8612, Rn. 60 – *„Parking Brixen"*.

389 So auch *Hüser*, Ausschreibungspflichten bei der Privatisierung öffentlicher Aufgaben, 2005, S. 137; *Konstas*, Das vergaberechtliche Inhouse-Geschäft, 2004, S. 34.

C. Die Voraussetzungen des In-house-Geschäfts im Einzelnen

Vor diesem Hintergrund sind die Voraussetzungen des In-house-Geschäfts im Einzelnen zu betrachten und die mit diesen noch immer verbundenen Unklarheiten aufzuzeigen und einer Lösung zuzuführen.

I. Vereinbarung zwischen rechtlich verschiedenen Personen

Die erste Voraussetzung, das Vorliegen einer Vereinbarung zwischen einem öffentlichen Auftraggeber und einer rechtlich von diesem verschiedenen Person, wirft keine Schwierigkeiten auf. Es dient lediglich der zuvor bereits angesprochenen Abgrenzung zu einer tatsächlichen Eigenleistung des öffentlichen Auftraggebers, indem die Leistung durch eine Person erbracht wird, die sich rechtlich nicht von der des öffentlichen Auftraggebers unterscheidet. Mangels einer möglichen Wettbewerbsbeeinträchtigung findet das Vergaberecht in diesem Fall von vornherein keine Anwendung.

II. Kontrolle wie über eine eigene Dienststelle

Weitere Voraussetzung ist, dass der öffentliche Auftraggeber über die In-house-Gesellschaft eine Kontrolle wie über eine eigene Dienststelle ausübt.

1. Grundzüge des Kontrollkriteriums

Für die Frage, wann von einer solchen Kontrolle die Rede sein kann, ist zunächst entscheidend, ob es sich um eine *identische* oder nur eine *vergleichbare* Kontrolle handeln muss. Der Europäische Gerichtshof hat in seiner *„Teckal"*-Entscheidung, in der er die Grundsätze des In-house-Geschäfts erstmals aufgestellt hat, von einer Kontrolle „wie" über eine eigene Dienststelle gesprochen[390]. Hierbei blieb im Unklaren, ob mit dieser Formulierung möglicherweise eine identische Kontrolle gemeint war. Es wurde jedoch zu Recht darauf hingewiesen, dass es sich nur um eine vergleichbare Kontrolle handeln könne. Hierfür sprach zum einen die italienische (Original-)Fassung, in der von einer „controllo analogo"

---

390 EuGH, Rs. C-107/98, Slg. 1999, I-8139, Rn. 50 – *„Teckal"*.

die Rede war; zum anderen, dass der Anwendungsbereich des In-house-Geschäfts andernfalls praktisch nicht eröffnet wäre[391]. Diese Auffassung ist in der *„Stadt Halle“*-Entscheidung bestätigt worden, in der nunmehr – auch in der deutschen Fassung – ausdrücklich von einer „ähnlichen Kontrolle“ die Rede ist[392].

Der Europäische Gerichtshof hat die Voraussetzung „Kontrolle wie über eine eigene Dienststelle“ in seinen Grundzügen anfangs nicht näher spezifiziert. Erst später hat er diese – noch immer recht allgemein gehalten – dahingehend konkretisiert, dass die In-house-Gesellschaft einer Kontrolle unterliegen müsse, aufgrund derer der Auftraggeber auf die Entscheidungen dieser Gesellschaft einwirken könne. Es müsse sich um die Möglichkeit handeln, „sowohl auf die strategischen Ziele als auch auf die wichtigen Entscheidungen ausschlaggebenden Einfluss zu nehmen“[393]. Dieses Erfordernis als Grundlage nehmend ist im Folgenden zu untersuchen, in welchen Konstellationen noch von einer dienststellenähnlichen Kontrolle ausgegangen werden kann. Zu diesem Zweck sind, den vielfältigen Beteiligungsmöglichkeiten entsprechend, Fallgruppen zu bilden.

2. Das Kontrollkriterium bei singulär-öffentlichen Gesellschaften

In einer ersten Fallgruppe soll das Vorliegen des Kontrollkriteriums bei singulär-öffentlichen Gesellschaften näher erläutert werden, also bei In-house-Gesellschaften, an denen nur ein öffentlicher Auftraggeber beteiligt ist. Der Rechtsprechung des Europäischen Gerichtshofs lässt sich entnehmen, dass eine alleinige öffentliche Anteilseignerschaft an der In-house-Gesellschaft zwar auf eine Kontrolle des Auftraggebers wie über eine eigene Dienststelle hindeutet[394], allerdings keineswegs unbedingt ausreichend ist[395]. Es müssen infolgedessen weitere Krite-

---

391 Schlussanträge der Generalanwältin in der Rs. C-26/03, Slg. 2005, I-4, Rn. 63 f. – *„Stadt Halle“*; *Endler*, NZBau 2002, 131; *Faber*, DVBl 2001, 253 f.; *Jasper/Pooth*, VergabeR 2003, 615; *Konstas*, Das vergaberechtliche Inhouse-Geschäft, 2004, S. 37.

392 EuGH, Rs. C-26/03, Slg. 2005, I-26, Rn. 49 – *„Stadt Halle“*; vgl. auch Schlussanträge der Generalanwältin in der Rs. C-458/03, Slg. 2005, I-8588, Rn. 72, Fn. 58 – *„Parking Brixen“*.

393 EuGH, Rs. C-458/03, Slg. 2005, I-8612, Rn. 65 – *„Parking Brixen“*; Rs. C-340/04, Slg. 2006, I-4166, Rn. 36 – *„Carbotermo“*; Rs. C-324/07, NZBau 2009, 54, Rn. 28 – *„Coditel Brabant“*.

394 EuGH, Rs. C-340/04, Slg. 2006, I-4166, Rn. 37 – *„Carbotermo“*; Rs. C-295/05, Slg. 2007, I-3034, Rn. 57 – *„Asemfo“*.

395 Vgl. z.B. EuGH, Rs. C-458/03, Slg. 2005, I-8612, Rn. 67 ff. – *„Parking Brixen“*. Obwohl alleiniger Anteilseigner der Stadtwerke Brixen AG die Gemeinde Brixen war, verneinte der Europäische Gerichtshof eine ausreichende Kontrolle der Gemeinde Brixen aufgrund weiterer Kriterien.

rien hinzutreten bzw. dürfen bestimmte negative Kriterien nicht gegeben sein, um von einer ausreichenden Kontrolle sprechen zu können.

a) Abhängigkeit des Kontrollkriteriums von der Gesellschaftsform

Die Kommunen sind in der Gründung von Eigengesellschaften grundsätzlich frei[396]. Allerdings haben sie bei der Wahl der Gesellschaftsform zu beachten, dass es zu keiner unbeschränkten Haftung der Kommune kommen darf[397]. Vor diesem Hintergrund kommt letztlich nur die Gründung einer Gesellschaft mit beschränkter Haftung oder einer Aktiengesellschaft in Betracht. Da insbesondere die Aktiengesellschaft von den Wünschen und Entscheidungen ihrer Anteilseigner von Gesetzes wegen weitgehend unabhängig ist, stellt sich die Frage, ob bereits die Wahl einer bestimmten Gesellschaftsform der Durchsetzung einer Kontrolle wie über eine eigene Dienststelle von vornherein entgegensteht.

(1) Die grundsätzliche In-house-Fähigkeit der Gesellschaft mit beschränkter Haftung

Die Gesellschaft mit beschränkter Haftung zeichnet sich – im Gegensatz zur Aktiengesellschaft – durch eine gegenüber der Geschäftsführung hervorgehobene Stellung der Gesellschafter aus. Die grundsätzliche In-house-Fähigkeit dieser Gesellschaftsform ist daher weitestgehend anerkannt[398]. Das Vorliegen des Kontrollkriteriums scheint bereits aufgrund der gesetzlichen Vorschriften gesichert zu sein.

Die Gesellschaft mit beschränkter Haftung hat zwei notwendige Unternehmensorgane: die Gesellschafterversammlung[399] und die Geschäftsführer[400]. Die

---

396 Vgl. oben, erster Teil, vierter Abschnitt, A.

397 Vgl. z.B. § 96 Abs. 1 Nr. 3 SächsGemO.

398 BGH, BGHZ 148, 55 (63); OLG Düsseldorf, NZBau 2004, 343 (345); *Bergmann*, Die Vergabe öffentlicher Aufträge und das In-house-Geschäft, 2005, S. 205; *Endler*, NZBau 2002, 131; *Faber*, DVBl 2001, 254; *Hüser*, Ausschreibungspflichten bei der Privatisierung öffentlicher Aufgaben, 2005, S. 149; *Konstas*, Das vergaberechtliche Inhouse-Geschäft, 2004, S. 51; *Orlowski*, NZBau 2007, 80 f.; *Pape/Holz*, NJW 2005, 2265.

399 Anderer Auffassung zufolge handelt es sich nicht um die Gesellschafterversammlung, sondern um die Gesamtheit der Gesellschafter. Letztendlich geht es allerdings nur um terminologische Unterschiede. Da sich bezüglich der vorliegend zu behandelnden Rechtsfragen ohnehin keine Auswirkungen ergeben, soll hierauf nicht näher eingegangen werden. Zum Streitstand *Wolff*, in: Priester/Mayer (Hrsg.), Münchner Handbuch des Gesellschaftsrechts, Bd. 3, 3. Aufl. 2009, § 36 Rn. 1 f.

400 *Marsch-Barner/Diekmann*, in: Priester/Mayer (Hrsg.), Münchner Handbuch des Gesellschaftsrechts, Bd. 3, 3. Aufl. 2009, § 41 Rn. 1.

Gesellschafterversammlung ist hierbei den Geschäftsführern übergeordnet, was in dem Weisungsrecht gegenüber den Geschäftsführern (§ 37 Abs. 1 GmbHG) und der Zuständigkeit für die Änderung des Gesellschaftsvertrages (§ 53 Abs. 1 GmbHG) zum Ausdruck kommt[401].

Gemäß § 37 Abs. 1 GmbHG haben die Geschäftsführer den Inhalt ihrer Tätigkeit an den Vorgaben des Gesellschaftsvertrages und den Beschlüssen der Gesellschafter auszurichten. Dies gibt den Gesellschaftern die Möglichkeit, ständig unmittelbar auf die Geschäftsführung einzuwirken. Denn sie können den Gang der Geschäfte sowohl durch allgemeine als auch durch konkrete, einzelne Maßnahmen betreffende Weisungen beeinflussen[402]. Die Einwirkung kann so weit gehen, dass die Geschäftsführer ausschließlich auf Anweisung der Gesellschafter zu handeln befugt sind. Den Geschäftsführern verbleiben dann lediglich die ihnen von Gesetzes wegen zwingend obliegenden Aufgaben, in erster Linie die Pflicht zur Erhaltung der Kapitalgrundlage der Gesellschaft und die Pflicht, die Eröffnung des Insolvenzverfahrens zu beantragen[403]. Von diesen Aufgaben abgesehen, werden die Geschäftsführer zu einem reinen Exekutivorgan[404]. Die Geschäftsführung wird faktisch von den Gesellschaftern wahrgommen[405].

Auch § 53 Abs. 1 GmbHG bietet den Gesellschaftern die Möglichkeit, auf die Geschäftsführung einzuwirken. Diese Vorschrift belässt es allein den Gesellschaftern, eine Änderung des Gesellschaftsvertrages durchzuführen. Der Gesellschaftsvertrag bildet die normativ-rechtliche Grundlage für die Gesellschaft mit beschränkter Haftung als juristische Person und regelt das Verhältnis zwischen der Gesellschaft und den Gesellschaftern wie auch das Verhältnis unter den Gesellschaftern[406]. Der Gesellschaftsvertrag ist infolgedessen das Gerüst der Gesellschaft mit beschränkter Haftung. Durch Änderungen des Gesellschaftsvertrages, beispielsweise des Unternehmensgegenstands, können die Gesellschafter – gerade in allgemeiner und langfristiger Form – zusätzlich auf die Geschäftsführung

---

401 *Wolff*, in: Priester/Mayer (Hrsg.), Münchener Handbuch des Gesellschaftsrechts, Bd. 3, 3. Aufl. 2009, § 36 Rn. 3.

402 *Schneider*, in: Scholz, GmbHG, Bd. 2, 10. Aufl. 2007, § 37 Rn. 30.

403 *Altmeppen*, in: Roth/Altmeppen, GmbHG, 6. Aufl. 2009, § 37 Rn. 6.

404 *Hauser*, Die Wahl der Organisationsform kommunaler Einrichtungen, 1. Aufl. 1987, S. 42; *Paefgen*, in: Ulmer/Habersack/Winter (Hrsg.), GmbHG, Bd. 2, 1. Aufl. 2006, § 37 Rn. 14; *Schneider*, in: Scholz, GmbHG, Bd. 2, 10. Aufl. 2007, § 37 Rn. 38; *Wolff*, in: Priester/Mayer (Hrsg.), Münchener Handbuch des Gesellschaftsrechts, Bd. 3, 3. Aufl. 2009, § 37 Rn. 30, jeweils m.w.N.; a.A. *Engellandt*, Die Einflussnahme der Kommune auf ihre Kapitalgesellschaften, 1995, S. 66; *Zöllner/Noack*, in: Baumbach/Hueck (Hrsg.), GmbHG, 18. Aufl. 2006, § 37 Rn. 17.

405 *Hüser*, Ausschreibungspflichten bei der Privatisierung öffentlicher Aufgaben, 2005, S. 146.

406 *Grziwotz*, in: Priester/Mayer (Hrsg.), Münchener Handbuch des Gesellschaftsrechts, Bd. 3, 3. Aufl. 2009, § 18 Rn. 1 f.

Einfluss nehmen. Zudem können sie, wie vorstehend bereits angesprochen, mangels einer § 23 Abs. 5 Satz 1 AktG vergleichbaren Vorschrift die Handlungsfreiheit der Geschäftsführer, z.B. in Form von Zustimmungsvorbehalten, von vornherein (gänzlich) beschränken[407].

Ist die Kommune einzige Gesellschafterin, kann sie diese ihr zukommenden Einwirkungsbefugnisse sogar unmittelbar ausüben. Der Einberufung einer förmlichen Gesellschafterversammlung bedarf es in diesem Fall nicht. Vielmehr ist bereits der Beschluss des kommunalen Vertretungsorgans als Beschluss der Gesellschafterversammlung anzusehen[408].

Gemäß § 52 Abs. 1 GmbHG steht den Gesellschaftern – soweit aufgrund mitbestimmungsrechtlicher Vorschriften hierzu nicht ohnehin eine Verpflichtung besteht[409] – die Möglichkeit offen, neben der Gesellschafterversammlung und den Geschäftsführern als drittes Unternehmensorgan einen Aufsichtsrat zu bestellen. Die Einrichtung und Ausgestaltung eines fakultativen Aufsichtsrates ist im Gesellschaftsvertrag zu regeln, unterliegt also dem Willen der Gesellschafter. Für den Fall einer fehlenden Ausgestaltungsregelung im Gesellschaftsvertrag verweist § 52 Abs. 1 GmbHG auf aktienrechtliche Vorschriften[410]. Dem Aufsichtsrat obliegt als Kernaufgabe die Überwachung der Geschäftsführung. Diese Zuständigkeit ist ihm – gemäß § 46 Nr. 6 GmbHG neben den Gesellschaftern – zwingend zu übertragen, da sie wesentliches Begriffsmerkmal eines Aufsichtsrates ist[411]. Neben der Überwachung der Geschäftsführung, zu der jedenfalls die Kontrolle der laufenden Kassen- und Buchführung sowie des Rechungswesens einschließlich der Prüfung des Jahresabschlusses gehört[412], fällt dem Aufsichtsrat – nicht zwingend – die Vertretung der Gesellschaft gegenüber den Geschäftsführern zu, soweit diese nicht gemäß § 46 GmbHG den Gesellschaftern zugewiesen ist[413]. Den Gesellschaftern steht es frei, durch Änderung des Gesellschaftsvertrages den Inhalt dieser Befugnisse des Aufsichtsrates zu erweitern oder ihm neue Aufgaben zuzuweisen. So können dem Aufsichtsrat die Bestellung und Abberufung der Geschäftsführer sowie Geschäftsführungsbefugnisse und Wei-

---

407 *Schneider*, in: Scholz, GmbHG, Bd. 2, 10. Aufl. 2007, § 37 Rn. 20.

408 *Schäfer*, Mitbestimmung in kommunalen Eigengesellschaften, 1988, S. 100 f.

409 Vgl. hierzu unten, dritter Teil, dritter Abschnitt, C. II. 2. a) (3).

410 *Lutter*, in: Lutter/Hommelhoff (Hrsg.), GmbHG, 17. Aufl. 2009, § 52 Rn. 3.

411 *Marsch-Barner/Diekmann*, in: Priester/Mayer (Hrsg.), Münchener Handbuch des Gesellschaftsrechts, Bd. 3, 3. Aufl. 2009, § 48 Rn. 49; *Lutter*, in: Lutter/Hommelhoff (Hrsg.), GmbHG, 17. Aufl. 2009, § 52 Rn. 13; *Raiser/Heermann*, in: Ulmer/Habersack/Winter (Hrsg.), GmbHG, Bd. 2, 1. Aufl. 2006, § 52 Rn. 17.

412 *Raiser/Heermann*, in: Ulmer/Habersack/Winter (Hrsg.), GmbHG, Bd. 2, 1. Aufl. 2006, § 52 Rn. 17.

413 *Altmeppen*, in: Roth/Altmeppen, GmbHG, 6. Aufl. 2009, § 52 Rn. 31.

sungsrechte diesen gegenüber übertragen werden[414]. Ebenso können bestimmte Geschäfte von der Zustimmung des Aufsichtsrates abhängig gemacht werden[415].

Die zwingenden und denkbaren Befugnisse des fakultativen Aufsichtsrates beschränken jedoch nicht die weitgehenden Einwirkungsmöglichkeiten der Gesellschafter auf die Gesellschaft. Denn der Aufsichtsrat ist den Gesellschaftern untergeordnet[416]. Die Befugnisse des Aufsichtsrates sind – mit Ausnahme eines die Überwachung der Geschäftsführung betreffenden Kernbereichs – von ihrer Ausgestaltung im Gesellschaftsvertrag und damit vom Willen der Gesellschafter abhängig[417]. Zudem erstreckt sich die Überwachung der Geschäftsführung nicht auf die Gesellschafter, obwohl diese in wesentlichem Umfang an der Geschäftsführung beteiligt sein können. Vielmehr findet nur eine Überwachung der durch die Geschäftsführer selbst ausgeübten Geschäftsführung statt[418]. Die Unterordnung des Aufsichtsrates gegenüber den Gesellschaftern zeigt sich auch im Bereich der zustimmungsbedürftigen Geschäfte. Soweit es sich um Weisungen der Gesellschafter handelt, unterliegen diese nicht einem Zustimmungsvorbehalt des Aufsichtsrates, da die Entscheidungsbefugnis der Gesellschafter über derjenigen des Aufsichtsrates steht[419].

Vor diesem Hintergrund kann bei einer In-house-Gesellschaft in Form einer Gesellschaft mit beschränkter Haftung bereits aufgrund der gesetzlichen Vorschriften grundsätzlich davon ausgegangen werden, dass der Auftraggeber über diese eine Kontrolle wie über eine eigene Dienststelle ausüben kann.

(2) Die grundsätzliche In-house-Fähigkeit der Aktiengesellschaft

Zweifel an der grundsätzlichen In-house-Fähigkeit der Aktiengesellschaft könnten sich – gegründet auf die begrenzten Einflussnahmemöglichkeiten der Aktionäre – aus der Rechtsprechung des Europäischen Gerichtshofs ergeben. In dem Urteil *„Parking Brixen“* hat der Europäische Gerichtshof aufgrund der Um-

---

414 *Raiser/Heermann*, in: Ulmer/Habersack/Winter (Hrsg.), GmbHG, Bd. 2, 1. Aufl. 2006, § 52 Rn. 19; *Schneider*, in: Scholz, GmbHG, Bd. 2, 10. Aufl. 2007, § 52 Rn. 161.

415 Hierzu ausführlich *Deilmann*, BB 2004, 2254 ff.; *Schneider*, in: Scholz, GmbHG, Bd. 2, 10. Aufl. 2007, § 52 Rn. 129 ff.

416 *Marsch-Barner/Diekmann*, in: Priester/Mayer (Hrsg.), Münchener Handbuch des Gesellschaftsrechts, Bd. 3, 3. Aufl. 2009, § 48 Rn. 10.

417 *Marsch-Barner/Diekmann*, in: Priester/Mayer (Hrsg.), Münchener Handbuch des Gesellschaftsrechts, Bd. 3., 3. Aufl. 2009, § 48 Rn. 7 f.

418 *Marsch-Barner/Diekmann*, in: Priester/Mayer (Hrsg.), Münchener Handbuch des Gesellschaftsrechts, Bd. 3, 3. Aufl. 2009, § 48 Rn. 50; *Schneider*, in: Scholz, GmbHG, Bd. 2, 10. Aufl. 2007, § 52 Rn. 88.

419 *Raiser/Heermann*, in: Ulmer/Habersack/Winter (Hrsg.), GmbHG, Bd. 2, 1. Aufl. 2006, § 52 Rn. 112; *Schneider*, in: Scholz, GmbHG, Bd. 2, 10. Aufl. 2007, § 52 Rn. 133.

wandlung der Stadtwerke Brixen in eine Aktiengesellschaft und anderer Umstände eine Kontrolle wie über eine eigene Dienststelle verneint[420]. Allerdings spricht gerade die Einbeziehung auch dieser anderen Umstände gegen eine grundsätzliche Negierung der In-house-Fähigkeit der Aktiengesellschaft. Andernfalls hätte der Europäische Gerichtshof diese Umstände nicht mehr zu prüfen brauchen[421]. Das Urteil *„ANAV"* bestätigt diese Auffassung. Obwohl es sich bei der In-house-Gesellschaft um eine Aktiengesellschaft handelte, ging der Europäische Gerichtshof von dem Vorliegen eines In-house-Geschäfts aus[422]. Infolgedessen steht zwar fest, dass die Aktiengesellschaft einem In-house-Geschäft grundsätzlich nicht entgegensteht. Allerdings bereitet gerade die unabdingbare Kontrolle wie über eine eigene Dienststelle durch den Auftraggeber bei einer Aktiengesellschaft erhebliche Schwierigkeiten, die in den Charakteristika dieser Gesellschaftsform begründet liegen.

Zwingende Unternehmensorgane der Aktiengesellschaft sind der Vorstand, der Aufsichtsrat sowie die Hauptversammlung[423]. Gemäß § 76 Abs. 1 AktG ist der Vorstand das Leitungsorgan der Gesellschaft. Zur Wahrnehmung dieser Aufgabe hat ihm der Gesetzgeber eine unvergleichlich stärkere Position eingeräumt, als beispielsweise den Geschäftsführern einer Gesellschaft mit beschränkter Haftung. § 76 Abs. 1 AktG fordert eine Leitung der Aktiengesellschaft „unter eigener Verantwortung". Dies gibt dem Vorstand das Recht zu einem unabhängigen und weisungsfreien Handeln[424]. Gegenüber der Hauptversammlung äußert sich diese Unabhängigkeit und Weisungsfreiheit dergestalt, dass gemäß § 119 Abs. 2 AktG in Fragen der Geschäftsführung grundsätzlich keine Pflicht des Vorstands besteht, von der Hauptversammlung getroffenen Beschlüssen zu folgen, soweit der Vorstand den Beschluss nicht selbst herbeiführt hat. Eine Einschränkung dieser Stellung des Vorstands ergibt sich nicht aus § 83 Abs. 2 AktG, der nur Maßnahmen betrifft, die gerade in die Zuständigkeit der Hauptversammlung fallen[425]. Die Funktion als Leitungsorgan kommt dem Vorstand unveräußerlich zu. Abweichende Regelungen können infolge von § 23 Abs. 5 Satz 1 AktG

---

420 EuGH, Rs. C-458/03, Slg. 2005, I-8612, Rn. 67 – *„Parking Brixen"*.

421 So auch *Siegel*, NVwZ 2008, 8.

422 EuGH, Rs. C-410/04, Slg. 2006, I-3311, Rn. 25 ff. – *„ANAV"*. Zwar ging es sowohl in der Entscheidung *„Parking Brixen"* als auch in der Entscheidung *„ANAV"* um eine italienische Aktiengesellschaft. Allerdings kommt auch dieser eine weitgehende Eigenständigkeit zu, vgl. Schlussanträge der Generalanwältin in der Rs. C-458/03, Slg. 2005, I-8588, Rn. 63 – *„Parking Brixen"*.

423 *Wiesner*, in: Hoffmann-Becking (Hrsg.), Münchner Handbuch des Gesellschaftsrechts, Bd. 4, 3. Aufl. 2007, § 19 Rn. 1.

424 *Seibt*, in: Schmidt/Lutter (Hrsg.), AktG, Bd. 1, 1. Aufl. 2008, § 76 Rn. 10.

425 *Wiesner*, in: Hoffmann-Becking (Hrsg.), Münchner Handbuch des Gesellschaftsrechts, Bd. 4, 3. Aufl. 2007, § 19 Rn. 7 f.

weder in der Satzung getroffen werden[426] noch kann sich der Vorstand selbst auf rechtsgeschäftlichem Wege, z.B. durch Betriebsführungs- oder Konzessionsverträge, der gesetzlichen Vorschriften begeben[427]. § 23 Abs. 5 Satz 1 AktG steht es auch entgegen, über eine möglichst konkrete Fassung des Unternehmensgegenstands in der Satzung (§ 23 Abs. 3 Nr. 2 AktG) das Recht des Vorstands zu einem unabhängigen und weisungsfreien Handeln derartig einzuengen, dass es nicht mehr dem Grundgedanken des § 76 Abs. 1 AktG entspricht[428]. Ebenso wenig kann eine Verlagerung der Leitungsbefugnisse durch den Vorstand auf die Hauptversammlung über das Anrufungsrecht des § 119 Abs. 2 AktG erfolgen. Ein solcher Missbrauch der Vorschrift ist unzulässig[429]. Die Unabhängigkeit und Weisungsfreiheit des Vorstands findet allerdings bei Entscheidungen ein Ende, die so tief in die Mitgliedsrechte der Aktionäre eingreifen, dass der Vorstand nicht von seiner alleinigen Zuständigkeit ausgehen kann. Die Rechtsprechung geht dann von einer Pflicht des Vorstands aus, gemäß § 119 Abs. 2 AktG eine Entscheidung der Hauptversammlung herbeizuführen[430].

Hiervon abgesehen beschränken sich die Mitwirkungsrechte der Hauptversammlung auf die in § 119 Abs. 1 AktG aufgezählten Fälle, welche im Grundsatz die (nachträgliche) Kontrolle des Vorstands und die Beteiligung an Grundlagenentscheidungen, z.B. Satzungsänderungen oder die Auflösung der Gesellschaft, umfassen[431]. Einwirkungsmöglichkeiten der Hauptversammlung auf die tägliche Führung der Aktiengesellschaft ergeben sich hieraus nicht.

Zu prüfen bleibt, ob dem dritten zwingenden Unternehmensorgan der Aktiengesellschaft, dem Aufsichtsrat, umfangreichere Mitwirkungsrechte und – hieraus resultierend – Kontrollmöglichkeiten zukommen als der Hauptversammlung. Der Aufsichtsrat dient dem Ausgleich innerhalb der Aktiengesellschaft. Er soll die durch das Auseinanderfallen von Eigentum und Geschäftsführung entstehenden Konflikte kompensieren und insofern zu einer funktionierenden Gewaltenteilung in der Gesellschaft beitragen[432]. Konkret obliegen dem Aufsichtsrat – gemessen

---

426 *Braunfels*, in: Heidel (Hrsg.), Aktienrecht, 2. Aufl. 2007, § 23 AktG Rn. 41; *Seibt*, in: Schmidt/Lutter, AktG, Bd. 1, 1. Aufl. 2008, § 23 Rn. 55.

427 *Hüser*, Ausschreibungspflichten bei der Privatisierung öffentlicher Aufgaben, 2005, S. 149.

428 *Hüffer*, AktG, 8. Aufl. 2008, § 23 Rn. 36; *Seibt*, in: Schmidt/Lutter (Hrsg.), AktG, Bd. 1, 1. Aufl. 2008, § 23 Rn. 55.

429 *Kubis*, in: Kropff/Semler (Hrsg.), Münchener Kommentar AktG, Bd. 4, 2. Aufl. 2004, § 119 Rn. 22; *Spindler*, in: Schmidt/Lutter (Hrsg.), AktG, Bd. 1, 1. Aufl. 2008, § 119 Rn. 17.

430 BGH, BGHZ 83, 122 (131); im Ergebnis zustimmend *Kubis*, in: Kropff/Semler (Hrsg.), Münchener Kommentar AktG, Bd. 4, 2. Aufl. 2004, § 119 Rn. 40; *Schmidt*, Gesellschaftsrecht, 4. Aufl. 2002, S. 870 ff.; *Spindler*, in: Schmidt/Lutter (Hrsg.), AktG, Bd. 1, 1. Aufl. 2008, § 119 Rn. 26 ff. m.w.N.

431 *Hüser*, Ausschreibungspflichten bei der Privatisierung öffentlicher Aufgaben, 2005, S. 150.

432 *Drygala*, in: Schmidt/Lutter (Hrsg.), AktG, Bd. 1, 1. Aufl. 2008, § 95 Rn. 2.

an der ihnen zukommenden Bedeutung – zwei Hauptaufgaben: gemäß § 111 Abs. 1 AktG die Überwachung der Geschäftsführung sowie gemäß § 84 AktG die Bestellung bzw. Abberufung der Vorstandsmitglieder und der Abschluss bzw. die Kündigung der Anstellungsverträge. Die – auf die Vergangenheit und die Zukunft bezogene[433] – Überwachung der Geschäftsführung ist zwar nicht nur eine vereinzelte, sondern laufende, umfasst aber nur die Kontrolle all jener Vorgänge, die wesentlichen Einfluss auf die Lage und die Entwicklung der Gesellschaft haben[434]. Um dieser Aufgabe gerecht werden zu können, gesteht § 111 Abs. 2 AktG dem Aufsichtsrat gewissen Einsichts- und Prüfungsrechte zu. Von größerer Bedeutung dürfte in diesem Zusammenhang wohl aber die Berichtspflicht des Vorstands an den Aufsichtsrat gemäß § 90 AktG sein[435].

Allerdings sind die dem Aufsichtsrat zukommenden Rechte und Befugnisse nicht mit einer Einflussnahmemöglichkeit auf die Geschäftsführung verbunden. § 111 Abs. 4 Satz 1 AktG regelt – in konsequenter Fortführung des § 76 Abs. 1 AktG – ausdrücklich, dass dem Aufsichtsrat Maßnahmen der Geschäftsführung nicht übertragen werden können. § 105 AktG bestimmt darüber hinaus, dass Mitglieder des Aufsichtsrates grundsätzlich nicht zugleich dem Vorstand angehören können und zu keinem Zeitpunkt in beiden Unternehmensorganen tätig sein dürfen. Zwar verpflichtet § 111 Abs. 4 Satz 2 AktG dazu, dass entweder die Satzung oder der Aufsichtsrat selbst bestimmte (gesetzlich nicht genannte) Arten von Geschäften festlegen muss, deren Vornahme der Aufsichtsrat zuzustimmen hat. Eine auch nur annähernde Kompensation des Ausschlusses von der Geschäftsführung stellt dies hingegen nicht dar. Denn von dem Zustimmungsvorbehalt erfasst werden wiederum nur einzelne und nur solche Vorgänge, die wesentlichen Einfluss auf die Lage und Entwicklung der Gesellschaft haben, da § 111 Abs. 4 Satz 2 AktG ein Teil der dem Aufsichtsrat gemäß § 111 Abs. 1 AktG zukommenden präventiven Überwachung ist[436]. Auch § 84 AktG enthält keine effektiven Einwirkungsmöglichkeiten des Aufsichtsrates. Infolge der Zuständigkeit für die Bestellung und Abberufung der Vorstandsmitglieder sowie den Abschluss und die Kündigung der Anstellungsverträge kann der Aufsichtsrat zwar den Austausch von Vorstandsmitgliedern, gegebenenfalls in Zusammenarbeit mit der Hauptversammlung, veranlassen. Eine wirkungsvolle Einfluss-

433 *Breuer/Fraune*, in: Heidel (Hrsg.), Aktienrecht, 2. Aufl. 2007, § 111 AktG Rn. 8; *Semler*, in: Kropff/Semler (Hrsg.), Münchener Kommentar AktG, Bd. 3, 2. Aufl. 2004, § 111 Rn. 93.

434 *Breuer/Fraune*, in: Heidel (Hrsg.), Aktienrecht, 2. Aufl. 2007, § 111 AktG Rn. 5; *Semler*, in: Kropff/Semler (Hrsg.), Münchener Kommentar AktG, Bd. 3, 2. Aufl. 2004, § 111 Rn. 96.

435 Vgl. *Hoffmann-Becking*, in: Hoffmann-Becking (Hrsg.), Münchner Handbuch des Gesellschaftsrechts, Bd. 4, 3. Aufl. 2007, § 29 Rn. 28.

436 *Drygala*, in: Schmidt/Lutter (Hrsg.), AktG, Bd. 1, 1. Aufl. 2008, § 111 Rn. 37, 46.

nahmemöglichkeit auf die Aktiengesellschaft resultiert hieraus allerdings offensichtlich nicht.

Darüber hinaus darf nicht vergessen werden, dass der Aufsichtsrat seinerseits nicht an Beschlüsse der Hauptversammlung bzw. der Kommune als alleiniger Aktionärin gebunden ist, sondern einzig dem Wohl der Gesellschaft verpflichtet ist[437].

Die nur unwesentlich zu beschränkende Unabhängigkeit und Weisungsfreiheit des Vorstands führt dazu, dass der Auftraggeber allein auf der Grundlage der gesetzlichen Vorschriften über eine In-house-Gesellschaft in Form einer Aktiengesellschaft keine Kontrolle wie über eine eigene Dienststelle ausüben kann. Die hierfür notwendigen Einwirkungsbefugnisse müssen auf andere Art und Weise gesichert werden, um zu einem In-house-Geschäft gelangen zu können[438].

(3) Auswirkungen der Mitbestimmung auf die grundsätzliche In-house-Fähigkeit

(Weitere) Beschränkungen der Einwirkungsmöglichkeiten des Auftraggebers auf „seine" Eigengesellschaft könnten sich aus mitbestimmungsrechtlichen Vorschriften ergeben[439]. Da die mitbestimmungsrechtlichen Erfordernisse – abhängig von der Zahl der Arbeitnehmer – auf unterschiedlichen Gesetzen basieren und – abhängig von der Gesellschaftsform – unterschiedliche Auswirkungen zeitigen, gilt es zum einen nach der gesetzlichen Grundlage und zum anderen nach der Gesellschaftsform zu differenzieren.

(a) Das Drittelbeteiligungsgesetz

Mitbestimmungsrechtliche Vorschriften enthält zunächst das Drittelbeteiligungsgesetz[440], das – ohne wesentliche inhaltliche Änderungen – an die Stelle der §§ 76 ff. BetrVG 1952 getreten ist[441]. Das Drittelbeteiligungsgesetz gilt unter

437 *Hüser*, Ausschreibungspflichten bei der Privatisierung öffentlicher Aufgaben, 2005, S. 150 f. m.w.N., der ebenfalls eine wirksame Einflussnahmemöglichkeit des Aufsichtsrates auf die Aktiengesellschaft verneint.

438 Etwas anderes ergibt sich nicht aus EuGH, Rs. C-573/07, Slg. 2009, I-8129 – *„Ponte Nossa"*. Der Europäische Gerichtshof stellt hier maßgeblich auf zusätzliche, die Einwirkungsmöglichkeiten auf die (italienische) Aktiengesellschaft erhöhende gesellschaftsrechtliche Vereinbarungen ab (vgl. Rn. 81 ff.).

439 *Hüser*, Ausschreibungspflichten bei der Privatisierung öffentlicher Aufgaben, 2005, S. 159 ff.

440 Gesetz über die Drittelbeteiligung der Arbeitnehmer im Aufsichtsrat v. 18.5.2004, BGBl. I 2004, S. 974.

441 *Hüser*, Ausschreibungspflichten bei der Privatisierung öffentlicher Aufgaben, 2005, S. 159 Fn. 300; *Raiser/Heermann*, in: Ulmer/Habersack/Winter (Hrsg.), GmbHG, Bd. 2, 1. Aufl. 2006, § 52 Rn. 155.

anderem für Gesellschaften mit beschränkter Haftung und Aktiengesellschaften, die – gegebenenfalls zusammen mit ihren Konzernunternehmen – in der Regel mehr als 500, aber nicht mehr als 2000 Arbeitnehmer beschäftigen. Aktiengesellschaften, die zwar weniger als 500 Arbeitnehmer beschäftigen, aber vor dem 10.8.1994 eingetragen worden sind, sind allerdings nur dann von den Vorschriften des Drittelbeteiligungsgesetzes ausgenommen, wenn es sich um so genannte Familien-Aktiengesellschaften handelt. Von einer Familien-Aktiengesellschaft ist auszugehen, wenn die Gesellschaft entweder nur einen Aktionär hat, bei dem es sich um eine natürliche Person handelt, oder sämtliche Aktionäre im Sinne von § 15 Abs. 1 Nr. 2 bis 8 AO miteinander verwandt oder verschwägert sind[442]. Tendenzunternehmen und Religionsgemeinschaften fallen nicht in den Anwendungsbereich des Drittelbeteiligungsgesetzes.

Das Drittelbeteiligungsgesetz zwingt gemäß § 4 Abs. 1 DrittelbG betroffene Gesellschaften, ihren Aufsichtsrat zu einem Drittel mit Arbeitnehmervertretern zu besetzen. Für Gesellschaften mit beschränkter Haftung schließt dies gemäß § 1 Abs. 1 Nr. 3 DrittelbG die Verpflichtung mit ein, überhaupt einen Aufsichtsrat einzurichten. Hierauf beschränken sich allerdings die Auswirkungen des Drittelbeteiligungsgesetzes, so dass die oben dargestellten Machtverhältnisse innerhalb einer Gesellschaft mit beschränkter Haftung bzw. einer Aktiengesellschaft unberührt bleiben. Zwar ist es unzulässig, das Zustimmungsrecht des obligatorischen Aufsichtsrates einer Gesellschaft mit beschränkter Haftung zu bestimmten Geschäften gänzlich auszuschließen oder die zustimmungsbedürftigen Geschäfte im Gesellschaftsvertrag abschließend festzulegen[443]. Weisungen der Gesellschafter unterliegen aber weiterhin keinem Zustimmungsvorbehalt[444]. In Hinblick auf die Aktiengesellschaft kommt es durch das Drittelbeteiligungsgesetz auch nicht zu einer Einschränkung der aus einem – zur Erfüllung des Kontrollkriteriums zwingend abzuschließenden[445] – Beherrschungsvertrag gemäß § 308 AktG resultierenden Weisungsbefugnis des herrschenden Unternehmens[446].

---

442 *Hoffmann-Becking*, in: Hoffmann-Becking (Hrsg.), Münchener Handbuch des Gesellschaftsrechts, Bd. 4, 3. Aufl. 2007, § 28 Rn. 3.

443 *Schneider*, in: Scholz, GmbHG, Bd. 2, 10. Aufl. 2007, § 52 Rn. 131, 140; *Zöllner/Noack*, in: Baumbach/Hueck (Hrsg.), GmbHG, 18. Aufl. 2006, § 37 Rn. 23.

444 *Raiser/Heermann*, in: Ulmer/Habersack/Winter (Hrsg.), GmbHG, Bd. 2, 1. Aufl. 2006, § 52 Rn. 244; *Schneider*, in: Scholz, GmbHG, Bd. 2, 10. Aufl. 2007, § 52 Rn. 133.

445 Vgl. hierzu unten, dritter Teil, dritter Abschnitt, C. II. 2. a) (4).

446 *Hüser*, Ausschreibungspflichten bei der Privatisierung öffentlicher Aufgaben, 2005, S. 159 m.w.N.

(b) Das Mitbestimmungsgesetz

Mitbestimmungsrechtliche Beschränkungen können sich des weiteren aus dem Mitbestimmungsgesetz[447] ergeben. Dieses erfasst unter anderem Gesellschaften mit beschränkter Haftung und Aktiengesellschaften, die – wiederum gegebenenfalls zusammen mit ihren Konzernunternehmen – in der Regel mehr als 2000 Arbeitnehmer beschäftigen. Wie im Rahmen des Drittelbeteiligungsgesetzes fallen Tendenzunternehmen und Religionsgemeinschaften auch aus dem Anwendungsbereich des Mitbestimmungsgesetzes heraus.

Das Mitbestimmungsgesetz ordnet gemäß § 7 Abs. 1 MitbestG eine hälftige Besetzung des Aufsichtsrates aus Vertretern der Anteilseigner und der Arbeitnehmer an und sieht infolgedessen auch bei Gesellschaften mit beschränkter Haftung gemäß § 6 Abs. 1 MitbestG zwingend die Einrichtung eines Aufsichtsrates vor. Ein Überwiegen der Stimmen der Anteilseignerbank wird jedoch dadurch gesichert, dass der Aufsichtsratsvorsitzende gemäß § 27 Abs. 2 MitbestG letztendlich von den Anteilseignern bestimmt werden kann und diesem bei Stimmengleichheit zwei Stimmen zukommen (§ 29 Abs. 2 MitbestG). Die den Gesellschaftern einer Gesellschaft mit beschränkter Haftung zukommende Freiheit bei der Ausgestaltung des fakultativen Aufsichtsrates schränkt das Mitbestimmungsgesetz in Hinblick auf den nun obligatorischen Aufsichtsrat erheblich ein. Zudem kommen dem Aufsichtsrat deutlich erweiterte Befugnisse zu. Am bedeutsamsten ist in diesem Zusammenhang der Übergang der Zuständigkeit für die Bestellung und die Abberufung der Geschäftsführer von den Gesellschaftern auf den Aufsichtsrat gemäß § 31 Abs. 1 MitbestG in Verbindung mit den §§ 84 und 85 AktG[448]. Hinzukommt als Annexkompetenz der Abschluss und die Beendigung der Anstellungsverträge der Geschäftsführer[449]. Der Aufsichtsrat hat so die Möglichkeit, – wenn auch nur mittelbar und in begrenztem Umfang – auf die Geschäftsführung Einfluss zu nehmen.

In Hinblick auf das Vorliegen des Kontrollkriteriums kommt es bei der Gesellschaft mit beschränkter Haftung jedoch entscheidend auf die Frage an, inwiefern die Mitbestimmung Auswirkungen auf die Freiheit der Gesellschafter bei der Ausgestaltung des Gesellschaftsvertrages und die Weisungsbefugnis den

447 Gesetz über die Mitbestimmung der Arbeitnehmer v. 4.5.1976, BGBl. I 1976, S. 1153.

448 *Hüser*, Ausschreibungspflichten bei der Privatisierung öffentlicher Aufgaben, 2005, S. 160.

449 BGH, BGHZ 89, 48 (51 ff.); *Altmeppen*, in: Roth/Altmeppen, GmbHG, 6. Aufl. 2009, § 52 Rn. 53; *Raiser/Heermann*, in: Ulmer/Habersack/Winter (Hrsg.), GmbHG, Bd. 2, 1. Aufl. 2006, § 52 Rn. 304; *Ulmer/Habersack*, in: Ulmer/Habersack/Henssler, Mitbestimmungsrecht, 2. Aufl. 2006, § 31 MitbestG Rn. 37 ff.; *Zöllner/Noack*, in: Baumbach/Hueck, GmbHG, 18. Aufl. 2006, § 52 Rn. 275.

Geschäftsführern gegenüber hat[450]. Hierüber besteht Uneinigkeit. Einer weitgehenden Auffassung zufolge soll unter der Geltung des Mitbestimmungsgesetzes aufgrund der Verweisung in § 25 Abs. 1 MitbestG auf § 111 AktG das Verhältnis der Unternehmensorgane zueinander demjenigen bei der Aktiengesellschaft entsprechen. Dies schließe die Festlegung von Geschäftsführungsbefugnissen für die Gesellschafter im Gesellschaftsvertrag ebenso aus, wie die Erteilung von Weisungen an die Geschäftsführer[451]. Anderer Auffassung nach sind lediglich sich auf Tagesgeschäfte beziehende Weisungen unzulässig, da diese dem Sinn und Zweck der Mitbestimmung – der Legitimation des Geschäftsführungsorgans durch Anteilseigner und Arbeitnehmer – widersprächen[452]. Eine dritte Auffassung erkennt hingegen das Weisungsrecht auch im Bereich der Tagesgeschäfte an. Allerdings dürfe es sich nur um auf Einzelfälle bezogene Weisungen handeln[453].

Ein Ausschluss der Gesellschafter von der Geschäftsführung oder eine Einschränkung ihrer diesbezüglichen Stellung kommt indes nicht in Betracht. Hierfür spricht zunächst, dass das Mitbestimmungsgesetz „auf der Grundlage des geltenden Gesellschaftsrechts" aufbaut[454]. Von Änderungen gegenüber der nicht mitbestimmten Gesellschaft mit beschränkter Haftung ist folglich nur in einem eng umgrenzten Rahmen auszugehen. Das Mitbestimmungsgesetz ändert nicht die vorgegebene Organisationsverfassung der Gesellschaft mit beschränkter Haftung mit ihrer starken Stellung der Gesellschafter in Fragen der Geschäftsführung[455]. Aus der Tatsache, dass § 25 Abs. 1 MitbestG nicht auf § 119 Abs. 2 AktG verweist, ist zu schließen, dass auch im Rahmen des Mitbestimmungsgesetzes die Gesellschafter an der Geschäftsführung grundsätzlich teilhaben sollen[456]. Auch eine Einschränkung der ihnen zukommenden Befugnisse ist mit dem Mitbestimmungsgesetz nicht verbunden. Denn dem Mitbestimmungsgesetz liegt nicht das Ziel zugrunde, die Arbeitnehmerbank an jeder Entscheidung zu beteiligen, vielmehr geht es nur um Einwirkungsmöglichkeiten über die Bestellung und Abberufung der Geschäftsführer[457]. Nicht zuletzt spricht gegen eine diesbezügliche Einflussnahme des Mitbestimmungsgesetzes, dass dies auch im Rahmen

---

450 *Hüser*, Ausschreibungspflichten bei der Privatisierung öffentlicher Aufgaben, 2005, S. 160.

451 *Naendrup*, AuR 1977, 231 f.; *Reich/Lewerenz*, AuR 1976, 272; *Vollmer*, ZGR 1979, 142 ff.

452 *Säcker*, DB 1977, 1845 Fn. 4; *Ulmer/Habersack*, in: Ulmer/Habersack/Henssler, Mitbestimmungsrecht, 2. Aufl. 2006, § 30 MitbestG Rn. 20.

453 *Hommelhoff*, ZGR 1978, 136 ff.; *Zöllner*, ZGR 1977, 324 ff.

454 Bundesregierung, Begründung des Entwurfs des Mitbestimmungsgesetzes, BR-Drs. 200/74, S. 1.

455 *Altmeppen*, in: Roth/Altmeppen, GmbHG, 6. Aufl. 2009, § 37 Rn. 31.

456 *Schneider*, in: Scholz, GmbHG, Bd. 2, 10. Aufl. 2007, § 37 Rn. 42.

457 *Schneider*, in: Scholz, GmbHG, Bd. 2, 10. Aufl. 2007, § 37 Rn. 42.

eines Beherrschungsvertrages im Sinne von § 291 Abs. 1 AktG gemäß § 308 AktG nicht der Fall ist. Kommt es dort zu keiner Einschränkung des Weisungsrechts, so kann dies ebenso wenig außerhalb eines Beherrschungsvertrages der Fall sein, wo das Weisungsrecht den Gesellschaftern aufgrund ihrer Gesellschafterstellung zukommt[458]. Das Mitbestimmungsgesetz setzt den Einflussnahmemöglichkeiten der Gesellschafter auf die Geschäftsführung somit letztlich keine nennenswerten Grenzen[459], auch nicht in Hinblick auf das Amt des Arbeitsdirektors, das gemäß § 33 MitbestG einzurichten ist[460].

Auch auf die Machtverhältnisse innerhalb einer Aktiengesellschaft hat das Mitbestimmungsgesetz keine Auswirkungen. Entscheidend ist jedoch, dass es, wie vorstehend festgestellt, ebenso wenig zu einer Beschränkung des Weisungsrechts des herrschenden Unternehmens gemäß § 308 AktG unter der Geltung eines – zur Erfüllung des Kontrollkriteriums zwingend notwendigen[461] – Beherrschungsvertrages kommt.

(4) Sicherstellung des Kontrollkriteriums bei unzureichenden gesetzlichen Vorschriften

Soweit – wie bei der Aktiengesellschaft – eine Erfüllung des Kontrollkriteriums aufgrund der gesetzlichen Vorschriften nicht in Betracht kommt, bedeutet dies nicht die generelle Ungeeignetheit dieser Gesellschaftsform. Vielmehr ist zu prüfen, inwiefern auf anderem Wege eine Kontrolle wie über eine eigene Dienststelle zu erreichen ist. In Betracht kommt hierbei der Abschluss eines Beherrschungsvertrages im Sinne von § 291 Abs. 1 AktG[462].

Gemäß § 291 Abs. 1 AktG handelt es sich bei einem Beherrschungsvertrag um einen Unternehmensvertrag, durch den eine Aktiengesellschaft oder eine Kommanditgesellschaft auf Aktien die Leitung ihrer Gesellschaft einem anderen Unternehmen unterstellt. Die in Hinblick auf das Kontrollkriterium entscheidende Rechtsfolge eines Beherrschungsvertrages findet sich in § 308 AktG: Das herrschende Unternehmen ist befugt, dem Vorstand der (beherrschten) Gesellschaft – grundsätzlich auch für die Gesellschaft nachteilige – Weisungen hin-

---

458 *Altmeppen*, in: Roth/Altmeppen, GmbHG, 6. Aufl. 2009, § 37 Rn. 31.

459 BVerfG, BVerfGE 50, 290 (346); *Hauser*, Die Wahl der Organisationsform kommunaler Einrichtungen, 1. Aufl. 1987, S. 44; *Paefgen*, in: Ulmer/Habersack/Winter (Hrsg.), GmbHG, Bd. 2, 1. Aufl. 2006, § 37 Rn. 15; *Raiser/Veil*, MitbestG und DrittelbG, 5. Aufl. 2009, § 25 Rn. 88; *Zöllner/Noack*, in: Baumbach/Hueck (Hrsg.), GmbHG, 18. Aufl. 2006, § 37 Rn. 18.

460 *Altmeppen*, in: Roth/Altmeppen, GmbHG, 6. Aufl. 2009, § 37 Rn. 36; *Schneider*, in: Scholz, GmbHG, Bd. 2, 10. Aufl. 2007, § 37 Rn. 48.

461 Vgl. hierzu unten, dritter Teil, dritter Abschnitt, C. II. 2. a) (4).

462 *Hüser*, Ausschreibungspflichten bei der Privatisierung öffentlicher Aufgaben, 2005, S. 152 ff.

sichtlich der Leitung zu erteilen (§ 308 Abs. 1 AktG). Der Vorstand ist verpflichtet, den Weisungen des herrschenden Unternehmens Folge zu leisten (§ 308 Abs. 2 AktG). Auch dem Aufsichtsrat kommt, selbst wenn ein Zustimmungsvorbehalt besteht, letztlich nicht das Recht zu, die Ausführung einer Weisung zu verhindern (§ 308 Abs. 3 AktG). Der Beherrschungsvertrag hebt das Charakteristikum der Aktiengesellschaft, die Unabhängigkeit des Vorstands, umfänglich auf und nähert das Verhältnis zwischen herrschendem Unternehmen und (beherrschter) Gesellschaft dem Machtverhältnis in einer Gesellschaft mit beschränkter Haftung an. Der Abschluss eines Beherrschungsvertrages scheint infolgedessen in Hinblick auf das Ergebnis geeignet zu sein, auch bei einer Inhouse-Gesellschaft in Form einer Aktiengesellschaft der Kommune über die Gesellschaft eine Kontrolle wie über eine eigene Dienststelle zu sichern. Allerdings ist zuvor festzustellen, ob der zu diesem Ergebnis führende Weg für eine Kommune überhaupt gangbar ist.

In formaler Hinsicht bedarf der Abschluss eines Beherrschungsvertrages gemäß § 293 Abs. 1 Satz 1 AktG der Zustimmung der Hauptversammlung der verpflichteten Gesellschaft, während die aus dem Beherrschungsvertrag berechtigte Gesellschaft gemäß § 293 Abs. 2 Satz 1 AktG nur dann diesem Erfordernis unterliegt, wenn es sich auch bei ihr um eine Aktiengesellschaft oder eine Kommanditgesellschaft auf Aktien handelt. Allerdings ist diese Vorschrift entsprechend auf eine Gesellschaft mit beschränkter Haftung als herrschendes Unternehmen anzuwenden[463]. Um wirksam zu werden, muss der Beherrschungsvertrag zudem gemäß § 294 AktG in das Handelsregister eingetragen werden.

(a) Kommunen als Unternehmen im Sinne des Aktiengesetzes

Der Abschluss eines Beherrschungsvertrages kommt für eine Kommune hingegen nur in Betracht, wenn sie als herrschendes Unternehmen im Sinne des Aktiengesetzes anzusehen wäre. Mit der Rechtsprechung des Bundesgerichtshofs ist dies im Ergebnis zu bejahen.

Die Frage, wann von einem Unternehmen im Sinne des Aktiengesetzes gesprochen werden kann, richtet sich mittlerweile nach dem Sinn und Zweck dieses Gesetzes. Vorherrschend ist ein teleologischer Unternehmensbegriff[464]. Nach

463 BGH, BGHZ 115, 187 (192); NJW 1992, 1452 (1453); *Emmerich*, in: Emmerich/Habersack, Aktien- und GmbH-Konzernrecht, 5. Aufl. 2008, § 293 AktG Rn. 9; *Hüffer*, AktG, 8. Aufl. 2008, § 293 Rn. 17; *Koppensteiner*, in: Zöllner/Noack (Hrsg.), Kölner Kommentar AktG, Bd. 6, 3. Aufl. 2004, § 293 Rn. 42; a.A. *Altmeppen*, in: Kropff/Semler (Hrsg.), Münchener Kommentar AktG, Bd. 8, 2. Aufl. 2000; § 293 Rn. 98.

464 *Hüffer*, AktG, 8. Aufl. 2008, § 15 Rn. 7; *Bayer*, in: Goette/Habersack (Hrsg.), Münchener Kommentar AktG, Bd. 1, 3. Aufl. 2008, § 15 Rn. 10.

dem Willen des Gesetzgebers sollen die konzernrechtlichen Vorschriften des Aktiengesetzes letztlich nur auf Anteilseigner Anwendung finden, bei denen – im Gegensatz zu privaten Anteilseignern – aufgrund ihrer zusätzlichen unternehmerischen Betätigung *außerhalb* der Gesellschaft die Gefahr eines Interessenkonflikts und infolgedessen einer Schädigung der Gesellschaft im Interesse anderer Unternehmen besteht[465]. Vor diesem Hintergrund ist nach ständiger Rechtsprechung des Bundesgerichtshofs einem Anteilseigner – gleich welcher Rechtsform – Unternehmensqualität zuzusprechen, wenn zu seiner Beteiligung an der Gesellschaft wirtschaftliche Interessenbindungen außerhalb der Gesellschaft hinzutreten, die stark genug sind, um die ernste Besorgnis zu begründen, der Anteilseigner könne um ihretwillen seinen Einfluss zum Nachteil der Gesellschaft geltend machen[466]. Demzufolge ist auch eine Kommune jedenfalls dann als Unternehmen im Sinne des Aktiengesetzes anzusehen, wenn sie sich außerhalb der Gesellschaft unternehmerisch betätigt oder weitere nicht unerhebliche Beteiligungen unterhält[467].

Probleme wirft die Anwendung des Unternehmensbegriffs auf eine Kommune hingegen auf, wenn diese nur an einer *einzigen* Gesellschaft beteiligt ist. Ein Interessenkonflikt aufgrund einer anderweitigen unternehmerischen Betätigung kann in diesem Fall nicht auftreten. Um den privaten Anteilseignern dennoch einen Schutz vor politisch motivierter Einflussnahme durch die öffentliche Hand auf die Gesellschaft zu gewähren, hat der Bundesgerichtshof den Unternehmensbegriff insoweit modifiziert, als dass nicht die Verfolgung weiterer wirtschaftlicher Interessen außerhalb der Gesellschaft entscheidend ist, sondern die Verfolgung auch öffentlicher Interessen durch die öffentliche Hand[468]. Kommunale Beteiligungsgesellschaften dienen zwingend[469] neben wirtschaftlichen auch öf-

---

465 *Emmerich*, in: Emmerich/Habersack, Aktien- und GmbH-Konzernrecht, 5. Aufl. 2008, § 15 AktG Rn. 9.

466 Vgl. nur BGH, BGHZ 69, 334 (337 f.); *Bayer*, in: Goette/Habersack (Hrsg.), Münchener Kommentar AktG, Bd. 1, 3. Aufl. 2008, § 15 Rn. 13; *Emmerich*, in: Emmerich/Habersack, Aktien- und GmbH-Konzernrecht, 5. Aufl. 2008, § 15 AktG Rn. 10; *Hüffer*, AktG, 8. Aufl. 2008, § 15 Rn. 8; *Koppensteiner*, in: Zöllner/Noack (Hrsg.), Kölner Kommentar AktG, Bd. 6, 3. Aufl. 2004, § 15 Rn. 20.

467 *Koppensteiner*, in: Zöllner/Noack (Hrsg.), Kölner Kommentar AktG, Bd. 6, 3. Aufl. 2004, § 15 Rn. 72.

468 BGH, BGHZ 135, 107 (113 f.); OLG Celle, GmbHR 2001, 342 (345); *Bayer*, in: Goette/Habersack (Hrsg.), Münchener Kommentar AktG, Bd. 1, 3. Aufl. 2008, § 15 Rn. 41; *Emmerich*, in: Emmerich/Habersack, Aktien- und GmbH-Konzernrecht, 5. Aufl. 2008, § 15 AktG Rn. 29; *Koppensteiner*, in: Zöllner/Noack (Hrsg.), Kölner Kommentar AktG, Bd. 6, 3. Aufl. 2004, § 15 Rn. 73; *Schiessl*, ZGR 1998, 877 f.; krit. *Hüffer*, AktG, 8. Aufl. 2008, § 15 Rn. 13.

469 Vgl. § 95 Abs. 2 SächsGemO, aus dem sich die generelle Notwendigkeit eines öffentlichen Zwecks ergibt.

fentlichen Zwecken. Diese nicht immer konform laufende Interessenlage birgt ein der Verfolgung weiterer wirtschaftlicher Interessen außerhalb einer Gesellschaft nicht unähnliches Konfliktpotential, so dass die Anwendung des Unternehmensbegriffs auch in einem so gelagerten Fall gerechtfertigt ist. Unerheblich ist eine alleinige Anteilseignerschaft der Kommune. Zwar fehlt es dann an der Notwendigkeit des Schutzes privater Anteilseigner. Der Interessenkonflikt besteht jedoch vor dem Hintergrund des Gläubigerschutzes fort[470].

(b) Verlustausgleichspflicht und kommunale haftungsbegrenzende Vorschriften

Der Abschluss eines Beherrschungsvertrages bringt für das herrschende Unternehmen nicht nur Rechte, sondern auch Pflichten mit sich. Im Vordergrund steht hier die Pflicht des herrschenden Unternehmens zum Ausgleich der Verluste der beherrschten Gesellschaft gemäß § 302 AktG. Handelt es sich bei dem herrschenden Unternehmen um eine Kommune, stellt sich unweigerlich die Frage nach der Vereinbarkeit dieser Vorschrift mit kommunalrechtlichen Vorschriften, die der Sicherung der kommunalen Handlungsfähigkeit dienen. So bestimmt § 96 Abs. 1 Nr. 3 SächsGemO, dass ein Unternehmen in der Rechtsform des privaten Rechts nur errichtet werden darf, wenn die Haftung der Gemeinde auf einen ihrer Leistungsfähigkeit angemessenen Betrag begrenzt wird. Eine solche oder ähnliche Vorschriften, die z.B. nur die Wahl von Gesellschaftsformen zulassen, bei denen die Haftung auf einen bestimmten Betrag begrenzt ist, enthalten sämtliche Gemeindeordnungen[471].

Streitig ist indes die Frage, wie das Spannungsfeld zwischen gesellschaftsrechtlicher Verlustübernahme und kommunaler Haftungsbegrenzung aufzulösen ist. Einigkeit besteht lediglich darüber, dass der Sinn und Zweck der haftungsbegrenzenden Vorschriften entscheidend ist. Einer Auffassung zufolge sollen diese Vorschriften verhindern, dass die Kommune sich einem *unbegrenzten* finanziellen Risiko aussetzt. Daher sei eine Verpflichtung zur Übernahme von Verlusten nicht zulässig[472]. Die Gegenauffassung stellt hingegen darauf ab, dass die haftungsbegrenzenden Vorschriften nicht unbegrenzte, sondern vielmehr *unbeherrschbare* finanzielle Risiken ausschließen sollen. Im Rahmen des § 302 AktG könne hiervon jedoch nicht gesprochen werden, da es aufgrund der gesteigerten

---

470 *Bayer*, in: Goette/Habersack, Münchener Kommentar AktG, Bd. 1, 3. Aufl. 2008, § 15 Rn. 45; *Hüser*, Ausschreibungspflichten bei der Privatisierung öffentlicher Aufgaben, 2005, S. 154.

471 Vgl. z.B. Art. 92 Abs. 1 Satz 1 Nr. 3 BayGO, § 122 Abs. 1 Satz 1 Nr. 2 HGO, § 109 Abs. 1 Nr. 2 NGO sowie § 87 Abs. 1 Satz 1 Nr. 4 RhPfGemO.

472 *Engellandt*, Die Einflussnahme der Kommunen auf ihre Kapitalgesellschaften, 1995, S. 19 f., 42; *Meinen*, Konzernrecht im kommunalen Bereich, 2006, S. 186 ff; *Paschke*, ZHR 152 (1988), 275 f.

Einflussnahmemöglichkeiten der Kommune infolge des Beherrschungsvertrages gerade nicht zu unbeherrschbaren finanziellen Risiken komme[473].

Betrachtet man den Sinn und Zweck der kommunalrechtlichen haftungsbegrenzenden Vorschriften und die zurückliegende Entwicklung des Kommunalrechts in Bezug auf die kommunale wirtschaftliche Betätigung, so ist mit der letztgenannten Auffassung eine Unzulässigkeit des Abschlusses von Beherrschungsverträgen nicht zu erkennen. Dies ergibt sich nicht bereits aus dem Wortlaut mancher haftungsbegrenzender Vorschrift. Zwar steht die Verpflichtung zur Wahl einer Gesellschaftsform, bei der die Haftung auf einen bestimmten Betrag begrenzt ist, formal dem Abschluss eines Beherrschungsvertrages nicht entgegen[474]. Allerdings verfolgt der Gesetzgeber auch mit diesen Vorschriften das Ziel, finanziellen Risiken der Kommune zu minimieren[475]. Der Sinn und Zweck der haftungsbegrenzenden Vorschriften besteht hingegen nach der zutreffenden Auffassung von *Pfeifer* in dem Ausgleich der Nachteile, die sich aus der verminderten Steuerungsmöglichkeit von Unternehmen des privaten Rechts ergeben[476]. Die verminderte Steuerungsmöglichkeit führt zu unkalkulierbaren und unvorhersehbaren Haftungsrisiken der Kommune. Den kommunalrechtlichen haftungsbegrenzenden Vorschriften ist vor diesem Hintergrund somit Genüge getan, wenn nicht die Gefahr unbeherrschbarer Haftungsrisiken besteht[477]. Der Abschluss eines Beherrschungsvertrages führt aber zu maximalen Einwirkungsmöglichkeiten der Kommune und verhindert so gerade aus der Selbständigkeit privatrechtlicher Unternehmen erwachsende Haftungsrisiken. Die Verhinderung unbegrenzter Haftungsrisiken liegt den haftungsbegrenzenden Vorschriften hingegen nicht zugrunde, wie der von *Pfeifer* gezogene Vergleich zu kommunalen Eigenbetrieben und öffentlich-rechtlichen Sparkassen zeigt[478].

Unterstützung erfährt diese Auffassung durch die zurückliegende Entwicklung des Kommunalrechts in Bezug auf die kommunale wirtschaftliche Betätigung.

---

473 *Ehlers*, DVBl 1997, 140; *Habersack*, ZGR 1996, 558; *Hüser*, Ausschreibungspflichten bei der Privatisierung öffentlicher Aufgaben, 2005, S. 154 f. mit Fn. 279; *Koch*, Der rechtliche Status kommunaler Unternehmen in Privatrechtsform, 1994, S. 176 f.; *Pfeifer*, Möglichkeiten und Grenzen der Steuerung kommunaler Aktiengesellschaften, 1991, S. 136 ff.; *Raiser*, ZGR 1996, 474; *Schmidt*, ZGR 1996, 361.

474 *Ehlers*, DVBl 1997, 140.

475 In diesem Sinne auch *Paschke*, ZHR 152 (1988), 275.

476 *Pfeifer*, Möglichkeiten und Grenzen der Steuerung kommunaler Aktiengesellschaften, 1991, S. 136.

477 *Pfeifer*, Möglichkeiten und Grenzen der Steuerung kommunaler Aktiengesellschaften, 1991, S. 136 f.

478 *Pfeifer*, Möglichkeiten und Grenzen der Steuerung kommunaler Aktiengesellschaften, 1991, S. 137; vgl. auch *Hüser*, Ausschreibungspflichten bei der Privatisierung öffentlicher Aufgaben, 2005, S. 155, der ebenfalls auf diese Ausführungen von *Pfeifer* abstellt.

Zahlreiche Gemeindeordnungen enthalten inzwischen die Auflage, dass der Gemeinde bei Unternehmen in Privatrechtsform ein angemessener Einfluss, insbesondere in einem Überwachungsorgan, zukommen muss[479]. Dies zeigt den Willen des Gesetzgebers, gerade die Unternehmen des privaten Rechts so eng als möglich an die Kommune zu binden. Es wäre jedoch paradox, auf der einen Seite eine möglichst enge Bindung an die Kommune zu fordern, das effektivste Instrument zur Sicherstellung einer solchen auf der anderen Seite hingegen unter Verweis auf die haftungsbegrenzenden Vorschriften für unzulässig zu erachten[480]. Diese kommunalrechtlichen haftungsbegrenzenden Vorschriften stehen dem Abschluss eines Beherrschungsvertrages infolgedessen nicht entgegen[481].

Anders ist dies allerdings in Bezug auf kommunalrechtliche Vorschriften zu beurteilen, die eine Verpflichtung zur Übernahme von Verlusten in unbestimmter oder unbegrenzter Höhe explizit untersagen[482]. Der direkte Abschluss eines Beherrschungsvertrages zwischen (herrschender) Kommune und (beherrschter) Gesellschaft ist in diesem Fall nicht möglich[483]. In der Literatur wird darauf verwiesen, dass ein Verstoß gegen diese Vorschriften nur zur schlichten Rechtswidrigkeit des kommunalen Handelns, nicht hingegen zur Nichtigkeit des Beherrschungsvertrages führe, da sich die Vermögenssituation der Kommune bei einer Übernahme des – abstrakten – Verlustübernahmerisikos weder unmittelbar noch

479 Vgl. z.B. § 96 Abs. 1 Nr. 2 SächsGemO, § 108 Abs. 1 Satz 1 Nr. 6 GO NRW, § 109 Abs. 1 Nr. 6 NGO.

480 *Hüffer*, AktG, 8. Aufl. 2008, § 15 Rn. 13a; *Hüser*, Ausschreibungspflichten bei der Privatisierung öffentlicher Aufgaben, 2005, S. 155.

481 Im Ergebnis ebenso *Lange*, Privatisierung der Rechtsform, 1984, S. 301 f. Nicht überzeugen kann insoweit die gegenteilige Auffassung von *Meinen*, Konzernrecht im kommunalen Bereich, 2006, S. 186 ff. Dieser stützt sich wesentlich auf den Wortlaut des § 108 Abs. 1 Satz 1 Nr. 5 GO NRW, der hingegen deutlich enger gefasst ist als die genannten haftungsbegrenzenden Vorschriften. Gerade das Tätigwerden des Gesetzgebers z.B. in Form des § 108 Abs. 1 Satz 1 Nr. 5 GO NRW, der eine Unterscheidung zwischen unbegrenzten und unbeherrschbaren Haftungsrisiken nicht mehr mit sich bringt, zeigt aber, dass haftungsbegrenzende Vorschriften wie § 108 Abs. 1 Satz 1 Nr. 3 GO NRW nur vor unbeherrschbaren Haftungsrisiken schützen sollen. Andernfalls wäre das Einfügen der Vorschrift des § 108 Abs. 1 Satz 1 Nr. 5 GO NRW neben der Vorschrift des § 108 Abs. 1 Satz 1 Nr. 3 GO NRW mit dem Ziel, „die Gemeinde vor unübersehbaren finanziellen Risiken [... zu] schützen" (Begründung zu § 89 [heute § 108] GO NRW, LT-Drs. 11/4983, S. 25), nicht nachzuvollziehen.

482 Beispielsweise § 108 Abs. 1 Satz 1 Nr. 5 GO NRW, § 109 Abs. 1 Nr. 4 NGO sowie § 87 Abs. 1 Satz 1 Nr. 6 RhPfGemO.

483 *Bergmann*, Die Vergabe öffentlicher Aufträge und das In-house-Geschäft, 2005, S. 213; *Hüser*, Ausschreibungspflichten bei der Privatisierung öffentlicher Aufgaben, 2005, S. 155; *Meinen*, Konzernrecht im kommunalen Bereich, 2006, S. 186 ff.; a.A. *Ehlers*, DVBl 1997, 140. Der Unzulässigkeit nur rein rechtsgeschäftlicher Abreden über eine Nachschusspflicht steht allerdings der insoweit eindeutige Wortlaut dieser Vorschriften entgegen.

zwingend verschlechtere. Zudem sei zu beachten, dass die Aufsichtsbehörde vor einem Tätigwerden im Rahmen des Opportunitätsprinzips den Grundsatz des gemeindefreundlichen Verhaltens und das Verbot, die Entschlusskraft der Gemeinde zu beeinträchtigen in ihre Ermessenserwägungen einzustellen habe[484]. Doch kann die Lösung dieses Konflikts zwischen dem Gesellschaftsrecht und dem Kommunalrecht nicht in einem Verstoß gegen die kommunalrechtlichen Vorschriften liegen. Auch die Möglichkeit der Erteilung einer Ausnahmegenehmigung durch die Aufsichtsbehörde[485] kann den Konflikt nicht befriedigend lösen, stellt sie doch nur eine auf den Einzelfall bezogene und erheblich von den äußeren Umständen abhängige Möglichkeit dar. Der Kommune steht jedoch der Weg offen, statt direkt mit der In-house-Aktiengesellschaft einen Beherrschungsvertrag abzuschließen, eine Gesellschaft mit beschränkter Haftung zu errichten und diese als Holding einen Beherrschungsvertrag mit der In-house-Aktiengesellschaft abschließen zu lassen. Die Kommune erhält sich so ihre umfassenden Einwirkungsrechte, gerät allerdings nicht in Konflikt mit dem Kommunalrecht, da die Verlustausgleichspflicht gemäß § 302 AktG die Holding, eine Gesellschaft mit beschränkter Haftung, trifft, nicht aber die Kommune. Infolgedessen ist eine solche Konstruktion für zulässig zu erachten[486]. Dem Kontrollkriterium steht diese grundsätzlich nicht entgegen[487].

(c) Der faktische und qualifiziert faktische Konzern

Für die Kommune stellt es hingegen keine Alternative dar, auf den Abschluss eines Beherrschungsvertrages zu verzichten und zu versuchen, sich die für das Kontrollkriterium notwendigen umfassenden Einwirkungsbefugnisse nach den Grundsätzen des so genannten faktischen oder qualifiziert faktischen Konzerns zu sichern[488].

Ein faktischer Konzern ist – als Gegenstück zu dem so genannten Vertragskonzern – in dem Fall der Abhängigkeit einer Aktiengesellschaft oder Kommanditgesellschaft auf Aktien von einem Unternehmen gegeben, ohne dass ein Be-

---

484 Zum Ganzen *Siegel*, NVwZ 2008, 10.

485 Vgl. § 108 Abs. 1 Satz 2 GO NRW.

486 *Bergmann*, Die Vergabe öffentlicher Aufträge und das In-house-Geschäft, 2005, S. 214; *Engellandt*, Die Einflussnahme der Kommunen auf ihre Kapitalgesellschaften, 1995, S. 140; *Habersack*, ZGR 1996, 558; *Hüser*, Ausschreibungspflichten bei der Privatisierung öffentlicher Aufgaben, 2005, S. 156; *Orlowski*, NZBau 2007, 81; *Schäfer*, Mitbestimmung in kommunalen Eigengesellschaften, 1988, S. 123 f.; *Ulmer*, in: Hachenburg/Ulmer (Hrsg.), GmbHG, Bd. 3, 8. Aufl. 1997, Anh. § 77 Rn. 115 m.w.N.

487 Vgl. unten, dritter Teil, dritter Abschnitt, C. II. 2. c) (1).

488 *Hüser*, Ausschreibungspflichten bei der Privatisierung öffentlicher Aufgaben, 2005, S. 156 ff.

herrschungsvertrag besteht oder es zu einer Eingliederung der abhängigen Gesellschaft gekommen ist (§ 311 Abs. 1 sowie § 323 Abs. 1 Satz 3 AktG)[489]. Die entscheidende Vorschrift ist § 311 AktG, der die Grenzen des Einflusses des herrschenden Unternehmens beschreibt. Die Abhängigkeit bestimmt sich nach § 17 AktG; § 17 Abs. 2 AktG vermutet eine Abhängigkeit bei Vorliegen eines Mehrheitsbesitzes gemäß § 16 AktG. Das Bestehen eines faktischen Konzerns birgt für die Kommune den Vorteil, dass die Eigengesellschaft zwar in einem Abhängigkeitsverhältnis zu ihr steht, sie mangels eines Beherrschungsvertrages jedoch nicht der Verlustausgleichspflicht gemäß § 302 AktG unterliegt.

Allerdings genügen die der Kommune im Rahmen eines faktischen Konzerns zukommenden Einflussnahmemöglichkeiten nicht den Voraussetzungen, die der Europäische Gerichtshof an das Kontrollkriterium knüpft. Denn § 311 AktG gibt der Kommune als herrschendem Unternehmen keine Einwirkungsbefugnisse an die Hand, wie sie mit dem Abschluss eines Beherrschungsvertrages verbunden sind. Die Vorschrift setzt lediglich dem aus einem Abhängigkeitsverhältnis resultierenden *faktischen* Einfluss des herrschenden Unternehmens auf die abhängige Gesellschaft Grenzen, erweitert diesen hingegen nicht und verleiht ihm keine rechtliche Verbindlichkeit[490]. Dem herrschenden Unternehmen kommt in einem faktischen Konzern somit kein Weisungsrecht zu. Die (abhängige) Aktiengesellschaft wird unverändert gemäß § 76 Abs. 1 AktG durch ihren Vorstand eigenverantwortlich geleitet[491].

Auch bei Vorliegen eines so genannten qualifiziert faktischen Konzerns ergibt sich diesbezüglich kein anderes Ergebnis. Der qualifiziert faktische Konzern unterscheidet sich von dem (einfachen) faktischen Konzern durch das Fehlen angemessener Rücksicht auf die Belange der abhängigen Gesellschaft *und* die Unmöglichkeit einer Kompensation durch einen (in § 311 AktG geregelten)

---

489 *Habersack*, in: Emmerich/Habersack, Aktien- und GmbH-Konzernrecht, 5. Aufl. 2008, § 311 AktG Rn. 13, 15; *Pfeifer*, Möglichkeiten und Grenzen der Steuerung kommunaler Aktiengesellschaften, 1991, S. 168.

490 *Koppensteiner*, in: Zöllner/Noack (Hrsg.), Kölner Kommentar AktG, Bd. 6, 3. Aufl. 2004, § 311 Rn. 139; *Kropff*, in: Kropff/Semler (Hrsg.), Münchener Kommentar AktG, Bd. 8, 2. Aufl. 2000, § 311 Rn. 281.

491 *Ehlers*, in: Schmidt-Aßmann/Dolde (Hrsg.), Beiträge zum öffentlichen Wirtschaftsrecht, 2003, 208; *Habersack*, in: Emmerich/Habersack, Aktien- und GmbH-Konzernrecht, 5. Aufl. 2008, § 311 AktG Rn. 10; *Hauser*, Die Wahl der Organisationsform kommunaler Einrichtungen, 1987, S. 77; *Koppensteiner*, in: Zöllner/Noack (Hrsg.), Kölner Kommentar AktG, Bd. 6, 3. Aufl. 2004, § 311 Rn. 139; *Krieger*, in: Hoffmann-Becking (Hrsg.), Münchener Handbuch des Gesellschaftsrechts, Bd. 4, 3. Aufl. 2007, § 69 Rn. 28; *Kropff*, in: Kropff/Semler (Hrsg.), Münchener Kommentar AktG, Bd. 8, 2. Aufl. 2000, § 311 Rn. 281; *Pfeifer*, Möglichkeiten und Grenzen der Steuerung kommunaler Aktiengesellschaften, 1991, S. 169.

Einzelausgleich[492]. Auch der qualifiziert faktische Konzern ändert jedoch nicht die eigenverantwortliche Leitung der abhängigen Aktiengesellschaft durch ihren Vorstand gemäß § 76 Abs. 1 AktG ab[493]. Zudem kommt es im Rahmen eines qualifiziert faktischen Konzerns – wie bei Abschluss eines Beherrschungsvertrages – zu einer Durchgriffshaftung des herrschenden Unternehmens für die Verbindlichkeiten der abhängigen Gesellschaft, die jedenfalls im Aktienrecht nach herrschender Auffassung auf eine analoge Anwendung des § 302 AktG gestützt wird[494]. Infolgedessen fällt auch dieser bei einem (einfachen) faktischen Konzern für die Kommune noch bestehende Vorteil weg.

b) Dem Kontrollkriterium entgegenstehende Sachverhalte

Der Europäische Gerichtshof hat darüber hinaus von der Gesellschaftsform unabhängige Sachverhalte herausgearbeitet, die dem Kontrollkriterium bei singulär-öffentlichen Gesellschaften entgegenstehen. Von Bedeutung kann in diesem Zusammenhang zunächst eine Ausweitung der nunmehr privatrechtlich organisierten Gesellschaft sein. Das Augenmerk ist hierbei sowohl auf eine Ausweitung der Tätigkeitsfelder als auch auf eine Ausweitung des geographischen Tätigkeitsgebiets zu richten. Der Europäische Gerichtshof sieht die zusätzliche Tätigkeitsaufnahme in bedeutenden neuen Bereichen wie auch die geographische Ausdehnung des Tätigkeitsangebots auf den gesamten Herkunftsstaat und das Ausland als dem Kontrollkriterium entgegenstehend an[495]. Dies ist nachvollziehbar, verlässt die Kommune durch eine umfassende Ausweitung doch ihren originären Aufgaben- bzw. Verantwortungsbereich[496] und nähert die In-house-Gesellschaft einem externen Dienstleistungsunternehmen an.

Nach dem Europäischen Gerichtshof schließt auch die Übertragung weitgehender Vollmachten von Seiten der Kommune auf die Eigengesellschaft eine Kontrolle wie über eine eigene Dienststelle aus[497]. Hierdurch wird nochmals unterstrichen, dass nur eine Kontrolle, welche der innerhalb der Verwaltung

---

492 *Krieger*, in: Hoffmann-Becking (Hrsg.), Münchener Handbuch des Gesellschaftsrechts, Bd. 4, 3. Aufl. 2007, § 69 Rn. 136; *Kropff*, in: Kropff/Semler (Hrsg.), Münchener Kommentar AktG, Bd. 8, 2. Aufl. 2000, § 317 Anh. Rn. 34 ff.

493 *Pfeifer*, Möglichkeiten und Grenzen der Steuerung kommunaler Aktiengesellschaften, 1991 S. 172.

494 *Krieger*, in: Hoffmann-Becking, Münchener Handbuch des Gesellschaftsrechts, Bd. 4, 3. Aufl. 2007, § 69 Rn. 134, 143 m.w.N.

495 EuGH, Rs. C-458/03, Slg. 2005, I-8612, Rn. 67 – *„Parking Brixen"*; Rs. C-573/07, Slg. 2009, I-8129, Rn. 73 ff. – *„Ponte Nossa"*.

496 *Frenz*, WRP 2006, 878.

497 EuGH, Rs. C-458/03, Slg. 2005, I-8612, Rn. 67 f. – *„Parking Brixen"*.

bestehenden möglichst angenähert ist, den Anforderungen des Europäischen Gerichtshofs gerecht werden kann. Erforderlich ist folglich eine enge Anbindung der In-house-Gesellschaft an die Kommune. Dies setzt, sollte es sich um eine Aktiengesellschaft handeln, zwingend den Abschluss eines Beherrschungsvertrages voraus, während sich die Kommune bei einer Gesellschaft mit beschränkter Haftung bereits der von Gesetzes wegen gegebenen Einflussnahmemöglichkeiten bedienen kann. In beiden Fällen dürfen der In-house-Gesellschaft bei der Führung der Geschäfte jedoch keine nennenswerten Freiräume belassen werden, die nicht der kommunalen Kontrolle unterliegen.

c) Das Kontrollkriterium in mittelbaren Situationen

Auch wenn sich die In-house-Gesellschaft vollständig im Besitz einer Kommune befindet, bedeutet dies nicht zwangsläufig, dass die Anteile unmittelbar von der Kommune gehalten werden. Vielmehr besteht die Möglichkeit der Gründung einer Holding, so dass die Kommune nur noch mittelbare Anteilseignerin ist. Man spricht dann von der In-house-Gesellschaft als einer Enkelgesellschaft. Unklar ist, inwieweit eine solche gesellschaftsrechtliche Konstruktion einer Kontrolle wie über eine eigene Dienststelle entgegensteht. Diese Frage stellt sich nicht minder, wenn zumindest zwei Tochtergesellschaften bestehen und die eine Tochtergesellschaft bei der anderen Leistungen beschafft. Es bedarf einer näheren Untersuchung, ob das bestehende In-house-Verhältnis zwischen der Kommune als Mutter und ihren Tochtergesellschaften auch auf das Verhältnis zwischen den Tochtergesellschaften ausstrahlt und ein so genanntes horizontales In-house-Geschäft somit zulässig ist. Gemeinsam ist beiden Konstellationen, dass die Kommune bezüglich des Kontrollkriteriums in einer nur noch mittelbaren Beziehung zu der leistungserbringenden Gesellschaft steht, entweder weil eine weitere Gesellschaft zwischengeschaltet ist oder weil die Kommune nicht Auftraggeber ist.

(1) Das Kontrollkriterium bei Enkelgesellschaften

Ist die Kommune nicht unmittelbare Anteilseignerin der In-house-Gesellschaft, führt dies zu einer Abschwächung der Kontrolle, welche sie sich vorzubehalten hat. Die Kommune hat nicht mehr die Möglichkeit, unmittelbar auf die Gesellschaft einzuwirken, sondern muss ihren Einfluss über zumindest eine weitere Gesellschaft geltend machen. Das Kontrollkriterium fordert hingegen eine möglichst enge Anbindung der In-house-Gesellschaft und umfassende Möglichkeiten, auf diese einzuwirken. Der Europäische Gerichtshof sieht eine Kontrolle wie über eine eigene Dienststelle bei einer Enkelgesellschaft aus den vorgenannten

Gründen zwar kritisch, aber nicht als ausgeschlossen an. Vielmehr stellt er auf die Ausgestaltung der Einwirkung im Einzelfall ab[498]. Entscheidend ist somit die Möglichkeit der weitestgehenden Einflussnahme der Kommune auf die Tochtergesellschaft auf der einen Seite und der Tochtergesellschaft auf die Enkelgesellschaft auf der anderen Seite. Die Kontrolle, der die Tochtergesellschaft durch die Kommune unterliegt, darf naturgemäß nicht hinter der zurückbleiben, die bestünde, wenn es sich bei der Tochtergesellschaft um die In-house-Gesellschaft handeln würde. Die Enkelgesellschaft muss einer ebenso intensiven Kontrolle durch die Tochtergesellschaft unterliegen. Unter dieser Voraussetzung kann eine Kommune auch über eine Enkelgesellschaft eine Kontrolle wie über eine eigene Dienststelle ausüben[499].

Vor diesem Hintergrund wird deutlich, dass auch gesellschaftsrechtliche Konstruktionen, welche die Zwischenschaltung nicht nur einer Gesellschaft zur Folge haben, in Hinblick auf das Kontrollkriterium grundsätzlich möglich sind. Allerdings dürfte, geht man von der restriktiven Rechtsprechung des Europäischen Gerichtshofs aus, bei mehr als zwei zwischengeschalteten Gesellschaften nur noch schwerlich von einer Kontrolle der Kommune über die Urenkelgesellschaft wie über eine eigene Dienststelle auszugehen sein. Die Kontrollverluste wären – trotz noch immer bestehender Einwirkungsmöglichkeiten – zu hoch.

(2) Das Kontrollkriterium bei horizontalen In-house-Geschäften

In der Regel laufen In-house-Geschäfte vertikal ab: Eine Kommune beschafft Leistungen bei einer Tochter-, Enkel- oder gar Urenkelgesellschaft. Es stellt sich die Frage, ob die von Seiten des Europäischen Gerichtshofs aufgestellten Voraussetzungen lediglich einen solchen Ablauf zulassen oder auch Beschaffungen zwischen Gesellschaften auf derselben Ebene – horizontale In-house-Geschäfte – denkbar sind.

Es wird schnell deutlich, dass bei einer Anwendung der Voraussetzungen auf die z.B. Tochtergesellschaften bereits das Kontrollkriterium nicht erfüllt ist. Denn die Tochtergesellschaften üben untereinander keine Kontrolle wie über eine eigene Dienststelle aus. Es handelt sich in diesem Verhältnis um autonome und in ihren Entscheidungen voneinander unabhängige Gesellschaften. In der Konsequenz wären horizontale In-house-Geschäfte nicht als zulässig zu erachten. Allerdings besteht die Möglichkeit, statt auf das Verhältnis der Tochterge-

---

498 EuGH, Rs. C-340/04, Slg. 2006, I-4166, Rn. 39 – „*Carbotermo*".

499 *Frenz*, WRP 2006, 880; *Jasper/Pooth*, VergabeR 2003, 615; *Jennert*, NZBau 2006, 422; *Steinberg*, EuZW 2006, 379; *Tittel/Weinrich*, IR 2007, 32 ff.; *Ziekow*, VergabeR 2006, 615.

sellschaften untereinander, auf das Verhältnis zwischen der Kommune als Mutter und ihren Tochtergesellschaften abzustellen.

Hiergegen wird – vordergründig zu Recht – eingewandt, dass nach dem Europäischen Gerichtshof schon das Vorliegen eines entgeltlichen Vertrages zwischen zwei rechtlich verschiedenen Personen, also auch zwischen Tochtergesellschaften, den europäischen Vergaberichtlinien unterfalle. Die Voraussetzungen des In-house-Geschäfts, das wie alle Ausnahmen einen nicht erweiterbaren Anwendungsbereich habe, lägen nicht vor. Der Europäische Gerichtshof habe deutlich gemacht, dass diese von den unmittelbar an dem vertraglichen Austauschgeschäft beteiligten Rechtsträgern erfüllt werden müssten[500]. Bezieht man den Sinn und Zweck des In-house-Geschäfts in die Überlegungen mit ein, erscheint es hingegen geboten, auf das Verhältnis zwischen Kommune und Tochtergesellschaften abzustellen.

Die Ausnahme des In-house-Geschäfts ist gerade vor dem Hintergrund zu sehen, dass grundsätzlich bereits das Vorliegen eines entgeltlichen Vertrages zwischen zwei rechtlich verschiedenen Personen in den Anwendungsbereich der europäischen Vergaberichtlinien fällt. Dies erscheint unbillig, soweit der Auftraggeber für die Beschaffung von Leistungen zwar rechtlich von ihm verschiedene Personen, nicht aber den Markt in Anspruch nimmt. Denn die Entscheidung, inwiefern er von ihm benötigte Leistungen am Markt beschafft oder selbst erbringt, obliegt allein dem Auftraggeber. Um eine Inanspruchnahme des Marktes auszuschließen, müssen Auftraggeber und Auftragnehmer trotz der rechtlichen Personenverschiedenheit auf das engste verbunden sein. Diese Verbundenheit muss sich darin widerspiegeln, dass der Auftraggeber über den Auftragnehmer eine Kontrolle wie über eine eigene Dienststelle ausübt und der Auftragnehmer im Wesentlichen für den Auftraggeber tätig ist. Der Auftragnehmer wird dann – trotz der rechtlichen Personenverschiedenheit – dem Auftraggeber, nicht aber dem Markt zugerechnet. Der Europäische Gerichtshof verfolgt mit der Ausnahme des In-house-Geschäfts im Ergebnis das Ziel, Eigenleistungen eines öffentlichen Auftraggebers dem – bei rechtlicher Personenverschiedenheit eigentlich eröffneten – Anwendungsbereich der europäischen Vergaberichtlinien zu entziehen.

Hiervon ausgehend können die In-house-Grundsätze nicht lediglich Beschaffungen einer Kommune bei ihrer Tochtergesellschaft privilegieren. Vielmehr müssen diese auch dann Anwendung finden, wenn es zwischen den von der Kommune kontrollierten Tochter- und Enkelgesellschaften zu Beschaffungen kommt. Denn hierbei handelt es sich ebenso um Eigenleistungen, nicht um eine Inanspruchnahme des Marktes. Insofern ist es ausreichend, wenn die Kommune

500 Zum Ganzen *Schröder*, NZBau 2005, 129 f.; *Ziekow*, VergabeR 2006, 613.

in Hinblick auf beide der an dem konkreten Beschaffungsvorgang beteiligten Tochter- oder Enkelgesellschaften die In-house-Kriterien erfüllt. Entscheidend ist keineswegs das Vorliegen einer vertikalen Beschaffung; der Europäische Gerichtshof – dies macht insbesondere seine Bezugnahme auf die öffentliche Verwaltung im Rahmen des Kontrollkriteriums deutlich – privilegiert mit der Ausnahme des In-house-Geschäfts sämtliche der Kommune zugeordnete Gesellschaften.

Dies macht zudem deutlich, dass es immer auf das Vorliegen der In-house-Kriterien im Verhältnis der Kommune zu den an dem Beschaffungsvorgang beteiligten Gesellschaften ankommt, nicht auf das Vorliegen im Verhältnis zwischen den an dem Beschaffungsvorgang beteiligten Gesellschaften[501]. Vor diesem Hintergrund sind auch horizontale In-house-Geschäfte zulässig[502].

3. Das Kontrollkriterium bei gemischt-wirtschaftlichen Gesellschaften

Eine zweite Fallgruppe bilden die gemischt-wirtschaftlichen Gesellschaften. Dieser Begriff erfasst solche Gesellschaften, an denen nicht nur die öffentliche Hand, sondern auch zumindest ein privater Partner beteiligt ist. Auch hier muss der Auftraggeber eine Kontrolle wie über eine eigene Dienststelle ausüben können, soll ein In-house-Geschäft in Betracht kommen.

a) Ausschluss des Kontrollkriteriums bei gemischt-wirtschaftlichen Gesellschaften

Nachdem der Europäische Gerichtshof die Ausnahme des In-house-Geschäfts entwickelt hatte, war es zunächst streitig, ob die Beteiligung eines oder mehrerer privater Partner an der In-house-Gesellschaft der Kontrolle wie über eine eigene Dienststelle generell oder ab welcher Beteiligungshöhe entgegensteht[503]. Dieser Diskussion hat der Europäische Gerichtshof mit seiner *„Stadt Halle"*-Entscheidung ein Ende bereitet. Entgegen der Auffassung der Generalanwältin

---

501 *Orlowski*, NZBau 2007, 87 f.; a.A. und insoweit widersprüchlich, da letztendlich die Zulässigkeit horizontaler In-house-Geschäfte bejaht wird, *Dreher*, NZBau 2004, 18 f.

502 Ebenso *Bergmann*, Die Vergabe öffentlicher Aufträge und das In-house-Geschäft, 2005, S. 220 ff; *Burgi*, ZG 2006, 199; *Dreher*, NZBau 2004, 18 ff.; *Hüser*, Ausschreibungspflichten bei der Privatisierung öffentlicher Aufgaben, 2005, S. 180; *Krajewski/Wethkamp*, DVBl 2008, 359; *Orlowski*, NZBau 2007, 87 f

503 Vgl. z.B. *Dreher*, NZBau 2002, 252; *Endler*, NZBau 2002, 132; *Faber*, DVBl 2001, 256; *Jaeger*, NZBau 2001, 10; *Jasper/Pooth*, VergabeR 2003, 616.

Stix-Hackl[504] ist der Europäische Gerichtshof davon ausgegangen, dass jegliche Beteiligung eines privaten Partners an einer In-house-Gesellschaft eine Kontrolle des Auftraggebers über dieselbe wie über eine eigene Dienststelle ausschließt[505]. Zur Begründung hat er auf die unterschiedlichen Ziele, welche die öffentliche Hand auf der einen – nämlich im öffentlichen Interesse liegende Ziele – und private Anteilseigner auf der anderen Seite verfolgen, verwiesen. Nicht minder hat der Europäische Gerichthof aber auch die Sicherstellung eines freien und unverfälschten Wettbewerbs als Ziel der europäischen Vergaberichtlinien hervorgehoben. Die Anwendung der In-house-Grundsätze auf gemischt-wirtschaftliche Gesellschaften verschafften dem privaten Partner einen Vorteil gegenüber seinen Konkurrenten[506]. Diese Rechtsprechung hat der Europäische Gerichtshof in weiteren Urteilen bestätigt[507]. Infolgedessen kommt die Ausnahme des In-house-Geschäfts nicht in Betracht, soweit an der In-house-Gesellschaft ein oder mehrere private Partner in welcher Höhe und im Rahmen welcher gesellschaftsrechtlichen Konstruktion auch immer beteiligt sind.

Hiervon ist allerdings die Konstellation zu unterscheiden, dass an der In-house-Gesellschaft zwar eine oder mehrere privatrechtliche Gesellschaften beteiligt sind, deren Kapital aber wiederum allein von der Kommune gehalten wird. Aufgrund des Interessengleichlaufs steht eine Beteiligung solcher Gesellschaften nach Auffassung des Europäischen Gerichtshofs dem Kontrollkriterium grundsätzlich nicht entgegen[508]. Dies dürfte jedoch nur gelten, wenn die an der In-house-Gesellschaft beteiligte privatrechtliche Gesellschaft ihrerseits die In-house-Kriterien erfüllt, also die Kommune über diese eine Kontrolle wie über eine eigene Dienststelle ausüben kann und diese im Wesentlichen für die Kommune tätig wird. Denn andernfalls hätte die privatrechtliche Gesellschaft durch die Beteiligung an der In-house-Gesellschaft einen Vorteil gegenüber ihren Konkurrenten, was der Europäische Gerichtshof gerade nicht für zulässig erachtet.

b) Relevanz der Eigenschaft „öffentlicher Auftraggeber"

Unklar ist hingegen, welche Bedeutung es hat, wenn auf Auftraggeber- oder Auftragnehmerseite zwar ein Privater beteiligt, dieser aber seinerseits öffentlicher Auftraggeber im Sinne des § 98 GWB ist. So wird in Hinblick auf das

---

504 Schlussanträge der Generalanwältin in der Rs. C-26/03, Slg. 2005, I-4, Rn. 62 ff. – *„Stadt Halle"*.

505 EuGH, Rs. C-26/03, Slg. 2005, I-26, Rn. 49 – *„Stadt Halle"*.

506 Zum Ganzen EuGH, Rs. C-26/03, Slg. 2005, I-26, Rn. 50 f. – *„Stadt Halle"*.

507 EuGH, Rs. C-29/04, Slg. 2005, I-9722, Rn. 46 ff. – *„Stadt Mödling"*; Rs. C-410/04, Slg. 2006, I-3311, Rn. 31 – *„ANAV"*.

508 EuGH, Rs. C-371/05, VergabeR 2008, 918, Rn. 27 f. – *„Kommission/Italien"*.

Kontrollkriterium die Beteiligung eines oder mehrerer Privater an der In-house-Gesellschaft für unschädlich erachtet, soweit es sich um öffentliche Auftraggeber handelt. Der Europäische Gerichtshof habe den Eigengeschäften öffentlicher Auftraggeber vergleichbare Sachverhalte aus dem Anwendungsbereich des Vergaberechts herausnehmen wollen. Es gehe daher nicht um die Rechtsform oder Struktur der öffentlichen Auftraggeber, sondern um die Funktion der Vergabe, was nicht zuletzt dem funktionalen Auftraggeberbegriff entspreche. Somit sei es auch zulässig, wenn die In-house-Gesellschaft ausschließlich private Anteilseigner habe[509].

Dieser Auffassung kann nicht vollumfänglich zugestimmt werden. Richtig ist, dass der Europäische Gerichtshof die Zulässigkeit einer privaten Anteilseignerschaft an der In-house-Gesellschaft nicht von der Rechtsform der Anteilseigner abhängig macht. Allerdings stellt der Europäische Gerichtshof ebenso wenig darauf ab, ob der Private seinerseits öffentlicher Auftraggeber ist. Vielmehr ist für den Europäischen Gerichtshof – neben der Sicherstellung eines freien und unverfälschten Wettbewerbs – entscheidend, dass die öffentliche Hand und Private unterschiedliche Ziele verfolgen. Aus diesem Grund verneint er eine Kontrolle über die In-house-Gesellschaft wie über eine eigene Dienststelle, wenn an der In-house-Gesellschaft nicht nur die öffentliche Hand beteiligt ist. Somit kommt es tatsächlich nicht auf die Rechtsform der an der In-house-Gesellschaft beteiligten Gesellschaften an, sondern darauf, ob diese im öffentlichen Interesse liegende Ziele oder in ihrem eigenen Interesse liegende Ziele verfolgen[510]. Die Einordnung als öffentlicher Auftraggeber im Sinne des § 98 GWB ist jedoch nicht gleichzusetzen mit der Verfolgung von im öffentlichen Interesse liegenden Zielen. Dies ist nur dann der Fall, wenn an der In-house-Gesellschaft allein die öffentliche Hand beteiligt ist. Sind an der In-house-Gesellschaft hingegen Private beteiligt, verfolgen diese, mögen sie auch öffentliche Auftraggeber sein, immer auch – nicht mit den im öffentlichen Interesse liegenden Zielen übereinstimmende – in ihrem eigenen Interesse liegende Ziele. Sie hätten bei der Annahme eines In-house-Geschäfts zudem gegenüber anderen Privaten, die nicht als öffentlicher Auftraggeber einzuordnen sind, einen Wettbewerbsvorteil[511]. Insgesamt ergibt sich, dass der Eigenschaft „öffentlicher Auftraggeber" keine Bedeutung für das Vorliegen des Kontrollkriteriums zukommt.

---

509 *Dreher*, NZBau 2004, 16, noch vor der *„Stadt Halle"*-Entscheidung des Europäischen Gerichtshofs.

510 Ebenso *Ziekow*, VergabeR 2006, 612 f.

511 *Siegel*, NVwZ 2008, 10; vgl. auch OLG Celle, NZBau 2006, 130 und – hierzu – *Bultmann*, NZBau 2006, 222 ff.

c) Das Kontrollkriterium bei möglicher Beteiligung Privater

Da eine Beteiligung Privater an der In-house-Gesellschaft nicht zulässig ist, stellt sich in diesem Zusammenhang die Frage, ob bereits die Möglichkeit der Beteiligung Privater einer Kontrolle wie über eine eigene Dienststelle entgegensteht.

Die diesbezügliche Rechtsprechung des Europäischen Gerichtshofs ist uneinheitlich. Zunächst hatte er darauf hingewiesen, dass eine Gesellschaft, die zumindest teilweise privatem Kapital offen steht, nicht als interne Verwaltung einer öffentlichen Dienstleistung angesehen werden könne[512]. Allerdings gilt es zu beachten, dass diese Aussage nicht in Zusammenhang mit einem In-house-Geschäft steht und nicht deutlich hervorgeht, ob eine private Beteiligung an der in Rede stehenden Gesellschaft nicht bereits erfolgt war[513]. Wenig später hat der Europäische Gerichtshof entschieden, dass eine vorgeschriebene baldige Öffnung der Gesellschaft für Fremdkapital eine Kontrolle wie über eine eigene Dienststelle durch die Kommune schwierig mache[514]. Jedoch handelte es sich bei diesem Punkt um nur einen von mehreren, die der Europäische Gerichtshof als dem Kontrollkriterium möglicherweise entgegenstehend ansah. Die Nichterfüllung des Kontrollkriteriums hat er in diesem Urteil hingegen wesentlich auf die weitgehenden Vollmachten gestützt, die dem Verwaltungsrat der dortigen In-house-Gesellschaft übertragen waren[515]. Nicht anders verhält es sich mit dem *„Carbotermo“*-Urteil des Europäischen Gerichtshofs. Auch hier erwähnt er, dass sich am Kapital der In-house-Gesellschaft sowie einer zwischengeschalteten Holding private Aktionäre beteiligen könnten. Die Nichterfüllung des Kontrollkriteriums stützte er aber wiederum auf die den Verwaltungsräten der In-house-Gesellschaft und der zwischengeschalteten Holding jeweils eingeräumte Handlungsfreiheit[516]. Bereits hieraus konnte geschlossen werden, dass einzig die Möglichkeit der Beteiligung Privater an der In-house-Gesellschaft noch nicht zu einer Verneinung des Kontrollkriteriums führt[517]. Hierzu besteht auch keine Veranlassung, denn nur die Möglichkeit der Beteiligung privaten Kapitals führt weder zu einem Konflikt von im öffentlichen Interesse und im privaten Interesse liegenden

512 EuGH, Rs. C-231/03, Slg. 2005, I-7310, Rn. 26 – *„Co.Na.Me.“*.

513 Vgl. EuGH, Rs. C-231/03, Slg. 2005, I-7310, Rn. 5 (Sachverhalt) – *„Co.Na.Me.“*, wo es heißt, dass das Stammkapital von Padania *überwiegend* in öffentlicher Hand sei.

514 EuGH, Rs. C-458/03, Slg. 2005, I-8612, Rn. 67 – *„Parking Brixen“*.

515 EuGH, Rs. C-458/03, Slg. 2005, I-8612, Rn. 68 ff. – *„Parking Brixen“*.

516 EuGH, Rs. C-340/04, Slg. 2006, I-4166, Rn. 34 ff. – *„Carbotermo“*.

517 So auch die Kommission, Mitteilung zu Auslegungsfragen in Bezug auf die Anwendung der gemeinschaftlichen Rechtsvorschriften für öffentliche Aufträge und Konzessionen auf institutionalisierte Öffentlich Private Partnerschaften, C (2007) 6661, S. 4, Ziff. 2.1., Fn. 14.

Zielen noch wird hierdurch der freie und unverfälschte Wettbewerb gefährdet[518]. Dies hat der Europäische Gerichtshof mittlerweile bestätigt[519].

4. Das Kontrollkriterium bei gemischt-öffentlichen Gesellschaften

Bei der dritten und letzten Fallgruppe handelt es sich um die gemischt-öffentlichen Gesellschaften, also Gesellschaften, an denen mehrere öffentliche Anteilseigner beteiligt sind. Die grundsätzliche Zulässigkeit gemischt-öffentlicher Gesellschaften in Hinblick auf das Kontrollkriterium bedarf keiner ausführlichen Erläuterung. Bereits in seinem die Ausnahme des In-house-Geschäfts einführenden *„Teckal"*-Urteil hat der Europäische Gerichtshof dies deutlich gemacht, indem er die Voraussetzung benannt hat, dass die In-house-Gesellschaft ihre Tätigkeit im Wesentlichen für die Gebietskörperschaft oder *die Gebietskörperschaften* verrichtet, die ihre Anteile inne haben[520]. Die Möglichkeit mehrerer öffentlicher Anteilseigner hat der Europäische Gerichtshof in nachfolgenden Entscheidungen bestätigt[521]. Die grundsätzliche Zulässigkeit gemischt-öffentlicher Gesellschaften überrascht auch nicht, stellt der Europäische Gerichtshof doch auf die Verfolgung von im öffentlichen Interesse liegenden Zielen ab.

Lange nicht geklärt, aber von erheblicher Bedeutung ist jedoch die Frage, ob es ausreicht, dass die öffentlichen Anteilseigner zusammen über die In-house-Gesellschaft eine Kontrolle wie über eine eigene Dienststelle ausüben können, oder ob diese Voraussetzung derjenige öffentliche Anteilseigner, der die Leistung konkret beschafft, erfüllen muss.

Der Rechtsprechung des Europäischen Gerichtshofs ließen sich diesbezüglich lange Zeit nur Indizien entnehmen. Verbreitet wurde angenommen, der Europäische Gerichtshof habe bereits in der *„Teckal"*-Entscheidung erklärt, dass die öffentlichen Anteilseigner lediglich in ihrer Gesamtheit dem Kontrollkriterium gerecht werden müssten. Denn zum einen verwende der Europäische Gerichtshof den Begriff der Gebietskörperschaft auch in der Mehrzahl[522] und habe zum ande-

---

518 So auch Generalanwältin *Kokott*, Schlussanträge in der Rs. C-458/03, Slg. 2005, I-8588, Rn. 60 – *„Parking Brixen"*.

519 EuGH, Rs. C-371/05, VergabeR 2008, 918, Rn. 29 – *„Kommission/Italien"*; Rs. C-573/07, Slg. 2009, I-8129, Rn. 47 ff. – *„Ponte Nossa"*. Die Problematik des mit einem In-house-Geschäft in Zusammenhang stehenden Anteilsverkaufs wird im Rahmen der Ausschreibungspflichtigkeit der funktionalen Privatisierung, unten vierter Teil, dritter Abschnitt, behandelt.

520 EuGH, Rs. C-107/98, Slg. 1999, I-8139, Rn. 50 – *„Teckal"*.

521 EuGH, Rs. C-26/03, Slg. 2005, I-26, Rn. 49 – *„Stadt Halle"*; Rs. C-340/04, Slg. 2006, I-4166, Rn. 37 – *„Carbotermo"*.

522 So z.B. *Orlowski*, NZBau 2007, 81 f.; *Pape/Holz*, NJW 2005, 2265.

ren nicht den von Generalanwalt *Cosmas*[523] geäußerten Bedenken Rechnung getragen, dass die dort die Leistung beschaffende Gemeinde Viano mit einer Beteiligung von lediglich 0,9 % über die In-house-Gesellschaft keine hinreichende Kontrolle ausüben könne[524]. Hierbei wird allerdings übersehen, dass der Europäische Gerichtshof den Begriff der Gebietskörperschaft nur in Bezug auf das Wesentlichkeitskriterium in der Mehrzahl benutzt. In Hinblick auf das Kontrollkriterium spricht er ausschließlich von „Gebietskörperschaft". Ebenso wenig hat der Europäische Gerichtshof das Kontrollkriterium trotz der außerordentlich niedrigen Beteiligung bejaht, sondern vielmehr abstrakt die Voraussetzungen des In-house-Geschäfts formuliert und die weitere Prüfung dem vorlegenden Gericht zugewiesen[525]. In seinem Urteil *„Carbotermo"* spricht der Europäische Gerichtshof dann zwar davon, dass es auf die Erfüllung des Kontrollkriteriums hindeute, wenn der öffentliche Auftraggeber allein oder zusammen mit anderen öffentlichen Stellen das gesamte Kapital einer auftragnehmenden Gesellschaft hält[526]. Diese Aussage kann jedoch auch der Abgrenzung zu gemischt-wirtschaftlichen Gesellschaften dienen. So hat der Europäische Gerichtshof im Folgenden nur die Kontrollmöglichkeiten der Gemeinde Busto Arsizio, welche Auftraggeber war, über die In-house-Gesellschaft geprüft.

Auf der anderen Seite kann die *„Co.Na.Me."*-Entscheidung nicht dafür fruchtbar gemacht werden, dass das Kontrollkriterium allein der öffentliche Anteilseigner zu erfüllen hat, der die jeweilige Leistung beschafft. Auch wenn der Europäische Gerichtshof ausführt, dass eine Beteiligung von 0,97 % so geringfügig sei, dass die Gemeinde eine Kontrolle über den Konzessionsnehmer nicht ausüben könne[527], ist doch zu beachten, dass sich diese Entscheidung nicht direkt mit der Ausnahme „In-house-Geschäft" beschäftigt und zudem unklar ist, ob es sich dort nicht um eine gemischt-wirtschaftliche Gesellschaft gehandelt hat.

In der *„Asemfo"*-Entscheidung hat der Europäische Gerichtshof jedoch eine Kontrolle wie über eine eigene Dienststelle grundsätzlich für möglich gehalten, obwohl der dortige Anteilseigner nur 0,25 % des Kapitals der In-house-Gesellschaft hielt[528]. Diese Auffassung hat er in der *„Coditel Brabant"*-Entscheidung aufrechterhalten und erstmals ausdrücklich ausgeführt, dass eine gemeinsame Ausübung der Kontrolle wie über eine eigene Dienststelle durch

523 Schlussanträge des Generalanwalts in der Rs. C-107/98, Slg. 1999, I-8121, Rn. 61 – *„Teckal"*.

524 So z.B. *Bergmann*, Die Vergabe öffentlicher Aufträge und das In-house-Geschäft, 2005, S. 243; *Dreher*, NZBau 2004, 17.

525 Vgl. EuGH, Rs. C-107/98, Slg. 1999, I-8139, Rn. 49 f. – *„Teckal"*.

526 EuGH, Rs. C-340/04, Slg. 2006, I-4166, Rn. 37 – *„Carbotermo"*.

527 EuGH, Rs. C-231/03, Slg. 2005, I-7310, Rn. 24 – *„Co.Na.Me."*.

528 EuGH, Rs. C-295/05, Slg. 2007, I-3034, Rn. 57 ff. – *„Asemfo"*.

alle öffentlichen Anteilseigner ausreichend sei[529]. Zur Begründung verwies er zum einen darauf, dass auch bezüglich der Frage, für wen die In-house-Gesellschaft im Wesentlichen tätig werde, auf die Anteilseigner in ihrer Gesamtheit abzustellen sei. Zum anderen machte er deutlich, dass nur sehr selten ein Anteilseigner allein eine ausreichende Kontrolle würde ausüben können. Hieraus resultiere aber, dass öffentlichen Stellen, die einer gemischt-öffentlichen Gesellschaft beitreten wollten, zumeist eine Ausschreibung vorgeschrieben würde. Dies verstoße jedoch gegen die Systematik der europäischen Vergaberichtlinien, die den öffentlichen Stellen die Entscheidung darüber beließen, ob sie die ihnen obliegenden Aufgaben mit eigenen Mitteln – hierzu gehöre auch die Zusammenarbeit mit anderen öffentlichen Stellen – oder in Zusammenarbeit mit externen Dritten erfüllen[530].

Es ist somit ausreichend, wenn alle Anteilseigner einer gemischt-öffentlichen In-house-Gesellschaft über diese gemeinsam eine Kontrolle wie über eine eigene Dienststelle ausüben[531]. Für den Europäischen Gerichtshof ist entscheidend, dass es sich hierbei um eine wirksame, nicht hingegen zwingend um eine individuelle Kontrolle handelt[532].

III. Tätigkeit im Wesentlichen für den öffentlichen Auftraggeber

Beabsichtigt eine Kommune im Rahmen eines In-house-Geschäfts ausschreibungsfrei Leistungen zu beschaffen, muss nicht nur die In-house-Gesellschaft einer Kontrolle wie über eine eigene Dienststelle unterliegen, vielmehr muss diese auch – als dritte Voraussetzung – im Wesentlichen für den ihre Anteile haltenden öffentlichen Auftraggeber, die Kommune, tätig sein. Durch das Wesentlichkeitskriterium soll sichergestellt werden, dass die In-house-Gesellschaft nicht in bedeutendem Umfang am Markt tätig ist und infolgedessen einen Vorteil

529 EuGH, Rs. C-324/07, Slg. 2008, I-8486, Rn. 50 – *„Coditel Brabant"*; vgl. auch – zu der Entscheidung insgesamt – *Krohn*, NZBau 2009, 222 ff.

530 Zum Ganzen EuGH, Rs. C-324/07, Slg. 2008, I-8486, Rn. 44 ff. – *„Coditel Brabant"*.

531 So bereits zuvor *Krajewski/Wethkamp*, DVBl 2008, 360 f.; *Krohn*, NZBau 2005, 96; *Pape/Holz*, NJW 2005, 2265; *Orlowski*, NZBau 2007, 81 f.; *Wittek*, Das In-House Geschäft im EG-Vergaberecht, 2004, S. 242 ff.; a.A. *Siegel*, NVwZ 2008, 11; *Ziekow*, VergabeR 2006, 615 ff.

532 Vgl. EuGH, Rs. C-324/07, Slg. 2008, I-8486, Rn. 46 – *„Coditel Brabant"*.

gegenüber ihren Konkurrenten erlangt. Denn dann käme es aufgrund der Nichtanwendung des Vergaberechts zu einer Verfälschung des Wettbewerbs[533].

1. Bestimmung der „Wesentlichkeit" der Tätigkeit

Wann von einer „wesentlichen" Tätigkeit für den Auftraggeber gesprochen werden kann, war lange Zeit unklar und dementsprechend umstritten. Überwiegend wurde davon ausgegangen, dass die für verbundene Unternehmen geltende 80 %-Grenze in Art. 13 Abs. 1 der Richtlinie 93/38/EWG (Art. 23 Abs. 3 der Richtlinie 2004/17/EG), herangezogen werden kann[534]. Dem hat der Europäische Gerichtshof jedoch eine Absage erteilt. Art. 13 Abs. 1 der Richtlinie 93/38/EWG stelle eine nur für Lieferaufträge geltende eng auszulegende Ausnahme dar und sei infolgedessen nicht übertragbar. Hierfür spreche zudem, dass sich Art. 13 Abs. 1 zwar in Art. 23 Abs. 3 der für Sektorenauftraggeber geltenden Richtlinie 2004/17/EG wiederfinde, in die Richtlinie 2004/18/EG eine entsprechende Vorschrift hingegen nicht aufgenommen worden sei[535]. Aus diesem Grund stellt – trotz der nunmehr weggefallenen Beschränkung nur auf Lieferaufträge – auch Art. 23 Abs. 3 der Richtlinie 2004/17/EG eine eng auszulegende und nicht übertragbare Ausnahme dar[536]. Unabhängig hiervon kommt nach dem Europäischen Gerichtshof eine feste Grenze zur Bestimmung der Wesentlichkeit ohnehin nicht in Betracht, vielmehr ist – unter Berücksichtigung sämtlicher qualitativer wie quantitativer Umstände – auf den Einzelfall abzustellen[537].

Der Europäische Gerichtshof hat allerdings nicht näher erläutert, welche Umstände qualitativer Art genau er als aussagekräftig erachtet. Diesbezüglich kann jedoch auf die Schlussanträge der Generalanwältin *Stix-Hackl* in der Rechtssache *„Carbotermo"* zurückgegriffen werden. *Stix-Hackl* sieht als qualitative Umstände an, wie und wem gegenüber die In-house-Gesellschaft ihre Tätigkeiten erbringt. In diesem Zusammenhang soll es darauf ankommen, inwiefern für diese Tätigkeiten überhaupt ein Markt besteht und – sollte dies der Fall sein – inwiefern die In-house-Gesellschaft nicht für den Auftraggeber erbrachte Tätigkeiten

---

533 Vgl. EuGH, Rs. C-340/04, Slg. 2006, I-4166 Rn. 60 ff. – *„Carbotermo"*; *Jennert*, NZBau 2006, 423; *Siegel*, NVwZ 2008, 11; insofern zu eng *Bergmann*, Die Vergabe öffentlicher Aufträge und das In-house-Geschäft, 2005, S. 249 f.

534 *Endler*, NZBau 2002, 132; *Faber*, DVBl 2001, 254 f.; *Jasper/Pooth*, VergabeR 2003, 621; *Marx*, NZBau 2002, 314 f.; a.A. *Bergmann*, Die Vergabe öffentlicher Aufträge und das In-house-Geschäft, 2005, S. 255; *Dreher*, NZBau 2002, 253.

535 EuGH, Rs. C-340/04, Slg. 2006, I-4166, Rn. 52 ff. – *„Carbotermo"*.

536 *Hardraht*, In-house-Geschäfte und europäisches Vergaberecht, 2006, S. 278 f.

537 EuGH, Rs. C-340/04, Slg. 2006, I-4166, Rn. 64 – *„Carbotermo"*.

auf diesem Markt anbietet[538]. Die Generalanwältin stellt klar, dass es für die Frage des Vorliegens eines Marktes nicht entscheidend sein kann, ob es für die jeweilige Leistung nur öffentliche, nicht hingegen private Nachfrager gibt. Vielmehr komme es auf die Zahl der Anbieter dieser Leistung an. Infolgedessen sei bezüglich der qualitativen Umstände nicht allein auf das Verhältnis der In-house-Gesellschaft zu ihrem Auftraggeber, sondern – in Übereinstimmung mit der wettbewerblichen Zielsetzung des Vergaberechts – auch auf die wirtschaftliche Stellung der In-house-Gesellschaft auf dem Markt abzustellen[539]. *Stix-Hackl* zieht insoweit eine Parallele zu dem Fall, dass nur ein Anbieter die gewünschte Leistung erbringen kann[540].

Für die im Rahmen des Wesentlichkeitskriteriums zu beachtenden qualitativen Umstände bedeutet dies: Ausgangspunkt ist die Frage, ob es durch das Tätigwerden der In-house-Gesellschaft nicht nur für den Auftraggeber zu einer Wettbewerbsverfälschung kommt. Eine Wettbewerbsverfälschung kommt allerdings von vornherein nur dann in Betracht, wenn für die konkrete Leistung überhaupt ein Markt besteht. Soweit dies der Fall ist, kommt es als entscheidenden qualitativen Umstand auf die wirtschaftliche Stellung der In-house-Gesellschaft auf dem bestehenden Markt an. Denn eine nur unbedeutende wirtschaftliche Stellung kann nicht zu einer nennenswerten Wettbewerbsverfälschung führen. Diesbezüglich ist in die Betrachtung einzubeziehen, in welchem Ausmaß neben der In-house-Gesellschaft noch weitere Anbieter die betreffende Leistung anbieten und zu welchem Teil die In-house-Gesellschaft die nicht für den Auftraggeber erbrachte Leistung auf dem Markt anbietet[541].

Wie sich seinen Ausführungen in der Entscheidung *„Carbotermo"* entnehmen lässt, liegt der Schwerpunkt des Europäischen Gerichtshofs in Hinblick auf die Umstände quantitativer Art deutlich auf dem Umsatz, der aus dem Tätigwerden der In-house-Gesellschaft für den Auftraggeber resultiert[542]. Jedoch können auch hier weitere Umstände in die Betrachtung einbezogen werden, da sämtliche Um-

---

538 Schlussanträge der Generalanwältin in der Rs. C-340/04, Slg. 2006, I-4140, Rn. 98 – *„Carbotermo"*.

539 Schlussanträge der Generalanwältin in der Rs. C-340/04, Slg. 2006, I-4140, Rn. 99 – *„Carbotermo"*.

540 Schlussanträge der Generalanwältin in der Rs. C-340/04, Slg. 2006, I-4140, Rn. 99 – *„Carbotermo"*.

541 Das Oberlandesgericht Düsseldorf, ZfBR 2012, 64 (68), zieht als qualitativen Umstand zudem den Fremdumsatz heran, der aus dem Tätigwerden der In-house-Gesellschaft für den Auftraggeber resultiert, und betrachtet diesen auch in dem Verhältnis der In-house-Gesellschaft zu dem Auftraggeber als Fremdumsatz; hierzu *Gruneberg/Wilden*, VergabeR 2012, 154; ausführlich *Mager*, NZBau 2012, 25 ff.

542 Vgl. EuGH, Rs. C-340/04, Slg. 2006, I-4166, Rn. 65 – *„Carbotermo"*; so auch *Siegel*, NVwZ 2008, 11; *Steinberg*, EuZW 2006, 380.

stände qualitativer wie quantitativer Art von Bedeutung sein sollen. Die Generalanwältin *Stix-Hackl* sieht insofern neben dem Umsatz den aus dem Tätigwerden für den Auftraggeber resultierenden Anteil der Einkünfte an den gesamten Einkünften als aussagekräftig an[543].

Trotz der Bestimmung der für das Wesentlichkeitskriterium bedeutenden Umstände quantitativer Art bedarf es – auch wenn eine feste Grenze nicht in Betracht kommt – jedenfalls eines Anhaltspunktes, wann nicht für den Auftraggeber erbrachte Tätigkeiten als wesentlich anzusehen sind. Der Europäische Gerichtshof hat in diesem Zusammenhang ausgeführt, dass die In-house-Gesellschaft hauptsächlich für den Auftraggeber tätig sein müsse und jede andere Tätigkeit lediglich rein nebensächlich sein dürfe[544]. Auch die Generalanwältin *Stix-Hackl* hat deutlich gemacht, dass ein „schlichtes Überwiegen" der für den Auftraggeber erbrachten Tätigkeiten in Hinblick auf den Umsatz und die gesamten Einkünften nicht ausreichend ist[545]. Diese Aussagen hat der Europäische Gerichtshof konkretisiert, als er in einer späteren Entscheidung nicht für den Auftraggeber erbrachte Tätigkeiten in Höhe von 10 % des Umsatzes noch nicht als wesentlich angesehen hat[546]. Nichts desto trotz darf gerade vor dem Hintergrund der oben herausgearbeiteten (Einzelfall-)Umstände qualitativer Art nicht davon ausgegangen werden, dass ein Fremdanteil ungefähr in dieser Höhe dem Wesentlichkeitskriterium generell nicht entgegensteht.

Entscheidend ist in diesem Zusammenhang allerdings, ob hinsichtlich der Prüfung des Wesentlichkeitskriteriums auf die gegenwärtigen Umstände abzustellen ist oder auch zukünftige Umstände in die Betrachtung einzubeziehen sind. Der Europäische Gerichtshof ist auf die Auffassung des Generalanwalts *Geelhoed* in der Rechtssache *„Asemfo"*, auch die zukünftigen Umstände aufgrund der Gefahr einer Wettbewerbsverfälschung zu berücksichtigen[547], jedoch nicht eingegangen[548]. Infolgedessen ist allein auf die im Zeitpunkt der Prüfung bestehenden Umstände abzustellen.

---

543 Schlussanträge der Generalanwältin in der Rs. C-340/04, Slg. 2006, I-4140, Rn. 106 – *„Carbotermo"*.

544 EuGH, Rs. C-340/04, Slg. 2006, I-4166, Rn. 63 – *„Carbotermo"*.

545 Schlussanträge der Generalanwältin in der Rs. C-340/04, Slg. 2006, I-4140, Rn. 106 – *„Carbotermo"*.

546 EuGH, Rs. C-295/05, Slg. 2007, I-3034, Rn. 63 – *„Asemfo"*.

547 Schlussanträge des Generalanwalts in der Rs. C-295/05, Slg. 2007, I-3001, Rn. 108, 111 – *„Asemfo"*.

548 EuGH, Rs. C-295/05, Slg. 2007, I-3034, Rn. 62 f. – *„Asemfo"*; vgl. auch Schlussanträge der Generalanwältin in der Rs. C-340/04, Slg. 2006, I-4140, Rn. 100 – *„Carbotermo"*, wo die Generalanwältin das Abstellen auch auf zukünftige Umstände als nur schwer durchführbar ansieht.

2. Bestimmung der in Betracht kommenden Leistungsempfänger

An die Bestimmung der „Wesentlichkeit“ der Tätigkeit schließt sich die Frage an, wem gegenüber die In-house-Gesellschaft überhaupt wesentlich tätig werden muss. Der Europäische Gerichtshof hat insoweit die Voraussetzung aufgestellt, dass dies gegenüber dem öffentlichen Auftraggeber, der die Anteile der In-house-Gesellschaft hält, der Fall zu sein hat. Bei horizontalen In-house-Geschäften können nach dem dort Gesagten[549] Leistungsempfänger entweder die Kommune oder die jeweils andere Tochter- bzw. Enkelgesellschaft sein[550]. Ungeklärt war allerdings, ob der die Anteile haltende öffentliche Auftraggeber unmittelbarer Leistungsempfänger sein und die Vergütung von ihm kommen musste. Der Europäische Gerichtshof sieht die Person des unmittelbaren Leistungsempfängers und des für die Leistung Zahlenden nicht als für das Wesentlichkeitskriterium entscheidend an. Infolgedessen ist es unerheblich, wenn die Leistung gegenüber Dritten erbracht und von Dritten vergütet wird, soweit es sich um eine Vergabeentscheidung des die Anteile haltenden öffentlichen Auftraggebers handelt[551]. Diese Sichtweise ist vor dem Hintergrund der *„Parking Brixen“*-Entscheidung[552], in der der Europäische Gerichtshof die Ausnahme des In-house-Geschäfts auch auf die Vergabe von Dienstleistungskonzessionen ausgeweitet hat, nur folgerichtig. Denn im Rahmen der Dienstleistungskonzession wird die Leistung weder unmittelbar gegenüber dem Auftraggeber erbracht noch von diesem vergütet. Ebenso wenig ist es für den Europäischen Gerichtshof entscheidend, in welchem Gebiet die In-house-Gesellschaft die Leistung erbringt[553]. Dies macht nochmals deutlich, dass es für die Prüfung des Wesentlichkeitskriteriums einzig darauf ankommt, dass die Tätigkeit auf einer Vergabeentscheidung des die Anteile haltenden öffentlichen Auftraggebers beruht[554]. Allerdings wird zu Recht darauf hingewiesen, dass einer Ausweitung der Tätigkeit über das Gebiet der Kommune hinaus in der Regel das Kontrollkriterium entgegenstehen wird[555].

---

549 Vgl. oben, dritter Teil, dritter Abschnitt, C. II. 2. c) (2).

550 *Dreher*, NZBau 2004, 18 f.; *Orlowski*, NZBau 2007, 87 f.

551 Vgl. EuGH, Rs. C-340/04, Slg. 2006, I-4166, Rn. 65 ff. – *„Carbotermo“*; *Hüser*, Ausschreibungspflichten bei der Privatisierung öffentlicher Aufgaben, 2005, S. 189 f.; a.A. *Gallwas*, GewArch 2000, 405 f.; *Konstas*, Das vergaberechtliche Inhouse-Geschäft, 2004, S. 66 f.

552 EuGH, Rs. C-458/03, Slg. 2005, I-8612, 644.

553 Vgl. EuGH, Rs. C-340/04, Slg. 2006, I-4166, Rn. 67 – *„Carbotermo“*.

554 Dies sehen in der jüngeren Rechtprechung auch das Oberlandesgericht Hamburg, NZBau 2011, 185 (187 f.), und das Oberlandesgericht Frankfurt a. M., ZfBR 2012, 77 (81), als entscheidend an; hierzu *Gruneberg/Wilden*, VergabeR 2012, 149 ff.

555 *Steinberg*, EuZW 2006, 380; vgl. oben, dritter Teil, dritter Abschnitt, C. II. 2. b).

Wie bereits im Rahmen des Kontrollkriteriums stellt sich auch vorliegend die Frage, ob bei gemischt-öffentlichen Gesellschaften die Umstände qualitativer und quantitativer Art gegenüber dem jeweiligen öffentlichen Anteilseigner, der Auftraggeber ist, oder lediglich gegenüber den öffentlichen Anteilseignern in ihrer Gesamtheit gegeben sein müssen. Wie nunmehr das Kontrollkriterium bezieht der Europäische Gerichtshof jedoch auch das Wesentlichkeitskriterium auf die öffentlichen Anteilseigner in ihrer Gesamtheit[556].

D. Ergebnis

Die wesentlichen Voraussetzungen der von dem Europäischen Gerichtshof entwickelten Ausnahme des In-house-Geschäfts sind die Ausübung einer Kontrolle wie über eine eigene Dienststelle der ihre Anteile haltenden Kommune über die In-house-Gesellschaft sowie das wesentliche Tätigwerden der In-house-Gesellschaft für diese Kommune. Die Ausübung einer Kontrolle wie über eine eigene Dienststelle ist bei einer Aktiengesellschaft von vornherein nur durch den Abschluss eines Beherrschungsvertrages denkbar. Zudem ist von der Kommune allgemein darauf zu achten, dass der In-house-Gesellschaft keine wesentlichen Entscheidungsbefugnisse verbleiben. Aufgrund der unterschiedlichen Interessenrichtungen ist eine Kontrolle wie über eine eigene Dienststelle jedoch unter keinen Umständen denkbar, wenn an der In-house-Gesellschaft Private beteiligt sind. Anders ist dies demzufolge bei gemischt-öffentlichen Gesellschaften zu sehen, bei denen es auch ausreichend ist, wenn sämtliche öffentlichen Anteilseigner eine Kontrolle wie über eine eigene Dienststelle gemeinsam auszuüben vermögen.

Bezüglich der Frage, ob die In-house-Gesellschaft ihre Tätigkeit im Wesentlichen für die Kommune verrichtet, ist anhand qualitativer und quantitativer Umstände auf den Einzelfall abzustellen. Ein bestimmter Umfang kann hier nicht beziffert werden. Fest steht lediglich, dass – bei gemischt-öffentlichen In-house-Gesellschaften – die Tätigkeit für alle öffentlichen Anteilseigner zu berücksichtigen ist und es – allgemein – ausreichend ist, wenn unmittelbare Leistungsempfänger Dritte sind, soweit es sich um die Erfüllung der oder den Kommunen obliegender Aufgaben handelt.

556 Vgl. EuGH, Rs. C-340/04, Slg. 2006, I-4166, Rn. 68 ff. – *„Carbotermo"*; Rs. 295/05, Slg. 2007, I-3034, Rn. 62 – *„Asemfo"*; Rs. C-324/07, NZBau 2009, 54, Rn. 44 – *„Coditel Brabant"*.

Vierter Teil
Die Ausschreibungspflichtigkeit der einzelnen Privatisierungsformen

Nachdem die Ausnahmetatbestände, bei deren Vorliegen es von vornherein nicht oder zumindest teilweise nicht zu einer Anwendung des Vergaberechts kommt, behandelt worden sind, stellt sich nun die Frage nach der Ausschreibungspflichtigkeit der drei Hauptformen der Privatisierung kommunaler Einrichtungen, also der Organisations-, Aufgaben- und der funktionalen Privatisierung.

Erster Abschnitt
Die Ausschreibungspflichtigkeit der Organisationsprivatisierung

A. Inhalt der Organisationsprivatisierung

Der Inhalt der Organisationsprivatisierung beschränkt sich darauf, dass es zu einem Wechsel der Rechtsform kommt, in der eine Kommune eine ihr obliegende Aufgabe erfüllt. Statt wie bisher einer öffentlich-rechtlichen Organisationsform, bedient sich die Kommune infolge einer Organisationsprivatisierung nunmehr einer privatrechtlichen Organisationsform – in der Regel einer Gesellschaft mit beschränkter Haftung oder einer Aktiengesellschaft –, um eine Aufgabe zu erfüllen. Zu einer Beteiligung Privater kommt es hingegen nicht, vielmehr verbleiben sowohl die Aufgabe als auch ihre Durchführung bei der Kommune[557].

B. Anwendung des Vergaberechts auf die Organisationsprivatisierung

Voraussetzung einer Organisationsprivatisierung ist zunächst eine rechtsformwechselnde Umwandlung in eine privatrechtliche Gesellschaft oder die Gründung einer solchen[558]. Infolgedessen ist bezüglich der Frage, inwiefern es bei einer Organisationsprivatisierung zu einer Anwendung des Vergaberechts kommt, zwischen der rechtsformwechselnden Umwandlung oder Gründung der privatrechtlichen Gesellschaft und der Übertragung der Durchführung von Aufgaben auf diese Gesellschaft durch die Kommune zu unterscheiden.

Die rechtsformwechselnde Umwandlung oder Gründung der privatrechtlichen Gesellschaft durch die Kommune ist ausschreibungsfrei. Denn allein hierdurch nimmt die Kommune nicht den Markt in Anspruch, um für sich eine Leistung zu

557 Zum Ganzen vgl. oben, erster Teil, vierter Abschnitt, A.

558 *Dreher*, in: Immenga/Mestmäcker (Hrsg.), Wettbewerbsrecht, Bd. 2, 4. Aufl. 2007, § 99 Rn. 84; *Wagner*, in: Langen/Bunte (Hrsg.), Deutsches und europäisches Kartellrecht, Bd. 1, 10. Aufl. 2006, § 99 GWB Rn. 34.

beschaffen. Es kommt nicht zu einem Einkaufsvorgang, die Umwandlung oder Gründung an sich ist vielmehr vergaberechtlich neutral[559].

Anders ist es jedoch zu beurteilen, wenn der gegründeten privatrechtlichen Gesellschaft von der Kommune die Durchführung von Aufgaben übertragen wird. Denn in diesem Fall beschafft sich die Kommune Leistungen bei der Gesellschaft. Da der Anwendungsbereich des Vergaberechts bereits eröffnet ist, wenn es zu einer auf einem Vertrag beruhenden Beschaffung von Leistungen zwischen zwei rechtlich verschiedenen Personen kommt, ist auch eine solche Übertragung der Durchführung von Aufgaben grundsätzlich ausschreibungspflichtig. Allerdings befreit hier die von dem Europäischen Gerichtshof entwickelte Ausnahme des In-house-Geschäfts bei Vorliegen ihrer Voraussetzungen von der Ausschreibungspflicht[560].

559 *Bungenberg*, in: Loewenheim/Meessen/Riesenkampff (Hrsg.), Kartellrecht, 2. Aufl. 2009 § 99 GWB Rn. 53; *Dreher*, in: Immenga/Mestmäcker (Hrsg.), Wettbewerbsrecht, Bd. 2, 4. Aufl. 2007, § 99 Rn. 84; *Kupczyk*, Vergaberechtliche Aspekte des In-house-Geschäfts, 2008, S. 63; *Wagner*, in: Langen/Bunte (Hrsg.), Deutsches und europäisches Kartellrecht, Bd. 1, 10. Aufl. 2006, § 99 GWB Rn. 34.

560 Zum Ganzen vgl. ausführlich oben, dritter Teil, dritter Abschnitt.

Zweiter Abschnitt
Die Ausschreibungspflichtigkeit der Aufgaben- und der Vermögensprivatisierung

A. Inhalt der Aufgaben- und der Vermögensprivatisierung

Neben der Organisationsprivatisierung kann die Privatisierung kommunaler Einrichtungen auch auf dem Wege der Aufgaben- oder der Vermögensprivatisierung erfolgen.

Bei einer Aufgabenprivatisierung verlagert die Kommune eine Aufgabe als solche vollständig in den privaten Sektor. Anders als bei einer Organisationsprivatisierung wird nicht lediglich die Organisation der Aufgabe, sondern die Aufgabe selbst privatisiert. Infolgedessen verliert die Kommune die Aufgabenträgerschaft und ist auch mit der Durchführung der Aufgabe nicht mehr befasst. Auf Seiten der Kommune ist von einem Aufgabenverzicht zu sprechen. Ebenso verhält es sich mit der Vermögensprivatisierung: Auch hier kommt es zu einer vollständigen Verlagerung in den privaten Sektor. Der Unterschied besteht einzig darin, dass es sich nicht um eine Aufgaben-, sondern eine Vermögensübertragung handelt[561].

B. Anwendung des Vergaberechts auf die Aufgaben- und die Vermögensprivatisierung

Wie sich bereits aus den §§ 97 Abs. 1 und 99 Abs. 2 sowie – neuerdings – 99 Abs. 1 und 3 GWB ergibt, setzt die Anwendung des Vergaberechts die Beschaffung einer Leistung durch einen öffentlichen Auftraggeber voraus. Der öffentliche Auftraggeber muss den Markt in Anspruch nehmen, um Leistungen einzukaufen. Er muss dort somit als Nachfrager in Erscheinung treten[562]. Nicht

---

561 Zum Ganzen vgl. oben, erster Teil, vierter Abschnitt, B.

562 *Bungenberg*, in: Loewenheim/Meessen/Riesenkampff (Hrsg.), Kartellrecht, 2. Aufl. 2009, § 99 GWB Rn. 11; *Dreher*, in: Immenga/Mestmäcker (Hrsg.), Wettbewerbsrecht, Bd. 2, 4. Aufl. 2007, § 99 Rn. 10; *Klein*, Veräußerung öffentlicher Unternehmen und Vergaberecht,

ausschreibungspflichtig sind daher von vornherein Entledigungs- oder Verkaufsvorgänge[563]. Dementsprechend fällt weder die Aufgaben- noch die Vermögensprivatisierung in den Anwendungsbereich des Vergaberechts. Denn in beiden Fällen kommt es auf Seiten der Kommune nicht zu einem Einkaufsvorgang (Beschaffungsvorgang), sondern ausschließlich zu einer Entledigung oder einem Verkauf. Die Kommune fragt nicht die Erbringung von Leistungen nach, sondern befindet sich in einer Anbieterstellung[564].

Eine andere Bewertung ergibt sich jedoch, wenn die Aufgaben- oder die Vermögensprivatisierung mit der Beschaffung einer Leistung verbunden ist. Denn die gebotene funktionale Betrachtung des Auftragsbegriffs führt dazu, dass es für die Annahme eines öffentlichen Auftrags nicht auf die äußere Form, sondern auf eine (wirtschaftliche) Gesamtbetrachtung ankommt[565]. Einzig das Vorliegen eines Entledigungs- oder Verkaufsvorgangs führt somit nicht in jedem Fall aus dem Anwendungsbereich des Vergaberechts heraus. Ausgelöst durch die jüngste Rechtsprechung des Oberlandesgerichts Düsseldorf, ist in diesem Zusammenhang insbesondere die Ausschreibungspflichtigkeit kommunaler Grundstücksveräußerungen umstritten, wenn die Kommune aus städtebaulichen Gründen Einfluss auf die zukünftige Bebauung des Grundstücks nimmt. Die Rechtsprechung sieht hierin mittlerweile die Beschaffung von Bauleistungen und geht infolgedessen trotz des (Grundstücks-)Veräußerungsvorgangs von dem Vorliegen eines öffentlichen Auftrags aus[566].

2005, S. 157; *Wagner*, in: Langen/Bunte (Hrsg.), Deutsches und europäisches Kartellrecht, Bd. 1, 10. Aufl. 2006, § 99 GWB Rn. 12.

563 *Endler*, NZBau 2002, 132 f.; *Müller/Brauser-Jung*, NVwZ 2007, 885; *Zeiss*, in: Heiermann/Zeiss/Kullack/Blaufuß (Hrsg.), Vergaberecht, 2. Aufl. 2008, § 99 GWB Rn. 6 f.

564 *Behr*, VergabeR 2009, 137, *Dreher*, NZBau 2002, 246; *Eschenbruch*, in: Kulartz/Kus/Portz (Hrsg.), GWB-Vergaberecht, 2. Aufl. 2009, § 99 Rn. 280, 283; *Hüser*, Ausschreibungspflichten bei der Privatisierung öffentlicher Aufgaben, 2005, S. 347 f.; *Klein*, Veräußerung öffentlicher Unternehmen und Vergaberecht, 2005, S. 157; *Wagner*, in: Langen/Bunte (Hrsg.), Deutsches und europäisches Kartellrecht, Bd. 1, 10. Aufl. 2006, § 99 GWB Rn. 31, 33; *Wilke*, ZfBR 2004, 147.

565 *Hüser*, Ausschreibungspflichten bei der Privatisierung öffentlicher Aufgaben, 2005, S. 241 f.; *Jaeger*, NZBau 2001, 7 f.; *Klein*, Veräußerung öffentlicher Unternehmen und Vergaberecht, 2005, S. 184 f.; *Kupczyk*, Vergaberechtliche Aspekte des In-house-Geschäfts, 2008, S. 67; *Müller/Brauser-Jung*, NVwZ 2007, 886.

566 Vgl. OLG Düsseldorf, NZBau 2007, 530 – *„Fliegerhorst Ahlhorn"*; NZBau 2008, 138 – *„Wuppertal-Vohwinkel"*; NZBau 2008, 271 – *„Oer-Erkenschwick"*; NZBau 2008, 461; VergabeR 2008, 661; OLG Bremen, NZBau 2008, 336; OLG Karslruhe, NZBau 2008, 537; VK Potsdam, NZBau 2008, 344. Dem Urteil des BGH, ZfBR 2008, 506, liegt hingegen lediglich der Verkauf eines (bebauten) Grundstücks zugrunde; hierzu *Jasper/Seidel*, NZBau 2008, 427 ff.

I. Grundzüge der Rechtsprechung zu kommunalen Grundstücksveräußerungen

Im Mittelpunkt der Rechtsprechung, die kommunale Grundstücksveräußerungen weitgehend dem Vergaberecht unterstellt, stehen die Entscheidungen *„Fliegerhorst Ahlhorn"*, *„Wuppertal-Vohwinkel"* und *„Oer-Erkenschwick"* des Oberlandesgerichts Düsseldorf. Allen drei Entscheidungen liegen Grundstücksveräußerungen zugrunde, bei denen sich die jeweilige Kommune aus städtebaulichen Gründen ein Mitspracherecht in Hinblick auf die zukünftige Gestaltung des Grundstücks ausbedungen hatte. Die privaten Investoren waren zu einer Verwirklichung der Vorhaben verpflichtet. Andernfalls waren die Kommunen berechtigt, die Rückübertragung der Grundstücke zu verlangen oder von den Verträgen zurückzutreten. Die zu errichtenden Bauwerke sollten jedoch weder in das Eigentum oder den Besitz der Kommunen übergehen noch von diesen genutzt werden.

Das Oberlandesgericht Düsseldorf macht seine Auffassung, in solchen Fällen sei der Anwendungsbereich des Vergaberechts eröffnet, an drei zentralen Punkten fest:

- Die Anwendung des Vergaberechts erfordere nicht, dass der öffentliche Auftraggeber einen eigenen Bedarf befriedigen wolle. Ausreichend sei jedenfalls ein nur mittelbares Interesse an der (Bau-)Leistung, das in der Verwirklichung städtebaulicher Ziele zu sehen sei.
- Auch eine Bauverpflichtung erfordere die Anwendung des Vergaberechts wohl nicht. Für die Annahme einer solchen genüge aber bereits die Vereinbarung eines Rückübertragungsanspruchs oder eines Rücktrittsrechts der Kommune.
- Die Baukonzession sei als Unterfall des Bauauftrags anzusehen. Der Konzessionsnehmer könne sein Nutzungsrecht auch in Form einer nur einmaligen Verwertungshandlung wahrnehmen.

Zur Begründung zieht das Oberlandesgericht Düsseldorf im Wesentlichen das *„Stadt Roanne"*-Urteil des Europäischen Gerichtshofs heran[567]. Es sind jedoch Zweifel angebracht, ob die Rechtsprechung des Europäischen Gerichtshofs für die Auffassung des Oberlandesgerichts Düsseldorf fruchtbar gemacht werden kann. Ebenso sind Zweifel angebracht, ob die Auffassung des Oberlandesgerichts Düsseldorf überhaupt tragfähig ist.

567 EuGH, Rs. C-220/05, Slg. 2007, I-412 – *„Stadt Roanne"*.

II. Anwendung des Vergaberechts auf kommunale Grundstücksveräußerungen

Ausgangspunkt der Unterwerfung kommunaler Grundstücksveräußerungen unter das Vergaberecht muss die Frage sein, ob infolge des funktionalen Auftragsbegriffs trotz des – ausschreibungsfreien – Veräußerungsvorgangs von der – ausschreibungspflichtigen – Vergabe eines öffentlichen Auftrags auszugehen ist. Die Kommune müsste mit der Grundstücksveräußerung Bauleistungen am Markt beschaffen.

1. Begriffsbestimmung

Bevor dazu übergegangen werden kann, die Auffassung des Oberlandesgerichts Düsseldorf auf ihre Tragfähigkeit hin zu untersuchen, erscheint eine Begriffsbestimmung notwendig.

In der Literatur wird teilweise angenommen, das Oberlandesgericht Düsseldorf stelle auf das Vorliegen eines Beschaffungsvorgangs oder den Beschaffungszweck ab[568]. Die pauschale Verwendung dieser Begriffe in dem vorliegenden Zusammenhang ist nicht zwingend falsch, jedoch ungenau und infolgedessen für eine rechtliche Bewertung der Auffassung des Oberlandesgerichts Düsseldorf nicht geeignet. Daher ist eine inhaltliche Klärung der notwendigen Begriffe erforderlich. Zu diesen notwendigen Begriffen gehören diejenigen der Beschaffung bzw. des Beschaffungsvorgangs, des Beschaffungsbezugs und des Beschaffungszwecks. Obwohl zwischen ihnen bisher nur unzureichend differenziert worden ist, stimmen sie inhaltlich genau besehen nicht überein.

So beschreiben die Begriffe „Beschaffung" oder „Beschaffungsvorgang" lediglich den Einkauf einer Leistung durch den öffentlichen Auftraggeber. Der Inhalt erschöpft sich in dem „Vorgang" an sich, in dem Nachfragen des öffentlichen Auftraggebers am Markt. Der Begriff „Beschaffungsbezug" geht in seinem Inhalt einen Schritt weiter. Hier geht es um die Frage, ob der öffentliche Auftraggeber die Leistung zur Deckung seines – tatsächlichen oder vermeintlichen – Bedarfs beschafft. Die Frage, welchen eigenen Bedarf der öffentliche Auftraggeber mit der Leistung zu decken beabsichtigt, ob er diese z.B. zur Erfüllung einer im öffentlichen Interesse liegenden Aufgabe benötigt oder um sich wirtschaftlich zu betätigen, stellt sich hingegen im Rahmen des „Beschaffungszwecks".

---

568 Vgl. z.B. *Burgi*, NVwZ 2008, 931; *Eisenreich/Barth*, NVwZ 2008, 635; *Gartz*, NZBau 2008, 476; *Greb/Rolshoven*, NZBau 2008, 163; *Schultz*, NZBau 2009, 20; *Ziekow*, DVBl 2008, 140; *ders.*, VergabeR 2008, 153.

Infolge der Begriffsbestimmung zeigt sich, dass das Oberlandesgericht Düsseldorf mit seiner Auffassung, für die Annahme eines Bauauftrags sei es nicht Voraussetzung, dass der Auftraggeber mit der Erstellung des Bauwerks einen eigenen Bedarf befriedige[569], keinesfalls die Notwendigkeit einer Beschaffung verneint, sondern vielmehr auf die Entbehrlichkeit des Beschaffungsbezugs abzielt. Das Vorliegen einer Beschaffung kann in diesen Fällen auch nicht in Abrede gestellt werden. Denn indem die Kommunen aus städtebaulichen Gründen Einfluss auf die zukünftige Bebauung der zu veräußernden Grundstücke genommen haben, ist es von ihrer Seite zu der Beschaffung der Leistung „Stadtentwicklung" – zu verwirklichen durch die Errichtung eines Bauwerks – gekommen[570]. Fraglich ist jedoch, ob die Beschaffung vor dem Hintergrund erfolgt ist, einen eigenen Bedarf zu decken oder lediglich eine Leistung für Dritte – hier die Bürger – organisiert werden sollte, und ob das Vergaberecht überhaupt die Deckung eines eigenen Bedarfs voraussetzt. Das Merkmal des Beschaffungsbezugs stellt folglich die Verbindung her zwischen einer Beschaffung des Staates und der Notwendigkeit, dass der Staat infolge dieser Beschaffung selbst irgendetwas erhalten muss[571]. Es beschreibt mit anderen Worten die Zurechenbarkeit der Beschaffung zum Staat.

2. Beschaffungsbezug unverzichtbare Voraussetzung des Vergaberechts

Die herrschende Meinung sieht Beschaffungen eines öffentlichen Auftraggebers bisher nur dann als gemäß den vergaberechtlichen Vorschriften ausschreibungspflichtig an, wenn diese dazu dienen, einen eigenen Bedarf des öffentlichen Auftraggebers zu decken[572]. Dies enthebt allerdings nicht von einer rechtlichen Bewertung, inwiefern der Beschaffungsbezug zwingend gegeben sein muss.

---

569 OLG Düsseldorf, NZBau 2007, 530 (531) – *„Fliegerhorst Ahlhorn"*; vgl. auch NZBau 2008, 138 (140) – *„Wuppertal-Vohwinkel"*; NZBau 2008, 271 (273 f.) – *„Oer-Erkenschwick"*.

570 Vorbehaltlich des Vorliegens einer Bauverpflichtung, vgl. hierzu unten, vierter Teil, zweiter Abschnitt, B. II. 4. b).

571 Vgl. *Burgi*, NVwZ 2008, 932.

572 BGH, NZBau 2005, 290 (292); BayObLG, NZBau 2002, 108 (108); unklar OLG München, VergabeR 2008, 665 (668 f.); *Bungenberg*, in: Loewenheim/Meessen/Riesenkampff (Hrsg.), Kartellrecht, 2. Aufl. 2009, § 99 GWB Rn. 5; *Eschenbruch*, in: Kulartz/Kus/Portz (Hrsg.), GWB-Vergaberecht, 2. Aufl. 2009, § 99 Rn. 11; *Stickler*, in: Reidt/Stickler/Glahs, Vergaberecht, 2. Aufl. 2003, § 99 GWB Rn. 4, wie *Bungenberg* undifferenziert von „Beschaffung" sprechend.

a) Gesetzliche Vorschriften nicht eindeutig

Zunächst sind die einschlägigen gesetzlichen Vorschriften heranzuziehen, in erster Linie also die §§ 97 ff. GWB. Hier heißt es jedoch lediglich in § 97 Abs. 1 und § 99 Abs. 2 GWB[573], dass öffentliche Auftraggeber Waren, Bau- und Dienstleistungen „beschaffen" bzw. Lieferaufträge Verträge zur „Beschaffung" von Waren sind. Konkrete Hinweise auf die Notwendigkeit des Beschaffungsbezugs finden sich nicht.

Somit ist auf die europäischen Vergaberichtlinien als den nationalen Vorschriften übergeordnetes Recht abzustellen. Auch dort ist an verschiedenen Stellen jedoch lediglich unter anderem von „Beschaffung", „Beschaffungsverfahren" oder „Beschaffungsvorhaben" die Rede[574].

Es stellt sich indessen nicht als problematisch dar, dass sowohl in den nationalen Vorschriften als auch in den europäischen Vergaberichtlinien der Beschaffungsbezug nicht ausdrücklich genannt ist. Zwar treffen die vorkommenden Begriffe – wie bereits ausgeführt[575] – streng genommen keine Aussage über den Beschaffungsbezug. Dennoch deuten sie auf seinen zwingenden Charakter hin. Dies beruht darauf, dass die oben vorgenommene Begriffsbestimmung weder der Gesetz- noch der Richtliniengeber getroffen hat. Den von beiden verwendeten Begriffen kommt in den nationalen Vorschriften und europäischen Vergaberichtlinien kein genau definierter Inhalt zu. Dieser ergibt sich vielmehr aus ihrem Wortlaut sowie Sinn und Zweck und erweist sich als sinnvoll, um Ungenauigkeiten zu vermeiden. Allein die Tatsache, dass der Beschaffungsbezug in den gesetzlichen Vorschriften nicht ausdrücklich genannt ist, lässt somit nicht den Schluss zu, dass der Gesetz- bzw. Richtliniengeber diesen für unerheblich erachtet. Würde man dem Gesetz- bzw. Richtliniengeber unterstellen, dass er mit den Begriffen „Beschaffung", „Beschaffungsvorhaben" etc. nur den Einkaufsvorgang des öffentlichen Auftraggebers hat beschreiben wollen, so würde dies keinen Sinn ergeben. Denn dann würden die gesetzlichen Vorschriften die Anwendung des Vergaberechts lediglich von einer selbstverständlichen Voraussetzung abhängig machen, die keiner ausdrücklichen Regelung bedurft hätte. Infolgedessen müssen Gesetz- und Richtliniengeber dem Begriff der Beschaffung einen weitergehenden Inhalt zuschreiben: Es ist nicht ausreichend, wenn der öffentliche Auftraggeber eine Leistung am Markt einkauft. Um den vergaberechtlichen

---

573 Es handelt sich um die Fassung vor der im Jahr 2009 erfolgten Vergaberechtsnovelle. Zu den hier interessierenden Änderungen dieser Vergaberechtsnovelle und ihren Auswirkungen vgl. unten, vierter Teil, zweiter Abschnitt, B. II. 6.

574 Vgl. z.B. die Erwägungsgründe 12 und 15 sowie Art. 9 Abs. 3 der Richtlinie 2004/18/EG und die Erwägungsgründe 23, 24 und 26 der Richtlinie 2004/17/EG.

575 Vgl. oben, vierter Teil, zweiter Abschnitt, B. II. 1.

Vorschriften zu unterfallen, muss er diese Leistung am Markt vielmehr *für sich* einkaufen.

Ungeachtet dieser Erwägungen lässt sich den gesetzlichen Vorschriften allenfalls rudimentär entnehmen, dass dem Vorliegen des Beschaffungsbezugs zwingender Charakter zukommt[576]. Daher ist in einem zweiten Schritt der Sinn und Zweck des Vergaberechts zu untersuchen.

b) Sinn und Zweck des Vergaberechts

Auch der Sinn und Zweck des Vergaberechts lässt den Beschaffungsbezug jedoch nicht entbehrlich erscheinen.

Das Vergaberecht soll die Nachfragemacht des Staates und seiner Untergliederungen begrenzen und für den Wettbewerb öffnen. Dies kann zunächst in einem weiten Sinn verstanden werden: Die Nachfragemacht des Staates kommt bereits dann zum Tragen, wenn er eine Leistung am Markt einkauft, also einen Auftrag vergibt. Es ist grundsätzlich unerheblich, ob der Staat diese Leistung für sich oder einen Dritten beschafft. In beiden Fällen können die unterlegenen Bieter diese Leistung nicht mehr erbringen. Insofern erscheint es angezeigt, den Beschaffungsbezug für entbehrlich zu halten. Denn für die unterlegenen Bieter, die den Auftrag unter Umständen nicht erhalten haben, weil der Vergabe nicht sachlich begründete Kriterien zugrunde lagen, ist dieser nicht von Bedeutung. Für sie ist es unerheblich, ob die Beschaffung dazu dient, einen eigenen Bedarf des Auftraggebers zu decken.

Dies spricht allerdings nicht gegen den zwingenden Charakter des Beschaffungsbezugs. Denn die vorstehende Argumentation übersieht, dass das Merkmal des Beschaffungsbezugs den Anwendungsbereich des Vergaberechts nicht einschränkt. Beschafft der Staat Leistungen für Dritte, muss unterschieden werden, ob es sich bei dem Dritten seinerseits um einen öffentlichen Auftraggeber handelt oder nicht.

Soweit es sich bei dem Dritten ebenfalls um einen öffentlichen Auftraggeber handelt, unterliegt der Staat trotz des fehlenden Beschaffungsbezugs dennoch der Ausschreibungspflicht. Andernfalls könnte es tatsächlich ohne weiteres zu einer Umgehung des Vergaberechts kommen. Dies ergibt sich zudem aus Art. 11 der Richtlinie 2004/18/EG, der den öffentlichen Auftraggebern die Möglichkeit eröffnet, Leistungen durch zentrale Beschaffungsstellen einzukaufen. Gemäß Art. 1 Abs. 10 der Richtlinie 2004/18/EG ist eine zentrale Beschaffungsstelle

576 Nicht überzeugend daher *Wilke*, NordÖR 2008, 105: „In den europäischen Vergaberichtlinien zieht sich der eigene Beschaffungszweck wie ein ‚roter Faden' durch die vorangestellten Erwägungsgründe und den Richtlinientext."

ihrerseits ein öffentlicher Auftraggeber. Die Konstellation, dass der Staat eine Leistung für einen anderen öffentlichen Auftraggeber einkauft, unterscheidet sich hiervon nicht.

Ist der Dritte seinerseits kein öffentlicher Auftraggeber, kann es durch den Staat hingegen nicht zu einer Auftragsvergabe kommen, die nicht auf sachlich begründeten Kriterien beruht. Denn der Dritte wird gerade keine Beschaffung akzeptieren (können), der nicht das wirtschaftlichste Angebot zugrunde liegt. Für ihn ist es unerlässlich, auf die Wirtschaftlichkeit letztendlich seines Einkaufs zu achten. Dies ist der Grund, warum er nicht den vergaberechtlichen Vorschriften unterliegt. Es erscheint nicht gerechtfertigt, den Einkauf eines nicht-öffentlichen Auftraggebers nur aus dem Grund dem Vergaberecht zu unterwerfen, weil der Einkauf über einen öffentlichen Auftraggeber erfolgt. Würde der nicht-öffentliche Auftraggeber die von ihm benötigte Leistung selbst am Markt einkaufen, würde er dem Vergaberecht schließlich auch nicht unterliegen.

Das Merkmal des Beschaffungsbezugs führt infolgedessen nicht dazu, dass der Anwendungsbereich des Vergaberechts eingeschränkt wird und das Vergaberecht dem ihm zugedachten Sinn und Zweck nicht mehr gerecht werden kann. Vielmehr ist festzustellen, dass der Anwendungsbereich des Vergaberechts nicht über die Einkaufstätigkeit des Staates hinausgeht. Das Vergaberecht dient nicht der Vermeidung oder Beseitigung jeglicher Marktungerechtigkeiten infolge staatlicher Entscheidungen, sondern ist das „besondere Recht des staatlichen Einkaufs“[577]. Dementsprechend ist bisher richtigerweise die Sachaufgabe von der auf die (Erfüllung der) Sachaufgabe bezogenen Beschaffungsaufgabe unterschieden worden[578]. Für den zwingenden Charakter des Beschaffungsbezugs spricht weiter, dass andernfalls dem Auftragsbegriff grundlos kaum noch Grenzen gezogen werden könnten[579]. Der Staat hätte das Vergaberecht immer dann zu beachten, wenn er aus seinem Handeln einen irgendwie gearteten Vorteil ziehen würde, z.B. bei Zuwendungsverträgen oder Unternehmensveräußerungen, wenn der Vertragspartner bestimmten, dem öffentlichen Interesse zugute kommenden Vorgaben unterliegt[580].

---

577 *Pietzcker*, NZBau 2008, 296; so auch *Burgi*, NVwZ 2008, 931; *Frenz*, Handbuch Europarecht, Bd. 3, 1. Aufl. 2007, Rn. 1984; *Ziekow*, DVBl 2008, 139.

578 *Burgi*, NVwZ 2008, 931; *Ziekow*, DVBl 2008, 139.

579 *Krohn*, ZfBR 2008, 31; *Pietzcker*, NZBau 2008, 296.

580 Hierzu *Krohn*, ZfBR 2008, 31.

c) *Rechtsprechung des Europäischen Gerichtshofs*

Der Rechtsprechung des Europäischen Gerichtshofs ist ebenfalls eine Entbehrlichkeit des Beschaffungsbezugs nicht zu entnehmen.

Das Oberlandesgericht Düsseldorf nimmt für seine Auffassung zunächst das Urteil *„Heizkraftwerk München"* in Anspruch[581]. Mit diesem Urteil hat der Europäische Gerichtshof indes nur klargestellt, dass es für das Vorliegen eines öffentlichen Auftrags unerheblich ist, ob dieser der Erfüllung im Allgemeininteresse liegender oder sonstiger Aufgaben dient. Der Europäische Gerichtshof hat somit den Beschaffungszweck für unbeachtlich erklärt, jedoch keine Aussage dahingehend getroffen, dass der öffentliche Auftraggeber mit der Vergabe des Auftrags keinen eigenen Bedarf decken muss[582]. Die entsprechende Formulierung spricht vielmehr für das Gegenteil. So heißt es in dem Urteil:

> „Aus der Rechtsprechung geht hervor, dass Artikel 1 Buschstabe a dieser Richtlinie [92/50/EWG] nicht zwischen jenen Aufträgen unterscheidet, die ein öffentlicher Auftraggeber vergibt, um seine im Allgemeininteresse liegenden Aufgaben zu erfüllen, und jenen Aufträgen, die in keinem Zusammenhang mit derartigen Aufgaben stehen [...]."[583]

Der Europäische Gerichtshof geht offensichtlich davon aus, dass ein öffentlicher Auftraggeber einen Auftrag nur zu dem Zweck vergibt, seine im Allgemeininteresse liegenden oder sonstigen Aufgaben zu erfüllen, also seinen eigenen Bedarf zu decken.

Infolgedessen spricht das Urteil *„Heizkraftwerk München"* zumindest nicht gegen den zwingenden Charakter des Beschaffungsbezugs.

Hauptsächlich stützt sich das Oberlandesgericht Düsseldorf auf das *„Stadt Roanne"*-Urteil des Europäischen Gerichtshofs[584]. Auch dieser Entscheidung lässt sich jedoch nicht entnehmen, dass der Beschaffungsbezug keine zwingende Voraussetzung für die Anwendung des Vergaberechts ist.

Der Europäische Gerichtshof hat in dem Urteil *„Stadt Roanne"* in Bezug auf den Anwendungsbereich des Vergaberechts lediglich eine wesentliche Aussage getroffen, auf die auch das Oberlandesgericht Düsseldorf Bezug nimmt[585]: Das Vorliegen eines Bauauftrags hänge nicht davon ab, ob der öffentliche Auftragge-

---

581 EuGH, Rs. C-126/03, Slg. 2004, I-11209 – *„Heizkraftwerk München"*.

582 So auch *Greb/Rolshoven*, NZBau 2008, 163; *Krohn*, ZfBR 2008, 29; *Pietzcker*, NZBau 2008, 294; *Rosenkötter/Fritz*, NZBau 2007, 560; *Vetter/Bergmann*, NVwZ 2008, 135; *Ziekow*, DVBl 2008, 139 f.

583 EuGH, Rs. C-126/03, Slg. 2004, I-11209, Rn. 18 – *„Heizkraftwerk München"*.

584 EuGH, Rs. C-220/05, Slg. 2007, I-412 – *„Stadt Roanne"*.

585 OLG Düsseldorf, NZBau 2007, 530 (531) – *„Fliegerhorst Ahlhorn"*; NZBau 2008, 138 (140) – *„Wuppertal-Vohwinkel"*; NZBau 2008, 271 (273 f.) – *„Oer-Erkenschwick"*.

ber ganz oder teilweise Eigentümer des Bauwerks werde[586]. Diese Feststellung sagt allerdings nichts über den Beschaffungsbezug aus. Denn dass der öffentliche Auftraggeber, damit das Vergaberecht Anwendung findet, eine Leistung einkaufen muss, um seinen eigenen Bedarf zu decken, bedeutet nicht, dass er unmittelbarer Empfänger der Leistung sein muss oder ihm diese unmittelbar zugute kommen muss.

Entgegen den Ausführungen des Oberlandesgerichts Düsseldorf berechtigt die Aussage des Europäischen Gerichtshofs jedoch auch nicht zu dem Umkehrschluss, dass es dann für das Vorliegen eines Bauauftrags ausreichend ist, wenn das Bauwerk entsprechend den Erfordernissen des Auftraggebers erstellt wird. Zwar hat der Europäische Gerichtshof nicht ausdrücklich geprüft, ob die Stadt Roanne die Bauleistungen beschafft hat, um einen eigenen Bedarf zu decken. Dies heißt allerdings nicht, dass der Europäische Gerichtshof den Beschaffungsbezug nicht für zwingend hält. Denn der dem *„Stadt Roanne"*-Urteil zugrunde liegende Sachverhalt ist in diesem Punkt eindeutig: Die Stadt Roanne wollte einen gering geschätzten Stadtteil aufwerten und sollte zu diesem Zweck in jedem Fall Eigentümerin eines Teils der Bauwerke – eines Parkplatzes, von Zugangswegen und öffentlichen Plätzen – werden sowie Eigentümerin auch der verbleibenden Bauwerke, solange diese noch nicht an Dritte veräußert worden sind. Darüber hinaus war die Stadt Roanne verpflichtet, sich an der Finanzierung sämtlicher Bauwerke zu beteiligen und die von der Projektgesellschaft, der SEDL, eingegangenen Verbindlichkeiten zu übernehmen[587]. Vor diesem Hintergrund erscheint eine explizite Äußerung des Europäischen Gerichtshofs zu der Frage der Eigenbedarfsdeckung der Stadt Roanne entbehrlich[588].

Somit lässt sich ebenso wenig die Rechtsprechung des Europäischen Gerichtshofs gegen den zwingenden Charakter des Beschaffungsbezugs anführen. Vielmehr kann ihr entnommen werden, dass auch der Europäische Gerichtshof nur für solche Beschaffungen von einer Ausschreibungspflicht ausgeht, die der Eigenbedarfsdeckung des Auftraggebers dienen.

d) Zwischenergebnis

Zwar lässt sich weder dem Wortlaut der vergaberechtlichen Vorschriften noch der Rechtsprechung des Europäischen Gerichtshofs *ausdrücklich* entnehmen,

586 EuGH, Rs. C-220/05, Slg. 2007, I-412, Rn. 47 – *„Stadt Roanne"*.

587 EuGH, Rs. C-220/05, Slg. 2007, I-412, Rn. 13 ff. – *„Stadt Roanne"*.

588 So auch VK Darmstadt, NZBau 2008, 339 (343); *Gartz*, NZBau 2008, 475 f.; *Krohn*, ZfBR 2008, 29 f.; *Pietzcker*, NZBau 2008, 294 f.; *Rosenkötter/Fritz*, NZBau 2007, 560; a.A. OLG Bremen, NZBau 2008, 336 (337 f.); OLG Karlsruhe, NZBau 2008, 537 (539); *Vetter/Bergmann*, NVwZ 2008, 135.

dass nur Auftragsvergaben auszuschreiben sind, die der Eigenbedarfsdeckung des Auftraggebers dienen, also zwingend das Merkmal des Beschaffungsbezugs gegeben sein muss. Allerdings lassen sich ausreichend Anhaltspunkte feststellen, die – neben dem Sinn und Zweck des Vergaberechts – hierfür sprechen. Zudem ist auf der anderen Seite festzustellen, dass der Wortlaut und der Sinn und Zweck der vergaberechtlichen Vorschriften sowie die Rechtsprechung des Europäischen Gerichtshof in keiner Weise der Annahme entgegenstehen, dass die Anwendung des Vergaberechts zwingend von dem Vorliegen des Beschaffungsbezugs abhängt. Infolgedessen ist daran festzuhalten und der weiteren Untersuchung zugrunde zu legen, dass dem Merkmal des Beschaffungsbezugs zwingender Charakter zukommt. So hat zwischenzeitlich auch das Oberlandesgericht Düsseldorf ausgeführt, dass auf das Beschaffungselement durch den öffentlichen Auftraggeber nicht gänzlich zu verzichten sei. Dieses sei vielmehr in der von ihm angestrebten städtebaulichen Entwicklung bestimmter Gebiete zu sehen. Nicht vorauszusetzen sei daher lediglich, dass der öffentliche Auftraggeber seinen Bedarf in einem körperlich verstandenen Sinn decken müsse[589]. Auch das Oberlandesgericht Düsseldorf stellt den zwingenden Charakter des Beschaffungsbezugs somit nicht grundsätzlich in Frage[590].

3. (Abstrakter[591]) Inhalt des „Beschaffungsbezugs“

Nachdem feststeht, dass das Vorliegen des Beschaffungsbezugs zwingende Voraussetzung für die Anwendung des Vergaberechts ist, stellt sich die Frage, wann das Merkmal des Beschaffungsbezugs erfüllt ist, insbesondere, ob entgegen der Auffassung des Oberlandesgerichts Düsseldorf die Deckung des Eigenbedarfs in einem körperlich verstandenen Sinn zu fordern ist.

Entscheidend ist, dass der Auftraggeber durch eine Beschaffung nur dann einen eigenen Bedarf deckt, wenn die Beschaffung auf eine ihm obliegende Auf-

---

589 OLG Düsseldorf, NZBau 2008, 727 (730) – „*Wittekind-Kaserne*“. Es handelt sich um einen Vorlagebeschluss an den Europäischen Gerichtshof, mit dem das Oberlandesgericht Düsseldorf seine diesbezügliche Rechtsprechung zur Überprüfung stellt; vgl. hierzu *Meyer-Hofmann/Weng*, ZfBR 2009, 228 ff.

590 Vgl. auch OLG Düsseldorf, NZBau 2004, 400 (401), wo es heißt: „Demgegenüber liegt es im Wesen des öffentlichen Auftrags i. S. von § 99 GWB, dass der öffentliche Auftraggeber mit der Vergabe einem in seinem Verantwortungsbereich auftretenden eigenen Beschaffungsbedarf Rechnung trägt.“

591 Die Unterscheidung zwischen dem abstrakten Inhalt des Beschaffungsbezugs und der konkreten Zurechenbarkeit der Bauleistung (sogleich nachfolgend 4.) beruht auf derjenigen von *Burgi*, NVwZ 2008, 932, der in diesem Zusammenhang allerdings den Begriff des Beschaffungszwecks verwendet.

gabe oder Verpflichtung zurückzuführen ist. Der Auftraggeber muss die Beschaffung für notwendig halten, um eine ihm obliegende Aufgabe oder Verpflichtung erfüllen zu können[592]. Hieraus lässt sich der Inhalt des Beschaffungsbezugs ableiten: Unerheblich ist zunächst, ob der Bedarf tatsächlich besteht. Denn in Hinblick auf den Sinn und Zweck des Vergaberechts macht dies keinen Unterschied. Die Deckung des eigenen Bedarfs setzt hingegen nicht voraus, dass der Staat unmittelbarer Empfänger der erbrachten (Bau-)Leistung ist oder sie ihm unmittelbar dient oder (wirtschaftlich) zugute kommt[593]. Ebenso wenig kommt es darauf an, dass der Staat die erbrachte (Bau-)Leistung in sein Eigentum oder seinen Besitz nimmt[594]. Es ist notwendig, aber auch ausreichend, wenn die Beschaffung der Erfüllung dem Staat obliegender Aufgaben oder Verpflichtungen dient. Dies kann durchaus unmittelbar gegenüber Dritten, beispielsweise den Bürgern, geschehen und somit die Leistung auch unmittelbar Dritten dienen oder (wirtschaftlich) zugute kommen. Bereits dann erhält der Staat infolge seiner Beschaffung irgendetwas, nämlich die Erfüllung oder zumindest Unterstützung bei der Erfüllung einer ihm obliegenden Aufgabe oder Verpflichtung. Vor diesem Hintergrund kann sich die Beschaffungstätigkeit des Staates mit dem Oberlandesgericht Düsseldorf[595] nicht auf körperlich greifbare Gegenstände beschränken[596]. Der Beschaffungsgegenstand trifft keine Aussage über das Vorliegen des Beschaffungsbezugs.

4. (Konkrete) Zurechenbarkeit der Bauleistung

Die Untersuchung hat bisher ergeben, dass in der Veräußerung eines kommunalen Grundstücks die ausschreibungspflichtige Vergabe eines öffentlichen Auftrags liegen kann, soweit die Kommune aus städtebaulichen Gründen Einfluss auf die zukünftige Bebauung des Grundstücks nimmt. Denn die Kommune beschafft hierdurch die – durch die zukünftige Bebauung zu realisierende – Leistung „Stadtentwicklung“[597]. Da die Stadtentwicklung eine der Kommune obliegende Aufgabe darstellt, ist ihr diese (Bau-)Leistung über das zwingende Merkmal des Beschaffungsbezugs grundsätzlich auch zurechenbar. Nach der abstrakt

---

592 Vgl. auch *Eisenreich/Barth*, NVwZ 2008, 636.

593 *Burgi*, NVwZ 2008, 932; *Eisenreich/Barth*, NVwZ 2008, 636; *Rosenkötter/Fritz*, NZBau 2007, 560.

594 EuGH, Rs. C-220/05, Slg. 2007, I-412, Rn. 47 – *„Stadt Roanne“*; *Burgi*, NVwZ 2008, 932.

595 OLG Düsseldorf, NZBau 2008, 727 (730) – *„Wittekind-Kaserne“*.

596 So auch *Burgi*, NVwZ 2008, 932; *Kulartz*, VergabeR 2009, 285.

597 Vorbehaltlich des Vorliegens einer Bauverpflichtung, vgl. hierzu unten, vierter Teil, zweiter Abschnitt, B. II. 4. b).

dargestellten Möglichkeit der Zurechenbarkeit dieser Beschaffung bedarf es nunmehr konkreter Kriterien, anhand derer einer Kommune die Beschaffung der Leistung „Stadtentwicklung" zurechenbar ist. Da diese Leistung durch ein Bauwerk realisiert werden soll, ist auf die Zurechenbarkeit dieses Bauwerks abzustellen.

Unter welchen Voraussetzungen ein Bauwerk einem öffentlichen Auftraggeber zurechenbar ist, lässt sich der Entscheidung *„Teatro alla Bicocca"* des Europäischen Gerichtshofs entnehmen[598]. Dort heißt es:

> „Wie das vorlegende Gericht ausführt, sind die in Artikel 4 des Gesetzes Nr. 847/64 genannten Bauvorhaben ohne weiteres als öffentliche Bauvorhaben einzustufen, da sie nach ihren funktionellen Eigenschaften über bloße Einzelwohnstätten hinausgehende Erschließungszwecke erfüllen sollen und der Herrschaft der zuständigen Behörden unterliegen, die rechtliche Befugnisse besitzen, mit denen sie die Verfügbarkeit der Anlagen sicherstellen können, um allen örtlichen Nutzern den Zugang zu gewährleisten. Diese Gesichtspunkte sind deshalb bedeutsam, weil sie die öffentliche Zweckbestimmung bestätigen, denen die auszuführenden Bauvorhaben von Anfang an gewidmet sind."[599]

Um ein Bauvorhaben als „öffentlich" einstufen zu können, hält der Europäische Gerichtshof somit für notwendig, dass

- der Staat bzw. die Kommune mit dem Bauvorhaben städtebauliche Ziele verfolgt;
- gegenüber dem Auftragnehmer Pflichten begründet werden, welche die Realisierung des Bauvorhabens sicherstellen, und
- die Kommune über das Bauwerk eine Verfügungsgewalt ausübt, die es ihr erlaubt, das Bauwerk dem öffentlichen Zweck entsprechend zur Verfügung zu stellen[600].

a) Verfolgung städtebaulicher Ziele

Die Kommune muss mit dem Bauwerk städtebauliche Ziele verfolgen. Dies ergibt sich aus der Feststellung des Europäischen Gerichtshofs, die genannten Vorhaben sollten nach ihren funktionellen Eigenschaften über bloße Einzelwohnstätten hinausgehende Erschließungszwecke erfüllen. Der Ausschluss kleiner und somit städtebaulich besehen unbedeutender Bauvorhaben zeigt im Umkehrschluss, dass das Bauwerk auf Seiten der Kommune der Realisierung städtebaulicher Ziele dienen muss[601]. Die „Verfolgung städtebaulicher Ziele" ist

---

598 *Burgi*, NVwZ 2008, 932.

599 EuGH, Rs. C-399/98, Slg. 2001, I-5435, Rn. 67 f. – *„Teatro alla Bicocca"*.

600 Zum Ganzen *Burgi*, NVwZ 2008, 932.

601 Zum Ganzen *Burgi*, NVwZ 2008, 932.

allerdings weit gefasst und bedarf der Begrenzung. Entscheidend ist, dass die Kommune mit dem Bauwerk ihren – städtebaulichen – Bedarf zu decken beabsichtigt. Der Auftragnehmer muss somit mit der Erstellung des Bauwerks der Kommune gegenüber eine Leistung erbringen. Dies ist jedoch nur der Fall, wenn der Auftragnehmer, wären lediglich seine Vorstellungen von Interesse, das Bauwerk anders errichten oder nutzen würde bzw. das Bauwerk ohne das Zutun der Kommune überhaupt nicht errichten könnte. Die Kommune muss die dem Auftragnehmer diesbezüglich ohnehin gegebenen gesetzlichen Möglichkeiten daher entweder erweitern oder einschränken, um ihre städtebaulichen Vorstellungen durchzusetzen[602]. Andernfalls würde der Auftragnehmer mit der Erstellung des Bauwerks eine Leistung nur sich selbst oder Dritten, nicht aber der Kommune gegenüber erbringen.

Von einer Verfolgung städtebaulicher Ziele durch die Kommune ist infolgedessen nicht auszugehen, wenn der Auftragnehmer ausschließlich die bestehenden gesetzlichen Vorschriften und einen eventuell bestehenden Bebauungsplan zu beachten hat[603]. In diesem Zusammenhang kommt es nicht darauf an, inwiefern einzelne gesetzliche Vorschriften, so z.B. § 34 BauGB, der Kommune ein Ermessen einräumen[604]. Denn gerichtlich nicht überprüfbare Beurteilungsspielräume sind damit nicht verbunden. Das Ermessen unterliegt vielmehr uneingeschränkt der gerichtlichen Kontrolle. Der Kommune ist es so nicht möglich, die dem Auftragnehmer ohnehin gegebenen gesetzlichen Möglichkeiten einzuschränken[605]. Von einer Verfolgung städtebaulicher Ziele ist vielmehr auszugehen, wenn die Kommune zum Ausdruck bringt, dass sie ihre städtebaulichen Vorstellungen durch die Realisierung des Bauvorhabens umzusetzen gedenkt. Dies ist zum einen der Fall, wenn die Kommune dem Auftragnehmer konkrete Vorgaben bezüglich der Errichtung oder der Nutzung des Bauwerks macht. Unerheblich ist hingegen, ob diese Vorgaben die Möglichkeiten des Auftragnehmers erweitern oder einschränken. Denn auch durch eine Einschränkung der Möglichkeiten des Auftragnehmers setzt die Kommune ihre städtebaulichen Vorstellungen um[606]. Die Nutzung des Bauwerks zu städtebaulichen Zwecken

---

602 Ähnlich *Burgi*, NVwZ 2008, 933, allerdings zu der Frage des Vorliegens einer Baukonzession (vgl. hierzu unten, vierter Teil, zweiter Abschnitt, B. II. 5. b)).

603 OLG Düsseldorf, NZBau 2008, 271 (276) – *„Oer-Erkenschwick"*; NZBau 2009, 334 (335) – *„Bahnhof O."*; *Burgi*, NVwZ 2008, 932; *Jasper/v. d. Recke*, ZfBR 2008, 564; *Krohn*, ZfBR 2008, 32.

604 So aber VK Münster, NZBau 2007, 736.

605 *Ziekow*, DVBl 2008, 142.

606 OLG Düsseldorf, NZBau 2008, 271 (275) – *„Oer-Erkenschwick"*; *Krohn*, ZfBR 2008, 33, der in Fn. 45 nochmals auf die Notwendigkeit *konkreter* Vorgaben hinweist; a.A. ohne weitere Begründung *Burgi*, NVwZ 2008, 932.

kann die Kommune jedoch auch zum Ausdruck bringen, indem sie die Realisierung des Bauvorhabens überhaupt erst ermöglicht. So z.B. wenn das Bauwerk – auf Initiative der Kommune hin – auf der Grundlage eines vorhabenbezogenen Bebauungsplans in Verbindung mit einem Durchführungsvertrag gemäß § 12 BauGB errichtet wird[607].

b) Begründung von Pflichten

Die Kommune muss mit dem Bauwerk nicht nur städtebauliche Ziele verfolgen, sie muss auch den Auftragnehmer zur Realisierung des Bauwerks verpflichten. Denn ist der Auftragnehmer nicht zur Durchführung der Leistung verpflichtet, kann bereits nicht von einer Beschaffung des öffentlichen Auftraggebers und infolgedessen der Eröffnung des Anwendungsbereichs des Vergaberechts gesprochen werden[608]. Es handelt sich dann allenfalls um die Absicht, eine Leistung zu beschaffen. In den Fällen der vorliegenden Art kommt hinzu, dass das Bauwerk der Kommune, obwohl sie es nicht in ihr Eigentum oder ihren Besitz nimmt, es ihr aber auch nicht unmittelbar dient oder zugute kommt, zugeordnet werden können muss. Andernfalls wäre der Anwendungsbereich des Vergaberechts wiederum nicht eröffnet. Die Kommune muss zum Ausdruck bringen, dass sie sich mit der Errichtung des Bauwerks die Verwirklichung ihrer städtebaulichen Ziele beschafft. Sie muss zum Ausdruck bringen, dass es ihr auf die unbedingte Realisierung des Bauwerks ankommt.

Die Kommune muss daher Maßnahmen treffen, die sich auf das „Ob", nicht hingegen auf das „Wie" der Realisierung beziehen[609]. Allein eine gestalterische Einflussnahme der Kommune ist diesbezüglich nicht ausreichend[610]. Die Verpflichtung des Auftragnehmers, das Bauwerk zu errichten, kann ausdrücklich in einer Vereinbarung zwischen der Kommune und dem Auftragnehmer enthalten sein. Denkbar ist jedoch auch ein nur indirekter dahingehender Zwang, z.B. durch eine Vertragsstrafenregelung[611]. Entscheidend ist, dass die Maßnahmen auf

---

607 Dann kommt es entgegen der Auffassung von *Krohn*, ZfBR 2008, 33, auch nicht darauf an, ob die Vorgaben der Kommune über den gewöhnlichen Inhalt eines Bebauungsplans oder die Voraussetzungen des § 34 BauGB hinausgehen. Entscheidend ist, dass der Auftragnehmer das Bauwerk mit den ihm zu diesem Zeitpunkt gegebenen gesetzlichen Möglichkeiten nicht hätte errichten können.

608 Vgl. EuGH, Rs. C-220/05, Slg. 2007, I-412, Rn. 44 – *„Stadt Roanne"*, wo es heißt: „[...] die SEDL als auf dem Markt tätige Wirtschaftsteilnehmerin, die sich zur Erbringung der in der Vereinbarung vorgesehenen Arbeiten verpflichtet [...]"; Kommission, NordÖR 2008, 317; *Losch*, VergabeR 2008, 240.

609 *Burgi*, NVwZ 2008, 932.

610 So auch *Burgi*, NVwZ 2008, 932; a.A. VK Düsseldorf, NZBau 2007, 736.

611 *Burgi*, NVwZ 2008, 932; *Reidt*, VergabeR 2008, 11 f.; *Schultz*, NZBau 2009, 19.

die Erstellung des Bauwerks gerichtet sind. Unzureichend sind infolgedessen Maßnahmen, in deren Ergebnis lediglich die Sicherung des status quo ante steht. Ein Rückübertragungsanspruch oder ein Rücktrittsrecht der Kommune verpflichten den Auftragnehmer nicht, das Bauwerk zu errichten[612].

Der Auffassung des Oberlandesgerichts Düsseldorf, im Rahmen des Vergaberechts sei die Eingehung einer einklagbaren Bau- oder Realisierungsverpflichtung auf Seiten des Auftragnehmers wohl nicht zu fordern, kann daher nicht gefolgt werden. Das Oberlandesgericht Düsseldorf verkennt, dass der öffentliche Auftraggeber eine Leistung nur beschafft, wenn der Auftragnehmer zur Durchführung derselben verpflichtet ist. Somit ist es nicht entscheidend, dass diese Verpflichtung in der Definition des öffentlichen (Bau-)Auftrags nicht ausdrücklich genannt ist[613]. Aufgrund dessen kann diesbezüglich auch kein Unterschied zwischen § 99 Abs. 3 Var. 2 und Var. 3 GWB bestehen[614].

c) *Ausübung von Verfügungsgewalt*

Nicht zuletzt ist es im Rahmen des Beschaffungsbezugs von Bedeutung, dass die Kommune über das Bauwerk eine Verfügungsgewalt dergestalt ausübt, dass sie das Bauwerk dem öffentlichen Zweck entsprechend zur Verfügung stellen kann. Das Bauvorhaben muss von Beginn an eine öffentliche Zweckbestimmung aufweisen und nach der Fertigstellung dieser entsprechend durch die Kommune zur Verfügung gestellt werden[615]. Dies unterstreicht nochmals, dass das Bauwerk dem kommunalen Einfluss- und Verantwortungsbereich entspringt und diesem zugehörig ist. Auf welcher Grundlage die Kommune die geforderte Verfügungsgewalt ausübt, ist unerheblich, solange ihr dies nur in hinreichendem Maß möglich ist. Ausreichend könnten daher auch vertragliche Vereinbarungen mit dem Eigentümer sein. Je mehr das private Bauwerk – z.B. durch eine Widmung im verwaltungsrechtlichen Sinn – zu einer öffentlichen Sache wird, desto schwächer muss die kommunale Verfügungsgewalt allerdings ausgestaltet sein[616].

---

612 VK Darmstadt, NZBau 2008, 339 (341); Kommission, NordÖR 2008, 317; *Jasper/v. d. Recke*, ZfBR 2008, 566; *Meyer-Hofmann/Weng*, ZfBR 2009, 233; *Reidt*, VergabeR 2008, 12; a.A. OLG Düsseldorf, NZBau 2008, 271 (272 f.) – *„Oer-Erkenschwick"*; *Vetter/Bergmann*, NVwZ 2008, 136.

613 Vgl. OLG Düsseldorf, NZBau 2008, 138 (139) – *„Wuppertal-Vohwinkel"*; NZBau 2008, 271 (272) – *„Oer-Erkenschwick"*; im Ergebnis wie hier *Greb/Rolshoven*, NZBau 2008, 164; *Jasper/v. d. Recke*, ZfBR 2008, 566.

614 Ebenso *Eisenreich/Barth*, NVwZ 2008, 636; a.A. OLG Düsseldorf, NZBau 2008, 138 (140) – *„Wuppertal-Vohwinkel"*; NZBau 2008, 271 (275) – *„Oer-Erkenschwick"*.

615 EuGH, Rs. C-399/98, Slg. 2001, I-5435, Rn. 67 f. – *„Teatro alla Bicocca"*.

616 Zum Ganzen *Burgi*, NVwZ 2008, 933.

5. Entgeltlichkeit

Auch wenn die Kommune für sich städtebauliche Leistungen einkauft, indem sie auf die zukünftige Bebauung eines von ihr veräußerten Grundstücks Einfluss nimmt, erhält der Auftragnehmer hierfür keine Gegenleistung von der Kommune. Vielmehr erhält die Kommune von dem Grundstückserwerber den vereinbarten Kaufpreis. Unabhängig von dem Vorliegen des Beschaffungsbezugs fehlt es daher jedenfalls an der Entgeltlichkeit und somit aus diesem Grund an einem Bauauftrag. Das Oberlandesgericht Düsseldorf verneint vor diesem Hintergrund allerdings nicht die Ausschreibungspflicht, sondern geht von einer – ebenfalls dem Vergaberecht unterliegenden – Baukonzession aus.

a) Das Verhältnis von Bauauftrag und Baukonzession

Das Oberlandesgericht Düsseldorf ist der Auffassung, dass zwischen Bauauftrag und Baukonzession kaum Unterschiede bestehen. Es sieht die Baukonzession als eine Variante des Bauauftrags an und spricht ihr eine Auffangfunktion zu. So führt das Oberlandesgericht Düsseldorf aus, dass der Begriff der Baukonzession weit auszulegen sei, um sämtliche Fallkonstellationen einer Beauftragung mit Bauleistungen nach den Erfordernissen des öffentlichen Auftraggebers erfassen zu können[617]. Die Besonderheit der Baukonzession gegenüber einem Bauauftrag bestehe nur darin, dass der Vertragspartner des öffentlichen Auftraggebers das wirtschaftliche Risiko des Geschäfts trage. Dementsprechend gebe es sowohl im Rahmen der Entgeltlichkeit als auch im Rahmen der Nutzung des Bauwerks keine Unterschiede zwischen Bauauftrag und Baukonzession: Auch für die Entgeltlichkeit eines Bauauftrags komme es nicht darauf an, ob das Entgelt von dem öffentlichen Auftraggeber oder einem Dritten stamme. Das Nutzungsrecht, das dem Konzessionsnehmer bei der Baukonzession überlassen werde, schließe einmalige Verwertungshandlungen nicht aus[618].

Dem Oberlandesgericht Düsseldorf ist insoweit zuzustimmen, als dass Bauauftrag und Baukonzession in einer engen Verbindung zueinander stehen. Hierbei darf allerdings nicht übersehen werden, dass es sich um zwei voneinander zu trennende Institute handelt, deren Unterschiede sich nicht in der Verteilung des wirtschaftlichen Risikos erschöpfen.

---

617 OLG Düsseldorf, NZBau 2007, 530 (532) – *„Fliegerhorst Ahlhorn"*; vgl. auch NZBau 2008, 138 (141) – *„Wuppertal-Vohwinkel"*; NZBau 2008, 271 (274) – *„Oer-Erkenschwick"*.

618 Zum Ganzen OLG Düsseldorf, NZBau 2007, 530 (532) – *„Fliegerhorst Ahlhorn"*.

(1) Die Entgeltlichkeit bei Bauauftrag und Baukonzession

Aufschluss über das Verhältnis von Bauauftrag und Baukonzession gibt bereits die Definition der Baukonzession. So heißt es, übereinstimmend mit Art. 1 Abs. 3 der Richtlinie 2004/18/EG, in § 6 Abs. 1 Satz 2 VgV[619]:

> „Baukonzessionen sind Bauaufträge, bei denen die Gegenleistung für die Bauarbeiten statt in einer Vergütung in dem Recht auf Nutzung der baulichen Anlage, gegebenenfalls zuzüglich der Zahlung eines Preises besteht."

Hieraus ergibt sich, dass es sich bei der Baukonzession zunächst einmal um einen Bauauftrag handelt. Somit kann auch von dem Vorliegen einer Baukonzession überhaupt nur ausgegangen werden, wenn ein öffentlicher Auftraggeber eine Bauleistung beschafft, um einen eigenen Bedarf zu decken[620]. Der Inhalt einer Baukonzession deckt sich mit dem in § 99 Abs. 3 GWB beschriebenen Inhalt eines Bauauftrags[621].

Bauauftrag und Baukonzession unterscheiden sich hinsichtlich der Entgeltlichkeit allerdings in zwei Punkten, die miteinander zusammenhängen. Bei dem ersten Punkt handelt es sich um die Zahlungsflüsse, bei dem zweiten Punkt um die Verteilung des wirtschaftlichen Risikos.

Entgegen der Auffassung des Oberlandesgerichts Düsseldorf ist es für die Frage der Entgeltlichkeit des Bauauftrags nicht gänzlich ohne Bedeutung, von wem der Auftragnehmer seine Vergütung erhält. Der Rechtsprechung des Europäischen Gerichtshofs zufolge bezieht sich der entgeltliche Charakter des Vertrages nämlich auf die Gegenleistung der öffentlichen Verwaltung für die Ausführung von Bauvorhaben[622]. Kennzeichen der Baukonzession ist jedoch, dass der Konzessionsnehmer seine Vergütung gerade nicht von Seiten des öffentlichen Auftraggebers erhält, sondern von Dritten, nämlich den Nutzern des errichteten Bauwerks[623]. Somit stimmen die Zahlungsflüsse bei Bauauftrag und Baukonzession nicht überein. Allerdings ist dem Oberlandesgericht Düsseldorf letztendlich beizupflichten. Denn die Rechtsprechung des Europäischen Gerichtshofs ist nicht dahingehend zu verstehen, dass von einer Entgeltlichkeit nur

619 Es handelt sich um die Fassung vor der im Jahr 2009 erfolgten Vergaberechtsnovelle. Zu den hier interessierenden Änderungen dieser Vergaberechtsnovelle und ihren Auswirkungen vgl. unten, vierter Teil, zweiter Abschnitt, B. II. 6.

620 *Busch*, VergabeR 2003, 627; *Horn*, VergabeR 2008, 163 f.; *Pietzcker*, NZBau 2008, 297.

621 OLG Düsseldorf, NZBau 2007, 530 (531) – *„Fliegerhorst Ahlhorn"*; *Ziekow*, DVBl 2008, 141.

622 EuGH, Rs. C-399/98, Slg. 2001, I-5435, Rn. 77 – *„Teatro alla Bicocca"*; Rs. C-220/05, Slg. 2007, I-412, Rn. 45 – *„Stadt Roanne"*.

623 Kommission, Mitteilung zu Auslegungsfragen im Bereich Konzessionen im Gemeinschaftsrecht, AblEG 2000, Nr. C 121/02, S. 3, Ziff. 2.1.2.

dann auszugehen ist, wenn das Entgelt aus öffentlichen Geldern stammt[624]. Wäre dies der Fall, würde das Vergaberecht solche öffentlichen Aufträge nicht erfassen können, die unmittelbar ganz oder überwiegend von Dritten finanziert werden. In Hinblick auf den Sinn und Zweck des Vergaberechts macht es hingegen keinen Unterschied, von welcher Seite der erfolgreiche Bieter seine Vergütung erhält. Vor diesem Hintergrund muss es ausreichend sein, wenn die Vergütung dem öffentlichen Auftraggeber zurechenbar ist. Dies ist der Fall, wenn die der Vergütung des Auftragnehmers dienenden Drittgelder eigentlich dem öffentlichen Auftraggeber zustehen. Hierfür spricht auch, dass der Europäische Gerichtshof in dem *„Stadt Roanne"*-Urteil die Entgeltlichkeit des Bauauftrags unter anderem auf die Erlöse gestützt hat, die der SEDL – dem Auftragnehmer – aus der Veräußerung von ihr errichteter Bauwerke an Dritte zufließen[625]. Denn der Vereinbarung zwischen der Stadt Roanne und der SEDL zufolge sollten die von der SEDL nicht veräußerten Bauwerke in das Eigentum der Stadt Roanne übergehen[626]. Infolgedessen sollte der SEDL auch bezüglich der anderen – von ihr veräußerten – Bauwerke nur eine Art Maklerfunktion zukommen, die Veräußerungserlöse also auch hier eigentlich der Stadt Roanne zustehen[627].

Neben den Zahlungsflüssen unterscheiden sich Bauauftrag und Baukonzession, wie das Oberlandesgericht Düsseldorf zutreffend feststellt, zudem in der Verteilung des wirtschaftlichen Risikos. Dieser Punkt hängt mit dem Unterschied in den Zahlungsflüssen zusammen. Der Konzessionsnehmer erhält seine Vergütung nicht von dem öffentlichen Auftraggeber, sondern von den Nutzern des Bauwerks. Dies wiederum beruht darauf, dass ihm der öffentliche Auftraggeber das Recht zur Nutzung des Bauwerks und somit das wirtschaftliche Risiko überträgt.

(2) Die Nutzung des Bauwerks bei Bauauftrag und Baukonzession

Kein Unterschied zwischen Bauauftrag und Baukonzession besteht nach der Auffassung des Oberlandesgerichts Düsseldorf darüber hinaus bei der Nutzung des Bauwerks. Bisher galt das im Rahmen einer (Bau-)Konzession übertragene Nutzungsrecht, insbesondere unter Bezugnahme auf die *Mitteilung zu Auslegungsfragen im Bereich Konzessionen im Gemeinschaftsrecht* der Kommis-

624 So aber *Reidt*, in: Reidt/Stickler/Glahs, Vergaberecht, 2. Aufl. 2003, § 99 GWB Rn. 5; *Ziekow*, DVBl 2008, 141.

625 EuGH, Rs. C-220/05, Slg. 2007, I-412, Rn. 15 – *„Stadt Roanne"*.

626 EuGH, Rs. C-220/05, Slg. 2007, I-412, Rn. 18 – *„Stadt Roanne"*.

627 So auch *Gartz*, NZBau 2008, 477.

sion[628], als zeitlich beschränkt. Dies bedeutete zugleich, dass das Nutzungsrecht nach Ablauf des Übertragungszeitraums wieder auf den öffentlichen Auftraggeber zurück zu übertragen war. Die Ausübung des Nutzungsrechts in Form einmaliger Verwertungshandlungen, wie z.B. ein Verkauf des Bauwerks, kam somit nicht in Betracht. Infolgedessen ist die weite Auslegung der Voraussetzungen der Baukonzession durch das Oberlandesgericht Düsseldorf auf Ablehnung gestoßen[629].

Dem ist jedoch nicht zuzustimmen. Das Nutzungsrecht kann durchaus in Form einmaliger Verwertungshandlungen ausgeübt werden. Die *Mitteilung zu Auslegungsfragen im Bereich Konzessionen im Gemeinschaftsrecht* der Kommission steht dem nicht entgegen[630]. Zwar geht die Kommission von einer zeitlichen Beschränkung des Nutzungsrechts aus, sieht eine solche allerdings nicht als unabdingbar an. Sie spricht vielmehr davon, dass die Dauer der Konzession *für die Entlohnung* des Konzessionärs von Bedeutung sei. Weiter heißt es, dass der öffentliche Auftraggeber den Konzessionär nicht unmittelbar entlohne, sondern diesen dazu berechtige, die aus der Nutzung des Bauwerks resultierenden Erträge einzubehalten[631]. Aus der Zusammenschau ergibt sich, dass der Übertragungszeitraum des Nutzungsrechts sicherstellen soll, dass sich der Konzessionsnehmer über die Nutzungsentgelte refinanzieren kann. Der entscheidende Punkt, den die Kommission anspricht, ist somit nicht die zeitliche Beschränkung des Nutzungsrechts, sondern die Refinanzierungsmöglichkeit des Konzessionsnehmers. Ist es für den Konzessionsnehmer finanziell lohnend, das Bauwerk (einmalig) zu verwerten, so spricht dies nicht gegen die Auffassung der Kommission in der *Mitteilung zu Auslegungsfragen im Bereich Konzessionen im Gemeinschaftsrecht.*

Burgi merkt jedoch zutreffend an, dass die zeitliche Beschränkung des Nutzungsrechts auch dazu dient, das Weiterbestehen der staatlichen bzw. kommunalen Aufgabe, auf die sich das Nutzungsrecht bezieht, nach außen sichtbar zu machen[632]. Allerdings führt auch dies nicht dazu, dass im Rahmen der Baukonzession die Ausübung des Nutzungsrechts in Form einmaliger Verwertungshandlungen nicht möglich wäre. Vielmehr ist zwischen Dienstleistungs- und Baukonzessionen zu unterscheiden. Bei der Dienstleistungskonzession ermöglicht einzig

---

628 Kommission, Mitteilung zu Auslegungsfragen im Bereich Konzessionen im Gemeinschaftsrecht, AblEG 2000, Nr. C 121/02, S. 3, Ziff. 2.1.2.

629 *Greb/Rolshoven*, NZBau 2008, 165; *Horn*, VergabeR 2008, 165; *Pietzcker*, NZBau 2008, 297; *Vetter/Bergmann*, NVwZ 2008, 137 f.; vgl. auch *Köster/Häfner*, NVwZ 2007, 414.

630 So aber *Vetter/Bergmann*, NVwZ 2008, 138.

631 Kommission, Mitteilung zu Auslegungsfragen im Bereich Konzessionen im Gemeinschaftsrecht, AblEG 2000, Nr. C 121/02, S. 3, Ziff. 2.1.2.

632 *Burgi*, NVwZ 2008, 933 f.

die zeitliche Beschränkung des Nutzungsrechts die Feststellung, ob die durch den Konzessionsnehmer erbrachte Dienstleistung auf einem Nutzungsrecht von Seiten der Kommune beruht und ihr somit eine – weiterhin – kommunale Aufgabe zugrunde liegt. Aufgrund dessen ist die zeitliche Beschränkung des Nutzungsrechts bei der Dienstleistungskonzession tatsächlich unabdingbar[633]. Bei der Baukonzession geht es indessen um das Nutzungsrecht an einem Bauwerk, einem verkörperten Gegenstand. Der Beschaffungsgegenstand und die Nutzung des Bauwerks durch den Konzessionsnehmer lassen sich daher offensichtlich mit der Kommune in Verbindung bringen, so dass es hier keiner zeitlichen Beschränkung des Nutzungsrechts bedarf[634].

b) Ausübung eines Nutzungsrechts des öffentlichen Auftraggebers

Auch wenn die Ausübung des Nutzungsrechts in Form eines Verkaufs des Bauwerks der Annahme einer Baukonzession nicht entgegensteht, so muss – wie sich aus der Definition der Baukonzession ergibt – das Nutzungsrecht jedoch zwingend auf den öffentlichen Auftraggeber zurückzuführen sein. Errichtet der Auftragnehmer das Bauwerk auf einem ihm gehörenden Grundstück, ist das Nutzungsrecht allerdings nicht auf den öffentlichen Auftraggeber zurückzuführen, sondern beruht auf dem Eigentum des Auftragnehmers an dem Grundstück und dem Bauwerk und somit auf Art. 14 GG[635].

Das Nutzungsrecht ist dann nur auf den öffentlichen Auftraggeber bzw. die Kommune zurückzuführen, wenn entweder von dem Auftragnehmer abgeschlossene Kauf- oder Mietverträge der Zustimmung der Kommune bedürfen[636] oder die Kommune die Errichtung bzw. Nutzung des Bauwerks in der tatsächlich verwirklichten Form erst ermöglicht hat. Dies ist der Fall, wenn die Errichtung bzw. Nutzung des Bauwerks in der tatsächlich verwirklichten Form auf einer Erweiterung der dem Auftragnehmer in diesem Zeitpunkt ohnehin gegebenen gesetzlichen Möglichkeiten durch die Kommune beruht[637]. Denn hierdurch verschafft die Kommune dem Auftragnehmer Möglichkeiten das Bauwerk zu nutzen, die dem Auftragnehmer ohne das Zutun der Kommune nicht zugestanden

---

633 Zum Ganzen *Burgi*, NVwZ 2008, 933 f.

634 Zum Ganzen *Burgi*, NVwZ 2008, 934; im Ergebnis ebenso *Losch*, VergabeR 2008, 241.

635 *Horn*, VergabeR 2008, 164; *Jasper/v. d. Recke*, ZfBR 2008, 565; *Vetter/Bergmann*, NVwZ 2008, 138; wird das Grundstück hingegen nicht verkauft, sondern nur verpachtet, ist das Nutzungsrecht ohne weiteres auf den öffentlichen Auftraggeber zurückzuführen, vgl. OLG Bremen, NZBau 2008, 336 (338 f.).

636 VK Darmstadt, NZBau 2008, 339 (344).

637 *Burgi*, NVwZ 2008, 933.

hätten[638]. Das dem Auftragnehmer im Rahmen der Baukonzession übertragene Nutzungsrecht ist infolgedessen auf die Kommune, nicht hingegen auf das Eigentum des Auftragnehmers zurückzuführen[639]. Es gelten insofern keine anderen Anforderungen als im Rahmen des Beschaffungsbezugs[640].

In diesem Fall bezieht sich das Nutzungsrecht auch auf das Bauwerk, nicht auf das Grundstück[641]. Die durch den Verkauf oder die Vermietung des Bauwerks erzielte Vergütung des Auftragnehmers steht in einem Gegenleistungsverhältnis dazu, dass der Auftragnehmer das Bauwerk in der tatsächlich verwirklichten Form errichten konnte bzw. nutzen kann[642]. Aus diesem Grund ist es jedoch nicht entscheidend, ob der Auftragnehmer bereits zuvor Eigentümer des Grundstücks war oder dieses von der Kommune erworben hat[643].

Die vorstehenden Ausführungen zeigen darüber hinaus, dass es im Rahmen der Baukonzession nicht darauf ankommt, dass der öffentliche Auftraggeber als Konzessionsgeber Eigentümer des Bauwerks ist[644]. Entscheidend ist allein, dass die Nutzung des Bauwerks durch den Konzessionsnehmer auf einem Nutzungsrecht beruht, das der Konzessionsgeber eingeräumt hat. Hierzu muss der Konzessionsgeber aber gerade nicht Eigentümer des Bauwerks sein.

6. Änderungen durch die Novellierung des Vergaberechts

Es ist deutlich geworden, dass die Veräußerung von kommunalen Grundstücken in den Anwendungsbereich des Vergaberechts fallen kann, wenn die Kommune aus städtebaulichen Gründen Einfluss auf die zukünftige Bebauung nimmt. Um dies zu verhindern, hat der Gesetzgeber im Rahmen der 2009 durchgeführten Novellierung des Vergaberechts[645] auch die Vorschrift des § 99 GWB geändert. So ist in § 99 Abs. 1 GWB eingefügt worden, dass öffentliche Aufträge entgelt-

---

638 Entgegen der Auffassung des OLG Karlsruhe, NZBau 2008, 537 (539), kann daher das auf die Kommune zurückzuführende Nutzungsrecht nicht allein aus dem Verkauf des Grundstücks resultieren. Denn in diesem Fall wäre es gerade nicht auf die Kommune, sondern auf das Eigentumsrecht aus Art. 14 GG zurückzuführen.

639 *Burgi*, NVwZ 2008, 933; lediglich auf einen Verkauf des Grundstücks durch die Kommune abstellend *Krohn*, ZfBR 2008, 31 f.

640 Vgl. oben, vierter Teil, zweiter Abschnitt, B. II. 4. a).

641 Vgl. VK Darmstadt, NZBau 2008, 339 (344).

642 *Horn*, VergabeR 2008, 164.

643 So aber *Krohn*, ZfBR 2008, 31 f.; in diese Richtung wohl auch *Eisenreich/Barth*, NVwZ 2008, 636 f.

644 So aber *Gartz*, NZBau 2008, 477; *Greb/Rolshoven*, NZBau 2008, 165; *Vetter/Bergmann*, NVwZ 2008, 138.

645 Gesetz zur Modernisierung des Vergaberechts v. 20.4.2009, BGBl. I, S. 790.

liche Verträge von öffentlichen Auftraggebern *über die Beschaffung* von Leistungen sind. § 99 Abs. 3 GWB setzt für die Annahme eines Bauauftrags nun voraus, dass die Bauleistung *für den Auftraggeber* erfolgt oder ihm *unmittelbar wirtschaftlich zugute kommt*. Nicht zuletzt ist mit Blick auf die Rechtsprechung des Oberlandesgerichts Düsseldorf auch die Definition der Baukonzession, neu eingefügt in § 99 Abs. 6 GWB, angepasst worden. Eine Baukonzession soll nur noch vorliegen, wenn die Gegenleistung für die Bauarbeiten statt in einem Entgelt in dem *befristeten* Recht auf Nutzung der baulichen Anlage besteht.

Die Gesetzesbegründung verweist jedenfalls bezüglich der Änderungen in § 99 Abs. 3 GWB und der Änderung der Baukonzession in § 99 Abs. 6 GWB ausdrücklich auf die Rechtsprechung des Oberlandesgerichts Düsseldorf und bezeichnet diese Änderungen als „Klarstellungen". Ein Bauauftrag setze einen eigenen Beschaffungsbedarf des Auftraggebers voraus, wobei allein die Verwirklichung einer städtebaulichen Entwicklung als einzukaufende Leistung nicht ausreiche. Das Vergaberecht betreffe grundsätzlich nicht die Aufgabenebene des Staates, sondern lediglich die – hiervon zu trennende – Ebene der Ressourcenbeschaffung[646].

Abgesehen davon, dass es nach der hier vertretenen Auffassung nicht um die Frage geht, ob die Kommune überhaupt eine Leistung beschafft, sondern ob ihr die von ihr beschaffte Leistung zurechenbar ist, kann vor dem Hintergrund der dargestellten Rechtsprechung des Europäischen Gerichtshofs in dem Urteil *„Teatro alla Bicocca"* jedenfalls nicht davon ausgegangen werden, dass kommunale Grundstücksveräußerungen zum Zwecke der städtebaulichen Entwicklung generell dem vergaberechtlichen Anwendungsbereich entzogen sind. Dem steht auch nicht die von der Gesetzesbegründung angesprochene notwendige Trennung zwischen der Sach- und der Beschaffungsaufgabe[647] entgegen. Die Bebauung des von der Kommune veräußerten Grundstücks dient unter den genannten Voraussetzungen[648] der Erfüllung der von ihr wahrzunehmenden Aufgabe „Stadtentwicklung". Soweit die Gesetzesbegründung auf einen körperlich greifbaren Beschaffungsgegenstand anspielt, ist gezeigt worden, dass es auf einen solchen gerade nicht ankommt[649].

Unabhängig hiervon führt die Änderung des § 99 Abs. 1 GWB auch ihrem Wortlaut nach nicht dazu, dass die Beschaffung städtebaulicher Leistungen durch die Veräußerung kommunaler Grundstücke von vornherein dem Vergaberecht entzogen ist. Denn auch das Oberlandesgericht Düsseldorf stellt nicht in Abrede,

646 Zum Ganzen Gesetzesbegründung zu § 99 GWB, BT-Drs. 16/10117, S. 18.

647 Vgl. bereits oben, vierter Teil, zweiter Abschnitt, B. II. 2. b).

648 Vgl. oben, vierter Teil, zweiter Abschnitt, B. II. 4.

649 Vgl. oben, vierter Teil, zweiter Abschnitt, B. II. 3.

dass die Anwendung des Vergaberechts eine Beschaffung voraussetzt und diese der Eigenbedarfsdeckung des Auftraggebers dienen muss[650]. Gleichermaßen verhält es sich daher mit der Änderung des § 99 Abs. 3 GWB, dass die Bauleistung für den Auftraggeber erfolgen muss. Streitig ist in den Fällen der vorliegenden Art vielmehr, wann der Kommune die Beschaffung der Leistung „Stadtentwicklung" und somit das errichtete Bauwerk zurechenbar ist, und nicht, dass es ihr zurechenbar sein muss.

Die Ausschreibungsfreiheit der Beschaffung städtebaulicher Leistungen kann allenfalls durch die Änderung des § 99 Abs. 3 GWB, dass die Bauleistung dem Auftraggeber unmittelbar wirtschaftlich zugute kommen muss, und die Änderung der Definition der Baukonzession erreicht werden. Wie bereits dargelegt worden ist, fordert das entscheidende Merkmal des Beschaffungsbezugs jedoch nicht, dass dem Auftraggeber die Leistung unmittelbar wirtschaftlich zugute kommt, sondern es ist darauf abzustellen, ob die Beschaffung dem Auftraggeber dazu dient, eine ihm obliegende Aufgabe oder Verpflichtung zu erfüllen. Dies setzt aber nicht voraus, dass ihm die Leistung unmittelbar wirtschaftlich zugute kommt. Bezüglich der Änderung der Definition der Baukonzession ergibt sich kein anderes Ergebnis. Auch diese ist – insbesondere vor dem Hintergrund der Definition in Art. 1 Abs. 3 der Richtlinie 2004/18/EG – nicht begründbar. Die Übertragung eines nur befristeten Nutzungsrechts ist nicht wesenstypisches Merkmal einer Baukonzession[651]. Die hier gefundenen Ergebnisse sprechen dafür, dass diese Änderungen mit dem Gemeinschaftsrecht nicht vereinbar sind[652]. Letztlich Sicherheit wird allerdings, wenn überhaupt, erst das auf den Vorlagebeschluss des Oberlandesgerichts Düsseldorf hin ergehende Urteil des Europäischen Gerichtshofs bringen[653].

---

650 Im Ergebnis auch krit. *Kulartz*, VergabeR 2009, 288 f.

651 So aber die Gesetzesbegründung zu § 99 GWB, BT-Drs. 16/10117, S. 18. Zur Baukonzession vgl. oben, vierter Teil, zweiter Abschnitt, B. II. 5.

652 *Kulartz*, VergabeR 2009, 289; *Prieß/Hölzl*, NZBau 2009, 162.

653 EuGH, Rs. C-451/08, Slg. 2010, I-2707 – *„Helmut Müller"*. Der Europäische Gerichtshof hat das Oberlandesgericht Düsseldorf nur teilweise bestätigt. Nach seiner Auffassung bedarf es für das Vorliegen eines Bauauftrags keines gegenständlichen Beschaffungsgegenstands, wenn die Bauleistung dem öffentlichen Auftraggeber unmittelbar zugute kommt. Die Ausübung städtebaulicher Regelungszuständigkeiten sieht der Europäische Gerichtshof hierfür jedoch nicht als ausreichend an (Rn. 40 ff.). Zudem müsse – als weitere Voraussetzung für das Vorliegen eines Bauauftrags – die Erbringung der Bauleistung einklagbar sein (Rn. 59 ff.). Auch um die Bauleistung der Kommune zuzurechnen ist es dem Europäischen Gerichtshof zufolge nicht ausreichend, wenn die Kommune lediglich städtebauliche Regelungszuständigkeiten ausübt (Rn. 64 ff.). Bezüglich der Merkmale einer Baukonzession hat der Europäische Gerichtshof deutlich gemacht, dass der öffentliche Auftraggeber dem Konzessionär das Nutzungsrecht zu gewähren hat, Letzterer also nicht bereits Eigentümer des Grundstücks sein

C. Ergebnis

Aufgaben- und Vermögensprivatisierung sind grundsätzlich nicht ausschreibungspflichtig. Dies gilt hingegen nicht, wenn mit der Privatisierung eine Beschaffung der Kommune verbunden ist. In diesem Zusammenhang sind insbesondere kommunale Grundstücksveräußerungen zu nennen, soweit die Kommune auf die zukünftige Bebauung des Grundstücks Einfluss nimmt.

Die Anwendung des Vergaberechts erfordert auch hier jedoch, dass die Kommune mit der Bebauung des Grundstücks einen eigenen Bedarf decken möchte, der durchaus in der Verwirklichung städtebaulicher Ziele gesehen werden kann. Dies muss dergestalt zum Ausdruck kommen, dass die Kommune die dem Auftragnehmer ohnehin gegebenen gesetzlichen Möglichkeiten erweitert, um diese städtebaulichen Ziele zu realisieren. Zudem hat die Kommune durch eine dahingehende Verpflichtung des Auftragnehmers die Verwirklichung des Bauwerks sicherzustellen und dafür Sorge zu tragen, dass dieses seinem öffentlichen Zweck entsprechend zur Verfügung gestellt wird.

Mangels Entgelt der Kommune ist in diesen Fällen nicht von einem Bauauftrag auszugehen. Allerdings kommt grundsätzlich eine Baukonzession in Betracht. Einer solchen steht nicht entgegen, dass das Nutzungsrecht unter Umständen nur in Form einer einmaligen Verwertungshandlung ausgeübt wird. Unabdingbar ist jedoch, dass das Nutzungsrecht auf die Kommune zurückzuführen ist. Hiervon ist nur auszugehen, wenn sich die Kommune die Zustimmung zu von dem Konzessionsnehmer abgeschlossenen Kauf- oder Mietverträgen vorbehält oder – wie bereits im Rahmen des eigenen Bedarfs – die gesetzlichen Möglichkeiten des Konzessionsnehmers erweitert und so die Verwirklichung des Bauwerks bzw. die Nutzung desselben erst ermöglicht. Vor diesem Hintergrund wird zugleich deutlich, dass es diesbezüglich nicht auf das Eigentum der Kommune an dem Bauwerk ankommt.

---

darf. Ob eine Baukonzession unbefristet erteilt werden kann, hat der Europäische Gerichtshof nicht entschieden, sieht dies aber sehr kritisch (Rn. 70 ff.).

Dritter Abschnitt
Die Ausschreibungspflichtigkeit der funktionalen Privatisierung

Die Privatisierung kommunaler Einrichtungen kann – nimmt man eine grobe Unterteilung vor – auf dreierlei Art und Weise erfolgen, wobei der Unterschied in der Reichweite der Privatisierung liegt. Während die Organisationsprivatisierung keine tatsächliche Privatisierung im Sinne einer teilweisen oder ausschließlichen Beteiligung Privater darstellt, wird die kommunale Einrichtung im Rahmen der Aufgaben- und der Vermögensprivatisierung gänzlich aus dem kommunalen Verantwortungs- und Einflussbereich entlassen. Die dritte Art und Weise der Privatisierung, die funktionale Privatisierung, stellt diesbezüglich einen Mittelweg dar.

A. Inhalt der funktionalen Privatisierung

Die funktionale Privatisierung ist, geht man von der Reichweite der Privatisierung aus, zwischen der Organisationsprivatisierung und der Aufgaben- bzw. Vermögensprivatisierung einzuordnen. Sie ermöglicht es der Kommune, sich der Durchführung einer Aufgabe durch die Übertragung auf einen Privaten zu entledigen. Zugleich verbleibt die Aufgabe selbst jedoch im Verantwortungs- und Einflussbereich der Kommune. Allerdings ist es der Kommune im Rahmen der funktionalen Privatisierung nicht verwehrt, in Form eines öffentlich-privaten Gemeinschaftsunternehmens auch an der Durchführung der Aufgabe mitzuwirken. Dies bietet ihr den Vorteil, sich durch die teilweise Übertragung der Durchführung einer Aufgabe auf einen Privaten sächlich, personell und somit letztendlich finanziell entlasten zu können, den unmittelbaren eigenen Einfluss auch auf die Durchführung der Aufgabe jedoch nicht aufgeben zu müssen.

Allgemein umfasst die funktionale Privatisierung infolgedessen die Beteiligung Privater an der Erfüllung von Staatsaufgaben. Der funktionalen Privatisierung sind somit in erster Linie Public-Private-Partnerships zuzuordnen[654]. Für den Begriff der Public-Private-Partnership besteht weder eine gemeinschafts-

654 *Dreher*, NZBau 2002, 247; *Schimanek*, NZBau 2005, 305; *Tettinger*, NWVBl. 2005, 2; vgl. auch *Klein*, Veräußerung öffentlicher Unternehmen und Vergaberecht, 2005, S. 35.

weite[655] noch eine nationale[656] Definition. Ihnen ist in der Regel lediglich gemein, dass

- es um eine auf Dauer angelegte Zusammenarbeit zwischen dem öffentlichen und dem privaten Partner geht;
- dem privaten Partner jedenfalls zu einem gewissen Teil die Finanzierung obliegt;
- der öffentliche Partner im Wesentlichen dafür zuständig ist, die in Hinblick auf das öffentliche Interesse, die Qualität und die Preise zu erreichenden Ziele zu definieren und deren Einhaltung zu überwachen;
- dem privaten Partner ansonsten von der öffentlichen Hand zu tragende Risiken übergewälzt werden[657].

Die sich hieraus ergebende Vielgestaltigkeit zwingt dazu, „Public-Private-Partnership“ nicht als Rechts-, sondern nur als Sammelbegriff zu begreifen[658], mit dem die „vielfältigen Möglichkeiten der kooperativen Zusammenarbeit zwischen öffentlicher Verwaltung und privatwirtschaftlichen Unternehmen“ beschrieben werden sollen[659]. Gleichwohl lassen sich Public-Private-Partnerships zumindest insoweit unterteilen, als es sich um Public-Private-Partnerships auf Vertragsbasis und institutionelle Public-Private-Partnerships handelt. Bei Public-Private-Partnerships auf Vertragsbasis basiert die Zusammenarbeit zwischen dem öffentlichen und dem privaten Partner ausschließlich auf vertraglichen Beziehungen, während im Rahmen von institutionellen Public-Private-Partnerships die Zusammenarbeit innerhalb eines eigenständigen Rechtssubjekts erfolgt[660].

Public-Private-Partnerships auf Vertragsbasis werfen – vergaberechtlich betrachtet – lediglich mit Blick auf die (Dienstleistungs-)Konzession und die Beleihung, welche bereits erörtert worden sind[661], besondere Fragen auf. Hiervon abgesehen handelt es sich bei der Auswahl des privaten Partners um die ausschreibungspflichtige Vergabe eines öffentlichen Auftrags, soweit sich aus den

---

655 Kommission, Grünbuch zu öffentlich-privaten Partnerschaften und den Gemeinschaftlichen Rechtsvorschriften für öffentliche Aufträge und Konzessionen, KOM (2004) 327 endg., S. 2, Ziff. 1.1.; *Säcker/Wolf*, WRP 2007, 282.

656 *Jaeger*, NZBau 2001, 7; *Tettinger*, NWVBl. 2005, 1 f.

657 Kommission, Grünbuch zu öffentlich-privaten Partnerschaften und den Gemeinschaftlichen Rechtsvorschriften für öffentliche Aufträge und Konzessionen, KOM (2004) 327 endg., S. 2, Ziff. 1.1.

658 *Dreher*, NZBau 2002, 247; *Jaeger*, NZBau 2001, 7.

659 *Bausback*, DÖV 2006, 902; *Tettinger*, NWVBl. 2005, 2.

660 Kommission, Grünbuch zu öffentlich-privaten Partnerschaften und den Gemeinschaftlichen Rechtsvorschriften für öffentliche Aufträge und Konzessionen, KOM (2004) 327 endg., S. 7, Ziff. 1.3.

661 Vgl. oben, dritter Teil, erster und zweiter Abschnitt.

gesetzlichen Vorschriften oder den Grundsätzen des In-house-Geschäfts[662] diesbezüglich keine Ausnahme ergibt[663]. Die nachfolgende Untersuchung konzentriert sich infolgedessen auf die Ausschreibungspflichtigkeit institutioneller Public-Private-Partnerships. Die vergaberechtliche Behandlung insbesondere der Entstehung öffentlich-privater Gemeinschaftsunternehmen steht noch immer in der Diskussion, gerade auch, weil sich eine Anwendung des Vergaberechts nicht unmittelbar aus den gesetzlichen Vorschriften erschließt.

B. Die Ausschreibungspflichtigkeit institutioneller Public-Private-Partnerships

Bevor dargelegt wird, inwieweit institutionelle Public-Private-Partnerships in den Anwendungsbereich des Vergaberechts fallen, ist es notwendig und hilfreich, die verschiedenen Formen solcher Public-Private-Partnerships zu erläutern.

I. Untersuchungsgegenstand

Institutionelle Public-Private-Partnerships unterscheiden sich von Public-Private-Partnerships auf Vertragsbasis in zwei sich wechselseitig bedingenden Punkten: Die Kommune zieht sich zum einen auch aus der Durchführung der betreffenden Aufgabe nicht gänzlich zurück, sondern überträgt diese nur teilweise auf den privaten Partner. Zum anderen erfolgt die Zusammenarbeit zwischen dem öffentlichen und dem privaten Partner innerhalb eines eigenständigen Rechtssubjekts. Hier setzt – frühestmöglich – eine denkbare Ausschreibungspflicht an. Denn die Kommune könnte der Verpflichtung unterliegen, den privaten Partner für das gemischtwirtschaftliche Unternehmen erst nach einer vorausgegangenen europaweiten Ausschreibung zu bestimmen. Hierbei ist allerdings zunächst nach der Art und Weise des Zustandekommens des gemischtwirtschaftlichen Unternehmens zu differenzieren.

Die Beteiligung eines Privaten an einer kommunalen Gesellschaft kann sich auf verschiedenen Wegen vollziehen. In Betracht kommt zum einen ein *originä-*

662 Vgl. hierzu oben, dritter Teil, dritter Abschnitt.

663 Kommission, Grünbuch zu öffentlich-privaten Partnerschaften und den Gemeinschaftlichen Rechtsvorschriften für öffentliche Aufträge und Konzessionen, KOM (2004) 327 endg., S. 7 ff., Ziff. 2.1.; *Burgi*, NVwZ 2001, 604; *Säcker/Wolf*, WRP 2007, 289 f.; *Stickler*, in: Reidt/Stickler/Glahs, Vergaberecht, 2. Aufl. 2003, § 99 GWB Rn. 45.

rer Beteiligungserwerb. Der Private wirkt dann bereits bei der Gründung des gemischtwirtschaftlichen Unternehmens mit. Ein gemischtwirtschaftliches Unternehmen kann zum anderen jedoch auch mittels eines *derivativen Beteiligungserwerbs* entstehen. Die Kommune gründet in diesem Fall in einem ersten Schritt eine Eigengesellschaft und veräußert zu einem späteren Zeitpunkt Anteile dieser Gesellschaft an einen Privaten. Denkbar ist nicht zuletzt die *Verschmelzung* einer kommunalen Eigengesellschaft mit einer privatwirtschaftlichen Gesellschaft. Abhängig von der Art der Verschmelzung handelt es sich hierbei allerdings wiederum um einen originären oder derivativen Beteiligungserwerb[664].

Auch wenn im Ergebnis in jedem Fall die Beteiligung eines Privaten an einer kommunalen Gesellschaft steht, sollen sich in Hinblick auf die Ausschreibungspflichtigkeit einer solchen Beteiligung Unterschiede zwischen dem originären und dem derivativen Beteiligungserwerb ergeben, so dass insoweit auch nachfolgend zu trennen ist.

II. Grundsätzliche Einwendungen gegen die Ausschreibungspflichtigkeit

Teilweise werden grundsätzliche Einwendungen gegen eine Ausschreibungspflicht im Rahmen von institutionellen Public Private Partnerships vorgebracht. Diese beruhen sowohl auf praktischen als auch auf verfassungsrechtlichen Erwägungen und sind vorab auf ihre Begründetheit hin zu untersuchen.

1. Nichtgeeignetheit des Vergabeverfahrens

Eine Ausschreibungspflicht soll zunächst aufgrund der Nichtgeeignetheit des Vergabeverfahrens bei der Suche des privaten Partners ausscheiden. Die Gründung eines Unternehmens führe zu einer Geschäftsführungs- und Verwaltungsgemeinschaft. Dies könne nicht mit der Vergabe eines Auftrags verglichen werden, da es bei der Suche des privaten Partners nicht allein auf sachliche Kriterien ankomme. Vielmehr sei auch von Bedeutung, wie das Unternehmen aufgebaut sei, arbeite und welches Erscheinungsbild es in der Öffentlichkeit habe. Ein Vergabeverfahren diene jedoch der Vergabe von Leistungen, die nicht unbedingt

---

664 Zum Ganzen *Hüser*, Ausschreibungspflichten bei der Privatisierung öffentlicher Aufgaben, 2005, S. 227 f.; vgl. auch Kommission, Mitteilung zu Auslegungsfragen in Bezug auf die Anwendung der gemeinschaftlichen Rechtsvorschriften für öffentliche Aufträge und Konzessionen auf institutionalisierte Öffentlich Private Partnerschaften, C (2007) 6661, S. 5, Ziff. 2.2.

in einem engen Verhältnis zum Auftraggeber erbracht würden[665]. Hintergrund dieser Argumentation ist das unter Gesellschaftern herrschende Vertrauens- und Treueverhältnis[666], das für eine erfolgreiche Tätigkeit unabdingbar ist. Allerdings wird übersehen, dass im Rahmen des Vergabeverfahrens zunächst die (objektive) Eignung der Bieter festzustellen ist und dem Auftraggeber hierbei ein gewisser Beurteilungsspielraum zukommt. Insbesondere bei der Gründung einer Gesellschaft, die mehrere Jahre tätig sein soll, können an den privaten Partner diesbezüglich hohe Anforderungen gestellt werden[667]. § 97 Abs. 4 GWB zeigt, dass in die Beurteilung zudem auch subjektive Gesichtspunkte einfließen können[668]. Ein Vergabeverfahren wäre allenfalls dann untauglich, wenn die erfolgreiche Tätigkeit der Gesellschaft von einem besonderen, persönlich geprägten Vertrauens- und Treueverhältnis abhängig wäre. Dies ist indes üblicherweise nicht der Fall. Denn die Gesellschaft wird in der Regel für einen Zeitraum von zumindest einem Jahrzehnt gegründet werden, so dass jedenfalls auf Seiten der Kommune die Möglichkeit wechselnder politischer Mehrheiten besteht einhergehend mit einem Wechsel der im Gründungszeitpunkt handelnden Personen. Damit solche Vorgänge keine Auswirkungen auf die Tätigkeit der Gesellschaft haben, ist – umgekehrt – die Durchführung eines in weiten Teilen auf objektiven Gesichtspunkten beruhenden Vergabeverfahrens gerade angezeigt[669]. Unabhängig hiervon würde selbst eine fehlende Geeignetheit des Vergabeverfahrens nicht dazu führen können, eine Ausschreibungspflicht zu verneinen, wenn eine solche aufgrund der gesetzlichen Vorschriften und des vergaberechtlichen Sinn und Zwecks besteht. Fraglich wäre dann allenfalls eine Modifikation des Vergabeverfahrens.

2. Verstoß gegen Art. 28 Abs. 2 GG

Gegen eine Ausschreibungspflicht wird zudem vorgebracht, dass diese gegen das in Art. 28 Abs. 2 GG verankerte kommunale Selbstverwaltungsrecht, das auch

665 Zum Ganzen *Frenz*, DÖV 2002, 190; *ders.*, WRP 2006, 1218; *ders.*, NZBau 2008, 677 f.; *Masing*, ZfBR 2002, 454 f.

666 *Bell/Rehak*, LKV 2001, 189; *Hertel/Recktenwald*, NZBau 2001, 539; *Klein*, Veräußerung öffentlicher Unternehmen und Vergaberecht, 2005, S. 175.

667 OLG Brandenburg, VergabeR 2002, 45 (46); VK Düsseldorf, NZBau 2001, 46 (49); *Loer*, Public Private Partnership und Public Public Partnership, 2007, S. 71; *Otting*, VergabeR 2002, 12.

668 *Klein*, Veräußerung öffentlicher Unternehmen und Vergaberecht, 2005, S. 175.

669 Zum Ganzen VK Düsseldorf, NZBau 2001, 46 (49); *Faber*, DVBl 2001, 257; *Otting*, VergabeR 2002, 12.

die Organisationshoheit umfasst[670], verstoße[671]. Hierbei wird jedoch verkannt, dass das kommunale Selbstverwaltungsrecht einem Gesetzesvorbehalt unterliegt[672]. Abgesehen hiervon wird die Organisationshoheit durch eine Ausschreibungspflicht nicht eingeschränkt. Die Kommune wird nicht gehindert, sich in der von ihr gewünschten Organisationsform zu betätigen. Lediglich die Auswahl des privaten Partners unterliegt der vergaberechtlichen Ausgestaltung. Ein Verstoß gegen Art. 28 Abs. 2 GG ist vor diesem Hintergrund nicht anzunehmen[673].

III. Die Ausschreibungspflichtigkeit des originären Beteiligungserwerbs

Da gegen eine Ausschreibungspflicht keine grundsätzlichen Einwände bestehen, ist zu prüfen, ob sich eine solche aus den einschlägigen gesetzlichen Vorschriften oder dem Sinn und Zweck des Vergaberechts ergibt. Eine Anwendung des Vergaberechts bei der Gründung einer gemischtwirtschaftlichen Gesellschaft, genauer: bei der Suche nach dem privaten Partner, kann sich aber zunächst nur ergeben, wenn die Voraussetzungen des § 99 Abs. 1 GWB erfüllt sind. Der Gründungsvorgang müsste als öffentlicher Auftrag anzusehen sein. Dies jedoch erscheint zweifelhaft. Eine ausschließlich formale Betrachtungsweise führt allerdings zu Umgehungen des Vergaberechts und wird infolgedessen seinem Sinn und Zweck nicht gerecht.

1. Ausschreibungsfreiheit der Gründung eines gemischtwirtschaftlichen Unternehmens

Allein die Gründung eines gemischtwirtschaftlichen Unternehmens unterfällt nicht dem Vergaberecht. Gemäß § 99 Abs. 1 GWB sind öffentliche Aufträge

670 *Dreier*, in: Dreier (Hrsg.), GG, Bd. 2, 2. Aufl. 2006, Art. 28 Rn. 133 ff.; *Henneke*, in: Schmidt-Bleibtreu/Hofmann/Hopfauf (Hrsg.), GG, 11. Aufl. 2008, Art. 28 Rn. 81.

671 *Bell/Rehak*, LKV 2001, 189; *Tomerius*, NVwZ 2000, 734.

672 OLG Düsseldorf, NZBau 2004, 398 (400); OLG Frankfurt a. M., NZBau 2004, 692 (695). Zum Gesetzesvorbehalt *Dreier*, in: Dreier (Hrsg.), GG, Bd. 2, 2. Aufl. 2006, Art. 28 Rn. 118 ff.; *Tettinger*, in: v. Mangoldt/Klein/Starck (Hrsg.), GG, Bd. 2, 5. Aufl. 2005, Art. 28 Rn. 185 ff.

673 OLG Düsseldorf, NZBau 2004, 398 (400); OLG Frankfurt a. M., NZBau 2004, 692 (695); VK Düsseldorf, NZBau 2001, 46 (47); *Klein*, Veräußerung öffentlicher Unternehmen und Vergaberecht, 2005, S. 177; *Loer*, Public Private Partnership und Public Public Partnership, 2007, S. 71 f. Eine andere Bewertung ergibt sich auch nicht aus dem Zusatzprotokoll zur Daseinsvorsorge, das dem Vertrag von Lissabon beigefügt ist, *Frenz*, NZBau 2008, 679 f.

„entgeltliche Verträge von öffentlichen Auftraggebern mit Unternehmen, über die Beschaffung von Leistungen, die Liefer-, Bau- oder Dienstleistungen zum Gegenstand haben, Baukonzessionen und Auslobungsverfahren, die zu Dienstleistungsaufträgen führen sollen". Der Gründung eines gemischtwirtschaftlichen Unternehmens liegt zwar ein Vertrag zwischen einem öffentlichen Auftraggeber und einem (privatwirtschaftlichen) Unternehmen zugrunde. Hingegen fehlt es an der Beschaffung einer Liefer-, Bau- oder Dienstleistung von Seiten des öffentlichen Auftraggebers. Denn das Interesse der Kommune ist nur auf den Vorgang der Gründung des gemischtwirtschaftlichen Unternehmens gerichtet. Eine Beschaffung, um einen eigenen Bedarf zu decken, ist nicht gegeben.

Unabhängig hiervon fehlt es zudem an einer Leistung, die von der Kommune beschafft werden könnte. Die mitgliedschaftlichen Rechte an der gemischtwirtschaftlichen Gesellschaft kommen bereits nicht in Betracht, da diese von dem privaten Partner nicht übertragen werden, sondern (beidseitig) frühestens mit Vertragsschluss entstehen. Somit könnte lediglich auf die von dem privaten Partner einzubringenden Leistungen, z.B. die gemäß § 19 GmbHG bzw. § 36a AktG zu leistende Einlage, abgestellt werden[674]. Hier darf jedoch nicht verkannt werden, dass es sich bei der Einlage um eine Leistung handelt, die aufgrund einer gesetzlichen Verpflichtung zu erbringen ist[675]. Zudem ist Gläubiger dieser Leistungen wie auch etwaiger Zusatzleistungen nicht die Kommune, sondern die gemischtwirtschaftliche Gesellschaft. Ausschließlich die gemischtwirtschaftliche Gesellschaft würde in diesem Fall eine Leistung beschaffen, die Kommune wäre allenfalls mittelbare Nutznießerin[676]. Nur die Gründung eines gemischtwirtschaftlichen Unternehmens kann infolgedessen nicht in den Anwendungsbereich des Vergaberechts fallen[677].

Nicht anders verhält es sich aus den oben genannten Gründen, wenn es zu einem originären Beteiligungserwerb aufgrund der Verschmelzung einer kommunalen Eigengesellschaft mit einer privatwirtschaftlichen Gesellschaft kommt.

---

674 Zum Ganzen *Hüser*, Ausschreibungspflichten bei der Privatisierung öffentlicher Aufgaben, 2005, S. 232.

675 Vgl. § 19 Abs. 2 GmbHG bzw. § 54 Abs. 1 AktG.

676 *Hüser*, Ausschreibungspflichten bei der Privatisierung öffentlicher Aufgaben, 2005, S. 232.

677 Im Ergebnis ebenso *Bell/Rehak*, LKV 2001, 189; *Burgi*, NVwZ 2001, 605; *Dreher*, NZBau 2002, 247 f.; *Hattig/Ruhland*, VergabeR 2005, 426; *Hertel/Recktenwald*, NZBau 2001, 539; *Jaeger*, NZBau 2001, 7; *Krasemann*, Public Private Partnership, 2008, S. 138; *Kunert*, Vergaberecht und öffentliches Recht, 2003, S. 230; *Stickler*, in: Reidt/Stickler/Glahs, Vergaberecht, 2. Aufl. 2003, § 99 GWB Rn. 4, 43; *Wagner*, in: Langen/Bunte (Hrsg.), Deutsches und europäisches Kartellrecht, Bd. 1, 10. Aufl. 2006, § 99 GWB Rn. 37.

Denn unter wirtschaftlichen Gesichtspunkten handelt es sich um eine normale Gesellschaftsgründung[678].

2. Formale Betrachtungsweise

Vorstehend ist dargelegt worden, dass allein die Gründung eines gemischtwirtschaftlichen Unternehmens nicht ausschreibungspflichtig ist. Allerdings wird eine Kommune – wenn überhaupt – in den seltensten Fällen ohne konkreten Anlass ein gemischtwirtschaftliches Unternehmen gründen. In der Regel beruht dies auf dem Wunsch der Kommune, eine konkrete, ihr obliegende Aufgabe zusammen mit einem privaten Partner durchzuführen. Die Gründung des gemischtwirtschaftlichen Unternehmens ist lediglich notwendige Voraussetzung der gemeinsamen Aufgabenerledigung. In der Sache handelt es sich damit um die Beschaffung einer Leistung von Seiten der Kommune, um ihren Bedarf zu decken. Der private Partner nimmt an einem öffentlichen Auftrag teil. Seit dem *„Stadt Halle"*-Urteil des Europäischen Gerichtshofs[679] ist es jedoch unumstritten, dass die Vergabe von Aufträgen an gemischtwirtschaftliche Unternehmen grundsätzlich ausschreibungspflichtig ist. Dass es sich um eine teilweise kommunale Gesellschaft handelt führt, namentlich in Form eines In-house-Geschäfts, diesbezüglich zu keiner Privilegierung.

Unterwirft man den Vorgang der Gesellschaftsgründung mit einhergehender Auftragsvergabe einer formalen Betrachtungsweise wird allerdings deutlich, dass es – entgegen seines Sinn und Zwecks – dennoch nicht zu einer Anwendung des Vergaberechts kommen würde. Denn würde das gemischtwirtschaftliche Unternehmen zu dem Zweck der Durchführung einer bestimmten kommunalen Aufgabe bereits errichtet werden, also noch vor seiner Entstehung im Gesellschaftsvertrag hiermit betraut werden, würde es sich lediglich um eine – ausschreibungsfreie – Gesellschaftsgründung handeln. Eine Anwendung des Vergaberechts würde ebenso unterbleiben, wenn die Gründung eines gemischtwirtschaftlichen Unternehmens zu einer faktischen Auftragsvergabe führen würde.

678 *Hüser*, Ausschreibungspflichten bei der Privatisierung öffentlicher Aufgaben, 2005, S. 234. Diesem kann allerdings insoweit nicht zugestimmt werden, als er die Ausschreibungsfreiheit darauf stützt, dass „auf keiner Seite der Angebots- oder Nachfragecharakter überwiegen kann". Für die Anwendung des Vergaberechts ist einzig entscheidend, ob auf Seiten der öffentlichen Hand eine Beschaffung gegeben ist oder nicht. Unerheblich ist hingegen, in welchem Verhältnis diese Beschaffung zu einem gleichzeitigen Angebot der öffentlichen Hand oder einer Nachfrage des Privaten steht. Anschaulich zeigen dies die Fälle dem Vergaberecht unterliegender kommunaler Grundstücksveräußerungen (vgl. hierzu oben, vierter Teil, zweiter Abschnitt).

679 EuGH, Rs. C-26/03, Slg. 2005, I-26 – *„Stadt Halle"*.

Anschaulich wird dies z.B. bei der Gründung einer (gemischtwirtschaftlichen) Betriebsgesellschaft für eine Müllverbrennungsanlage. Aufgrund der aus Wirtschaftlichkeitsgründen begrenzten Anzahl solcher Anlagen und ihren hohen Errichtungskosten steht die Betriebsgesellschaft – ohne, dass dies einer ausdrücklichen gesellschaftsvertraglichen Regelung bedürfte – bereits als Vertragspartner der Kommune fest[680]. Sollen auch solche versteckten kommunalen Bedarfsdeckungen vergaberechtlich erfasst werden können, ist eine formale Betrachtungsweise somit nicht ausreichend.

3. Verhinderung von Umgehungen des Vergaberechts

Es ist deutlich geworden, dass das Vergaberecht durch bestimmte Konstellationen umgangen werden kann. Wie sich aus dem übereinstimmenden[681] Sinn und Zweck des europäischen und nationalen Vergaberechts ergibt, soll es hierzu jedoch nicht kommen. Das Vergaberecht dient der Öffnung des öffentlichen Auftragswesens für den gemeinschaftsweiten Wettbewerb. Es verfolgt das Ziel, einen europäischen Vergabebinnenmarkt zu schaffen[682]. Hieraus ergibt sich, dass sämtliche Handlungen, die diesem Ziel zuwiderlaufen, in den Anwendungsbereich des Vergaberechts fallen sollen. Bedarfsdeckungen öffentlicher Auftraggeber bzw. die Vergabe öffentlicher Aufträge dürfen – in welcher Form auch immer – nicht außerhalb des Vergaberechts erfolgen. Für die Verhinderung von Umgehungen des Vergaberechts durch die Gründung gemischtwirtschaftlicher Unternehmen bieten sich methodisch grundsätzlich zwei Möglichkeiten an: eine funktionale Anwendung des Auftragsbegriffs oder die Annahme eines allgemeinen vergaberechtlichen Umgehungsverbots[683].

a) Funktionale Anwendung des Auftragsbegriffs

Eine funktionale Anwendung des Auftragsbegriffs hat zur Folge, dass es für die Annahme eines „öffentlichen Auftrags" nicht auf die äußere Form eines Rechtsgeschäfts ankommt. Bei mehreren in einem engen zeitlichen Zusammenhang

---

680 Zum Ganzen *Säcker/Wolf*, WRP 2007, 290 f.

681 Vgl. die Begründung des Vergaberechtsänderungsgesetzes, BT-Drs. 13/9340, S. 12: „Das Gesetz dient der vollständigen Umsetzung der EG-Richtlinien im Bereich des öffentlichen Auftragswesens."

682 Begründung des Vergaberechtsänderungsgesetzes, BT-Drs. 13/9340, S. 12; *Dreher*, in: Immenga/Mestmäcker (Hrsg.), Wettbewerbsrecht, Bd. 2, 4. Aufl. 2007, v §§ 97 ff. Rn. 5.

683 *Hüser*, Ausschreibungspflichten bei der Privatisierung öffentlicher Aufgaben, 2005, S. 241 f.; *Klein*, Veräußerung öffentlicher Unternehmen und Vergaberecht, 2005, S. 182.

stehenden Rechtsgeschäften ist nicht der vergaberechtliche Charakter eines jeden Rechtsgeschäfts entscheidend. Vorzunehmen ist vielmehr eine wirtschaftliche (Gesamt-)Betrachtung. Ergibt sich infolgedessen eine Bedarfsdeckung eines öffentlichen Auftraggebers, ist der Anwendungsbereich des Vergaberechts eröffnet[684].

Der Europäische Gerichtshof versteht bereits den Auftraggeberbegriff in einem funktionalen Sinn[685]. So kommt es für eine Qualifizierung als „öffentlicher Auftraggeber" nicht auf die Rechtsform, sondern auf die Art von Aufgaben, die erfüllt werden, und die Nähe zum Staat und seinen Untergliederungen an[686]. Ebenso hat ein funktionales Verständnis des Auftragsbegriffs – wenn auch nicht ausdrücklich so benannt – in der Rechtsprechung des Europäischen Gerichtshofs bereits Niederschlag gefunden. In der Entscheidung *„Stadt Mödling"* hat er aufgrund einer wirtschaftlichen Gesamtbetrachtung mehrerer in einem engen zeitlichen Zusammenhang stehender Rechtsgeschäfte die Anwendung des Vergaberechts bejaht. Das Argument, eine Anwendung des Vergaberechts ergebe sich nicht bei singulärer Betrachtung eines jeden Rechtsgeschäfts, wies er ausdrücklich zurück[687].

Dogmatisch beruht eine funktionale Anwendung des Auftragsbegriffs auf einer richtlinienkonformen Auslegung des § 99 Abs. 1 GWB[688]. Eine solche ergibt, wie dargelegt, dass nicht die äußere Form einer Bedarfsdeckung bzw. einer Auftragsvergabe über die Anwendung des Vergaberechts entscheiden darf.

b) Annahme eines allgemeinen Umgehungsverbots

Umgehungen des Vergaberechts können auch durch die Annahme eines allgemeinen Umgehungsverbots verhindert werden. Allerdings enthält das Vergaberecht weder auf europäischer noch auf nationaler Ebene ein ausdrückliches Umgehungsverbot, das allgemeine Geltung beansprucht. Zwar finden sich in den europäischen Vergaberichtlinien vereinzelt ausdrückliche Umgehungsverbote,

---

684 Zum Ganzen *Kupczyk*, Vergaberechtliche Aspekte des In-house-Geschäfts, 2008, S. 67; *Schimanek*, NZBau 2005, 306.

685 EuGH, Rs. 31/87, Slg. 1988, 4635, Rn. 11 – *„Beentjes"*; Rs. C-214/00, Slg. 2003, I-4667, Rn. 53 – *„Kommission/Spanien"*.

686 Vgl. oben, erster Teil, fünfter Abschnitt, B.; *Klein*, Veräußerung öffentlicher Unternehmen und Vergaberecht, 2005, S. 93; *Krasemann*, Public Private Partnership, 2008, S. 127.

687 EuGH, Rs. C-29/04, Slg. 2005, I-9705, Rn. 37 ff. – *„Stadt Mödling"*.

688 *Eschenbruch*, in: Kulartz/Kus/Portz (Hrsg.), GWB-Vergaberecht, 2. Aufl. 2009, § 98 Rn. 20 (zum Auftraggeberbegriff); *Jaeger*, NZBau 2001, 10; *Klein*, Veräußerung öffentlicher Unternehmen und Vergaberecht, 2005, S. 184; *Stickler*, in: Reidt/Stickler/Glahs, Vergaberecht, 2. Aufl. 2003, § 98 GWB Rn. 4 (ebenfalls zum Auftraggeberbegriff).

diese haben allerdings einen genau bezeichneten Anwendungsbereich. So heißt es in Art. 9 Abs. 3 der Richtlinie 2004/18/EG, dass ein Bau- oder Beschaffungsvorhaben mit dem Ziel, eine bestimmte Menge von Waren und/oder Dienstleistungen zu beschaffen, nicht zu dem Zweck aufgeteilt werden dürfe, das Vorhaben der Anwendung dieser Richtlinie zu entziehen. Selbiges gilt gemäß Art. 9 Abs. 7 der Richtlinie 2004/18/EG für die Wahl der Methode zur Berechnung des geschätzten Auftragswerts. Das nationale Vergaberecht beschränkt sich auf die notwendige Umsetzung der europäischen Vergaberichtlinien[689].

Allerdings muss das Fehlen eines ausdrücklichen Umgehungsverbots nicht bedeuten, dass ein solches für einen bestimmten Rechtsbereich keine Geltung beanspruchen kann. Vielmehr handelt es sich bei speziellen Umgehungsverboten um Konkretisierungen eines allgemeinen, ungeschriebenen Umgehungsverbots. Infolgedessen kommt es darauf an, ob eine gesetzliche Vorschrift den in Rede stehenden Sachverhalt nach ihrem Sinn und Zweck erfassen soll. Soweit dies zu bejahen ist, besteht eine mittels Analogie zu schließende planwidrige Regelungslücke[690].

Der Sinn und Zweck des § 99 Abs. 1 GWB ergibt zwar, dass auch versteckte Bedarfsdeckungen bzw. Auftragsvergaben durch die Gründung gemischtwirtschaftlicher Unternehmen erfasst werden sollen. Allerdings ist fraglich, ob die Annahme eines allgemeinen Umgehungsverbots zur Verhinderung von Umgehungen des Vergaberechts aus dogmatischen Gründen in Betracht kommt. Einer Umgehung durch die Gründung gemischtwirtschaftlicher Unternehmen würde in diesem Fall durch eine analoge Anwendung des § 99 Abs. 1 GWB begegnet werden. Eine Analogie setzt jedoch das Bestehen einer planwidrigen Regelungslücke voraus. Hiervon kann aber grundsätzlich nur gesprochen werden, wenn eine vorherige Auslegung erfolglos war[691]. Im Rahmen des § 99 Abs. 1 GWB kann eine Umgehung hingegen gerade durch eine Auslegung dieser Vorschrift und eine hierauf beruhende funktionale Anwendung des Auftragsbegriffs verhindert werden. Es bestehen daher Zweifel, ob vorliegend überhaupt die Voraussetzungen einer Analogie gegeben sind[692]. Einer abschließenden Klärung bedarf

689 Zum Ganzen *Hüser*, Ausschreibungspflichten bei der Privatisierung öffentlicher Aufgaben, 2005, S. 242.

690 Zum Ganzen *Dreher*, in: Immenga/Mestmäcker (Hrsg.), Wettbewerbsrecht, Bd. 2, 4. Aufl. 2007, v. §§ 97 ff. Rn. 107; *Hüser*, Ausschreibungspflichten bei der Privatisierung öffentlicher Aufgaben, 2005, S. 243 mit Fn. 131; *Klein*, Veräußerung öffentlicher Unternehmen und Vergaberecht, 2005, S. 183 Fn. 773; *Teichmann*, Die Gesetzesumgehung, 1962, S. 50 ff., 78 ff., 89 ff.

691 *Heinrichs*, in: Palandt, BGB, 68. Aufl. 2009, Einl., Überbl. v. § 1 Rn. 55.

692 *Dreher*, NZBau 2002, 248 Fn. 23; *Klein*, Veräußerung öffentlicher Unternehmen und Vergaberecht, 2005, S. 189 f.

es diesbezüglich hingegen nicht. Denn Auslegung und Lückenausfüllung ähneln sich und gehen ineinander über. Es ist letztendlich – auch vorliegend – nicht entscheidend, ob im Wege der Auslegung oder der Analogie verfahren wird[693]. Vor diesem Hintergrund steht jedenfalls fest, dass Umgehungen des Vergaberechts nicht zulässig sind[694].

4. Auswirkungen auf die Gründung eines gemischtwirtschaftlichen Unternehmens

Es ist somit herauszuarbeiten, in welchen Konstellationen aufgrund eines funktionalen Verständnisses des Auftragsbegriffs die Vergabe eines öffentlichen Auftrags zu bejahen ist. Geht man von einem allgemeinen vergaberechtlichen Umgehungsverbot und infolgedessen einer analogen Anwendung des § 99 Abs. 1 GWB aus, muss der für eine Analogie notwendige vergleichbare Sachverhalt gegeben sein. Die Gründung eines gemischtwirtschaftlichen Unternehmens muss den Wettbewerb ähnlich beeinträchtigen, wie die „normale“ Vergabe eines öffentlichen Auftrags[695].

Dies ist zunächst der Fall, wenn ein gemischtwirtschaftliches Unternehmen noch vor seiner Entstehung bereits im Gesellschaftsvertrag mit der Durchführung einer bestimmten Aufgabe betraut wird. Auch eine faktische Auftragsvergabe, die zwingend mit der Gründung des gemischtwirtschaftlichen Unternehmens einhergeht[696], kommt der „normalen“ Vergabe eines öffentlichen Auftrags gleich. Hier führt eine funktionale Anwendung des Auftragsbegriffs bzw. eine analoge Anwendung des § 99 Abs. 1 GWB dazu, dass auch solche Vorgänge dem Vergaberecht unterworfen sind. Ebenso ist es vergaberechtlich relevant, wenn die Durchführung einer bestimmten Aufgabe unmittelbar nach der Grün-

---

693 Vgl. *Heinrichs*, in: Palandt, BGB, 68. Aufl. 2009, Einl., Überbl. v. § 1 Rn. 56; *Schimanek*, NZBau 2005, 306.

694 Für eine funktionale Anwendung des Auftragsbegriffs OLG Brandenburg, VergabeR 2002, 45 (47); VK Düsseldorf, NZBau 2001, 46 (47); VK Stuttgart, NZBau 2001, 340 (342); *Braun*, VergabeR 2006, 661 f.; *Dreher*, NZBau 2002, 248; *Hattig/Ruhland*, VergabeR 2005, 426; *Jaeger*, NZBau 2001, 10; *Klein*, Veräußerung öffentlicher Unternehmen und Vergaberecht, 2005, S. 185; *Kunert*, Vergaberecht und öffentliches Recht, 2003, S. 231; *Kupczyk*, Vergaberechtliche Aspekte des In-house-Geschäfts, 2008, S. 67 f.; *Opitz*, ZVgR 2000, 104; *Säcker/Wolf*, WRP 2007, 291. Für die Annahme eines allgemeinen Umgehungsverbots *Hüser*, Ausschreibungspflichten bei der Privatisierung öffentlicher Aufgaben, 2005, S. 243 f.; *Masing*, ZfBR 2002, 454; mit Einschränkungen *Schubert*, WuW 2001, 260. A.A. *Hertel/Recktenwald*, NZBau 2001, 538 f.

695 *Hüser*, Ausschreibungspflichten bei der Privatisierung öffentlicher Aufgaben, 2005, S. 244.

696 Vgl. hierzu oben, vierter Teil, dritter Abschnitt, B. III. 2.

dung des gemischtwirtschaftlichen Unternehmens oder erst nach einem längeren Zeitraum auf dieses übertragen wird. Allerdings bedarf es in diesen Konstellationen nicht des funktionalen Auftragsbegriffs oder einer analogen Anwendung des § 99 Abs. 1 GWB, da es sich jeweils um die Vergabe eines öffentlichen Auftrags an eine von der Kommune rechtlich verschiedene Person und nicht um ein Inhouse-Geschäft handelt.

Infolge der Anwendung des Vergaberechts kommt es zu einer Ausschreibungspflicht. Hier stellt sich die Frage, welche Vorgänge der Ausschreibungspflicht unterliegen: die Suche nach dem privaten Partner für das gemischtwirtschaftliche Unternehmen, die Auftragsvergabe oder beiderlei Vorgänge. Diesbezüglich ist zunächst auf den Sinn der Ausschreibungspflicht zurückzukommen. Diese soll sicherstellen, dass bei der Vergabe öffentlicher Aufträge ein gemeinschaftsweiter Wettbewerb besteht. Auf dem öffentlichen Beschaffungsmarkt sollen für alle Teilnehmer aufgrund von Transparenz und Gleichbehandlung identische Bedingungen herrschen. Hieraus lässt sich ersehen, dass eine Ausschreibung sowohl der Suche nach dem privaten Partner als auch der Auftragsvergabe nicht notwendig ist. Denn bereits mit der Ausschreibung einer dieser Vorgänge ist dem Sinn der Ausschreibungspflicht Genüge getan[697]. Ob die Suche nach dem privaten Partner oder die Auftragsvergabe der Ausschreibungspflicht unterliegt, hängt daher von den jeweiligen Gegebenheiten ab.

Kommt es zu einer „Auftragsvergabe“ bereits vor der Gründung des gemischtwirtschaftlichen Unternehmens oder zu einer faktischen Auftragsvergabe bleibt nur die Ausschreibung der Suche nach dem privaten Partner. Denn schon mit der Gründung des gemischtwirtschaftlichen Unternehmens steht der Auftragnehmer fest. Erfolgt die Auftragsvergabe hingegen nach der Gründung des gemischtwirtschaftlichen Unternehmens macht es in Hinblick auf den Sinn der Ausschreibungspflicht keinen Unterschied, ob es von Seiten der Kommune zu einer Ausschreibung der Suche nach dem privaten Partner gekommen ist oder der Auftragsvergabe kommt. Anders stellt sich die Situation jedoch dar, wenn die Auftragsvergabe erst nach einem längeren Zeitraum erfolgt und bei der Gründung des gemischtwirtschaftlichen Unternehmens nicht absehbar war. Dann muss die Auftragsvergabe ausgeschrieben werden, da der Unternehmens- bzw. Auftragsgegenstand bei der Suche nach dem privaten Partner noch nicht bekannt war.

697 So auch Kommission, Mitteilung zu Auslegungsfragen in Bezug auf die Anwendung der gemeinschaftlichen Rechtsvorschriften für öffentliche Aufträge und Konzessionen auf institutionalisierte Öffentlich Private Partnerschaften, C (2007) 6661, S. 5, Ziff. 2.2. Vgl. hierzu *Siegel*, NVwZ 2008, 620 ff.

5. Zwischenergebnis

Allein die Gründung eines gemischtwirtschaftlichen Unternehmens ist ausschreibungsfrei. Bei einer formalen Betrachtungsweise gilt dies auch, wenn die Gründung mit der Vergabe eines öffentlichen Auftrags einhergeht. Nach dem übereinstimmende Sinn und Zweck des europäischen und nationalen Vergaberechts sollen jedoch Bedarfsdeckungen bzw. die Vergabe öffentlicher Aufträge – in welcher Form auch immer – nicht außerhalb des Vergaberechts erfolgen. Um insoweit Umgehungen des Vergaberechts verhindern zu können, bedarf es entweder eines funktionalen Verständnisses auch des Auftragsbegriffs oder der Annahme eines allgemeinen vergaberechtlichen Umgehungsverbots verbunden mit einer analogen Anwendung des § 99 Abs. 1 GWB. Infolgedessen ist in Hinblick auf die Anwendung des Vergaberechts eine wirtschaftliche (Gesamt-) Betrachtung des fraglichen Rechtsgeschäfts bzw. der fraglichen Rechtsgeschäfte vorzunehmen.

IV. Die Ausschreibungspflichtigkeit des derivativen Beteiligungserwerbs

Der Verkauf von Anteilen einer kommunalen Eigengesellschaft an einen Privaten kann, wie bereits die Gründung eines gemischtwirtschaftlichen Unternehmens, nur dem Vergaberecht unterliegen, wenn es sich hierbei um einen öffentlichen Auftrag im Sinne des § 99 Abs. 1 GWB handelt. Dies ist jedoch wiederum nicht der Fall, so dass sich auch vorliegend die Problematik der Verhinderung von Umgehungen des Vergaberechts stellt.

1. Ausschreibungsfreiheit des Anteilsverkaufs

Gemäß § 97 Abs. 1 GWB kommt es zu einer Anwendung des Vergaberechts, wenn öffentliche Auftraggeber Waren-, Bau- oder Dienstleistungen beschaffen. Es muss somit von Seiten eines öffentlichen Auftraggebers zu einem Einkauf kommen, um einen eigenen Bedarf zu decken. Überträgt eine Kommune Anteile einer Eigengesellschaft auf einen Privaten, handelt es sich hierbei aber nicht um einen Einkaufs-, sondern um einen nicht in den Anwendungsbereich des Vergaberechts fallenden Veräußerungsvorgang[698]. In Betracht kommt lediglich, dass

698 *Bungenberg*, in: Loewenheim/Meessen/Riesenkampff (Hrsg.), Kartellrecht, 2. Aufl. 2009, § 99 GWB Rn. 53; *Otting*, in: Bechtold (Hrsg.), GWB, 5. Aufl. 2008, § 99 Rn. 15b; *Wagner*,

die Kommune durch den Anteilsverkauf von dem privaten Erwerber in die gemischtwirtschaftliche Gesellschaft einzubringende Leistungen beschafft. Bezüglich der gesellschaftsrechtlich zu erbringenden Einlage handelt es sich jedoch um eine gesetzliche Verpflichtung. Auch ist Gläubiger solcher Leistungen die gemischtwirtschaftliche Gesellschaft, nicht die Kommune[699].

Graf Kerssenbrock ist hingegen der Auffassung, Anteilsverkäufe seien Lieferaufträge im Sinne des § 99 Abs. 2 GWB, da mit dem Verkauf auch die sich auf das Aktivvermögen beziehenden Ausübungsrechte übertragen würden. Das Aktivvermögen bestehe jedoch zu einem Großteil aus Waren, so dass es sich insoweit um Nebenleistungen im Sinne des § 99 Abs. 2 Satz 2 GWB handele. Zumindest seien Anteilsverkäufe Dienstleistungsaufträge im Sinne des § 99 Abs. 4 GWB. Diese Vorschrift stelle einen ausdrücklichen Auffangtatbestand dar[700]. Dem kann nicht zugestimmt werden. Zum einen verkennt *Graf Kerssenbrock*, dass in einem Anteilsverkauf kein kommunaler *Einkaufs*vorgang liegt. Bereits aus diesem Grund sind weder ein Liefer- noch ein Dienstleistungsauftrag gegeben. Zum anderen missversteht er die Vorschrift des § 99 Abs. 2 Satz 2 GWB. Diese regelt lediglich, dass Leistungen, die mit der zu liefernden Ware in einem Zusammenhang stehen und von untergeordneter Bedeutung sind, nicht der Annahme eines Lieferauftrags entgegenstehen[701]. Als Beispiele sind die Inbetriebnahme oder Instandhaltung der zu liefernden Ware zu nennen[702]. Infolgedessen setzt § 99 Abs. 2 Satz 2 GWB für die Annahme eines Lieferauftrags und von Nebenleistungen aber gerade voraus, dass eine Ware (Haupt-)Gegenstand des Vertrages ist. Kennzeichnend für den Warenbegriff ist jedoch der gegenständliche Bezug. Rechte, wie sie im Rahmen eines Anteilsverkaufs übertragen werden, unterfallen dem Warenbegriff nicht[703].

---

in: Langen/Bunte (Hrsg.), Deutsches und europäisches Kartellrecht, Bd. 1,10. Aufl. 2006, § 99 GWB Rn. 37; vgl. auch oben, vierter Teil, zweiter Abschnitt, B.

699 Vgl. bereits oben, vierter Teil, dritter Abschnitt, B. III. 1.

700 *Graf Kerssenbrock*, WuW 2001, 123.

701 *Eschenbruch*, in: Kulartz/Kus/Portz (Hrsg.), GWB-Vergaberecht, 2. Aufl. 2009, § 99 Rn. 164; *Wagner*, in: Langen/Bunte (Hrsg.), Deutsches und europäisches Kartellrecht, Bd. 1, 10. Aufl. 2006, § 99 GWB Rn. 42.

702 *Eschenbruch*, in: Kulartz/Kus/Portz (Hrsg.), GWB-Vergaberecht, 2. Aufl. 2009, § 99 Rn. 164; vgl. auch *Mehlitz*, WuW 2001, 570; *Otting*, in: Bechtold (Hrsg.), GWB, 5. Aufl. 2008, § 99 Rn. 16, jeweils unter Verweis auf (nunmehr) Art. 1 Abs. 2c) der Richtlinie 2004/18/EG, wo als Beispiele „Verlegen und Anbringen" genannt sind.

703 *Bungenberg*, in: Loewenheim/Meessen/Riesenkampff (Hrsg.), Kartellrecht, 2. Aufl. 2009, § 99 GWB Rn. 15; *Hüser*, Ausschreibungspflichten bei der Privatisierung öffentlicher Aufgaben, 2005, S. 229; *Klein*, Veräußerung öffentlicher Unternehmen und Vergaberecht, 2005, S. 162 ff.; vgl. zudem *Wagner*, in: Langen/Bunte (Hrsg.), Deutsches und europäisches Kartellrecht, Bd. 1, 10. Auflage 2006, § 99 GWB Rn. 44.

Auch wenn es zu einem derivativen Beteiligungserwerb infolge der Verschmelzung einer kommunalen Eigengesellschaft mit einer privatwirtschaftlichen Gesellschaft kommt, ist der Anwendungsbereich des Vergaberechts nicht eröffnet. Handelt es sich bei dem übernehmenden Rechtsträger um die kommunale Eigengesellschaft, könnte zwar von einem Lieferauftrag im Sinne des § 99 Abs. 2 GWB ausgegangen werden. Allerdings fehlt es jedenfalls an der Entgeltlichkeit. Denn die Gegenleistung für die Anteilsübertragung des übertragenden Rechtsträgers erhält dessen Anteilseigner. Dies schon aus dem Grund, da der übertragende Rechtsträger mit dem Vollzug der Verschmelzung automatisch erlischt[704]. Handelt es sich bei dem übernehmenden Rechtsträger um die privatwirtschaftliche Gesellschaft, stellt sich die Verschmelzung für die Kommune wiederum als Veräußerungsvorgang dar[705].

Der Verkauf von Anteilen einer kommunalen Eigengesellschaft an einen Privaten ist vor diesem Hintergrund grundsätzlich nicht ausschreibungspflichtig[706].

2. Formale Betrachtungsweise, Verhinderung von Umgehungen des Vergaberechts

Eine solche formale Betrachtungsweise führt jedoch auch im Rahmen eines Anteilsverkaufs zu einer Umgehung des Vergaberechts, soweit der Anteilsverkauf mit der Vergabe eines öffentlichen Auftrags verbunden ist. Dies zeigt anschaulich der dem *„Stadt Mödling“*-Urteil des Europäischen Gerichtshofs[707] zugrundeliegende Sachverhalt. Die Stadt Mödling beschloss am 21.5.1999 eine Eigengesellschaft zu gründen, um ihren gesetzlichen Verpflichtungen im Bereich der Abfallwirtschaft nachzukommen. Nachdem dies am 16.6.1999 geschehen war, fasste die Stadt Mödling am 25.6.1999 den weiteren Beschluss, die Abfallwirtschaft auf die Eigengesellschaft zu übertragen. Dies geschah am 15.9.1999

---

704 Zum Ganzen *Hüser*, Ausschreibungspflichten bei der Privatisierung öffentlicher Aufgaben, 2005, S. 233 f.

705 *Hüser*, Ausschreibungspflichten bei der Privatisierung öffentlicher Aufgaben, 2005, S. 234.

706 OLG Brandenburg, VergabeR 2002, 45 (46 ff.); *Braun*, VergabeR 2006, 659; *Bungenberg*, in: Loewenheim/Meessen/Riesenkampff (Hrsg.), Kartellrecht, 2. Aufl. 2009, § 99 GWB Rn. 53; *Dreher*, in: Immenga/Mestmäcker (Hrsg.), Wettbewerbsrecht, Bd. 2, 4. Aufl. 2007, § 99 Rn. 80; *Frenz*, WRP 2006, 1217; *Hüser*, Ausschreibungspflichten bei der Privatisierung öffentlicher Aufgaben, 2005, S. 231; *Klein*, Veräußerung öffentlicher Unternehmen und Vergaberecht, 2005, S. 167; *Krasemann*, Public Private Partnership, 2008, S. 138; *Kunert*, Vergaberecht und öffentliches Recht, 2003, S. 230; *Schröder*, NJW 2002, 1831; *Wagner*, in: Langen/Bunte (Hrsg.), Deutsches und europäisches Kartellrecht, Bd. 1, 10. Aufl. 2006, § 99 GWB Rn. 31.

707 EuGH, Rs. C-29/04, Slg. 2005, I-9722.

mit einem unbefristeten Vertrag. Am 1.10.1999 beschloss die Stadt Mödling, 49 % der Anteile an der Eigengesellschaft an einen Privaten abzutreten, nachdem bereits im Nachgang zu dem Beschluss vom 25.6.1999 diesbezügliche Gespräche mit diesem und anderen Privaten geführt worden waren. Die Abtretung der Anteile erfolgte am 13.10.1999. Die nunmehr gemischtwirtschaftliche Gesellschaft nahm ihre Tätigkeit am 1.12.1999 auf.

Die beklagte Republik Österreich sah infolge einer formalen Betrachtungsweise eine Ausschreibungspflicht nicht als gegeben an: Bei der Übertragung der Abfallwirtschaft auf die Eigengesellschaft habe es sich um ein ausschreibungsfreies In-house-Geschäft gehandelt. Die später erfolgte Abtretung von 49 % der Anteile an der Eigengesellschaft unterliege als Verkaufsvorgang ebenfalls keiner Ausschreibungspflicht. Indessen ist es bei einer wirtschaftlichen Betrachtungsweise offensichtlich, dass in dem Anteilsverkauf die Vergabe eines öffentlichen Auftrags an ein gemischtwirtschaftliches Unternehmen gelegen hat und die Gründung der Eigengesellschaft sowie die Übertragung der Abfallwirtschaft auf die Eigengesellschaft im Rahmen eines In-house-Geschäfts nur ein Durchgangsstadium waren.

Es stellt sich infolgedessen auch vorliegend die Problematik, unzulässige Umgehungen des Vergaberechts verhindern zu müssen. In Betracht kommt diesbezüglich – wie bereits im Rahmen des originären Beteiligungserwerbs – entweder ein funktionales Verständnis des Auftragsbegriffs oder die Annahme eines allgemeinen vergaberechtlichen Umgehungsverbots.

3. Auswirkungen auf Anteilsverkäufe

Somit ist auch in Hinblick auf Anteilsverkäufe zu prüfen, in welchen Konstellationen aufgrund eines funktionalen Verständnisses des Auftragsbegriffs die Vergabe eines öffentlichen Auftrags zu bejahen ist. Geht man von einem allgemeinen vergaberechtlichen Umgehungsverbot und infolgedessen einer analogen Anwendung des § 99 Abs. 1 GWB aus, muss wiederum der für eine Analogie notwendige vergleichbare Sachverhalt gegeben sein. Die Gründung eines gemischtwirtschaftlichen Unternehmens muss den Wettbewerb ähnlich beeinträchtigen, wie die „normale" Vergabe eines öffentlichen Auftrags.

a) Kriterien zur Feststellung einer Ausschreibungspflicht

In der Rechtsprechung und der Literatur wird überwiegend davon ausgegangen, dass zur Feststellung der Ausschreibungspflicht eines Anteilsverkaufs das Vorliegen bestimmter Kriterien notwendig sei. Dies beruht auf dem Gedanken einer grundsätzlichen Ausschreibungsfreiheit von Anteilsverkäufen[708]. Teilweise wird aufgrund der wirtschaftlichen Betrachtungsweise eine nicht gerechtfertigte Ausweitung des vergaberechtlichen Anwendungsbereichs befürchtet und das Vorliegen bestimmter Kriterien gefordert, um die wirtschaftliche Betrachtungsweise einzuschränken[709]. In der Sache werden subjektive Absichten sowie Zusammenhänge rechtlicher, wirtschaftlicher oder zeitlicher Art diskutiert.

(1) Subjektive Absichten

Anteilsverkäufe sollen lediglich dann dem Vergaberecht unterliegen, wenn die Kommune auf diesem Weg bewusst die ihr obliegende Ausschreibungspflicht umgehen möchte. Die Anwendung des Vergaberechts wird infolgedessen von dem Vorliegen einer Umgehungsabsicht abhängig gemacht. Der Vorgang des In-house-Geschäfts und des Anteilsverkaufs müssen als „Mittel zum Zweck" der Vergabe eines öffentlichen Auftrags anzusehen sein[710]. Um dies feststellen zu können, soll der zeitliche Ablauf der einzelnen Vorgänge herangezogen werden. Bestehe hier ein unmittelbarer Zusammenhang, sei von dem Vorliegen einer Umgehungsabsicht auszugehen[711]. Erfolge der Anteilsverkauf hingegen erst deutlich nach der (vergaberechtsfreien) Übertragung der Durchführung der in Rede stehenden Aufgabe auf die kommunale Eigengesellschaft, sei dieser Vorgang isoliert zu betrachten. Eine „Kohärenz" von In-house-Geschäft und Anteilsverkauf sei in diesem Fall nicht gegeben. Vielmehr handele es sich dann um einen ausschließlich innergesellschaftlichen Vorgang, da nur noch die Struktur der Eigengesellschaft verändert werde, die Aufgabenverteilung jedoch abgeschlossen sei[712].

Die Anwendung des Vergaberechts bei Anteilsverkäufen von dem Vorliegen einer Umgehungsabsicht abhängig zu machen, erweist sich indessen als untauglich. Subjektive Absichten als Kriterium heranzuziehen, stellt sich zunächst in der Praxis als schwierig, wenn nicht unmöglich dar. Die Nachprüfungsinstanzen geraten „in die Not der Motivforschung"[713]. Die Anwendung des Vergaberechts hinge von dem Aufklärungswillen der Nachprüfungsinstanzen und vor allem von

708 VK Düsseldorf, NZBau 2001, 46 (47); VK Stuttgart, NZBau 2001, 340 (342, 344); *Dreher*, NZBau 2002, 249; *Frenz*, NZBau 2008, 678 f.; *ders.*, DÖV 2002, 189, 192; *ders.*, WRP 2006, 1219 f.; *Grotelüschen/Lübben*, VergabeR 2008, 171; *Jasper/Arnold*, NZBau 2006, 25; *Schröder*, NJW 2002, 1831 f.

709 *Klein*, Veräußerung öffentlicher Unternehmen und Vergaberecht, 2005, S. 186, 190 f.

710 VK Stuttgart, NZBau 2001, 340 (344).

711 *Frenz*, DÖV 2002, 189; *ders.*, WRP 2006, 1219; *Schröder*, NJW 2002, 1831 f.

712 Zum Ganzen *Frenz*, DÖV 2002, 189.

713 *Jaeger*, NZBau 2001, 11.

dem von der Kommune betriebenen Aufwand und ihrer Geschicklichkeit ab, die gegebene Ausschreibungspflicht zu umgehen. Diese Problematik lässt sich auch nicht durch das Abstellen auf einen unmittelbaren zeitlichen Zusammenhang überwinden[714], da sich das (Unter-)Kriterium des unmittelbaren zeitlichen Zusammenhangs seinerseits einer objektiven Benutzbarkeit entzieht. Denn ein fester Zeitraum, nach dessen Ablauf eine Umgehungsabsicht nicht mehr zu vermuten ist, lässt sich allenfalls willkürlich festlegen. Hinzukommt, dass die §§ 97 ff. GWB, die über den Anwendungsbereich des Vergaberechts bestimmen, nicht auf subjektive Kriterien abstellen. Denn das Vergaberecht soll gerade nicht zur Disposition seiner Adressaten stehen[715]. Geht man von einem allgemeinen vergaberechtlichen Umgehungsverbot aus, so setzt – unabhängig hiervon – die Annahme einer Gesetzesumgehung ohnehin keine dahingehende Absicht voraus[716].

Vor diesem Hintergrund können subjektive Absichten nicht herangezogen werden, um Anteilsverkäufe dem Vergaberecht zu unterwerfen oder zu entziehen[717].

(2) Zusammenhänge rechtlicher, wirtschaftlicher oder zeitlicher Art

Wie dargelegt, ist es durch das Abstellen auf subjektive Absichten nicht möglich festzustellen, wann der Anwendungsbereich des Vergaberechts bei der Veräußerung von Anteilen einer kommunalen Eigengesellschaft an einen Privaten eröffnet ist. Aus diesem Grund muss auf objektive Kriterien zurückgegriffen werden. In Betracht kommen diesbezüglich Zusammenhänge rechtlicher, wirtschaftlicher oder zeitlicher Art. Ist im Rahmen eines Anteilsverkaufs von einem solchen Zusammenhang auszugehen, soll der Anteilsverkauf einer Ausschreibungspflicht unterliegen. Die Tauglichkeit eines Zusammenhangs rechtlicher, wirtschaftlicher oder zeitlicher Art zur Bestimmung des vergaberechtlichen Anwendungsbereichs im Rahmen von Anteilsverkäufen hängt indes von seinem jeweiligen Inhalt ab, der infolgedessen zu klären ist.

714 *Eilmansberger*, JBl 2001, 572; *Frenz*, DÖV 2002, 192.

715 *Dreher*, NZBau 2002, 249; *Hüser*, Ausschreibungspflichten bei der Privatisierung öffentlicher Aufgaben, 2005, S. 247 f.; *Klein*, Veräußerung öffentlicher Unternehmen und Vergaberecht, 2005, S. 194.

716 *Armbrüster*, in: Säcker/Rixecker (Hrsg.), Münchener Kommentar BGB, Bd. 1, 5. Aufl. 2006, § 134 Rn. 16 m.w.N.

717 *Hüser*, Ausschreibungspflichten bei der Privatisierung öffentlicher Aufgaben, 2005, S. 248, zumindest krit. *Klein*, Veräußerung öffentlicher Unternehmen und Vergaberecht, 2005, S. 196; *Loer*, Public Private Partnership und Public Public Partnership, 2007, S. 82 ff.

(a) Zusammenhang rechtlicher Art

Ein Zusammenhang rechtlicher Art[718] kann entweder auf gesetzlichen Vorschriften oder geschlossenen Verträgen beruhen. Mangels einschlägiger gesetzlicher Vorschriften kommt bei Anteilsverkäufen jedoch nur ein Zusammenhang rechtlicher Art aufgrund geschlossener Verträge in Betracht. Dies führt allerdings dazu, dass es sich bei einem Zusammenhang rechtlicher Art nicht mehr um ein objektives, sondern wieder um ein subjektives Merkmal handelt. Denn eine Anwendung des Vergaberechts hinge jetzt davon ab, ob die Kommune und der private Partner überhaupt eine dahingehende vertragliche Regelung getroffen haben und wie genau diese ausgestaltet ist. Das Vergaberecht stünde auch hier zur Disposition seiner Adressaten. Durch eine entsprechende Vertragsgestaltung könnten sich die Kommune und der private Partner der gebotenen Ausschreibungspflicht entziehen. Ein Zusammenhang rechtlicher Art ist somit nicht geeignet, den Anwendungsbereich des Vergaberechts im Rahmen von Anteilsverkäufen zu bestimmen.

(b) Zusammenhang wirtschaftlicher Art

Hinter der Heranziehung eines Zusammenhangs wirtschaftlicher Art steht die Überlegung, dass dem Vergaberecht in erster Linie eine ökonomische Bedeutung zukommt und seine Anwendung somit in diesem Kontext gesehen werden sollte[719]. Das Vorliegen eines Zusammenhangs wirtschaftlicher Art beruht infolgedessen auf der Frage, ob der Schwerpunkt auf der Anteilsveräußerung oder der Vergabe des öffentlichen Auftrags liegt. Es kommt also darauf an, welche wirtschaftliche Bedeutung beide Vorgänge sowohl auf Seiten der Kommune als auch auf Seiten des privaten Partners einnehmen. Um diese wirtschaftliche Bedeutung einschätzen zu können, kommen verschiedene Anknüpfungspunkte in Betracht. Zum einen ist es möglich, den Wert der veräußerten Anteile oder den tatsächlichen kommunalen Veräußerungserlös zu dem Wert des öffentlichen Auftrags ins Verhältnis zu setzen. Allerdings kann auch darauf abgestellt werden, welche wirtschaftliche Bedeutung der öffentliche Auftrag für das gemischtwirtschaftliche Unternehmen oder den privaten Partner hat[720]. Es zeigt sich jedoch, dass

718 Vgl. *Dreher*, NZBau 2002, 249.

719 *Frenz*, WRP 2006, 1219.

720 Vgl. *Klein*, Veräußerung öffentlicher Unternehmen und Vergaberecht, 2005, S. 196, der eine Ausschreibungsfreiheit allerdings unzulässigerweise annehmen würde, weil die Vergabe eines öffentlichen Auftrags bei einer fast ausschließlich auf den privaten Markt bezogenen Geschäftstätigkeit die Durchführung eines auf öffentliche Aufträge zugeschnittenen Vergabeverfahrens entbehrlich mache. Die Durchführung eines Vergabeverfahrens hängt jedoch lediglich

mit den denkbaren Anknüpfungspunkten ideelle Werte nur schwerlich erfasst werden können. So kann ein von seinem objektiven Wert vernachlässigbarer öffentlicher Auftrag für einen Privaten ideell und infolgedessen subjektiv von unschätzbarem Wert sein, z.B. weil er sich der Kommune durch eine gute Auftragserfüllung für die Zukunft empfehlen kann oder infolge der Beauftragung bei anderen Kommunen oder privaten Auftraggebern im Vorteil ist. Die Subjektivität des wirtschaftlichen Zusammenhangs wird noch augenfälliger, wenn man sich vergegenwärtigt, dass eine Entscheidung und somit auch ihre wirtschaftliche Bedeutung immer auch subjektiv geprägt ist. Mit Hilfe eines Zusammenhangs wirtschaftlicher Art würde daher letztlich nur versucht werden, subjektive Erwägungen nachzuvollziehen[721]. Solche können jedoch gerade nicht den Anwendungsbereich des Vergaberechts bestimmen.

Ein Zusammenhang wirtschaftlicher Art könnte allenfalls taugliches Kriterium sein, wenn dieser darauf abstellen würde, ob infolge einer wirtschaftlichen Betrachtungsweise die Beteiligung des privaten Partners einer Auftragsneuerteilung gleichkommt. Dies wäre der Fall, wenn der Anteilsverkauf dazu dient, eine Kündigung des bestehenden Auftrags und seine dem Vergaberecht unterliegende Neuvergabe zu verhindern[722]. Allerdings hängt auch die Frage, ob der bestehende Auftrag ohne die Beteiligung des privaten Partners gekündigt und neu vergeben worden wäre erheblich von subjektiven Erwägungen der Kommune ab. Nur die Fälle, in denen ohne die Beteiligung des Privaten die Kündigung des Auftrags z.B. aus finanziellen Gründen zu diesem Zeitpunkt die einzige Möglichkeit gewesen wäre, würden erfasst werden. Zumeist wird die Kommune jedoch objektiv – zumindest im Zeitpunkt des Anteilsverkaufs – nicht gezwungen sein, ohne die Beteiligung des Privaten den Auftrag zu kündigen. Vielmehr wird die Beteiligung des Privaten vorausschauend geschehen. Hierbei handelt es sich allerdings bereits wieder um subjektive Erwägungen[723].

Infolgedessen stellt sich auch das Heranziehen eines Zusammenhangs wirtschaftlicher Art, von Ausnahmefällen abgesehen, als ungeeignet dar, die Ausschreibungspflichtigkeit von Anteilsverkäufen zu bestimmen.

---

davon ab, ob ein öffentlicher Auftrag vergeben wird, jedoch nicht davon, ob der Auftragnehmer ansonsten nur auf dem privaten Markt tätig ist.

721 *Dreher*, NZBau 2002, 249; *Klein*, Veräußerung öffentlicher Unternehmen und Vergaberecht, 2005, S. 197.

722 OLG Brandenburg, VergabeR 2002, 45 (47).

723 Ebenfalls ablehnend *Hüser*, Ausschreibungspflichten bei der Privatisierung öffentlicher Aufgaben, 2005, S. 250.

(c) Zusammenhang zeitlicher Art

Der Rückgriff auf einen Zusammenhang zeitlicher Art, um das Vorliegen einer Umgehungsabsicht feststellen zu können[724], hat bereits gezeigt, dass es sich auch hierbei nicht um ein objektives Kriterium handelt. Vielmehr soll wiederum versucht werden, subjektive Erwägungen nachzuvollziehen. Unabhängig hiervon wäre ein Zusammenhang zeitlicher Art nur ein geeignetes Kriterium, wenn es gelingen würde, einen festen Zeitraum zu bestimmen, nach dessen Ablauf eine Ausschreibungspflicht nicht mehr angezeigt wäre. Dies ist jedoch nicht möglich. Vorliegend kann nicht nur die Länge eines solchen Zeitraums nicht bestimmt werden, sondern es fehlen schon die rechtlichen Anknüpfungspunkte, warum nach Ablauf eines bestimmten Zeitraums die Anwendung des Vergaberechts nicht mehr notwendig sein sollte. Stellt man auf eine Umgehungsabsicht ab und zieht einen Zusammenhang zeitlicher Art als Unterkriterium heran[725], ist rechtlicher Anknüpfungspunkt das Nichtvorliegen einer Umgehungsabsicht. Bei einer isolierten Anwendung des zeitlichen Kriteriums ist es aber nicht begründbar, dass eine Ausschreibungspflicht einzig durch Zeitablauf nicht mehr angezeigt ist. Infolgedessen spricht viel dafür, dass einem Zusammenhang zeitlicher Art ohnehin nur bei der Feststellung subjektiver Absichten eine Funktion zukommt[726].

b) Uneingeschränkte Ausschreibungspflicht

Die von der Rechtsprechung und Literatur zur Feststellung der Ausschreibungspflichtigkeit von Anteilsverkäufen bzw. zur Einschränkung der wirtschaftlichen Betrachtungsweise herangezogenen Kriterien erweisen sich für diesen Zweck als ungeeignet[727]. Allerdings bedarf es dieser Kriterien auch nicht. Denn sowohl bei einem funktionalen Verständnis des Auftragsbegriffs als auch bei der Annahme eines allgemeinen vergaberechtlichen Umgehungsverbots – beiderlei beruht auf dem übereinstimmenden Sinn und Zweck des europäischen und nationalen Vergaberechts – muss es zu einer uneingeschränkten Ausschreibungspflicht entweder des öffentlichen Auftrags oder des Anteilsverkaufs kommen. Dies beruht auf der Tatsache, dass eine Kommune bei wirtschaftlicher Betrachtung durch den Verkauf von Anteilen einer Eigengesellschaft an einen Privaten *immer* eine Leistung beschafft, um einen eigenen Bedarf zu decken. Die zunächst ausschließlich

724 Vgl. oben, vierter Teil, dritter Abschnitt, B. IV. 3. a) (1).

725 Vgl. oben, vierter Teil, dritter Abschnitt, B. IV. 3. a) (1).

726 Krit. wohl auch *Hüser*, Ausschreibungspflichten bei der Privatisierung öffentlicher Aufgaben, 2005, S. 247.

727 Ebenso *Dreher*, NZBau 2002, 249; *Loer*, Public Private Partnership und Public Public Partnership, 2007, S. 82 ff.

von der Eigengesellschaft erbrachte Leistung wird nun von der gemischtwirtschaftlichen Gesellschaft erbracht. Die Auftragsvergabe ist mit dem Anteilsverkauf erfolgt. Vor diesem Hintergrund ist nicht ersichtlich, warum z.B. ein fünf Jahre nach Gründung der Eigengesellschaft und Aufgabenübertragung auf diese erfolgender Anteilsverkauf nicht dem Vergaberecht unterliegen sollte. Die Kommune bedient sich unabhängig etwaiger subjektiver oder objektiver Kriterien des Marktes, um ihren Bedarf zu decken. Eine von der Anwendung des Vergaberechts befreiende Ausnahme ist weder gesetzlich geregelt noch dem Sinn und Zweck des Vergaberechts zu entnehmen.

Auf Seiten des die Anteile erwerbenden Privaten kommt es *immer* zu einer Beteiligung an einem öffentlichen Auftrag. Unabhängig von einem sich infolge der Gesellschafts- und Auftragsbeteiligung ergebenden finanziellen Gewinn oder Verlust ist für den Privaten mit dem Anteilsverkauf ein Wettbewerbsvorteil verbunden. Denn er ist bereits für die Kommune tätig und kann sich für weitere Aufträge dieser, aber auch anderer Kommunen oder von privaten Auftraggebern empfehlen[728].

Eine Beschränkung des vergaberechtlichen Anwendungsbereichs ergibt sich auch nicht aus der Rechtsprechung des Europäischen Gerichtshofs. Insbesondere die Anwendung eines Zusammenhangs zeitlicher Art wird damit begründet, dass sich der Europäische Gerichtshof in dem Urteil *„Stadt Mödling"*[729] auf den kurzen Zeitraum gestützt habe, der dort zwischen Gründung der Eigengesellschaft, Aufgabenübertragung und Anteilsverkauf gelegen habe[730]. Bei genauer Betrachtung ergibt sich indessen, dass der Europäische Gerichtshof lediglich auf den diesem Fall zugrunde liegenden Sachverhalt Bezug genommen hat. Die Ausschreibungspflicht von Anteilsverkäufen einschränkende Kriterien (subjektiver oder objektiver Art) lassen sich dem Urteil nicht entnehmen.

Bestätigt wird dies durch das *„ANAV"*-Urteil des Europäischen Gerichtshofs[731]. Dort ging es um die Frage, ob die Stadt Bari berechtigt war, die Durchführung des öffentlichen Personennahverkehrs ohne jegliche Ausschreibung an die AMTAB Servizio, eine Eigengesellschaft der Stadt Bari, zu vergeben. Ein Jahr vor der Aufgabenübertragung hatte die Stadt Bari beschlossen, die AMTAB Servizio größtenteils zu privatisieren, diesen Beschluss jedoch zwei Jahre nach der Aufgabenübertragung wieder aufgehoben. Der Europäische Gerichtshof

728 So auch *Endler*, NZBau 2002, 133; *Hattig/Ruhland*, VergabeR 2005, 426; *Jaeger*, NZBau 2001, 10 f.; *Kunert*, Vergaberecht und öffentliches Recht, 2003, S. 231 f.; *Loer*, Public Private Partnership und Public Public Partnership, 2007, S. 85 f.; *Säcker/Wolf*, WRP 2007, 291 f.

729 EuGH, Rs. C-29/04, Slg. 2005, I-9722.

730 *Frenz*, WRP 2006, 1219 f.; *Grotelüschen/Lübben*, VergabeR 2008, 171; *Jasper/Arnold*, NZBau 2006, 26.

731 EuGH, Rs. C-410/04, Slg. 2006, I-3311.

verneinte aufgrund des Vorliegens eines In-house-Geschäfts eine Ausschreibungspflicht und führte unter Bezugnahme auf das Urteil *„Stadt Halle"*[732] in Hinblick auf eine eventuell zukünftig stattfindende (teilweise) Privatisierung der AMTAB Servizio aus:

> „Würde das Kapital der AMTAB Servizio während der Laufzeit des im Ausgangsverfahren in Rede stehenden Vertrages privaten Aktionären geöffnet, so würde dies dazu führen, dass eine öffentliche Dienstleistungskonzession ohne Ausschreibung einem gemischtwirtschaftlichen Unternehmen erteilt würde, was die Ziele des Gemeinschaftsrechts beeinträchtigen würde. Die – auch nur minderheitliche – Beteiligung eines privaten Unternehmens am Kapital einer Gesellschaft, an der auch die konzessionserteilende öffentliche Stelle beteiligt ist, schließt nämlich auf jeden Fall aus, dass diese öffentliche Stelle über eine solche Gesellschaft eine ähnliche Kontrolle ausüben kann wie über ihre eigenen Dienststellen."[733]

Hieraus ergibt sich, dass der Europäische Gerichtshof bei dem Verkauf von Anteilen einer Eigengesellschaft an einen Privaten unterschiedslos von einer Ausschreibungspflicht ausgeht. Denn durch jeden Anteilsverkauf entfällt die Ausnahme des In-house-Geschäfts und wird ein öffentlicher Auftrag ohne Ausschreibung einem gemischtwirtschaftlichen Unternehmen erteilt. So heißt es auch in den Schlussanträgen des Generalanwalts *Geelhoed* in der Rechtssache *„ANAV"*, aus dem Urteil *„Stadt Mödling"* ergebe sich, dass eine Ausschreibungsfreiheit infolge eines In-house-Geschäfts nur in Betracht komme, wenn die In-house-Kriterien *dauerhaft* erfüllt seien[734]. Die Vergabe eines öffentlichen Auftrags an ein gemischtwirtschaftliches Unternehmen unterliegt nach der Rechtsprechung des Europäischen Gerichtshofs hingegen immer dem Vergaberecht[735].

Infolgedessen wird auch die dogmatische Begründung der unbeschränkten Ausschreibungspflicht im Rahmen von Anteilsverkäufen sichtbar. Sie liegt nicht in der Mitvergabe eines öffentlichen Auftrags an einen Privaten. Vielmehr kommt es durch den Anteilsverkauf zu einer Identitätsänderung der Eigengesellschaft von einer In-house-Gesellschaft, an welche die Kommune ausschreibungsfrei öffentliche Aufträge vergeben kann, zu einer gemischtwirtschaftlichen Gesellschaft, welche vergaberechtlich Privaten gleichgestellt ist. Infolge des Anteilsverkaufs ist Auftragnehmer des in Rede stehenden öffentlichen Auftrags nicht mehr die Eigengesellschaft, sondern die gemischtwirtschaftliche Gesell-

---

732 EuGH, Rs. C-26/03, Slg. 2005, I-26.

733 EuGH, Rs. C-410/04, Slg. 2006, I-3311, Rn. 30 f. – *„ANAV"*.

734 Schlussanträge des Generalanwalts in der Rs. C-410/04, Slg. 2006, I-3305, Rn. 19. – *„ANAV"*.

735 Vgl. EuGH, Rs. C-26/03, Slg. 2005, I-26 – *„Stadt Halle"*.

schaft. Die Ausschreibungspflicht beruht somit auf der Auftragnehmereigenschaft der gemischtwirtschaftlichen Gesellschaft[736].

Dass es um den Verkauf von Gesellschaftsanteilen geht, darf nicht dazu verleiten, Parallelen zu der im Grundsatz ausschreibungsfreien Aufgaben- oder Vermögensprivatisierung zu ziehen. Denn im Rahmen der funktionalen Privatisierung entledigt sich die Kommune nicht gänzlich einer Aufgabe, sondern überträgt – trotz und infolge des Anteilsverkaufs – lediglich die Durchführung einer Aufgabe auf das gemischtwirtschaftliche Unternehmen und somit auch auf einen Privaten.

c) Ausschreibung entweder des öffentlichen Auftrags oder des Anteilsverkaufs

Neben der Feststellung einer uneingeschränkten Ausschreibungspflicht ist – wie bereits im Rahmen des originären Beteiligungserwerbs – entscheidend, auf welchen Vorgang sich diese bezieht. In Betracht kommt die Durchführung eines Vergabeverfahrens in Hinblick auf den öffentlichen Auftrag, den Anteilsverkauf oder sowohl den öffentlichen Auftrag als auch den Anteilsverkauf. Ausgehend von dem Sinn der Ausschreibungspflicht, bei der Vergabe öffentlicher Aufträge einen gemeinschaftsweiten Wettbewerb sicherzustellen, erscheint eine Ausschreibung sowohl des öffentlichen Auftrags als auch des Anteilsverkaufs nicht notwendig. Vielmehr ist es ausreichend, wenn lediglich einer dieser Vorgänge ausgeschrieben wird. Dem Vergaberecht ist infolgedessen Genüge getan, wenn die Kommune die bisher von der Eigengesellschaft durchgeführte Aufgabe zum Gegenstand eines Vergabeverfahrens macht. In diesem Fall könnte die Eigengesellschaft bereits vor dem Vollzug des Beteiligungserwerbs ein Angebot abgeben oder der Beteiligungserwerb könnte unter der auflösenden Bedingung der Nichterteilung des Zuschlags vereinbart werden[737]. Allerdings hat die Kommune ebenso die Möglichkeit, nur die Suche nach dem die Anteile erwerbenden Privaten auszuschreiben. Auch dann kommt es zu einem gemeinschaftsweiten Wettbewerb um den öffentlichen Auftrag, da dieser Tätigkeitsgegenstand der Eigengesellschaft und zukünftigen gemischtwirtschaftlichen Gesellschaft ist[738].

---

736 *Eilmansberger*, JBl 2001, 571 f., 574 f.; *Endler*, NZBau 2002, 133; *Hüser*, Ausschreibungspflichten bei der Privatisierung öffentlicher Aufgaben, 2005, S. 264; *Klein*, Veräußerung öffentlicher Unternehmen und Vergaberecht, 2005, S. 207; *Loer*, Public Private Partnership und Public Public Partnership, 2007, S. 85; *Säcker/Wolf*, WRP 2007, 292 f.

737 *Hüser*, Ausschreibungspflichten bei der Privatisierung öffentlicher Aufgaben, 2005, S. 257.

738 So auch Kommission, Mitteilung zu Auslegungsfragen in Bezug auf die Anwendung der gemeinschaftlichen Rechtsvorschriften für öffentliche Aufträge und Konzessionen auf institutionalisierte Öffentlich Private Partnerships, C (2007) 6661, S. 5, Ziff. 2.2.

Eilmansberger[739] und *Hüser*[740] verneinen gleichwohl die Möglichkeit, nur die Suche nach dem die Anteile erwerbenden Privaten auszuschreiben[741]. Ihrer Auffassung nach würde diese Vorgehensweise nichts an dem vergaberechtlich nicht gewollten Ergebnis ändern, dass der öffentliche Auftrag dem Vergabewettbewerb entzogen worden ist. Das nachträgliche Einführen eines Wettbewerbselements im Rahmen des Anteilsverkaufs könne die durch die freihändige Vergabe des Auftrags verursachte Wettbewerbsverzerrung nicht kompensieren. Der Anteilsverkauf im Wege der Ausschreibung biete zwar theoretisch jedem Mitbewerber die Möglichkeit, sich den Auftrag zu verschaffen. Der Käufer sei aber gezwungen, den Auftrag mit Hilfe des gemischtwirtschaftlichen Unternehmens zu erfüllen. Schon darin liege eine Verfälschung des Vergabewettbewerbs.

Dem ist nicht zuzustimmen. *Eilmansberger* und *Hüser* sehen die Entscheidung der Kommune, die in Rede stehende Aufgabe nur unter eigener Beteiligung in der Form eines gemischtwirtschaftlichen Unternehmens durchführen zu wollen, als Wettbewerbsverstoß an. Hierbei handelt es sich aber um eine (organisatorische) Entscheidung der Kommune, die keiner vergaberechtlichen Beurteilung unterliegt. Es gibt keinen Anspruch des Marktes, eine Aufgabe alleine durchführen zu dürfen. Eine andere Beurteilung ergibt sich auch nicht, wenn die In-house-Vergabe erfolgt, um das Vergaberecht zu umgehen. Denn die Entscheidung der Kommune, an der Durchführung der Aufgabe beteiligt sein zu wollen, ist der In-house-Vergabe vorgelagert und von dieser losgelöst. Beabsichtigte die Kommune von vornherein, die Durchführung der Aufgabe durch den Anteilsverkauf gänzlich einem Privaten zu übertragen, so wäre selbst unter Berücksichtigung der Auffassung von *Eilmansberger* und *Hüser* keine Wettbewerbsverzerrung gegeben, da sich der Käufer dann ohnehin nicht des gemischtwirtschaftlichen Unternehmens bedienen müsste. Die grundsätzliche Verneinung einer auf den Anteilsverkauf bezogenen Ausschreibungspflicht durch *Hüser* mit der Begründung, die Ausschreibung der gegenüber dem Beteiligungserwerb selbständigen vertraglichen Leistungsbeziehung könne nicht ersetzt werden[742], ist vor diesem

---

739 *Eilmansberger*, JBl 2001, 572.

740 *Hüser*, Ausschreibungspflichten bei der Privatisierung öffentlicher Aufgaben, 2005, S. 251 f.

741 Hiervon geht auch *Frenz*, NJW 2006, 2666, aus, da es andernfalls zu einem übermäßigen Eingriff in den organisatorischen Binnenbereich der Eigengesellschaft komme (vgl. *ders.*, WRP 2006, 1218). Dies führt allerdings wieder zu der (zu verneinenden) Frage zurück, ob eine Ausschreibungspflicht aufgrund der Nichtgeeignetheit des Vergabeverfahrens ausscheidet (vgl. hierzu oben, vierter Teil, vierter Abschnitt, B. II. 1.).

742 *Hüser*, Ausschreibungspflichten bei der Privatisierung öffentlicher Aufgaben, 2005, S. 252 ff.

Hintergrund abzulehnen[743]. Dies gilt gleichermaßen für den Fall des originären Beteiligungserwerbs, in dessen Rahmen sich die Frage ebenso stellt.

d) Berechnung des Auftragswertes

Zu einer Ausschreibungspflicht im Rahmen von Anteilsverkäufen kommt es jedoch nur, wenn auch hier die allgemeinen vergaberechtlichen Voraussetzungen gegeben sind. Zu diesen gehört gemäß § 100 Abs. 1 GWB das Erreichen der in § 2 VgV geregelten Schwellenwerte. Die Frage der Berechnung des Auftragswertes bei Anteilsverkäufen ist für die Beteiligten daher von nicht zu unterschätzender Bedeutung.

Entscheidend sind in diesem Zusammenhang zwei Fragen: Zum einen kommt es darauf an, ob die gesamte Laufzeit des öffentlichen Auftrags oder nur der Zeitraum beginnend mit der Privatisierung der Eigengesellschaft in die Berechnung einzubeziehen ist. Da eine Ausschreibungspflicht jedoch erst mit der Öffnung der Eigengesellschaft für Private entsteht, hingegen noch nicht mit der In-house-Vergabe, kann es diesbezüglich nur um den noch abzuwickelnden Auftragsanteil gehen[744]. Zum anderen ist zu klären, ob der noch abzuwickelnde Auftragsanteil in voller Höhe oder nur in Höhe der Beteiligung des Privaten zu berücksichtigen ist. So wird vertreten, dass bei einem Anteilsverkauf in Höhe von z.B. 49 % der Wert des noch abzuwickelnden Auftragsanteils in dieser Höhe zu reduzieren sei[745]. Diese Auffassung verkennt allerdings, dass der Anteilsverkauf nicht zu der Vergabe eines öffentlichen Auftrags an den Privaten in der Höhe seiner Beteiligung führt. Der Anteilsverkauf führt vielmehr dazu, dass der noch abzuwickelnde Auftragsanteil gänzlich an das gemischtwirtschaftliche Unternehmen vergeben wird. Auftragnehmer ist nicht der Private, sondern das gemischtwirtschaftliche Unternehmen. Die Ausschreibungspflicht beruht demzufolge nicht auf der Vergabe eines anteiligen öffentlichen Auftrags, sondern auf der Identitätsänderung der Eigengesellschaft von einer In-house-Gesellschaft zu

743 Im Ergebnis ebenso *Klein*, Veräußerung öffentlicher Unternehmen und Vergaberecht, 2005, S. 207 f.

744 *Dreher*, NZBau 2002, 250; *Hüser*, Ausschreibungspflichten bei der Privatisierung öffentlicher Aufgaben, 2005, S. 263; *Klein*, Veräußerung öffentlicher Unternehmen und Vergaberecht, 2005, S. 212 f.

745 VK Stuttgart, NZBau 2001, 340 (341); *Jaeger*, NZBau 2001, 11; *Klein*, Veräußerung öffentlicher Unternehmen und Vergaberecht, 2005, S. 213 f., der sich damit in Widerspruch zu seiner auf S. 207 vertretenen Auffassung setzt, dass die Ausschreibungspflicht auf dem Identitätswechsel der Eigengesellschaft beruht.

einer gemischtwirtschaftlichen Gesellschaft[746]. Der Auftragswert berechnet sich infolgedessen einzig auf der Grundlage des noch abzuwickelnden Auftragsanteils[747].

e) Ausschreibungspflicht bei dem Verkauf geringer Anteilsmengen und der Erhöhung des Anteilsbesitzes

Das Beruhen der Ausschreibungspflicht im Rahmen von Anteilsverkäufen auf der Identitätsänderung der Eigengesellschaft von einer In-house-Gesellschaft zu einer gemischtwirtschaftlichen Gesellschaft und die daraus folgende Auftragnehmereigenschaft der gemischtwirtschaftlichen Gesellschaft zeigt bereits, dass auch der Verkauf geringer Anteilsmengen dem Vergaberecht unterliegt. Denn der Verlust der In-house-Identität der Eigengesellschaft erfolgt nach der Rechtsprechung des Europäischen Gerichtshofs[748] mit der Beteiligung eines Privaten. Auf die Beteiligungshöhe kommt es insofern nicht an.

Von Bedeutung ist darüber hinaus, ob eine Erhöhung des Anteilsbesitzes des privaten Partners dem Vergaberecht unterliegt. Dies dürfte jedoch zu verneinen sein, da die Auftragnehmereigenschaft der gemischtwirtschaftlichen Gesellschaft auch bei einer Erhöhung des Anteilsbesitzes unverändert bleibt. Die Ausschreibung im Rahmen des erstmaligen Anteilsverkaufs war nicht auf die damalige Beteiligungshöhe des privaten Partners beschränkt, so dass in der späteren Erhöhung des Anteilsbesitzes keine ausschreibungspflichtige Auftragserweiterung liegt[749]. Anders verhält es sich hingegen, wenn Anteile an einen bisher unbeteiligten Dritten verkauft werden sollen. Zwar bleibt die Auftragnehmereigenschaft der gemischtwirtschaftlichen Gesellschaft auch dann unverändert. Allerdings wird die gemischtwirtschaftliche Gesellschaft in diesem Fall erneut für den Markt geöffnet. Das Beruhen der Ausschreibungspflicht im Rahmen von Anteilsverkäufen auf der Identitätsänderung der Eigengesellschaft bedeutet nicht, dass es nur bei dieser (erstmaligen) Identitätsänderung zu einer Anwendung des Vergaberechts kommen kann. Denn der Verlust der In-house-Identität aufgrund der Beteiligung Privater beruht unter anderem darauf, dass der private Partner andernfalls einen Wettbewerbsvorteil erlangen würde. Dies wäre jedoch nicht

---

746 Vgl. oben, vierter Teil, dritter Abschnitt, B. IV. 3. b); *Hüser*, Ausschreibungspflichten bei der Privatisierung öffentlicher Aufgaben, 2005, S. 264.

747 *Dreher*, NZBau 2002, 250 f.; *Endler*, NZBau 2002, 134; *Hüser*, Ausschreibungspflichten bei der Privatisierung öffentlicher Aufgaben, 2005, S. 264.

748 EuGH, Rs. C-26/03, Slg. 2005, I-26, Rn. 49 – *„Stadt Halle"*; Rs. C-410/04, Slg. 2006, I-3311, Rn. 30 f. – *„ANAV"*.

749 *Endler*, NZBau 2002, 134.

anders, würde ein bisher nicht beteiligter Dritter Anteile an einer gemischtwirtschaftlichen Gesellschaft erwerben.

V. Ergebnis

Institutionelle Public Private Partnerships unterliegen grundsätzlich dem Vergaberecht. Zwar lässt sich eine Ausschreibungspflicht bei formaler Betrachtung der Gründung eines gemischtwirtschaftlichen Unternehmens oder eines In-house-Geschäfts verbunden mit einem Anteilsverkauf nicht herleiten. Allerdings ergibt sich aus dem Sinn und Zweck des Vergaberechts eine wirtschaftliche (Gesamt-) Betrachtung dieser Vorgänge. Daher ist die Gründung eines gemischtwirtschaftlichen Unternehmens, soweit hiermit die Vergabe eines öffentlichen Auftrags verbunden ist, auszuschreiben. Selbiges gilt im Rahmen des Verkaufs von Anteilen einer kommunalen Eigengesellschaft an einen Privaten. Kriterien zur Feststellung einer Ausschreibungspflicht bzw. zur Einschränkung der wirtschaftlichen Betrachtungsweise bedarf es im Rahmen des Anteilsverkaufs nicht. Vielmehr besteht hier eine uneingeschränkte Ausschreibungspflicht. Jedoch müssen nicht sowohl die Vergabe des öffentlichen Auftrags als auch die Suche nach dem privaten Partner ausgeschrieben werden. Dem Vergaberecht genügt die Ausschreibung nur einer dieser Vorgänge.

Fünfter Teil
Die Ausschreibungspflichtigkeit der interkommunalen Zusammenarbeit

Erster Abschnitt
Einführung

Den Kommunen obliegt die Erfüllung zahlreicher Aufgaben. Ihre zumeist nur unzureichende finanzielle Ausstattung zwingt jedoch dazu, diesen Aufgaben möglichst kostengünstig nachzukommen. Vor diesem Hintergrund haben die Kommunen insbesondere die Zusammenarbeit mit Privaten gesucht. Hierdurch sollten die Effektivität der Aufgabenerfüllung gesteigert und die Ausgaben gesenkt werden. Aufgrund der Ausschreibungspflichtigkeit von Public Private Partnerships[750] gehen die Kommunen allerdings zunehmend dazu über, diese Ziele im Wege einer Zusammenarbeit untereinander zu erreichen. Ein weiterer Grund liegt darin, dass sich die Durchführung vieler Aufgaben finanziell wieder lohnt, wie z.B. das Einsammeln und Verwerten von Altpapier. Dies führt dazu, dass die Kommunen solche Aufgaben vollständig in den kommunalen Bereich zurückholen und Private hieran nicht weiter beteiligen wollen.

Die interkommunale Zusammenarbeit verweist somit auf die Kooperationsformen innerhalb der öffentlichen Verwaltung. Demzufolge ist auch von Public Public Partnerships[751] oder – in Anlehnung an den Begriff des In-house-Geschäfts – von In-state-Geschäften die Rede, da die Aufgabenerfüllung zumindest innerhalb des Staates und seiner Untergliederungen erfolge[752].

A. Unterteilung der interkommunalen Zusammenarbeit

Verschiedene Formen der interkommunalen Zusammenarbeit können zunächst danach unterschieden werden, ob es sich um institutionelle oder um vertragliche Kooperationen handelt. Institutionelle Kooperationen zeichnen sich im Gegensatz zu vertraglichen Kooperationen dadurch aus, dass die Zusammenarbeit körperschaftlich verfasst und nicht ausschließlich vertraglich organisiert ist[753]. Darüber hinaus kann die interkommunale Zusammenarbeit ihrem Inhalt nach

750 Vgl. oben, vierter Teil, dritter Abschnitt.

751 *Hattig/Ruhland*, VergabeR 2005, 425; *Storr*, LKV 2005, 521; *Ziekow/Siegel*, VerwArch Bd. 96 (2005), S. 119; *dies.*, VergabeR 2005, 148.

752 *Ziekow/Siegel*, VerwArch Bd. 96 (2005), S. 126; *dies.*, VergabeR 2005, 148.

753 *Krohn*, NZBau 2006, 610; vgl. auch *Storr*, LKV 2005, 522.

unterschieden werden. So ist entweder (*mandatierend*) die Übertragung nur der Durchführung einer Aufgabe oder (*delegierend*) die Übertragung der öffentlich-rechtlichen Zuständigkeit für eine Aufgabe, also der Aufgabe selbst, möglich[754].

B. Konkrete Formen der interkommunalen Zusammenarbeit

Den Kommunen stehen verschiedene konkrete Formen der interkommunalen Zusammenarbeit zur Verfügung, die der vorstehenden Unterteilung entsprechend eingeordnet werden können. Diese sind ganz überwiegend landesgesetzlich geregelt, z.B. in dem „Sächsischen Gesetz über kommunale Zusammenarbeit"[755].

I. Der Verwaltungsverband

Benachbarten Gemeinden desselben Landkreises steht die Möglichkeit offen, sich zu einem Verwaltungsverband zusammenzuschließen (§ 3 Abs. 1 SächsKomZG). Dieser ist eine Körperschaft des öffentlichen Rechts und verwaltet seine Angelegenheiten in eigener Verantwortung (§ 5 Abs. 1 SächsKomZG).

Hinsichtlich der Aufgaben des Verwaltungsverbandes ist zu unterscheiden: Das Gesetz bestimmt sowohl Aufgaben, die zwingend auf den Verwaltungsverband *übergehen* (§ 7 Abs. 1 SächsKomZG), als auch Aufgaben, die der Verwaltungsverband zwingend für die Mitgliedsgemeinden zu *erledigen* hat (§ 8 Abs. 1 SächsKomZG). Der Übergang von Aufgaben bedeutet eine Zuständigkeitsverlagerung, während mit der Erledigung nur eine Übertragung der Aufgabendurchführung verbunden ist[756]. Daneben können die Mitgliedsgemeinden durch öffentlich-rechtlichen Vertrag Aufgaben auch freiwillig auf den Verwaltungsverband übergehen lassen oder diesen erledigen lassen (§§ 7 Abs. 2, 8 Abs. 2 SächsKomZG).

Der Verwaltungsverband wird durch die Vereinbarung einer Verbandssatzung gebildet (§ 11 Abs. 1 SächsKomZG). Bei dieser Vereinbarung handelt es sich

754 *Bergmann/Vetter*, NVwZ 2006, 497; *Kasper*, VergabeR 2006, 840; *Krohn*, NZBau 2006, 610; *Portz*, VergabeR 2006, 97.

755 V. 19.8.1993, SächsGVBl. 1993, S. 815.

756 *Menke*, in: Sponer/Jacob/Menke, Landkreisordnung für den Freistaat Sachsen, 3. Aufl. 2004, § 7 SächsKomZG Rn. 1, § 8 SächsKomZG Rn. 1.

um einen öffentlich-rechtlichen Vertrag[757]. Die Entstehung erfolgt – vorbehaltlich des Inhalts der Verbandssatzung – durch die öffentliche Bekanntmachung der rechtsaufsichtsbehördlichen Genehmigung der Verbandssatzung und der Verbandssatzung selbst am Tag nach dieser Bekanntmachung (§ 13 Abs. 2 SächsKomZG). Die Organe des Verwaltungsverbandes sind die Verbandsversammlung und der Verbandsvorsitzende (§ 15 SächsKomZG), wobei sich die Verbandsversammlung aus dem Verbandsvorsitzenden, den Bürgermeistern der Mitgliedsgemeinden sowie weiteren Vertretern zusammensetzt, die von den Gemeinderäten der Mitgliedsgemeinden aus ihrer Mitte gewählt werden. Alle Vertreter sind an Weisungen ihrer Mitgliedsgemeinden gebunden (§ 16 SächsKomZG).

Soweit die sonstigen Erträge nicht ausreichen, kann der Verwaltungsverband zur Deckung seines Finanzbedarfs von den Mitgliedsgemeinden eine Umlage erheben, die einer Regelung in der Verbandssatzung bedarf. Haben einzelne Mitgliedsgemeinden (freiwillig) weitere Aufgaben auf den Verwaltungsverband übertragen, ist die Erstattung der hierfür anfallenden Kosten gesondert in einem öffentlich-rechtlichen Vertrag zu regeln (§ 25 Abs. 1, 2 SächsKomZG).

II. Die Verwaltungsgemeinschaft

Zudem können benachbarte Gemeinden desselben Landkreises die Bildung einer Verwaltungsgemeinschaft vereinbaren. In diesem Fall nimmt eine Gemeinde, die so genannte erfüllende Gemeinde, für die anderen beteiligten Gemeinden die Aufgaben eines Verwaltungsverbandes wahr (§ 36 Abs. 1 SächsKomZG). Die erfüllende Gemeinde tritt mit anderen Worten an die Stelle eines Verwaltungsverbandes, so dass Verwaltungsgemeinschaft und Verwaltungsverband grundsätzlich miteinander vergleichbar sind. Allerdings entsteht bei der Bildung einer Verwaltungsgemeinschaft keine neue Körperschaft des öffentlichen Rechts. Mit dem Begriff der Verwaltungsgemeinschaft wird vielmehr die (ausschließlich) vertragliche Zusammenarbeit zwischen der erfüllenden Gemeinde und den anderen beteiligten Gemeinden beschrieben[758].

757 So im Rahmen des Zweckverbandes. Die diesbezügliche Vorschrift des § 48 SächsKomZG ist mit der des § 11 Abs. 1 SächsKomZG jedoch identisch. Vgl. auch *Gern*, Deutsches Kommunalrecht, 3. Aufl. 2003, Rn. 954: „Sonderform des Zweckverbandes". Zum Zweckverband unten, fünfter Teil, erster Abschnitt, III.

758 Zum Ganzen *Menke*, in: Sponer/Jacob/Menke, Landkreisordnung für den Freistaat Sachsen, 3. Aufl. 2004, § 36 SächsKomZG Rn. 1.

Vor diesem Hintergrund kommen der erfüllenden Gemeinde ebenso wie dem Verwaltungsverband sowohl Aufgaben zu, die zwingend übergegangen sind, als auch Aufgaben, die zwingend zu erledigen sind. Auch hier können die anderen beteiligten Gemeinden durch öffentlich-rechtlichen Vertrag freiwillig weitere Aufgaben auf die erfüllende Gemeinde übergehen lassen oder diese erledigen lassen (§ 36 Abs. 3 in Verbindung mit §§ 7 Abs. 1, 2 bzw. 8 Abs. 1, 2 SächsKomZG).

Die Rechtsverhältnisse der Verwaltungsgemeinschaft sind durch die beteiligten Gemeinden in einer Gemeinschaftsvereinbarung zu regeln (§ 37 SächsKomZG). Hierbei handelt es sich um einen öffentlich-rechtlichen Vertrag. Da die Verwaltungsgemeinschaft keine Körperschaft des öffentlichen Rechts ist, kommt der Erlass einer Satzung nicht in Betracht[759]. Soweit sie nichts anderes bestimmt, wird die Gemeinschaftsvereinbarung am Tag nach der öffentlichen Bekanntmachung ihrer rechtsaufsichtsbehördlichen Genehmigung sowie ihrer selbst wirksam (§ 38 Abs. 1 in Verbindung mit § 13 Abs. 2 SächsKomZG). Der Verbandsversammlung des Verwaltungsverbandes entsprechend bilden die beteiligten Gemeinden einen Gemeinschaftsausschuss (§ 40 Abs. 1 SächsKomZG). Diesem sitzt der Gemeinschaftsvorsitzende, der Bürgermeister der erfüllenden Gemeinde, vor (§ 40 Abs. 2, 3 SächsKomZG). Der Gemeinschaftsausschuss entscheidet anstelle des Gemeinderates der erfüllenden Gemeinde, soweit diese Aufgaben im Rahmen der Verwaltungsgemeinschaft wahrnimmt (§ 41 Abs. 1 SächsKomZG).

Ihren Finanzbedarf deckt die erfüllende Gemeinde ebenso wie der Verwaltungsverband (§ 42 in Verbindung mit § 25 SächsKomZG).

III. Der Zweckverband

Gemeinden, Verwaltungsverbände, Landkreise und Zweckverbände können sich zu einem Zweckverband zusammenschließen, um bestimmte ihnen obliegende Aufgaben für alle oder einzelne gemeinsam zu erfüllen (§ 44 Abs. 1 SächsKomZG). Neben mindestens einem dieser notwendigen Mitglieder[760] können jedoch grundsätzlich auch andere Körperschaften, Anstalten oder Stiftungen des öffentlichen Rechts sowie natürliche oder juristische Personen des Privatrechts Mitglied eines Zweckverbandes sein (§ 44 Abs. 2 SächsKomZG). Der Zweckverband ist ebenso wie der Verwaltungsverband eine Körperschaft des öffent-

759 Zum Ganzen *Menke*, in: Sponer/Jacob/Menke, Landkreisordnung für den Freistaat Sachsen, 3. Aufl. 2004, § 37 SächsKomZG Rn. 1.

760 *Menke*, in: Sponer/Jacob/Menke, Landkreisordnung für den Freistaat Sachsen, 3. Aufl. 2004, § 44 SächsKomZG Rn. 1.

lichen Rechts und verwaltet seine Angelegenheiten in eigener Verantwortung (§ 45 Abs. 1 SächsKomZG).

Die Aufgaben, welche die Mitglieder dem Zweckverband übertragen haben, gehen mit der Entstehung des Zweckverbandes kraft Gesetzes auf diesen über. Der Zweckverband wird Aufgabenträger, die Mitglieder verlieren insoweit ihre Zuständigkeiten. Es handelt sich somit um eine Zuständigkeitsverlagerung[761]. Die Vermögensgegenstände, mit denen die Mitglieder die übertragenen Aufgaben bisher erfüllt haben, bleiben hiervon allerdings unberührt. Enthält die Verbandssatzung keine anderweitige Regelung, sind weiterhin nur die vormaligen Aufgabenträger verfügungs- und nutzungsberechtigt[762]. Ein Zweckverband unterscheidet sich von einem Verwaltungsverband oder einer Verwaltungsgemeinschaft im Wesentlichen dadurch, dass gemäß § 44 Abs. 1 SächsKomZG lediglich „bestimmte“ Aufgaben übertragen werden können. Über den Einzelfall hinausgehende Aufgabenübertragungen sind im Rahmen eines Zweckverbandes nicht möglich[763].

Der Zweckverband wird durch die Vereinbarung einer Verbandssatzung gebildet (§ 48 SächsKomZG), wobei die Vereinbarung als öffentlich-rechtlicher Vertrag zu qualifizieren ist[764]. Auch die Entstehung ist mit der eines Verwaltungsverbandes identisch. Es bedarf der öffentlichen Bekanntmachung der rechtsaufsichtsbehördlichen Genehmigung der Verbandssatzung sowie der Verbandssatzung selbst (§ 49 Abs. 1 in Verbindung mit § 13 Abs. 2 SächsKomZG). Die Organe des Zweckverbandes sind die Verbandsversammlung und der Verbandsvorsitzende. Die Verbandssatzung kann zusätzlich die Einrichtung eines Verwaltungsrates vorsehen (§ 51 SächsKomZG). Die Verbandsversammlung besteht aus mindestens einem Vertreter eines jeden Mitglieds. Die Verbandssatzung kann jedoch bestimmen, dass einzelne oder alle Mitglieder mehrere Vertreter entsenden und dass einzelnen Mitgliedern ein mehrfaches Stimmrecht zukommt (§ 52 Abs. 1 SächsKomZG). Die Mitglieder werden in jedem Fall durch ihren Bürgermeister, Verwaltungsverbandsvorsitzenden oder Landrat vertreten. Weitere Vertreter wählt der jeweilige Gemeinderat, die jeweilige Verwaltungs-

---

761 Zum Ganzen *Menke*, in: Sponer/Jacob/Menke, Landkreisordnung für den Freistaat Sachsen, 3. Aufl. 2004, § 46 SächsKomZG Rn. 1.

762 *Menke*, in: Sponer/Jacob/Menke, Landkreisordnung für den Freistaat Sachsen, 3. Aufl. 2004, § 46 SächsKomZG Rn. 2.

763 *Menke*, in: Sponer/Jacob/Menke, Landkreisordnung für den Freistaat Sachsen, 3. Aufl. 2004, § 44 SächsKomZG Rn. 7.

764 *Bauer*, ZfBR 2006, 450; *Gern*, Deutsches Kommunalrecht, 3. Aufl. 2003, Rn. 937; *Kluth*, in: Wolff/Bachof/Stober, Verwaltungsrecht, Bd. 3, 5. Aufl. 2004, § 96 Rn. 49; *Kohout*, Kartellvergaberecht und interkommunale Zusammenarbeit, 2008, S. 330; *Schröder*, NVwZ 2005, 27 f.

verbandsversammlung oder der jeweilige Kreistag (§ 52 Abs. 3 SächsKomZG). Alle Vertreter sind an Weisungen der sie entsendenden Mitglieder gebunden (§ 52 Abs. 4 SächsKomZG).

Ebenso wie der Verwaltungsverband und die erfüllende Gemeinde einer Verwaltungsgemeinschaft deckt auch der Zweckverband seinen Finanzbedarf durch eine von den Mitgliedern zu zahlende Umlage, soweit die sonstigen Erträge nicht ausreichen. Für die Kostentragung bei einzelnen Aufgaben ist die Vereinbarung einer gesonderten Regelung hier allerdings nicht verpflichtend (§ 60 Abs. 1, 2 SächsKomZG).

IV. Die Zweckvereinbarung

Gemeinden, Verwaltungsverbände und Landkreise können nicht zuletzt eine Zweckvereinbarung abschließen. Diese hat den Inhalt, dass eine der beteiligten Körperschaften, die so genannte beauftragte Körperschaft, bestimmte Aufgaben für alle wahrnimmt, insbesondere den übrigen Beteiligten die Mitbenutzung einer von ihr betriebenen Einrichtung gestattet. Nicht anders als bei einem Zweckverband kommen als weitere Beteiligte jedoch grundsätzlich auch andere Körperschaften, Anstalten und Stiftungen des öffentlichen Rechts sowie natürliche und juristische Personen des Privatrechts in Betracht (§ 71 in Verbindung mit § 44 Abs. 2 SächsKomZG).

Die Zweckvereinbarung ist ein (koordinationsrechtlicher) öffentlich-rechtlicher Vertrag[765]. Mit dem Abschluss gehen die dort geregelten Rechte, Pflichten, Aufgaben und Befugnisse kraft Gesetzes auf die beauftragte Körperschaft über (§ 72 Abs. 2 SächsKomZG). Es kommt insoweit zu einer Zuständigkeitsverlagerung[766]. Die Zweckvereinbarung kann den übrigen Beteiligten aber Mitwirkungsrechte bei der Aufgabenwahrnehmung einräumen. Insbesondere ist die Einrichtung eines gemeinsamen Ausschusses möglich, auf den – vorbehaltlich des Inhalts der Zweckvereinbarung – die Vorschriften über die Zweckverbandsversammlung entsprechend anzuwenden sind (§ 72 Abs. 2 SächsKomZG). In Hinblick auf die Mitwirkungsrechte eröffnet das Gesetz infolgedessen einen äußerst weiten Spielraum. Ob und in welcher Weise Mitwirkungsrechte eingeräumt werden, ist allein Sache der an der Zweckvereinbarung Beteiligten[767].

765 *Müller*, Interkommunale Zusammenarbeit und Vergaberecht, 2006, S. 17 m.w.N.

766 Zum Ganzen *Menke*, in: Sponer/Jacob/Menke, Landkreisordnung für den Freistaat Sachsen, 3. Aufl. 2004, § 72 SächsKomZG Rn. 1 f.

767 *Menke*, in: Sponer/Jacob/Menke, Landkreisordnung für den Freistaat Sachsen, 3. Aufl. 2004, § 72 SächsKomZG Rn. 2a.

V. Weitere Formen der interkommunalen Zusammenarbeit

Neben den bereits genannten bestehen weitere konkrete Formen der interkommunalen Zusammenarbeit, die entweder in dem Sächsischen Gesetz über kommunale Zusammenarbeit oder überhaupt keine gesetzliche Regelung erfahren haben[768].

1. Die kommunale Arbeitsgemeinschaft

Die kommunale Arbeitsgemeinschaft hat den Zweck, dass ihre Mitglieder Angelegenheiten, die alle betreffen, gemeinsam erörtern und ihre diesbezüglichen Planungen aufeinander abstimmen können. So soll auch gebietsübergreifend eine zweckmäßige und wirtschaftliche Aufgabenerfüllung sichergestellt werden[769]. Verbindlichkeit nach außen kommt der kommunalen Arbeitsgemeinschaft jedoch nicht zu; es handelt sich lediglich um ein beratendes Gremium[770]. Daher ist unter anderem in dem Sächsischen Gesetz über kommunale Zusammenarbeit auf eine Regelung verzichtet worden. Die kommunale Arbeitsgemeinschaft wird gleichwohl ohne weiteres als zulässig erachtet[771]. Aufgrund ihrer Funktion stellt sich bei der kommunalen Arbeitsgemeinschaft auch nicht die Frage einer Ausschreibungspflicht, so dass auf diese Form der interkommunalen Zusammenarbeit nicht näher einzugehen ist.

2. Die mandatierende Zweckvereinbarung

Ebenfalls in dem Sächsischen Gesetz über kommunale Zusammenarbeit nicht geregelt ist die mandatierende Zweckvereinbarung. Diese unterscheidet sich von der in den §§ 71 f. SächsKomZG geregelten delegierenden Zweckvereinbarung insofern, als dass die andere Kommune nur mit der Durchführung einer Aufgabe

---

768 In Spezialgesetzen geregelte Sonderformen der interkommunalen Zusammenarbeit sind vorliegend nicht Gegenstand. Vgl. hierzu *Kluth*, in: Wolff/Bachof/Stober, Verwaltungsrecht, Bd. 3, 5. Aufl. 2004, § 96 Rn. 110 ff.; *Menke*, in: Sponer/Jacob/Menke, Landkreisordnung für den Freistaat Sachsen, 3. Aulf. 2004, § 1 SächsKomZG Rn. 4.

769 *Müller*, Interkommunale Zusammenarbeit und Vergaberecht, 2006, S. 24 f.

770 Vgl. *Bauer*, ZfBR 2006, 447; *Menke*, in: Sponer/Jacob/Menke, Landkreisordnung für den Freistaat Sachsen, 3. Aufl. 2004, § 2 SächsKomZG Rn. 3.

771 *Menke*, in: Sponer/Jacob/Menke, Landkreisordnung für den Freistaat Sachsen, 3. Aufl. 2004, § 2 SächsKomZG Rn. 3.

beauftragt wird. Es kommt gerade nicht zu einer Zuständigkeitsverlagerung. Vielmehr handelt die beauftragte Kommune in fremdem Namen[772].

3. Die gemeinsame kommunale Anstalt

Eine interkommunale Zusammenarbeit ist weiter möglich durch die Gründung einer gemeinsamen kommunalen Anstalt[773]. Wie bereits der Bezeichnung zu entnehmen ist, handelt es sich hierbei um eine Anstalt des öffentlichen Rechts. Aufgrund der Charakteristika dieser Rechtsform ist die gemeinsame kommunale Anstalt eingeführt worden, um die unternehmerische Betätigung der Kommunen in das öffentliche Recht zurückzuführen[774]. Vor diesem Hintergrund ist auch die Bezeichnung „gemeinsames Kommunalunternehmen" gebräuchlich[775].

Die Mitglieder können der gemeinsamen kommunalen Anstalt einzelne oder alle mit einem bestimmten Zweck zusammenhängende Aufgaben im Sinne einer Zuständigkeitsverlagerung übertragen. Abhängig von der Anstaltssatzung kann die gemeinsame kommunale Anstalt jedoch auch lediglich mit der Durchführung von Aufgaben betraut werden. Soweit Aufgaben im Sinne einer Zuständigkeitsverlagerung übertragen werden sollen, gehen diese auf die gemeinsame kommunale Anstalt ohne einen gesonderten Übertragungsakt über[776].

Errichtet wird die gemeinsame kommunale Anstalt durch die Vereinbarung einer Anstaltssatzung[777]. Bei dieser Vereinbarung handelt es sich um einen öffentlich-rechtlichen Vertrag[778]. Organe der gemeinsamen kommunalen Anstalt sind der Vorstand und der Verwaltungsrat[779]. Der Vorstand leitet die gemeinsame kommunale Anstalt und vertritt diese nach außen[780]. Der Verwaltungsrat überwacht die Tätigkeit des Vorstands, zudem kommen ihm gesetzlich festgelegte Entscheidungsbefugnisse zu. Darüber hinausgehende Befugnisse des Verwal-

---

772 Zum Ganzen *Kohout*, Kartellvergaberecht und interkommunale Zusammenarbeit, 2008, S. 188; *Müller*, Interkommunale Zusammenarbeit und Vergaberecht, 2006, S. 18; § 23 Abs. 1, 2 GKG NRW.

773 Vgl. z.B. §§ 3 f. NKomZG, §§ 19b ff. GkZ SH.

774 Vgl. hierzu *Ehlers*, ZHR Bd. 167 (2003), 548 ff.; *Storr*, NordÖR 2005, 94 f.

775 *Kohout*, Kartellvergaberecht und interkommunale Zusammenarbeit, 2008, S. 196 mit Fn. 865.

776 Zum Ganzen *Kohout*, Kartellvergaberecht und interkommunale Zusammenarbeit, 2008, S. 200 f.

777 Vgl. z.B. § 3 Abs. 1, 3 Satz 1 NKomZG.

778 *Kohout*, Kartellvergaberecht und interkommunale Zusammenarbeit, 2008, S. 197.

779 *Lübbecke*, Das Kommunalunternehmen, 2004, S. 111; *Rinken*, Alternativen zur Privatisierung, 1. Aufl. 2008, S. 113.

780 *Lübbecke*, Das Kommunalunternehmen, 2004, S. 111; *Rinken*, Alternativen zur Privatisierung, 1. Aufl. 2008, S. 113.

tungsrates gegenüber dem Vorstand können in der Anstaltssatzung vorgesehen werden[781]. Der Verwaltungsrat setzt sich aus – weisungsgebundenen[782] – Vertretern der Mitglieder zusammen[783].

Um den Finanzbedarf sicherzustellen, ist die gemeinsame kommunale Anstalt mit einem Stammkapital auszustatten und kann darüber hinaus von den beteiligten Kommunen Unterstützungsleistungen erhalten[784].

4. Privatrechtliche Kooperationsformen

Nicht zuletzt stehen den Kommunen auch privatrechtliche Kooperationsformen offen. Soweit sie die in diesem Zusammenhang zu beachtenden kommunalrechtlichen Voraussetzungen erfüllen, steht es ihnen frei, Unternehmen in privatrechtlicher Rechtsform zu errichten[785].

781 *Lübbecke*, Das Kommunalunternehmen, 2004, S. 116 f.; *Rinken*, Alternativen zur Privatisierung, 1. Aufl. 2008, S. 113.

782 Vgl. z.B. § 3 Abs. 2 NKomZG i.V.m. § 113e Abs. 3 Satz 5 NGO.

783 *Kohout*, Kartellvergaberecht und interkommunale Zusammenarbeit, 2008, S. 199; vgl. z.B. § 3 Abs. 2 NKomZG i.V.m. § 113e Abs. 7 Satz 1 NGO sowie § 3 Abs. 4 NKomZG.

784 Vgl. z.B. § 3 Abs. 2 NKomZG i.V.m. § 113b Satz 1 und § 113d Abs. 1 NGO sowie § 3 Abs. 3 Satz 3 Nr. 1 NKomZG. Gemäß § 19d Abs. 1 GkZ SH i.V.m. § 106a Abs. 4 GO SH besteht sogar ein Anspruch auf Unterstützungsleistungen.

785 Vgl. oben, zweiter Teil, zweiter Abschnitt, D.

Zweiter Abschnitt
Einheitliche vergaberechtliche Behandlung der interkommunalen Zusammenarbeit

In einem ersten Schritt ist zu klären, ob die interkommunale Zusammenarbeit vergaberechtlich einheitlich behandelt werden kann. Dies hätte den Vorteil, dass nicht zwischen den konkreten Formen der interkommunalen Zusammenarbeit differenziert werden müsste. Insbesondere der mandatierende bzw. delegierende Charakter einer Zusammenarbeit bliebe ohne Bedeutung. Die interkommunale Zusammenarbeit wäre dann generell ausschreibungsfrei oder generell ausschreibungspflichtig. Diese Ansätze werden auch als *kommunalrechtliche* und *wettbewerbsrechtliche* Lösung bezeichnet[786]. In diesem Zusammenhang ist auch die Auffassung des Europäischen Gerichtshofs und der Kommission darzustellen.

A. Generelle Ausschreibungsfreiheit der interkommunalen Zusammenarbeit

I. Argumentation

Die Rechtsordnung des Gemeinwesens in Deutschland gründet sich auf die Unterscheidung zwischen Staat und Gesellschaft[787]. Dieser Dualismus[788] grenzt die freiheitliche Demokratie von allen totalitären Staatsformen ab[789]. Er ist unabdingbar, um die staatliche Macht legitimieren und ihre Grenzen erkennen zu können sowie um einen Adressaten für die Geltendmachung von Abwehr- und Leistungsrechten durch die Bürger festlegen zu können[790]. Der Staat ist in den Grenzen der ihm von der Verfassung zugestandenen Kompetenzen Träger öf-

---

786 *Bergmann/Vetter*, NVwZ 2006, 497; *Kohout*, Kartellvergaberecht und interkommunale Zusammenarbeit, 2008, S. 239, 241.

787 *Burgi*, NZBau 2005, 209; *Rupp*, in: Isensee/Kirchhof (Hrsg.), Handbuch des Staatsrechts, Bd. 2, 3. Aufl. 2004, § 31 Rn. 1 f.; *Zippelius/Würtenberger*, Deutsches Staatsrecht, 32. Aufl. 2008, § 1 Rn. 45.

788 *Zippelius/Würtenberger*, Deutsches Staatsrecht, 32. Aufl. 2008, § 1 Rn. 45.

789 *Rupp*, in: Isensee/Kirchhof (Hrsg.), Handbuch des Staatsrechts, Bd. 2, 3. Aufl. 2004, § 31 Rn. 28.

790 *Burgi*, in: Erichsen/Ehlers (Hrsg.), Allgemeines Verwaltungsrecht, 13. Aufl. 2006, § 6 Rn. 9.

fentlicher Gewalt und hoheitlicher Befugnisse. Er zielt auf gemeinwohlbestimmende Herrschaft sowie demokratische Gewinnung und Begründung von Allgemeinverbindlichkeit. Dies macht ihn zum Verpflichteten der Grundrechte[791]. Der Gesellschaft – als Inhaber der Grundrechte – liegen hingegen die Prinzipien der Freiheit und Autonomie zugrunde[792]. Sie ist gekennzeichnet durch Selbstbestimmung und Selbstentfaltung unter Selbstverantwortung[793]. Ihr zugehörig ist die Wirtschaft[794].

Der föderale Aufbau des Staates führt dazu, dass jedem seiner Untergliederungen eine eigene Rechtspersönlichkeit zukommt. Infolgedessen bedarf es über die Regelung der Zuständigkeiten hinaus auch Vorschriften für die Zusammenarbeit untereinander, welche gleichermaßen dem Verwaltungsorganisationsrecht zuzuordnen sind. Solche Vorschriften stellen unter anderem die Landesgesetze über die kommunale Zusammenarbeit dar[795]. Die nationale Verwaltungsorganisation ist der Regelungskompetenz der Europäischen Gemeinschaft jedoch grundsätzlich entzogen[796].

Vor diesem Hintergrund wird vertreten, dass der Auftragsbegriff primärrechtskonform dahingehend auszulegen sei, dass eine Beschaffung der öffentlichen Hand bei der Gesellschaft gegeben sein müsse. Entscheidend sei das Überschreiten der Grenze zwischen Staat und Gesellschaft[797]. Das „In-house-Geschäft“ zeige, dass der funktionale Auftragsbegriff, anders als z.B. der funktionale Auftraggeberbegriff, eine Einschränkung beinhalte. Die fehlende Überschreitung der Grenze zwischen Staat und Gesellschaft sei auch der Grund, warum die Auftragsvergabe an Eigengesellschaften nicht in den Anwendungsbereich des Vergaberechts falle, während die Auftragsvergabe an gemischtwirtschaftliche Gesellschaften ausschreibungspflichtig sei[798]. Aufgrund der jeweiligen Landesgesetze zwischen den Kommunen geschlossene Kooperations-

---

791 Zum Ganzen *Rupp*, in: Isensee/Kirchhof (Hrsg.), Handbuch des Staatsrechts, Bd. 2, 3. Aufl. 2004, § 31 Rn. 30 ff.; vgl. auch *Burgi*, NZBau 2005, 209; *Zippelius/Würtenberger*, Deutsches Staatsrecht, 32. Aufl. 2008, § 1 Rn. 45.

792 *Rupp*, in: Isensee/Kirchhof (Hrsg.), Handbuch des Staatsrechts, Bd. 2, 3. Aufl. 2004, § 31 Rn. 33.

793 *Burgi*, Funktionale Privatisierung und Verwaltungshilfe, 1999, S. 24; vgl. auch *Zippelius/Würtenberger*, Deutsches Staatsrecht, 32. Aufl. 2008, § 1 Rn. 45.

794 *Burgi*, NZBau 2005, 209; *Müller*, Interkommunale Zusammenarbeit und Vergaberecht, 2006, S. 87.

795 Zum Ganzen *Burgi*, NZBau 2005, 209, 211; *Müller*, Interkommunale Zusammenarbeit und Vergaberecht, 2006, S. 86.

796 Vgl. nur *Kohout*, Kartellvergaberecht und interkommunale Zusammenarbeit, 2008, S. 256 ff.

797 *Burgi*, NZBau 2005, 211; *Düsterdiek*, NZBau 2006, 621; *Kasper*, VergabeR 2006, 842 f.; vgl. auch *Jennert*, NZBau 2006, 424.

798 *Burgi*, NZBau 2005, 210 f.

vereinbarungen stellten dementsprechend lediglich „verwaltungsorganisatorische Verschiebungen innerhalb der staatlichen Gesamtorganisation“ dar. Im Mittelpunkt stehe nicht eine den Wettbewerb berührende Beschaffung bei einem Privaten, sondern eine Form der kommunalen Eigenleistung. Dies sei mit der Auftragsvergabe an eine Eigengesellschaft vergleichbar. Es fehle in diesen Fällen somit an einem Vertrag mit einem Unternehmen im Sinne des § 99 GWB[799]. Hinzukomme, dass solche Kooperationen zwischen den Kommunen auf *koordinationsrechtlichen* öffentlich-rechtlichen Verträgen basierten. Koordinationsrechtliche öffentlich-rechtliche Verträge stellten aber Verträge zwischen zwei oder mehreren Hoheitsträgern dar und unterfielen daher nicht dem Vergaberecht, anders als *subordinationsrechtliche* öffentlich-rechtliche Verträge, welche zwischen der öffentlichen Hand und der Gesellschaft geschlossen würden[800]. Die Anwendung des Vergaberechts bei kommunalen Kooperationen würde faktisch eine Privatisierungspflicht begründen, da unter Umständen die Erbringung der in Rede stehenden Leistung einem Privaten überlassen werden müsse. Das Vergaberecht sei jedoch Privatisierungsfolgenrecht[801].

II. Kritik

Der dargestellten Auffassung ist nicht zu folgen. Sie geht von falschen Voraussetzungen aus und verkennt den Charakter kommunaler Kooperationen.

1. Regelungskompetenz der Europäischen Gemeinschaft bezüglich der nationalen Verwaltungsorganisation

Zunächst ist deutlich zu machen, dass die nationale Verwaltungsorganisation der Regelungskompetenz der Europäischen Gemeinschaft nicht gänzlich entzogen ist. Vielmehr kann die Europäische Gemeinschaft, insbesondere wenn es um den Vollzug des Gemeinschaftsrechts geht, durchaus auf die nationale Verwaltungsorganisation Einfluss nehmen.

Art. 10 EGV[802] enthält unter anderem ein Rücksichtnahmegebot der Europäischen Gemeinschaft gegenüber den Mitgliedstaaten. Dieses umfasst alle in den

---

799 *Burgi*, NZBau 2005, 211; *Düsterdiek*, NZBau 2006, 621; *Portz*, VergabeR 2006, 103.

800 *Burgi*, NZBau 2005, 209 ff.

801 *Burgi*, NZBau 2005, 210.

802 Nach dem Inkrafttreten des Vertrages von Lissabon entspricht Art. 10 EGV Art. 4 Abs. 3 EUV.

Verfassungen enthaltenen fundamentalen Vorschriften und Prinzipien, welche die Identität der Mitgliedstaaten prägen. Insofern besteht eine Überschneidung mit Art. 6 Abs. 3 EUV[803], der die Identität der Mitgliedstaaten – allerdings nicht justiziabel – ausdrücklich schützt[804]. In Deutschland gehören z.B. das Bundesstaatsprinzip[805] und die nationale Verwaltungsorganisation[806] hierzu. Es ist somit Sache eines jeden Mitgliedstaates, die Organisation der Verwaltung zu bestimmen. Aufgrund des föderalen Staatsaufbaus in Deutschland kommt die Organisationsgewalt diesbezüglich infolgedessen allein dem Bund und den Ländern zu[807]. Allerdings verpflichtet das Rücksichtnahmegebot die Europäische Gemeinschaft lediglich dazu, einen Ausgleich zu suchen zwischen dem gemeinschaftsrechtlich gebotenen Zielen und den identitätsprägenden Teilen der mitgliedstaatlichen Verfassungen. Eine absolute Schranke stellt das Rücksichtnahmegebot nur dar, wenn das Gemeinschaftsrecht dazu zwingen würde, die mitgliedstaatliche Verfassung in (aus nationaler Sicht) grundlegenden und unverzichtbaren Teilen zu ändern[808]. Dies zeigt sich deutlich beim Vollzug des Gemeinschaftsrechts.

Das Gemeinschaftsrecht kann entweder unmittelbar durch die Organe der Europäischen Gemeinschaft (*direkter Vollzug*) oder durch die Mitgliedstaaten (*indirekter Vollzug*) vollzogen werden. Die Mitgliedstaaten können das Gemeinschaftsrecht wiederum vollziehen, indem sie das Gemeinschaftsrecht selbst (*unmittelbarer Vollzug*) oder auf Gemeinschaftsrecht beruhendes nationales Recht (*mittelbarer Vollzug*) anwenden. Darüber hinaus kann es auch zu einem *gemischten Vollzug* durch die Organe der Europäischen Gemeinschaft gemeinsam mit den Mitgliedstaaten kommen[809]. Nach dem auf Art. 5 EGV[810] zurückzuführenden *Prinzip der begrenzten Einzelzuständigkeit* ist die Europäische Gemeinschaft für

---

803 Nach dem Inkrafttreten des Vertrages von Lissabon entspricht Art. 6 Abs. 3 Art. 4 Abs. 2 EUV.

804 *Epiney*, in: Bieber/Epiney/Haag, Die Europäische Union, 8. Aufl. 2009, § 2 Rn. 61 f.; *Streinz* und *Pechstein*, in: Streinz (Hrsg.), EUV/EGV, 1. Aufl. 2003, Art. 10 EGV Rn. 48 f. und Art. 6 EUV Rn. 2.

805 *Epiney*, in: Bieber/Epiney/Haag, Die Europäische Union, 8. Aufl. 2009, § 2 Rn. 62; *Streinz*, in: Streinz (Hrsg.), EUV/EGV, 1. Aufl. 2003, Art. 10 EGV Rn. 49.

806 *Kohout*, Kartellvergaberecht und interkommunale Zusammenarbeit, 2008, S. 256.

807 *Kohout*, Kartellvergaberecht und interkommunale Zusammenarbeit, 2008, S. 257; ausführlich zur Verwaltungsorganisation in Deutschland *Detterbeck*, Allgemeines Verwaltungsrecht, 7. Aufl. 2009, § 5; *Kluth*, in: Wolff/Bachof/Stober, Verwaltungsrecht, Bd. 3, 5. Aufl. 2004, §§ 80 ff.

808 *Streinz*, in: Streinz (Hrsg.), EUV/EGV, 1. Aufl. 2003, Art. 10 EGV Rn. 49; vgl. auch *Zuleeg*, in: v. d. Groeben/Schwarze (Hrsg.), EUV/EGV, Bd. 1, 6. Aufl. 2003, Art. 10 EGV Rn. 11.

809 Zum Ganzen *Epiney*, in: Bieber/Epiney/Haag, Die Europäische Union, 8. Aufl. 2009, § 8 Rn. 3; *Streinz*, Europarecht, 8. Aufl. 2008, Rn. 532 ff.; vgl. auch *Nettesheim*, in: Oppermann/Classen/Nettesheim, Europarecht, 4. Aufl. 2009, § 13 Rn. 7.

810 Nach dem Inkrafttreten des Vertrages von Lissabon entspricht Art. 5 EGV Art. 5 EUV.

den Vollzug einzig dann zuständig, wenn der EG-Vertrag hierzu eine Ermächtigung enthält[811]. Dies ist jedoch nur ausnahmsweise der Fall[812], so dass für den Vollzug des Gemeinschaftsrechts in der Regel die Mitgliedstaaten verantwortlich sind[813]. Hierzu verpflichtet sie Art. 10 EGV[814], der – als Kehrseite des der Europäischen Gemeinschaft obliegenden Rücksichtnahmegebots – die Mitgliedstaaten dazu anhält, alle geeigneten Maßnahmen zur Erfüllung der sich aus dem Gemeinschaftsrecht ergebenden Verpflichtungen zu treffen[815].

Die Mitgliedstaaten vollziehen das Gemeinschaftsrecht im eigenen Namen; sie unterliegen hierbei keinen Weisungen der Europäischen Gemeinschaft[816]. So fällt auch die Bestimmung der zuständigen Behörden und des anzuwendenden (nationalen) Verwaltungsverfahrens und Verwaltungshandelns in den Verantwortungsbereich der Mitgliedstaaten[817]. Insofern war von der *institutionellen und verfahrensmäßigen Autonomie* der Mitgliedstaaten die Rede[818]. Dieser Begriff ist jedoch auf Kritik gestoßen, da sich gerade in dem vorliegenden Zusammenhang die Einflussnahme der Europäischen Gemeinschaft auch auf grundsätzlich in der Verantwortung der Mitgliedstaaten liegende Bereiche zeigt[819]. Daher ist es zutreffender, von der *Anwendung der nationalen Verfahrens- und Prozessordnun-*

---

811 *Nettesheim*, in: Oppermann/Classen/Nettesheim, Europarecht, 4. Aufl. 2009, § 13 Rn. 7 i.V.m. § 12 Rn. 3.

812 *Epiney*, in: Bieber/Epiney/Haag, Die Europäische Union, 8. Aufl. 2009, § 8 Rn. 2.

813 *Kohout*, Kartellvergaberecht und interkommunale Zusammenarbeit, 2008, S. 257; *Streinz*, Europarecht, 8. Aufl. 2008, Rn. 536; vgl. auch *Nettesheim*, in: Oppermann/Classen/Nettesheim, Europarecht, 4. Aufl. 2009, § 13 Rn. 25.

814 Neben einzelnen speziellen Vorschriften wie z.B. Art. 256 EGV (nach dem Inkrafttreten des Vertrages von Lissabon Art. 299 des Vertrages über die Arbeitsweise der Europäischen Union), der den Mitgliedstaaten die Vollstreckung von Entscheidungen des Rates und der Kommission überträgt, *Epiney*, in: Bieber/Epiney/Haag, Die Europäische Union, 8. Aufl. 2009, § 8 Rn. 2.

815 *Epiney*, in: Bieber/Epiney/Haag, Die Europäische Union, 8. Aufl. 2009, § 8 Rn. 2; *Nettesheim*, in: Oppermann/Classen/Nettesheim, Europarecht, 4. Aufl. 2009, § 13 Rn. 25; *Streinz*, in: Streinz (Hrsg.), EUV/EGV, 1. Aufl. 2003, Art. 10 EGV Rn. 15; *Zuleeg*, in: v. d. Groeben/ Schwarze (Hrsg.), EUV/EGV, Bd. 1, 6. Aufl. 2003, Art. 10 EGV Rn. 5.

816 *Epiney*, in: Bieber/Epiney/Haag, Die Europäische Union, 8. Aufl. 2009, § 8 Rn. 12.

817 *Epiney*, in: Bieber/Epiney/Haag, Die Europäische Union, 8. Aufl. 2009, § 8 Rn. 12; *Nettesheim*, in: Oppermann/Classen/Nettesheim, Europarecht, 4. Aufl. 2009, § 13 Rn. 29, 39; *Streinz*, in: Streinz (Hrsg.), EUV/EGV, 1. Aufl. 2003, Art. 10 EGV Rn. 25.

818 *Epiney*, in: Bieber/Epiney/Haag, Die Europäische Union, 7. Aufl. 2006, § 8 Rn. 11; *Kohout*, Kartellvergaberecht und interkommunale Zusammenarbeit, 2008, S. 258; vgl. auch *Nettesheim*, in: Oppermann/Classen/Nettesheim, Europarecht, 4. Aufl. 2009, § 13 Rn. 29.

819 Vgl. *Kahl*, in: Calliess/Ruffert (Hrsg.), EUV/EGV, 3. Aufl. 2007, Art. 10 EGV Rn. 31; *Kugelmann*, VerwArch Bd. 98 (2007), S. 82; *v. Bogdandy*, in: Grabitz/Hilf, Das Recht der Europäischen Union, Bd. 1, Art. 10 EGV Rn. 43 (EL 20, August 2002).

gen zu sprechen[820]. Tatsächlich kommt eine „Autonomie" der Mitgliedstaaten nur soweit zum Tragen, als gemeinschaftsrechtliche Vorgaben nicht zu berücksichtigen sind[821]. Vorgaben dieser Art können sich sowohl aus dem Primär- als auch aus dem Sekundärrecht ergeben[822].

In Hinblick auf das Primärrecht hat der Europäische Gerichtshof zur Vermeidung einer Ungleichbehandlung der Wirtschaftsteilnehmer das Effizienz-/Effektivitäts- und das Äquivalenzgebot entwickelt[823], die normativ wiederum auf Art. 10 EGV zurückzuführen sind[824]. Das *Äquivalenzgebot* fordert, dass das mitgliedstaatliche Recht auf alle Fälle unterschiedslos Anwendung findet, unabhängig davon, ob diesen ein rein nationaler Sachverhalt zugrunde liegt[825]. Die Erfüllung des Äquivalenzgebots hängt allerdings nicht so sehr von der Verwaltungsorganisation als vielmehr von dem Verwaltungshandeln ab. Dementsprechend sind mit dem Äquivalenzgebot keine weitreichenden Auswirkungen auf die Verwaltungsorganisation verbunden. Anders verhält es sich mit dem *Effizienzgebot.* Dieses fordert, dass die Anwendung des nationalen Rechts die Tragweite und die Wirksamkeit des Gemeinschaftsrechts nicht beeinträchtigen darf[826]. Die Mitgliedstaaten haben dem Gemeinschaftsrecht somit zu umfassender Wirksamkeit zu verhelfen[827]. Jedoch führt nicht bereits jeder Effizienzverlust auch zu einer Verletzung des Effizienzgebots. Vielmehr darf die Verwirklichung des Gemeinschaftsrechts nicht praktisch unmöglich werden[828]. Dann allerdings kann die Europäische Gemeinschaft auf die nationale Verwaltungsorganisation

---

820 *Epiney*, in: Bieber/Epiney/Haag, Die Europäische Union, 8. Aufl. 2009, § 8 Rn. 12; *Kahl*, in: Calliess/Ruffert (Hrsg.), EUV/EGV, 3. Aufl. 2007, Art. 10 EGV Rn. 31.

821 EuGH, Rs. 205-215/82, Slg. 1983, 2633, Rn. 17 – *„Deutsche Milchkontor"*; *Grabitz*, NJW 1989, 1781; *v. Bogdandy*, in: Grabitz/Hilf, Das Recht der Europäischen Union, Bd. 1, Art. 10 EGV Rn. 44 (EL 20, August 2002).

822 *Kohout*, Kartellvergaberecht und interkommunale Zusammenarbeit, 2008, S. 258.

823 EuGH, Rs. 205-215/82, Slg. 1983, 2633, Rn. 22 f. – *„Deutsche Milchkontor"*; *Streinz*, Europarecht, 8. Aufl. 2008, Rn. 551 ff.

824 *Kohout*, Kartellvergaberecht und interkommunale Zusammenarbeit, 2008, S. 259; *Streinz*, in: Streinz (Hrsg.), EUV/EGV, 1. Aufl. 2003, Art. 10 EGV Rn. 17; *v. Bogdandy*, in: Grabitz/Hilf, Das Recht der Europäischen Union, Bd. 1, Art. 10 EGV Rn. 44 (EL 20, August 2002).

825 EuGH, Rs. 205-215/82, Slg. 1983, 2633, Rn. 23 – *„Deutsche Milchkontor"*; *Streinz*, in: Streinz (Hrsg.), EUV/EGV, 1. Aufl. 2003, Art. 10 EGV Rn. 27; *v. Bogdandy*, in: Grabitz/Hilf, Das Recht der Europäischen Union, Bd. 1, Art. 10 EGV Rn. 45 (EL 20, August 2002).

826 EuGH, Rs. 205-215/82, Slg. 1983, 2633, Rn. 22 – *„Deutsche Milchkontor"*.

827 *Kohout*, Kartellvergaberecht und interkommunale Zusammenarbeit, 2008, S. 260; *Nettesheim*, in: Oppermann/Classen/Nettesheim, Europarecht, 4. Aufl. 2009, § 13 Rn. 40.

828 EuGH, Rs. 205-215/82, Slg. 1983, 2633, Rn. 22 – *„Deutsche Milchkontor"*; *Epiney*, in: Bieber/Epiney/Haag, Die Europäische Union, 8. Aufl. 2009, § 8 Rn. 17; *v. Bogdandy*, in: Grabitz/Hilf, Das Recht der Europäischen Union, Bd. 1, Art. 10 EGV Rn. 46 (EL 20, August 2002).

Einfluss nehmen. Zwar handelt es sich nicht allein um eine unmittelbare Einflussnahme, dies ändert am Ergebnis hingegen nichts: Die Mitgliedstaaten müssen ihre Verwaltungsorganisation den gemeinschaftsrechtlichen Vorgaben anpassen. Sie müssen z.B. die für einen effizienten Vollzug des Gemeinschaftsrechts zuständigen Behörden bestimmen und gegebenenfalls auch neue Behörden errichten und adäquat ausstatten[829].

Das Sekundärrecht enthält mittlerweile ebenfalls immer häufiger Vorgaben hinsichtlich der nationalen Verwaltungsorganisation[830]. Zu nennen sind hier z.B. der Agrarsektor, die Gemeinsame Handelspolitik und der Zollkodex der Europäischen Gemeinschaft[831]. Im Unterschied zu den auf dem Primärrecht basierenden Vorgaben stellen die jeweiligen sekundärrechtlichen Verordnungs- oder Richtlinienbestimmungen in der Regel jedoch konkrete Voraussetzungen auf, die sich unmittelbar an die Mitgliedstaaten richten[832].

Vor diesem Hintergrund wird deutlich, dass der Europäischen Gemeinschaft bezüglich der nationalen Verwaltungsorganisation auf der einen Seite zwar keine ausdrückliche Regelungskompetenz zukommt, den Mitgliedstaaten allerdings auf der anderen Seite auch keine diesbezügliche Autonomie. Es ergeben sich vielmehr zahlreiche primär- und sekundärrechtlich begründete Einflussnahmemöglichkeiten zugunsten der Europäischen Gemeinschaft. Eine Ausschreibungsfreiheit der interkommunalen Zusammenarbeit kann infolgedessen nicht auf das Argument gestützt werden, die Verwaltungsorganisation obliege allein den Mitgliedstaaten.

2. Der „Markt“ als Anknüpfungspunkt des Vergaberechts

Die Auffassung einer generellen Freistellung kommunaler Kooperationen vom Vergaberecht stützt sich zudem wesentlich auf eine Einschränkung des vergaberechtlichen Anwendungsbereichs. Notwendig sei eine Beschaffung der öffentlichen Hand bei der Gesellschaft, also ein Überschreiten der Grenze zwischen Staat und Gesellschaft. Dem ist jedoch entgegenzuhalten, dass das Vergaberecht nicht die Unterscheidung zwischen Staat und Gesellschaft, sondern den „Markt“ als Anknüpfungspunkt nimmt. Dies ergibt sich aus seinem Sinn und Zweck. Das

829 Zum Ganzen *Kohout*, Kartellvergaberecht und interkommunale Zusammenarbeit, 2008, S. 261. Vgl. *dies.*, S. 262 ff., auch zu weiteren primärrechtlich begründeten Einflussnahmemöglichkeiten.

830 *Kohout*, Kartellvergaberecht und interkommunale Zusammenarbeit, 2008, S. 266.

831 *Epiney*, in: Bieber/Epiney/Haag, Die Europäische Union, 8. Aufl. 2009, § 8 Rn. 14; *Kohout*, Kartellvergaberecht und interkommunale Zusammenarbeit, 2008, S. 267 ff.

832 *Kohout*, Kartellvergaberecht und interkommunale Zusammenarbeit, 2008, S. 266.

(europäische und nationale) Vergaberecht dient der Öffnung des öffentlichen Auftragswesens für den gemeinschaftsweiten Wettbewerb. Es verfolgt das Ziel, einen europäischen Vergabebinnenmarkt zu schaffen[833]. Entscheidend ist somit, dass die Vergabe von Aufträgen durch öffentliche Auftraggeber nicht zu einer Verfälschung des (Vergabe-)Marktes führt.

Eine Berührung mit dem Markt findet jedoch nicht erst mit dem Überschreiten der Grenze zwischen Staat und Gesellschaft statt. Zwar ist die Wirtschaft der Gesellschaft zugeordnet, nicht aber ist der Markt ausschließlich Sache der Wirtschaft und infolgedessen der Gesellschaft. Eine zwingende Verbindung zwischen der Wirtschaft und dem Markt besteht nur insoweit, als es der Wirtschaft bedarf, um die Existenz eines Marktes für eine bestimmte Leistung feststellen zu können. Denn von einem Markt für eine bestimmte Leistung ist nur auszugehen, wenn gewerbliche Unternehmen diese Leistung typischerweise anzubieten pflegen[834]. Besteht vor diesem Hintergrund ein Markt, können auf diesem auch der Staat und seine Untergliederungen tätig sein und somit Bestandteil desselben werden. Die Eigenschaft „öffentlicher Auftraggeber" steht dem nicht entgegen[835]. Der Unternehmensbegriff des § 99 Abs. 1 GWB unterliegt einer funktionalen Betrachtungsweise. „Unternehmen" ist jeder Rechtsträger unabhängig von seiner Rechtsform, der sich wirtschaftlich betätigt[836]. Infolgedessen ist auch eine Kommune als Unternehmen im Sinne des § 99 Abs. 1 GWB anzusehen, wenn sie die in Rede stehende Leistung gleich einem Privaten anbietet[837]. Sie ist dann Bestandteil des Marktes. Die Anwendung des Vergaberechts hängt damit nicht von dem Überschreiten der Grenze zwischen Staat und Gesellschaft ab. Allein entscheidend ist, ob ein öffentlicher Auftraggeber den *Markt* in Anspruch nimmt, um eine Leistung zu beschaffen. Der Markt ist jedoch nicht mit der Gesellschaft bzw. Wirtschaft gleichzusetzen.

Für eine Einschränkung des Anwendungsbereichs des Vergaberechts, namentlich des Unternehmensbegriffs, kann auch nicht die Ausnahme des In-house-

833 Vgl. die Begründung des Vergaberechtsänderungsgesetzes, BT-Drs. 13/9340, S. 12.

834 OLG Frankfurt a. M., NZBau 2004, 692 (694); *Müller*, Interkommunale Zusammenarbeit und Vergaberecht, 2006, S. 70.

835 EuGH, Rs. C-107/98, Slg. 1999, I-8139, Rn. 42 ff. – *„Teckal"*; Rs. C-126/03, Slg. 2004, I-11209, Rn. 18 – *„Heizkraftwerk München"*.

836 *Wagner*, in: Langen/Bunte (Hrsg), Deutsches und europäisches Kartellrecht, Bd. 1, 10. Aufl. 2006, § 99 GWB Rn. 8.

837 OLG Düsseldorf, NZBau 2004, 398 (399); OLG Frankfurt a. M., NZBau 2004, 692 (694); OLG Naumburg, NZBau 2006, 58 (60); *Bauer*, ZfBR 2006, 452; *Flömer/Tomerius*, NZBau 2004, 662; *Hahn*, Vergaberecht als Störfaktor der kommunalen Zusammenarbeit?, 2007, S. 84, 123; *Hattig/Ruhland*, VergabeR 2005, 433; *Krohn*, NZBau 2006, 612; *Loer*, Public Private Partnership und Public Public Partnership, 2007, S. 265; *Müller*, Interkommunale Zusammenarbeit und Vergaberecht, 2006, S. 85; *Steiff*, NZBau 2005, 206.

Geschäfts angeführt werden[838]. Zwar kommt eine gemischtwirtschaftliche Gesellschaft unter keinen Umständen als In-house-Gesellschaft in Betracht. Hieraus lässt sich allerdings nicht ableiten, dass der vergaberechtliche Anwendungsbereich erst mit dem Überschreiten der Grenze zwischen Staat und Gesellschaft eröffnet ist. Die Ausnahme des In-house-Geschäfts beruht darauf, dass nur die Erbringung von Leistungen durch den Markt, also durch Dritte, unter Wettbewerbsgesichtspunkten und somit vergaberechtlich relevant sein kann. Erbringt ein öffentlicher Auftraggeber Leistungen selbst, führt dies zu keiner Verfälschung des Marktes. Leistungen Dritter sind als Eigenleistungen anzusehen, wenn der Dritte so von dem öffentlichen Auftraggeber kontrolliert wird und für diesen tätig ist, dass er als „Dienststelle" des öffentlichen Auftraggebers anzusehen ist[839]. Mit der Ausnahme des In-house-Geschäfts ist aufgrund dessen keine Aussage zugunsten einer rein öffentlichen oder zuungunsten einer auch privaten Leistungserbringung verbunden. Beiderlei Formen der Leistungserbringung bzw. Kooperation müssen als dem öffentlichen Auftraggeber zugehörig anzusehen sein. Daher unterliegen Eigengesellschaften und gemischt-öffentliche Gesellschaften ebenso den In-house-Kriterien, obwohl die Grenze zwischen Staat und Gesellschaft hier nicht überschritten wird. Der rein öffentliche Charakter führt nicht zu der pauschalen Annahme eines In-house-Geschäfts[840].

Das In-house-Geschäft spricht eher gegen eine umfassende vergaberechtliche Privilegierung der interkommunalen Zusammenarbeit. Allein seine Notwendigkeit verdeutlicht, dass dem Vergaberecht grundsätzlich jegliche Leistungserbringung durch Dritte unterfällt. In diesem Zusammenhang ist gerade nicht auf die öffentliche Hand in ihrer Gesamtheit abzustellen. Vielmehr stellt das In-house-Geschäft eine eng auszulegende Ausnahme dar[841].

Kommunale Kooperationen sind somit nicht generell als Maßnahmen der Verwaltungsorganisation einzuordnen. Denn trotz der Beauftragung anderer Kommunen werden – zumindest in bestimmten Fällen – Leistungen am Markt beschafft und dieser beeinflusst. Ob die Beschaffung bei Dritten im Mittelpunkt steht oder stehen soll ist vor diesem Hintergrund unbeachtlich[842]. Dies gilt nicht weniger für die Frage, ob den Kooperationen ein privatrechtlicher oder öffentlich-rechtlicher Vertrag zugrunde liegt bzw. ob es sich um einen subordinationsrechtlichen oder einen koordinationsrechtlichen öffentlich-rechtlichen Vertrag

838 So aber *Burgi*, NZBau 2005, 211.

839 Vgl. EuGH, Rs. C-26/03, Slg. 2005, I-26, Rn. 48 f. – *„Stadt Halle"*.

840 Im Ergebnis ebenso *Müller*, Interkommunale Zusammenarbeit und Vergaberecht, 2006, S. 88 f.; *Ziekow/Siegel*, VergabeR 2005, 151.

841 EuGH, Rs. C-458/03, Slg. 2005, I-8612, Rn. 63 – *„Teckal"*; Rs. C-410/04, Slg. 2006, I-3311, Rn. 26 – *„ANAV"*.

842 Vgl. *Burgi*, NZBau 2005, 211.

handelt[843]. Unabhängig davon, ob öffentlich-rechtliche Verträge zwischen Hoheitsträgern immer koordinationsrechtliche und nicht auch subordinationsrechtliche sind[844], führt der Abschluss eines öffentlich-rechtlichen Vertrages jedenfalls nicht aus dem Anwendungsbereich des Vergaberechts heraus[845]. Auch ein Vergleich zwischen gesetzlich begründeten kommunalen Kooperationen und solchen, die auf koordinationsrechtlichen öffentlichen-rechtlichen Verträgen beruhen, führt diesbezüglich nicht weiter, da es sich bei koordinationsrechtlichen öffentlich-rechtlichen Verträgen nicht um einseitige Hoheitsakte handelt.

3. Keine Ausnahme wegen gesetzlicher Regelung

Die vergaberechtliche Besonderheit der interkommunalen Zusammenarbeit besteht zu einem Teil darin, dass diese eine gesetzliche Regelung erfahren hat. Dies wird als weiterer Beleg der Ausschreibungsfreiheit kommunaler Kooperationen gesehen. Die gesetzliche Regelung zeige nämlich, dass es sich bei kommunalen Kooperationen nicht um Drittbeschaffungen, sondern lediglich um „verwaltungsorganisatorische Verschiebungen innerhalb der staatlichen Gesamtorganisation" handele[846]. Dies allerdings ist nicht zutreffend.

Die Landesgesetze über die kommunale Zusammenarbeit können zunächst nicht *unmittelbar* zu einer Ausschreibungsfreiheit kommunaler Kooperationen führen. Denn die europäischen Vergaberichtlinien – und mithin das nationale Vergaberecht – sind nur in den Fällen unanwendbar, die in ihnen selbst ausdrücklich und abschließend aufgeführt sind[847]. Die Landesgesetze über die kommunale Zusammenarbeit beinhalten infolgedessen keine Ausnahmevorschriften, die von der Anwendung des Vergaberechts befreien. Dieses stünde andernfalls

---

843 Vgl. *Burgi*, NZBau 2005, 211; *Kasper*, VergabeR 2006, 847.

844 Vgl. oben, dritter Teil, zweiter Abschnitt, C. III. 2.

845 EuGH, Rs. C-399/98, Slg. 2001, I-5435, Rn. 73 – *„Teatro alla Bicocca"*; *Bauer*, ZfBR 2006, 450; *Bungenberg*, in: Loewenheim/Meessen/Riesenkampff (Hrsg.), Kartellrecht, 2. Aufl. 2009, § 99 GWB Rn. 3; *Flömer/Tomerius*, NZBau 2004, 662; *Frenz*, VergabeR 2006, 838; *Hahn*, Vergaberecht als Störfaktor der kommunalen Zusammenarbeit?, 2007, S. 106 f.; *Kohout*, Kartellvergaberecht und interkommunale Zusammenarbeit, 2008, S. 328 f.; *Müller*, Interkommunale Zusammenarbeit und Vergaberecht, 2006, S. 70 ff., 82 f.; *Storr*, LKV 2005, 522 f.; *Wagner*, in: Langen/Bunte (Hrsg), Deutsches und europäisches Kartellrecht, Bd. 1, 10. Aufl. 2006, § 99 GWB Rn. 3.

846 *Burgi*, NZBau 2005, 211; *Düsterdiek*, NZBau 2006, 621; *Kasper*, VergabeR 2006, 847; *Portz*, VergabeR 2006, 103.

847 EuGH, Rs. C-107/98, Slg. 1999, I-8139, Rn. 43 – *„Teckal"*; Rs. C-26/03, Slg. 2005, I-26, Rn. 24 – *„Stadt Halle"*.

auch zur Disposition seiner Adressaten[848]. So kommt in diesem Zusammenhang eine Ausschreibungsfreiheit kommunaler Kooperationen allenfalls in den engen Grenzen der Ausnahmevorschrift des § 100 Abs. 2 lit. g GWB in Betracht[849].

Denkbar ist jedoch, dass die gesetzliche Regelung der interkommunalen Zusammenarbeit *mittelbar* zu einer Ausschreibungsfreiheit führt. Dies wäre der Fall, wenn die in den Landesgesetzen geregelten Kooperationsformen nur als verwaltungsorganisatorische Maßnahmen, nicht aber als die Beschaffung von Leistungen auf dem Markt anzusehen wären. Die gesetzliche Regelung der interkommunalen Zusammenarbeit müsste als Abgrenzungsmaßstab zwischen (ausschreibungsfreien) verwaltungsorganisatorischen Maßnahmen und der (ausschreibungspflichtigen) Beschaffung von Leistungen auf dem Markt geeignet sein. Allerdings ist bereits dargelegt worden[850], dass der Markt auch die öffentliche Hand umfasst, soweit diese eine Leistung gleich einem Privaten anbietet. Kooperationen zwischen Kommunen können somit – abhängig von dem Inhalt der Kooperation – zu einer dem Vergaberecht unterliegenden Beschaffung eines öffentlichen Auftraggebers am Markt führen. Einzig die gesetzliche Regelung solcher Kooperationen ändert hieran nichts. Es ist deutlich, dass nicht die gesetzliche Regelung darüber bestimmt, ob es sich um eine verwaltungsorganisatorische Maßnahme oder die Drittbeschaffung einer Leistung handelt. Daher sind die Landesgesetze über die kommunale Zusammenarbeit insofern kein geeigneter Abgrenzungsmaßstab und können auch mittelbar nicht zu einer Ausschreibungsfreiheit der interkommunalen Zusammenarbeit führen.

4. Das Vergaberecht als Privatisierungsfolgenrecht

Burgi weist zutreffend darauf hin, dass das Vergaberecht Privatisierungsfolgenrecht ist[851]. Die Entscheidung, ob Leistungen auf dem Markt eingekauft oder selbst erbracht werden, obliegt allein dem Staat und seinen Untergliederungen. Das Vergaberecht gelangt – wenn überhaupt – erst zur Anwendung, wenn der Markt in Anspruch genommen werden soll[852]. Die Verneinung einer generellen Ausschreibungsfreiheit kommunaler Kooperationen bedeutet hingegen nicht,

848 OLG Düsseldorf, NZBau 2004, 398 (399 f.); *Hattig/Ruhland*, VergabeR 2005, 432 Fn. 56; *Kasper*, VergabeR 2006, 841; *Loer*, Public Private Partnership und Public Public Partnership, 2007, S. 271 f.

849 Vgl. hierzu unten, fünfter Teil, dritter Abschnitt, F. I.

850 Vgl. oben, fünfter Teil, zweiter Abschnitt, A. II. 2.

851 *Burgi*, NZBau 2005, 210.

852 *Burgi*, NZBau 2005, 210; *Hahn*, Vergaberecht als Störfaktor der kommunalen Zusammenarbeit?, 2007, S. 45.

dass auf diese Entscheidung des Staates und seiner Untergliederungen eingewirkt würde. Denn mit der Entscheidung, Leistungen von einer anderen Kommune erbringen zu lassen, ist die Entscheidung verbunden, Dritte und damit den Markt in Anspruch zu nehmen. Die Leistungserbringung innerhalb des Staates lässt den Markt gerade nicht unberührt. Dies ist Folge des funktionalen Unternehmensbegriffs. Das Vergaberecht greift infolgedessen auch im Rahmen der interkommunalen Zusammenarbeit erst ein, nachdem die (autonome) Entscheidung gefallen ist, Leistungen nicht selbst zu erbringen, sondern diese auf dem Markt einzukaufen[853].

Die grundsätzliche Anwendung des Vergaberechts auf die interkommunale Zusammenarbeit führt ebenso wenig zu einer faktischen Privatisierungspflicht[854]. Zwar setzt eine Ausschreibung Kommunen der Gefahr aus, die gewünschte Leistung einen Privaten erbringen lassen zu müssen, soweit dieser das wirtschaftlichste Angebot abgegeben hat. Sie wären dann nicht frei, die Leistungserbringung ihrem Willen entsprechend innerhalb des staatlichen Bereichs zu belassen. Allerdings verbleiben ihnen noch immer Möglichkeiten, Leistungen durch andere Kommunen erbringen zu lassen, selbst wenn die interkommunale Zusammenarbeit nicht von vornherein dem Vergaberecht entzogen ist[855]. Zudem ist zu berücksichtigen, dass die Kommunen haushaltsrechtlich zu einem sparsamen und wirtschaftlichen Handeln verpflichtet sind und bereits aus diesem Grund das wirtschaftlichste Angebot zu berücksichtigen haben[856]. Somit kann nicht von einer (faktischen) Privatisierungspflicht ausgegangen werden.

Die dargestellte Auffassung geht von der Vorstellung aus, dass der Staat auf der einen und die Gesellschaft mit der Wirtschaft auf der anderen Seite deutlich voneinander getrennt sind. Dies ist heute jedoch nicht mehr die Realität. Vielmehr gehen häufig beide Seiten ineinander über, wie nicht zuletzt die vielfältigen Formen der Zusammenarbeit zwischen dem Staat und der Wirtschaft im Rahmen von Public-Private-Partnerships zeigen[857]. Hinzukommt, dass eine wirtschaftliche Betätigung des Staates die Regel ist[858]. Vor diesem Hintergrund kann die Trennung von Staat und Gesellschaft, die in Hinblick auf die Wirtschaft so nicht

---

853 Vgl. auch *Krohn*, NZBau 2006, 615.

854 So aber *Burgi*, NZBau 2005, 210.

855 Vgl. hierzu unten, fünfter Teil, dritter Abschnitt.

856 *Müller*, Interkommunale Zusammenarbeit und Vergaberecht, 2006, S. 112.

857 *Rupp*, in: Isensee/Kirchhof (Hrsg.), Handbuch des Staatsrechts, Bd. 2, 3. Aufl. 2004, § 31 Rn. 56; *Zippelius/Würtenberger*, Deutsches Staatsrecht, 32. Aufl. 2008, § 1 Rn. 46.

858 Vgl. *Bergmann/Vetter*, NVwZ 2006, 499; *Hattig/Ruhland*, VergabeR 2005, 432; *Krohn*, NZBau 2006, 614; *Loer*, Public Private Partnership und Public Public Partnership, 2007, S. 266.

mehr besteht, nicht angeführt werden, um die Anwendung des Vergaberechts auf Beschaffungen außerhalb des staatlichen Bereichs zu beschränken.

B. Generelle Ausschreibungspflichtigkeit der interkommunalen Zusammenarbeit

I. Argumentation

Neben einer generellen Ausschreibungsfreiheit wird auch eine generelle Ausschreibungspflichtigkeit der interkommunalen Zusammenarbeit vertreten. Diese der ersten diametral entgegengesetzte Auffassung zieht zunächst die Ausnahmevorschrift des § 100 Abs. 2 lit. g GWB[859] heran. Wenn der Anwendungsbereich des Vergaberechts bei der interkommunalen Zusammenarbeit ohnehin nicht eröffnet sei, bedürfe es nicht § 100 Abs. 2 lit. g GWB, der besondere Anforderungen an öffentliche Kooperationen zum Inhalt habe[860].

Im Wesentlichen stützt sich die Auffassung einer generellen Ausschreibungspflichtigkeit auf das funktionale Verständnis des Unternehmensbegriffs in § 99 Abs. 1 GWB[861]. Soweit ein öffentlicher Auftraggeber eine marktbezogene Tätigkeit ausübe, sei er als Unternehmen im Sinne des § 99 Abs. 1 GWB anzusehen. Dies sei nur dann nicht der Fall, wenn es sich um ausschließlich öffentliche Aufgaben, also um ein Verwaltungsmonopol handele, da ein Wettbewerb am Markt dann ausgeschlossen sei[862]. Könne die in Rede stehende Aufgabe auch ein Privater durchführen, sei eine sich ebenfalls bewerbende Kommune somit immer als Marktteilnehmer anzusehen. Ihre Beauftragung unterliege daher dem Vergaberecht[863]. Vor diesem Hintergrund hänge die Ausschreibungspflichtigkeit kommunaler Kooperationen weder davon ab, ob diese „erwünscht" seien[864], noch sei

859 Nunmehr – beschränkt auf die Vergabe von Dienstleistungsaufträgen – § 100a Abs. 3 GWB und für den Sektorenbereich § 100b Abs. 3 GWB.

860 *Loer*, Public Private Partnership und Public Public Partnership, 2007, S. 271; *Steiff*, NZBau 2005, 206; *Storr*, LKV 2005, 523; *Ziekow/Siegel*, VerwArch Bd. 96 (2005), S. 128; *dies.*, VergabeR 2005, 149.

861 Vgl. oben fünfter Teil, zweiter Abschnitt, A. II. 2.

862 OLG Naumburg, NZBau 2006, 58 (60); *Bauer*, ZfBR 2006, 452; *Ziekow/Siegel*, VerwArch Bd. 96 (2005), S. 129; *dies.*, VergabeR 2005, 149 f.

863 *Ziekow/Siegel*, VerwArch Bd. 96 (2005), S. 133,

864 *Ziekow/Siegel*, VerwArch Bd. 96 (2005), S. 133; *dies.*, VergabeR 2005, 150; vgl. auch *Müller*, VergabeR 2002, 153 f.

ihr Inhalt entscheidend. Das Vergaberecht finde daher ebenso bei Zuständigkeitsübertragungen oder der Gründung von Zweckverbänden Anwendung[865].

Dies sei nicht zuletzt der Rechtsprechung des Europäischen Gerichtshofs zu entnehmen. So habe dieser festgestellt, dass kommunale Kooperationen nicht von vornherein dem Anwendungsbereich der europäischen Vergaberichtlinien entzogen werden dürften, eine Ausschreibungsfreiheit vielmehr lediglich unter den Voraussetzungen des In-house-Geschäfts angenommen werden könne[866]. Da der Europäische Gerichtshof nicht bezüglich des Inhalts der Kooperation unterscheide, sei diese Aussage auf sämtliche Formen der interkommunalen Zusammenarbeit zu beziehen[867].

Indes erkennt auch die Auffassung einer generellen Ausschreibungspflichtigkeit der interkommunalen Zusammenarbeit an, dass kommunale Kooperationen nur dem Vergaberecht unterfallen können, wenn im Einzelfall eine Beschaffung zu bejahen ist[868]. Allerdings wird dies unabhängig vom Inhalt der Kooperation grundsätzlich für denkbar gehalten[869].

II. Kritik

Auch dieser Auffassung kann jedoch nicht gefolgt werden. Zwar ist ihr darin zuzustimmen, dass die Frage der Ausschreibungspflichtigkeit kommunaler Kooperationen wesentlich von der funktionalen Betrachtung des Unternehmensbegriffs in § 99 Abs. 1 GWB abhängt. Entscheidend ist tatsächlich, dass die öffentliche Hand grundsätzlich als Unternehmen im Sinne des § 99 Abs. 1 GWB anzusehen ist, soweit es sich nicht um Aufgaben handelt, deren Erfüllung dem Staat und seinen Untergliederungen vorbehalten ist[870]. Jedoch bejaht sie zu Un-

865 OLG Naumburg, NZBau 2006, 58 (60); *Ziekow/Siegel*, VerwArch Bd. 96 (2005), S. 134; *dies.*, VergabeR 2005, 152; vgl. auch OLG Frankfurt a. M., NZBau 2004, 692 (695), das sich dieser Auffassung – wenn auch nur in einem obiter dictum – im Ergebnis anschließt.

866 Vgl. EuGH, Rs. C-84/03, Slg. 2005, I-139, Rn. 38 ff. – *„Kooperationsvereinbarungen Spanien"*.

867 *Ziekow/Siegel*, VergabeR 2005, 154 f.

868 *Ziekow/Siegel*, VerwArch Bd. 96 (2005), S. 131 f.; *dies.*, VergabeR 2005, 152.

869 *Ziekow/Siegel*, VerwArch Bd. 96 (2005), S. 134; *dies.*, VergabeR 2005, 152.

870 Da die Existenz eines Marktes davon abhängt, ob Private die Leistung typischerweise erbringen (vgl. oben, fünfter Teil, zweiter Abschnitt, A. II. 2.), fehlt es in dem Fall eines Verwaltungsmonopols bereits an einem Markt und aus diesem Grund an Wettbewerb, der beeinträchtigt werden könnte. Nicht hingegen ist dann der „Wettbewerb am Markt" ausgeschlossen (so aber *Ziekow/Siegel*, VerwArch Bd. 96 [2005], S. 129; *dies.*, VergabeR 2005, 150). In Hinblick auf die Ausschreibungspflichtigkeit der interkommunalen Zusammenarbeit hat dies jedoch keine Auswirkungen.

recht für jede Form der interkommunalen Zusammenarbeit das Vorliegen eines Beschaffungsvorgangs[871]. In der Sache kommt es zu einer Verknüpfung der Notwendigkeit eines Beschaffungsvorgangs mit der Existenz eines Marktes. Die Tatsache, dass neben der öffentlichen Hand auch Private eine Leistung anbieten, wird als Grund für eine Ausschreibungspflichtigkeit der Beauftragung der öffentlichen Hand gesehen[872]. Allerdings besteht hier kein Zusammenhang. Insbesondere wird so dem Merkmal des Beschaffungsvorgangs nicht Genüge getan. Die Existenz eines Marktes bedeutet nicht, dass die in Rede stehende Kommune auf diesem auch eine Leistung beschafft, um einen eigenen Bedarf zu decken[873]. Diese Vorgehensweise übergeht die inhaltlichen Besonderheiten der einzelnen Formen interkommunaler Zusammenarbeit[874].

Etwas anderes ergibt sich vor diesem Hintergrund auch nicht aus der Rechtsprechung des Europäischen Gerichtshofs. Das Urteil *„Kooperationsvereinbarungen Spanien"* enthält lediglich die Feststellung, dass kommunale Kooperationen nicht unbesehen dem Anwendungsbereich des Vergaberechts entzogen werden dürfen. Dem lässt sich jedoch nicht entnehmen, dass kommunale Kooperationen in jedem Fall ausschreibungspflichtig sind[875]. Der Hinweis des Europäischen Gerichtshofs, dass nur bei Vorliegen der Voraussetzungen des In-house-Geschäfts eine Ausnahme von der Anwendung des Vergaberechts in Betracht komme, steht einer teilweisen Ausschreibungsfreiheit der interkommunalen Zusammenarbeit ebenfalls nicht entgegen. Denn die *Ausnahme* des In-house-Geschäfts steht allein dann einer Anwendung offen, wenn die (vorgelagerten) Voraussetzungen des Vergaberechts, wie z.B. das Vorliegen einer Beschaffung, erfüllt sind[876]. Dies setzt der Europäische Gerichtshof offensichtlich voraus.

---

871 Vgl. hierzu oben, vierter Teil, fünfter Abschnitt, B. II. 1. und 2.

872 Vgl. insbesondere OLG Naumburg, NZBau 2006, 58 (60); so auch *Kohout*, Kartellvergaberecht und interkommunale Zusammenarbeit, 2008, S. 248; *Loer*, Public Private Partnership und Public Public Partnership, 2007, S. 275; *Müller*, Interkommunale Zusammenarbeit und Vergaberecht, 2006, S. 93 f.

873 So auch *Kohout*, Kartellvergaberecht und interkommunale Zusammenarbeit, 2008, S. 248; *Krajewski/Wethkamp*, DVBl 2008, 362 f.; *Loer*, Public Private Partnership und Public Public Partnership, 2007, S. 275 f.; *Müller*, Interkommunale Zusammenarbeit und Vergaberecht, 2006, S. 94.

874 Vgl. hierzu unten, fünfter Teil, dritter Abschnitt.

875 *Bergmann/Vetter*, NVwZ 2006, 498; *Frenz*, VergabeR 2006, 834; *Kohout*, Kartellvergaberecht und interkommunale Zusammenarbeit, 2008, S. 229; *Krajewski/Wethkamp*, DVBl 2008, 362; *Krohn*, NZBau 2006, 614.

876 Ebenso *Kohout*, Kartellvergaberecht und interkommunale Zusammenarbeit, 2008, S. 229 f.

C. Auffassung des Europäischen Gerichtshofs und der Kommission

I. Europäischer Gerichtshof

Unmittelbar hat sich der Europäische Gerichtshof bisher erst in drei Urteilen mit der Problematik beschäftigt, inwieweit kommunale Kooperationen dem Vergaberecht unterfallen. Zu einer eingehenden Klärung dieser Frage ist es allerdings nicht gekommen.

1. Das Urteil „Kooperationsvereinbarungen Spanien“

Dem Urteil *„Kooperationsvereinbarungen Spanien“*[877] liegt ein spanisches Gesetz zugrunde, das „Kooperationsvereinbarungen, die die allgemeine Staatsverwaltung mit der Sozialversicherung, den Autonomen Gemeinschaften, den Gebietskörperschaften, deren autonomen Einrichtungen und allen anderen öffentlichen Einrichtungen schließt oder die diese Einrichtungen untereinander schließen“ von vornherein als nicht ausschreibungspflichtig ansah. Der Europäische Gerichtshof entschied, dass es für die Anwendung des Vergaberechts grundsätzlich ausreiche, wenn der Vertrag zwischen einer Gebietskörperschaft und einer rechtlich von dieser verschiedenen Person geschlossen werde. Etwas anderes könne nur gelten, wenn die Voraussetzungen eines In-house-Geschäfts gegeben seien. Eine pauschale Freistellung kommunaler Kooperationen von der Anwendung des Vergaberechts sei daher nicht zulässig[878].

Trotz der Deutlichkeit dieser Ausführungen lässt das Urteil die wesentlichen Fragen offen. Der Europäische Gerichtshof hat lediglich klargestellt, dass kommunale Kooperationen – welcher Form auch immer – grundsätzlich ausschreibungspflichtig sind, da auch diesen in der Regel ein Vertrag zwischen einer Gebietskörperschaft und einer rechtlich von dieser verschiedenen Person zugrunde liegt. Wie bereits angesprochen[879], bedeutet dies allerdings nicht, dass der Europäische Gerichtshof kommunale Kooperationen generell dem Vergaberecht unterstellt. Insbesondere spricht hierfür nicht die Aussage, dass lediglich unter den Voraussetzungen des In-house-Geschäfts eine Ausnahme von der Anwendung des Vergaberechts in Betracht komme. Denn das In-house-Geschäft setzt voraus,

877 EuGH, Rs. C-84/03, Slg. 2005, I-142.

878 Zum Ganzen EuGH, Rs. C-84/03, Slg. 2005, I-142, Rn. 38 ff. – *„Kooperationsvereinbarungen Spanien“*.

879 Vgl. oben, fünfter Teil, zweiter Abschnitt, B. II.

dass eine Ausschreibungspflicht dem Grunde nach überhaupt besteht. Der Europäische Gerichtshof geht infolgedessen davon aus, dass die notwendigen Voraussetzungen für eine Anwendung des Vergaberechts – z.B. das Vorliegen eines Beschaffungsvorgangs – gegeben sind und knüpft hieran die grundsätzliche Ausschreibungspflichtigkeit. Gerade das Vorliegen der notwendigen Voraussetzungen ist bei den unterschiedlichen Formen der interkommunalen Zusammenarbeit jedoch unklar. Somit lässt sich diesem Urteil nicht entnehmen, wann kommunale Kooperationen dem Vergaberecht unterfallen. Es zwingt vielmehr zu einer individuellen Prüfung jeder Form der interkommunalen Zusammenarbeit auf die Erfüllung der notwendigen Voraussetzungen einer Ausschreibungspflicht[880].

2. Das Urteil „Coditel Brabant"

Weitergehende Schlüsse lassen sich auch nicht aus dem *„Coditel Brabant"*-Urteil des Europäischen Gerichtshofs[881] ziehen, das zudem die Frage der Ausschreibungspflichtigkeit kommunaler Kooperationen nur streift. Hauptsächlich hatte der Europäische Gerichtshof darüber zu befinden, wann mehrere öffentliche Auftraggeber über eine rechtlich von ihnen verschiedene Person eine Kontrolle wie über eine eigene Dienststelle ausüben, so dass ein In-house-Geschäft zu bejahen ist.

Eine belgische Kommune hatte eine Dienstleistungskonzession – den Betrieb ihres Kabelfernsehnetzes – ohne vorherige Bekanntmachung an eine Genossenschaft vergeben, indem sie dieser beitrat. Mitglieder der Genossenschaft waren ausschließlich Kommunen sowie ein seinerseits vollständig aus Kommunen bestehender interkommunaler Zusammenschluss. Der Europäische Gerichtshof stellte fest, dass die Organe der Genossenschaft vorliegend nicht über ein Maß an Selbständigkeit verfügten, das eine Kontrolle der Kommunen über die Genossenschaft wie über eine eigene Dienststelle ausschließt[882]. Zudem sei es ausreichend, wenn die Kommunen *gemeinsam* eine Kontrolle wie über eine eigene Dienststelle ausüben könnten. Denn einzelnen öffentlichen Stellen sei es in der Regel nicht möglich, eine solche Kontrolle auszuüben. Diesen würde infolgedessen, wollten sie einem interkommunalen Zusammenschluss beitreten, eine Ausschreibung vorgeschrieben. Hierin liege jedoch ein Verstoß gegen das Gemeinschaftsrecht, da sich eine öffentliche Stelle ihrer eigenen administrativen,

880 So auch – zum Ganzen – *Kohout*, Kartellvergaberecht und interkommunale Zusammenarbeit, 2008, S. 229 f.

881 EuGH, Rs. C-324/07, Slg. 2008, I-8486.

882 EuGH, Rs. C-324/07, Slg. 2008, I-8486, Rn. 39 – *„Coditel Brabant"*.

technischen und sonstigen Mittel bedienen könne, um ihre im allgemeinen Interesse liegenden Aufgaben zu erfüllen. Dies schließe die Zusammenarbeit mit anderen öffentlichen Stellen mit ein[883].

Der Europäische Gerichtshof hat mit dieser Entscheidung seine Auffassung bestätigt, dass kommunale Kooperationen grundsätzlich dem Vergaberecht unterliegen und allenfalls im Rahmen eines In-house-Geschäfts eine Ausschreibungsfreiheit in Betracht kommt. Eine Ausweitung der Ausschreibungspflicht auf sämtliche Formen der interkommunalen Zusammenarbeit lässt sich auch hier nicht herauslesen, da Gegenstand der Entscheidung nicht eine Zuständigkeitsübertragung war, bei der das Vorliegen der notwendigen Voraussetzungen für eine Anwendung des Vergaberechts gerade Fragen aufwirft. Umgekehrt ist aufgrund dieser Tatsache nicht darauf zu schließen, dass nur die Übertragung der Durchführung von Aufgaben ausschreibungspflichtig ist. Eine solche Einschränkung seiner bisherigen Rechtsprechung zu kommunalen Kooperationen nimmt der Europäische Gerichtshof nicht vor. Somit bleibt es bei der individuellen Prüfung jeder Form der interkommunalen Zusammenarbeit auf die Erfüllung der notwendigen Voraussetzungen einer Ausschreibungspflicht. Der Hinweis des Europäischen Gerichtshofs, dass es öffentlichen Stellen freistehe, ihre im allgemeinen Interesse liegenden Aufgaben zusammen mit anderen öffentlichen Stellen zu erfüllen, zwingt zu keinem anderen Ergebnis in Richtung einer Ausschreibungsfreiheit kommunaler Kooperationen. Denn der Europäische Gerichtshof sieht diese Möglichkeit grundsätzlich nur im Rahmen eines In-house-Geschäfts.

3. Das Urteil „Stadtreinigung Hamburg“

Am ausführlichsten hat sich der Europäische Gerichtshof in dem Urteil *„Stadtreinigung Hamburg“*[884] zu der Ausschreibungspflichtigkeit kommunaler Kooperationen geäußert.

Die Stadtreinigung Hamburg beabsichtigte, eine Müllverbrennungsanlage zu errichten. Allein die Abfallmenge der Stadtreinigung Hamburg wäre jedoch zu gering gewesen, um die Müllverbrennungsanlage wirtschaftlich betreiben zu können[885]. Aus diesem Grund schloss die Stadtreinigung Hamburg mit den vier umliegenden Landkreisen Rotenburg (Wümme), Harburg, Soltau-Fallingbostel und Stade ohne vorherige Ausschreibung einen Vertrag, nach dem von der jährlichen Gesamtkapazität der Müllverbrennungsanlage in Höhe von 320.000 Ton-

883 Zum Ganzen EuGH, Rs. C-324/07, Slg. 2008, I-8486, Rn. 46 ff. – *„Coditel Brabant“*.

884 EuGH, Urt. v. 9.6.2009, Rs. C-480/06, Slg. 2009, I-4762.

885 Vgl. EuGH, Urt. v. 9.6.2009, Rs. C-480/06, Slg. 2009, I-4762, Rn. 38 – *„Stadtreinigung Hamburg“*.

nen eine Kapazität in Höhe von 120.000 Tonnen für die Landkreise reserviert war[886]. Die Stadtreinigung Hamburg übernahm allerdings keine Gewähr oder Haftung für den Betrieb der Müllverbrennungsanlage. Bei Betriebsunterbrechungen sollte sie nur verpflichtet sein Ersatzkapazitäten anzubieten, wenn die Entsorgung ihrer Abfallmenge gesichert ist und in ihr zugänglichen Müllverbrennungsanlagen Kapazitäten verfügbar sind. Etwaige gegen den – dritten – Betreiber der Müllverbrennungsanlage bestehende Schadensersatzansprüche sollten von der Stadtreinigung Hamburg für die Landkreise verfolgt werden. Die Landkreise verpflichteten sich, bei einer temporären Überlastung der Müllverbrennungsanlage ihre Abfallmenge zugunsten derjenigen der Stadtreinigung Hamburg zu reduzieren, ihre nicht genutzten Kapazitäten der Stadtreinigung Hamburg zur Verfügung zu stellen und die ihrer Abfallmenge entsprechend anfallende nicht verwertbare Müllverbrennungsschlacke selbst zu deponieren. Das von den Landkreisen an die Stadtreinigung Hamburg zu zahlende Entgelt entsprach der Summe, die von der Stadtreinigung Hamburg für die Nutzung der Müllverbrennungsanlage durch die Landkreise an den Betreiber der Müllverbrennungsanlage zu zahlen war. Die Errichtung der Müllverbrennungsanlage war erst beschlossen und durchgeführt worden, nachdem die Landkreise sich zu ihrer Nutzung verpflichtet hatten[887].

Die Kommission war in ihrer gegen die Bundesrepublik Deutschland erhobenen Klage der Auffassung, dass es sich bei dem zwischen der Stadtreinigung Hamburg und den Landkreisen geschlossenen Vertrag um einen ausschreibungspflichtigen Dienstleistungsauftrag handele, mit dem die Landkreise die Stadtreinigung Hamburg mit der ihnen obliegenden Abfallentsorgung beauftragt hätten. Eine Ausnahme von der Anwendung des Vergaberechts bestehe nicht. Der Europäische Gerichtshof habe in dem Urteil *„Kooperationsvereinbarungen Spanien"* entschieden, dass auch von Gebietskörperschaften geschlossene horizontale Kooperationsverträge in den Anwendungsbereich des Vergaberechts fielen. Die Voraussetzungen eines In-house-Geschäfts lägen nicht vor[888]. Diesem Vorbringen hatte sich der Generalanwalt in seinen Schlussanträgen angeschlossen[889].

Der Europäische Gerichtshof wies die Klage der Kommission jedoch ab und entschied, dass der zwischen der Stadtreinigung Hamburg und den Landkreisen geschlossene Vertrag nicht ausgeschrieben werden musste. Auf eine generelle

---

886 EuGH, Urt. v. 9.6.2009, Rs. C-480/06, Slg. 2009, I-4762, Rn. 4 ff. – *„Stadtreinigung Hamburg"*.

887 Zum Ganzen EuGH, Urt. v. 9.6.2009, Rs. C-480/06, Slg. 2009, I-4762, Rn. 38 ff. – *„Stadtreinigung Hamburg"*.

888 EuGH, Urt. v. 9.6.2009, C-480/06, Slg. 2009, I-4762, Rn. 12 ff. – *„Stadtreinigung Hamburg"*.

889 Vgl. Schlussanträge des Generalanwalts in der Rs. C-480/06, Slg. 2009, I-4749 – *„Stadtreinigung Hamburg"*.

Ausschreibungsfreiheit oder die Ausschreibungsfreiheit bestimmter Formen gesetzlich geregelter kommunaler Kooperationen kann hieraus allerdings nicht geschlossen werden. Denn der Europäische Gerichtshof betont – in Übereinstimmung mit der Kommission – gleich zu Anfang, dass auch zwischen Gebietskörperschaften geschlossene schriftliche entgeltliche Verträge ausschreibungspflichtig seien, wenn nicht die Ausnahme des In-house-Geschäfts vorliege. So beruht die Ausschreibungsfreiheit des zwischen der Stadtreinigung Hamburg und den Landkreisen geschlossenen Vertrages nach Auffassung des Europäischen Gerichtshofs auch darauf, dass die Landkreise die Durchführung der ihnen obliegende Aufgabe der Abfallentsorgung nicht auf die Stadtreinigung Hamburg übertragen haben, sondern sich lediglich darüber verständigt haben, eine Anlage zu errichten, die von allen Beteiligten bei der *eigenen* Durchführung der Abfallentsorgung genutzt werden kann.

Eine Übertragung der Durchführung der Abfallentsorgung auf die Stadtreinigung Hamburg sieht der Europäische Gerichtshof in dem zwischen der Stadtreinigung Hamburg und den Landkreisen geschlossenen Vertrag nicht, da die Stadtreinigung Hamburg keine Gewähr oder Haftung für den Betrieb der Müllverbrennungsanlage übernommen hat und die Landkreise verpflichtet sind, bei temporärer Überlastung der Müllverbrennungsanlage ihre Abfallmenge zu reduzieren, und die ihrer Abfallmenge entsprechend anfallende nicht verwertbare Müllverbrennungsschlacke selbst zu deponieren. Zudem erhält letztendlich nur der Betreiber der Müllverbrennungsanlage, nicht aber die Stadtreinigung Hamburg ein Entgelt für die Nutzung der Müllverbrennungsanlage durch die Landkreise. Zusammenfassend führt der Europäische Gerichtshof aus:

> „Damit steht fest, dass der beanstandete Vertrag sowohl die Rechtsgrundlage als auch den Rechtsrahmen für die zukünftige Errichtung und den Betrieb einer Anlage bildet, die für die Erfüllung einer öffentlichen Aufgabe – der thermischen Abfallverwertung – bestimmt ist. Der Vertrag wurde ausschließlich zwischen öffentlichen Stellen ohne Beteiligung Privater geschlossen, sieht keine Vergabe eventuell erforderlicher Aufträge über den Bau und den Betrieb der Anlage vor und präjudiziert sie auch nicht."[890]

Allein die Verständigung der Stadtreinigung Hamburg und der Landkreise, eine Müllverbrennungsanlage zu errichten und gemeinsam zu nutzen, um die eigene Durchführung der Abfallentsorgung zu gewährleisten, fällt aber nicht in den Anwendungsbereich des Vergaberechts. Der Europäische Gerichtshof führt diesbezüglich zutreffend und in konsequenter Fortführung seiner bisherigen Rechtsprechung aus, dass öffentliche Stellen ihre im allgemeinen Interesse liegenden Aufgaben mit ihren eigenen Mitteln und auch in Zusammenarbeit mit anderen

---

890 EuGH, Urt. v. 9.6.2009, Rs. C-480/06, Slg. 2009, I-4762, Rn. 44 – *„Stadtreinigung Hamburg"*.

öffentlichen Stellen erfüllen könnten. Notwendig sei jedoch, dass die Zusammenarbeit allein der Verfolgung von im öffentlichen Interesse liegenden Zielen diene und der Grundsatz der Gleichbehandlung der Interessenten gewährleistet sei, so dass kein privates Unternehmen besser gestellt werde als seine Wettbewerber[891]. Von einer Ausschreibungsfreiheit ist somit auszugehen, wenn die Kommunen nicht gleich einem Privaten tätig werden und Private nicht beteiligt sind, so dass es zu keiner Wettbewerbsverfälschung kommen kann. Durch die Verständigung, eine Müllverbrennungsanlage zu errichten und gemeinsam zu nutzen, haben sich die Stadtreinigung Hamburg und die Landkreise entschieden, für die Durchführung der ihnen obliegenden Aufgabe der Abfallentsorgung den Markt von vornherein nicht in Anspruch zu nehmen und diese Aufgabe weiter mit ihren eigenen und dem gemeinsamen Mittel der Abfallverbrennungsanlage durchzuführen. Zu einer Inanspruchnahme des Marktes und einer Verfälschung des Wettbewerbs ist es nicht gekommen, da die Stadtreinigung Hamburg mangels Übernahme der Durchführung der – marktgängigen – Abfallentsorgung für die Landkreise nicht gleich einem Privaten tätig geworden ist und Private nicht Vertragspartner waren.

Das Urteil *„Stadtreinigung Hamburg"* trifft infolgedessen keine Aussage über die vergaberechtliche Behandlung kommunaler Kooperationen, wenn es zu einer Inanspruchnahme des Marktes kommt, indem ein öffentlich-rechtlicher Verwaltungsträger durch die Erbringung einer marktgängigen Leistung gleich einem Privaten tätig wird. Dies aber ist bei den einzelnen gesetzlich geregelten Formen der interkommunalen Zusammenarbeit der Fall, so dass die Rechtsprechung des Europäischen Gerichtshofs von einer individuellen Prüfung nicht enthebt.

II. Kommission

Die Kommission hat sich ausführlich in einer *mit Gründen versehenen Stellungnahme gemäß Art. 226 EG* wegen der Vergabe einer Abwasserkonzession durch die Gemeinde Hinte[892] zu der Ausschreibungspflichtigkeit kommunaler Kooperationen geäußert.

---

891 EuGH, Urt. v. 9.6.2009, Rs. C-480/06, Slg. 2009, I-4762, Rn. 45, 47 – *„Stadtreinigung Hamburg"*.

892 Kommission, Mit Gründen versehene Stellungnahme gemäß Art. 226 EG wegen der Vergabe einer Abwasserkonzession durch die Gemeinde Hinte, C (2004) 1202.

Die Gemeinde Hinte hatte beschlossen, die ihr obliegende Aufgabe der Abwasserbeseitigung gemäß § 150 Abs. 1 NWG[893] auf den Oldenburgisch-Ostfriesischen Wasserverband (OOWV) – eine Körperschaft des öffentlichen Rechts – zu übertragen. Daher trat sie dem OOWV bei und schloss mit diesem einen Vertrag über die Übernahme und Durchführung der Abwasserbeseitigung sowie über die Übertragung der Abwasserbeseitigungsanlagen. In dem Vertrag über die Übernahme und Durchführung der Abwasserbeseitigung behielt sich die Gemeinde Hinte eingehende Kontroll- und Informationsrechte vor. Darüber hinaus kam ihr weiterhin das ausschließliche Entscheidungsrecht über Neuinvestitionen in ihrem Gemeindegebiet im Rahmen der Erschließung von neuen Bau- und Gewerbegebieten bzw. des Anschlusses von Straßenzügen zu[894].

Die Kommission war der Auffassung, dass es sich bei dem Vorgehen der Gemeinde Hinte um die Vergabe einer Dienstleistungskonzession gehandelt habe und die Gemeinde Hinte infolgedessen verpflichtet gewesen sei, einen angemessenen Grad von Öffentlichkeit sicherzustellen[895]. Eine rein administrative Maßnahme, die ausschreibungsfrei ist, sah die Kommission nicht als gegeben an. Zwar könne es im Rahmen der interkommunalen Zusammenarbeit solche Fälle geben, allerdings sei hierfür die *vollständige* Übertragung der Dienstleistung Voraussetzung. Nicht entscheidend sei hingegen die Tatsache, dass der OOWV gemäß § 150 Abs. 1 NWG selbst abwasserbeseitigungspflichtig geworden sei. In diesem Zusammenhang äußerte sich die Kommission grundsätzlich kritisch gegenüber dem Abschluss eines Konzessionsvertrages. Denn so könne gar keine vollständige Übertragung sämtlicher Rechte und Pflichten erfolgen, da der Konzessionsgeber weiterhin die Verantwortung in Hinblick auf die Dienstleistung behalte. Dies zeige der Vertrag über die Übernahme und Durchführung der Abwasserbeseitigung zwischen der Gemeinde Hinte und dem OOWV[896].

Die Haltung der Kommission führte dazu, dass die Gemeinde Hinte zwar Mitglied des OOWV blieb, den streitigen Vertrag jedoch rückwirkend auflöste.

---

893 „Abwasserbeseitigungspflichtige könne sich zur gemeinsamen Durchführung der Abwasserbeseitigung zusammenschließen. Schließen sie sich zu einer öffentlich-rechtlichen Körperschaft zusammen, geht die Abwasserbeseitigungspflicht auf diese über, soweit sie die Abwasserbeseitigung übernimmt. Dies gilt auch, wenn eine Körperschaft des öffentlichen Rechts für eines ihrer Mitglieder auf dessen Antrag die Durchführung der Abwasserbeseitigung übernimmt.“

894 Zum Ganzen Kommission, Mit Gründen versehene Stellungnahme gemäß Art. 226 EG wegen der Vergabe einer Abwasserkonzession durch die Gemeinde Hinte, C (2004) 1202, Rn. 2 ff.

895 Vgl. oben, vierter Teil, siebter Abschnitt.

896 Zum Ganzen Kommission, Mit Gründen versehene Stellungnahme gemäß Art. 226 EG wegen der Vergabe einer Abwasserkonzession durch die Gemeinde Hinte, C (2004) 1202, Rn. 12 ff. und 19.

Daraufhin stellte die Kommission das Vertragsverletzungsverfahren gegen die Bundesrepublik Deutschland ein. Dass dem OOWV weiterhin die Abwasserbeseitigung der Gemeinde Hinte obliege mache deutlich, dass die diesbezügliche Zuständigkeit aufgrund des Verbandsbeitritts übergegangen sei. Der OOWV sei daher nicht durch einen öffentlichen Auftrag, sondern infolge einer internen Neuordnung öffentlicher Befugnisse mit der Dienstleistung betraut worden[897].

Den Ausführungen der Kommission lässt sich entnehmen, dass auch diese kommunale Kooperationen grundsätzlich als ausschreibungspflichtig ansieht. Sie nimmt jedoch ausdrücklich einen Fall an, in dem das Vergaberecht auch im Rahmen der interkommunalen Zusammenarbeit von vornherein keine Anwendung findet. Kommt es zu einer vollständigen Übertragung der Dienstleistung handelt es sich nach Auffassung der Kommission um eine rein administrative Maßnahme, die ausschreibungsfrei ist[898]. Probleme wirft allerdings die Frage auf, wann eine „vollständige" Übertragung der Dienstleistung gegeben ist. Die Kommission scheint dies zumindest dann zu verneinen, wenn sich Kontroll- und Informationsrechte vertraglich vorbehalten werden[899]. Eine Übertragung jeglicher Rechte ist hingegen wohl nicht notwendig, hat die Kommission die der Gemeinde Hinte aufgrund des Verbandsbeitritts zustehenden gesetzlichen Mitgliedschaftsrechte doch nicht beanstandet[900]. Letztendlich dürfte aber nicht entscheidend sein, ob die Übertragung unmittelbar auf Gesetz oder Vertrag beruht, sondern vielmehr ihre tatsächliche Vollständigkeit[901]. Dementsprechend ist nicht davon auszugehen, dass die Kommission – trotz ihrer Äußerung, Konzessionsverträge seien grundsätzlich für eine vollständige Übertragung der Dienstleistung nicht geeignet – bei kommunalen Kooperationen auf vertraglicher Grundlage eine rein administrative Maßnahme pauschal ausschließt[902].

Offensichtlich ist, dass die Kommission an ihrer Auffassung bezüglich der Ausschreibungspflichtigkeit kommunaler Kooperationen festhält und gewillt ist, diese in den Mitgliedstaaten durchzusetzen. So hat sie in zwei ähnlich gela-

---

897 Kommission, Pressemitteilung v. 15.7.2005, IP/05/949.

898 Mit dieser Begründung hat die Kommission später ein anderes Vertragsverletzungsverfahren gegen die Bundesrepublik Deutschland eingestellt. Vgl. Kommission, Pressemitteilung v. 21.3.2007, IP/07/357.

899 So auch *Kohout*, Kartellvergaberecht und interkommunale Zusammenarbeit, 2008, S. 235; *Krohn*, NZBau 2006, 617.

900 *Kohout*, Kartellvergaberecht und interkommunale Zusammenarbeit, 2008, S. 234; vgl. auch *Düsterdiek*, NZBau 2006, 619 f.; *Portz*, VergabeR 2006, 100.

901 *Krohn*, NZBau 2006, 617.

902 *Kohout*, Kartellvergaberecht und interkommunale Zusammenarbeit, 2008, S. 234 f.

gerten Fällen ebenfalls Vertragsverletzungsverfahren gegen die Bundesrepublik Deutschland eingeleitet[903].

903 Abwasserbeseitigungsaufträge einiger Umlandkommunen an die Stadtentwässerung Hamburg (vgl. Kommission, Pressemitteilung v. 15.7.2005, IP/05/949); Abfallentsorgungsaufträge zwischen den Städten Heidelberg und Mannheim sowie dem Rhein-Neckar-Kreis (vgl. Kommission, Pressemitteilung v. 3.4.2008, IP/08/502).

Dritter Abschnitt
Differenzierte vergaberechtliche Behandlung der interkommunalen Zusammenarbeit

Es ist deutlich geworden, dass die Frage der Anwendung des Vergaberechts auf kommunale Kooperationen nicht einheitlich im Sinne einer generellen Ausschreibungsfreiheit bzw. Ausschreibungspflichtigkeit beantwortet werden kann. Vor diesem Hintergrund ist für jede Form der interkommunalen Zusammenarbeit gesondert zu prüfen, ob die Voraussetzungen für eine Anwendung des Vergaberechts erfüllt sind. Die auftraggebende Kommune müsste als öffentlicher Auftraggeber im Sinne des § 98 GWB anzusehen sein und gemäß § 99 Abs. 1 GWB bei einem Unternehmen mittels eines entgeltlichen Vertrages eine Leistung beschaffen. Von der Auftraggebereigenschaft ist in jedem Fall ohne weiteres auszugehen. Die weiteren Voraussetzungen bedürfen indes einer näheren Auseinandersetzung.

A. Der Verwaltungsverband

I. Beschaffungsvorgang

Wesensmerkmal eines öffentlichen Auftrags ist das Vorliegen eines Beschaffungsvorgangs. Der öffentliche Auftraggeber muss als Nachfrager, nicht jedoch als Anbieter von Leistungen am Marktgeschehen teilnehmen[904]. Denn das Vergaberecht hat den Sinn und Zweck, die Einkaufstätigkeit (hauptsächlich) des Staates und seiner Untergliederungen für den Wettbewerb zu öffnen, da die öffentliche Hand selbst nicht gezwungen ist, die von ihr benötigten Leistungen nach wirtschaftlichen Kriterien zu beschaffen. Es dient hingegen nicht der Vermeidung oder Beseitigung jeglicher Marktungerechtigkeiten infolge staatlicher

904 *Dreher*, in: Immenga/Mestmäcker (Hrsg.), Wettbewerbsrecht, Bd. 2, 4. Aufl. 2007, § 99 Rn. 10; *Eschenbruch*, in: Kulartz/Kus/Portz Hrsg.), GWB-Vergaberecht, 2. Aufl. 2009, § 99 Rn. 11; vgl. auch *Frenz*, Europarecht, Bd. 3, 1. Aufl. 2007, Rn. 1695.

Entscheidungen[905]. Abgabe- oder Veräußerungsvorgänge fallen somit grundsätzlich nicht in den Anwendungsbereich des Vergaberechts[906].

Hinsichtlich der Frage, inwieweit der Aufgabenerfüllung durch einen Verwaltungsverband ein Beschaffungsvorgang der Mitgliedsgemeinden zugrunde liegt, muss zwischen den Aufgaben, die auf den Verwaltungsverband übergehen, und denjenigen, die der Verwaltungsverband zu erledigen hat, unterschieden werden.

1. Übergehende Aufgaben

Ist der Verwaltungsverband entstanden, gehen auf ihn zum einen bestimmte, gesetzlich festgelegte Aufgaben zwingend über. Zum anderen steht den Mitgliedsgemeinden die Möglichkeit offen, freiwillig durch öffentlich-rechtlichen Vertrag weitere Aufgaben entweder bereits zu Beginn oder später auf den Verwaltungsverband übergehen zu lassen. Der Übergang einer Aufgabe bringt eine Zuständigkeitsverlagerung mit sich: Die übertragende Mitgliedsgemeinde verliert ihre bisherige Eigenschaft als Aufgabenträgerin. Diese geht auf den Verwaltungsverband über. Infolgedessen erfüllt der Verwaltungsverband die Aufgabe nunmehr unmittelbar als eigene. Ansprechpartner für Dritte, beispielsweise die Bürger oder Aufsichtsbehörden, ist insoweit nur noch der Verwaltungsverband[907].

Der delegierende Charakter des Aufgabenübergangs führt allerdings dazu, dass ein Beschaffungsvorgang zu verneinen ist[908]. Denn die übertragende Mitgliedsgemeinde kauft keine Leistung ein. Vielmehr gibt sie die betreffende Aufgabe vollständig, nämlich sowohl die Aufgabenzuständigkeit als auch die Aufgabendurchführung, ab. Es kommt somit gerade nicht zu einer Einkaufs-, sondern zu einer Verkaufshandlung[909]. Aufgrund der vollständigen Übertragung der Aufgabe bedarf es seitens der Mitgliedsgemeinde überhaupt keiner Beschaffung mehr[910]. Befindet sich der öffentliche Auftraggeber, hier die übertragende

---

905 *Pietzcker*, NZBau 2008, 296.

906 *Dreher*, in: Immenga/Mestmäcker (Hrsg.), Wettbewerbsrecht, Bd. 2, 4. Aufl. 2007, § 99 Rn. 11; *Frenz*, Europarecht, Bd. 3, 1. Aufl. 2007, Rn. 1984.

907 Zum Ganzen *Menke*, in: Sponer/Jacob/Menke, Landkreisordnung für den Freistaat Sachsen, 3. Aufl. 2004, § 7 SächsKomZG Rn. 1.

908 Vgl. *Bauer*, ZfBR 2006, 453; *Bergmann/Vetter*, NVwZ 2006, 500; *Flömer/Tomerius*, NZBau 2004, 663; *Hahn*, Vergaberecht als Störfaktor der kommunalen Zusammenarbeit?, 2007, S. 120 f., 125 f.; *Krohn*, NZBau 2006, 615; *Loer*, Public Private Partnership und Public Public Partnership, 2007, S. 275; *Recker*, ZKF 2005, 241.

909 *Kohout*, Kartellvergaberecht und interkommunale Zusammenarbeit, 2008, S. 312; *Krohn*, NZBau 2006, 615.

910 Vgl. *Bergmann/Vetter*, NVwZ 2006, 500.

Mitgliedsgemeinde, statt auf der Nachfrage-, auf der Angebotsseite, ist der Anwendungsbereich des Vergaberechts jedoch nicht eröffnet. Vor diesem Hintergrund macht es keinen Unterschied, ob die Aufgabenübertragung gesetzlich angeordnet ist oder auf einem (öffentlich-rechtlichen) Vertrag beruht. Auf einen Verwaltungsverband übergehende Aufgaben unterliegen aus diesen Gründen keiner Ausschreibungspflicht.

Zu einer Anwendung des Vergaberechts auch bei übergehenden Aufgaben kann es hingegen kommen, wenn sich die Mitgliedsgemeinde in Hinblick auf die übertragene Aufgabe bestimmte Rechte vorbehält. Dies kann dazu führen, dass die Zuständigkeitsverlagerung nur mehr formaler Natur ist und bei funktionaler Betrachtung ein Beschaffungsvorgang der übertragenden Mitgliedsgemeinde angenommen werden muss[911]. So ist die Kommission der Auffassung, dass eine Ausschreibungsfreiheit nur in Betracht kommt, wenn die betreffende Aufgabe „vollständig" übertragen wird[912]. Von einem Beschaffungsvorgang trotz Zuständigkeitsverlagerung dürfte indes erst auszugehen sein, wenn der übertragenden Mitgliedsgemeinde Rechte zukommen, die es ihr ermöglichen, bestimmend auf die Aufgabenerfüllung durch den Verwaltungsverband einzuwirken. Die Eigenverantwortlichkeit des Verwaltungsverbandes bezüglich der Aufgabenerfüllung muss beschränkt werden[913]. Dies kann insbesondere der Fall sein, wenn das Satzungsrecht bei der übertragenden Mitgliedsgemeinde verbleibt. Denn die Art und Weise der Aufgabenerfüllung wird durch den Erlass von Satzungen konkretisiert. Die übertragende Mitgliedsgemeinde behält diesbezüglich so in der Regel weitgehende Kontroll- und Steuerungsmöglichkeiten zurück[914]. Handelt es sich um einen Aufgabenübergang, kommt dem Verwaltungsverband gemäß § 7 Abs. 1 und 2 SächsKomZG jedoch auch das Recht zu, Satzungen und Rechtsverordnungen zu erlassen. Eine bestimmende Einwirkung und Beschränkung der Eigenverantwortlichkeit liegt ebenso bei der Vereinbarung von Zustimmungsvorbehalten oder Einspruchsrechten nahe[915]. Anders dürfte es sich vor diesem

---

911 *Kohout*, Kartellvergaberecht und interkommunale Zusammenarbeit, 2008, S. 313.

912 Vgl. Kommission, Mit Gründen versehene Stellungnahme wegen der Vergabe einer Abwasserkonzession durch die Gemeinde Hinte, C (2004) 1202, Rn. 19.

913 *Kohout*, Kartellvergaberecht und interkommunale Zusammenarbeit, 2008, S. 316, 325; *Müller*, Interkommunale Zusammenarbeit und Vergaberecht, 2006, S. 107.

914 *Kohout*, Kartellvergaberecht und interkommunale Zusammenarbeit, 2008, S. 317; *Krohn*, NZBau 2006, 616.

915 *Flömer/Tomerius*, NZBau 2004, 665; *Müller*, Interkommunale Zusammenarbeit und Vergaberecht, 2006, S. 107. A.A. *Kohout*, Kartellvergaberecht und interkommunale Zusammenarbeit, 2008, S. 317, soweit es nur um wichtige Angelegenheiten, die nicht die tägliche Aufgabenerfüllung betreffen, geht. Allerdings zeigt sich gerade bei wichtigen Angelegenheiten, wie weit die Eigenverantwortlichkeit der übernehmenden Kommune bzw. des Verwaltungsverbandes tatsächlich reicht.

Hintergrund hingegen bei einfachen Informationsrechten verhalten. Dies zeigt, dass es in diesem Zusammenhang nicht darauf ankommen kann, ob sich die übertragende Mitgliedsgemeinde überhaupt Rechte vertraglich vorbehalten hat[916]. Entscheidend ist vielmehr der – einzelfallabhängige – Inhalt der vorbehaltenen Rechte[917].

Auch die Kommission geht aber davon aus, dass gesetzliche Mitgliedschaftsrechte der Ausschreibungsfreiheit nicht entgegenstehen[918]. Zwar sind die Mitgliedsgemeinden über ihre weisungsabhängigen Vertreter in der Verbandsversammlung an der Aufgabenerfüllung beteiligt. Allerdings ist es ihnen einzeln grundsätzlich nicht möglich, einen bestimmenden Einfluss auf die Aufgabenerfüllung auszuüben. Ist dies hingegen der Fall, liegt wiederum eine bestimmende Einwirkung und Beschränkung der Eigenverantwortlichkeit des Verwaltungsverbandes nahe. So kann bei einem Verwaltungsverband mit lediglich zwei Mitgliedsgemeinden gemäß § 16 Abs. 3 Satz 3 SächsKomZG einer Mitgliedsgemeinde die Mehrheit in der Verbandsversammlung zukommen. Denn die Beschlüsse der Verbandsversammlung werden gemäß § 19 Abs. 3 Satz 1 SächsKomZG mit Stimmenmehrheit gefasst, wenn die Verbandssatzung keine größere Mehrheit bestimmt. Ein Einspruch, der zur Folge hätte, dass der Beschluss erneut mit einer ⅔-Mehrheit der anwesenden Stimmberechtigten gefasst werden müsste, steht der anderen Mitgliedsgemeinde nur zu, soweit der Beschluss für sie von „besonderer Wichtigkeit oder erheblicher wirtschaftlicher Bedeutung“ ist, vgl. § 19 Abs. 3 Sätze 2, 4 und 5 SächsKomZG. Der Verbandsversammlung aber obliegt gemäß § 17 SächsKomZG unter anderem gerade der Erlass von Satzungen und Rechtsverordnungen, so dass die „herrschende“ Mitgliedsgemeinde in diesem Fall faktisch ihr Satzungsrecht zurückbehält[919].

Nicht zugestimmt werden kann allerdings der Auffassung von *Kohout*, dass es bei funktionaler Betrachtung trotz Zuständigkeitsverlagerung auch dann zu einer Anwendung des Vergaberechts komme, wenn die übernehmende Kommune bzw. der Verwaltungsverband tatsächlich in erheblichem Umfang in Konkurrenz

---

916 Vgl. Kommission, Mit Gründen versehene Stellungnahme wegen der Vergabe einer Abwasserkonzession durch die Gemeinde Hinte, C (2004) 1202, Rn. 19.

917 Vgl. OLG Düsseldorf, NZBau 2006, 662 (666), das z.B. ein Zurückbehalten des Rechts der Gebührenerhebung für zulässig erachtet, da es nur unwesentlicher Natur sei.

918 Vgl. oben, fünfter Teil, zweiter Abschnitt, C. II.; ebenso *Flömer/Tomerius*, NZBau 2004, 665; *Kohout*, Kartellvergaberecht und interkommunale Zusammenarbeit, 2008, S. 325.

919 A.A. *Flömer/Tomerius*, NZBau 2004, 665, da die Gemeinde dann lediglich ihr Mitgliedschaftsrecht ausübe, das auf einem sachlich begründeten Stimmenverhältnis basiere. Dies ändert allerdings nichts an der Tatsache, dass die (Mitglieds-)Gemeinde aufgrund dessen einzeln die konkrete Art und Weise der Aufgabenerfüllung bestimmen kann.

zu Privaten stehe[920]. *Kohout* verkennt, dass in dieser Situation auch bei funktionaler Betrachtung die zwingende Voraussetzung des Vorliegens eines Beschaffungsvorgangs nicht gegeben ist. Ein erhebliches Tätigwerden der übernehmenden Kommune bzw. des Verwaltungsverbandes in Konkurrenz zu Privaten führt nicht dazu, dass die übertragende (Mitglieds-)Kommune (funktional betrachtet) eine Leistung beschafft. Vielmehr bleibt es bei einer reinen Verkaufshandlung. Hierin liegt der Unterschied zu der Situation, dass sich die übertragende (Mitglieds-)Kommune wesentliche Rechte vorbehält. Die Ausschreibungsfreiheit einer Zuständigkeitsverlagerung beruht gerade auf dem Fehlen eines Beschaffungsvorgangs, nicht auf dem Tätigkeitsumfang der übernehmenden Kommune bzw. des Verwaltungsverbandes. Dementsprechend kommt es auch im Rahmen einer materiellen Privatisierung nicht zu einer Ausschreibungspflicht. Nichts anderes kann aber gelten, wenn sich die Zuständigkeitsverlagerung allein in der kommunalen Sphäre vollzieht[921]. Vor diesem Hintergrund stellt es keine „widersinnige Konsequenz" dar, wenn z.B. im Rahmen eines Verwaltungs- oder Zweckverbandes zwar die Ausnahme des In-house-Geschäfts aufgrund des Tätigkeitsumfangs des Verbandes keine Anwendung findet, aber infolge der Zuständigkeitsverlagerung auf den Verband ebenso wenig das Vorliegen eines öffentlichen Auftrags zu bejahen ist[922]. Denn das Vergaberecht kann in einer solchen Situation keine Anwendung finden. Mag eine Ausschreibungspflicht unter Umständen auch wünschenswert sein, müssen dennoch die diesbezüglichen Voraussetzungen vorliegen.

2. Zu erledigende Aufgaben

Auf den Verwaltungsverband gehen nicht nur gemäß § 7 SächsKomZG gesetzlich angeordnet oder freiwillig Aufgaben über. Gemäß § 8 SächsKomZG kommt es auch zu einer Erledigung von Aufgaben. Spiegelbildlich zu dem Übergang von Aufgaben hat der Verwaltungsverband hier ebenfalls bestimmte Aufgaben zwingend zu erledigen und können die Mitgliedsgemeinden dem Verwaltungsverband freiwillig die Erledigung weiterer Aufgaben übertragen. Der Übergang und die Erledigung von Aufgaben unterscheiden sich insoweit, als dass bei der Erledigung nur die Durchführung der Aufgabe übertragen wird. Es kommt infolgedessen nicht zu einer Zuständigkeitsverlagerung. Die übertragende Mitgliedsgemeinde bleibt Aufgabenträgerin, der Verwaltungsverband erfüllt die Aufgabe

920 *Kohout*, Kartellvergaberecht und interkommunale Zusammenarbeit, 2008, S. 319 ff.
921 So *Kohout*, Kartellvergaberecht und interkommunale Zusammenarbeit, 2008, S. 311 f., selbst.
922 Vgl. *Kohout*, Kartellvergaberecht und interkommunale Zusammenarbeit, 2008, S. 326.

nicht als eigene. Vielmehr ist er ausschließlich für die verwaltungsmäßige Vorbereitung und Vollziehung zuständig[923].

Dies hat Auswirkungen auf die Frage, ob die Übertragung der Erledigung von Aufgaben als Beschaffungsvorgang anzusehen ist. Gegenstand der Erledigung einer Aufgabe ist nicht die Abgabe der Aufgabe selbst, sondern lediglich die Abgabe ihrer Durchführung. Die Erledigung einer Aufgabe hat somit nicht delegierenden, sondern mandatierenden Charakter. Dies führt jedoch zu der Annahme eines Beschaffungsvorgangs[924]. Denn die übertragende Mitgliedsgemeinde kauft eine Leistung, die Durchführung bzw. Erledigung bestimmter Aufgaben, bei dem insoweit auf dem Markt tätigen Verwaltungsverband ein. Würde die übertragende Mitgliedsgemeinde einen Privaten beauftragen, bestünde kein Unterschied[925]. Allein entscheidend ist, dass es zu einem Einkauf von Leistungen auf dem Markt kommt. Vor diesem Hintergrund ist es auch ohne Bedeutung, ob der Beschaffungsvorgang auf einer gesetzlichen Anordnung oder einem (öffentlich-rechtlichen) Vertrag beruht. Ein Beschaffungsvorgang liegt daher sowohl im Fall des § 8 Abs. 1 als auch im Fall des § 8 Abs. 2 SächsKomZG vor.

Eine andere Bewertung ergibt sich nur, wenn die Erledigung von Aufgaben übertragen wird, die der öffentlichen Hand vorbehalten ist. Denn ein Verwaltungsmonopol führt dazu, dass in Hinblick auf die betreffende Leistung bereits kein Markt besteht und der Verwaltungsverband funktional nicht als „Unternehmen" anzusehen ist[926]. Dies gilt gleichermaßen, wenn lediglich die Durchführung einer Aufgabe im Rahmen einer Verwaltungsgemeinschaft, einer mandatierenden Zweckvereinbarung oder einer gemeinsamen kommunalen Anstalt übertragen wird[927].

---

923 Zum Ganzen *Menke*, in: Sponer/Jacob/Menke, Landkreisordnung für den Freistaat Sachsen, 3. Aufl. 2004, § 8 SächsKomZG Rn. 1.

924 OLG Düsseldorf, NZBau 2004, 398 (399); OLG Frankfurt a. M., NZBau 2004, 692 (694); *Bauer*, ZfBR 2006, 454; *Bergmann/Vetter*, NVwZ 2006, 500; *Flömer/Tomerius*, NZBau 2004, 663; *Frenz*, VergabeR 2006, 839; *Krajewski/Wethkamp*, DVBl 2008, 362; *Krohn*, NZBau 2006, 615; *Loer*, Public Private Partnership und Public Public Partnership, 2007, S. 267 f.; *Recker*, ZKF 2005, 243.

925 *Hattig/Ruhland*, VergabeR 2005, 434; *Kohout*, Kartellvergaberecht und interkommunale Zusammenarbeit, 2008, S. 307.

926 Vgl. oben, fünfter Teil, zweiter Abschnitt, A. II. 2, B. II.

927 Vgl. hierzu unten, fünfter Teil, dritter Abschnitt, B., D. sowie E. I.

II. Vertrag

Gemäß § 99 Abs. 1 GWB ist für eine Anwendung des Vergaberechts weiter Voraussetzung, dass dem Beschaffungsvorgang ein Vertrag zugrunde liegt[928]. Ohne Bedeutung ist, ob es sich um einen öffentlich-rechtlichen oder einen privatrechtlichen Vertrag handelt[929].

Zwingende Voraussetzung für die Gründung eines Verwaltungsverbandes ist gemäß § 11 Abs. 1 SächsKomZG die Vereinbarung einer Verbandssatzung durch die Beteiligten. Diese Vereinbarung ist als öffentlich-rechtlicher Vertrag zu qualifizieren[930]. Hieraus könnte gefolgert werden, dass jegliche Übertragung von Aufgaben auf den Verwaltungsverband – unabhängig davon, ob es sich um übergehende oder zu erledigende Aufgaben handelt – auf einem Vertrag beruht. Denn ohne die vertragliche Vereinbarung der Verbandssatzung kann es zu keiner Aufgabenübertragung kommen[931]. Dem steht nicht entgegen, dass dieser Vertrag nicht zwischen den Mitgliedsgemeinden und dem Verwaltungsverband, sondern – mangels Existenz des Verwaltungsverbandes zu diesem Zeitpunkt – allein zwischen den Mitgliedsgemeinden geschlossen wird[932]. Zwar besteht infolgedessen formal betrachtet kein Vertrag zwischen einem öffentlichen Auftraggeber und einem Unternehmen. Allerdings macht es bei funktionaler Betrachtung keinen Unterschied, ob die Mitgliedsgemeinden dem Verwaltungsverband Aufgaben durch einen lediglich untereinander geschlossenen Vertrag übertragen oder – zu einem späteren Zeitpunkt – einen Vertrag direkt mit diesem schließen[933].

Der Annahme, jegliche Übertragung von Aufgaben beruhe auf dem „Gründungsvertrag", steht vielmehr entgegen, dass bestimmte Aufgaben von Gesetzes wegen zwingend auf den Verwaltungsverband übergehen bzw. von diesem zu erledigen sind[934]. Auch wenn dies nichts daran ändert, dass die Vereinbarung einer Verbandssatzung weiterhin unabdingbare Voraussetzung jeglicher Auf-

928 Unerheblich ist dies hingegen für die (vorgelagerte) Feststellung eines Beschaffungsvorgangs, vgl. oben, fünfter Teil, dritter Abschnitt, I. 2.

929 Vgl. oben, erster Teil, fünfter Abschnitt, C.

930 Vgl. oben, fünfter Teil, erster Abschnitt, B. I.

931 *Kohout*, Kartellvergaberecht und interkommunale Zusammenarbeit, 2008, S. 330 f., in Bezug auf den Zweckverband.

932 So aber *Müller*, Interkommunale Zusammenarbeit und Vergaberecht, 2006, S. 146; in Bezug auf den Zweckverband OLG Düsseldorf, NZBau 2006, 662 (665); *Bergmann/Vetter*, NVwZ 2006, 500 Fn. 44; *Müller*, VergabeR 2005, 446 f.; *Schröder*, NVwZ 2005, 28; *Wilke*, ZfBR 2007, 24.

933 *Hahn*, Vergaberecht als Störfaktor der kommunalen Zusammenarbeit?, 2007, S. 111 f.; *Krohn*, NZBau 2006, 612 f.

934 Vgl. §§ 7 Abs. 1, 8 Abs. 1 SächsKomZG.

gabenübertragung auf den Verwaltungsverband ist, so stellt dieser Vertrag doch nicht den Rechtsgrund für die Aufgabenübertragung dar. Denn die in dem Gesetz bestimmten Aufgaben gehen unabhängig von dem Willen der Beteiligten auf den Verwaltungsverband über oder sind von diesem zu erledigen. Dem „Gründungsvertrag" kommt lediglich eine die Entstehung des Verwaltungsverbandes auslösende Funktion zu. Auf die Übertragung der in dem Gesetz bestimmten Aufgaben können die Mitgliedsgemeinden über den „Gründungsvertrag" jedoch keinen Einfluss nehmen, wie dies z.B. im Rahmen des Zweckverbandes der Fall ist[935]. Insofern liegt der Übertragung dieser Aufgaben kein Vertrag zugrunde[936].

Anders verhält es sich hingegen, wenn die Mitgliedsgemeinden weitere Aufgaben auf den Verwaltungsverband übergehen lassen oder diesen erledigen lassen. Denn diese Übertragung erfolgt freiwillig und beruht gemäß § 7 Abs. 2 bzw. § 8 Abs. 2 SächsKomZG auf einem – neben dem „Gründungsvertrag" – weiteren öffentlich-rechtlichen Vertrag. Zwar wird dieser Vertrag erst mit der Änderung der Verbandssatzung wirksam. Allerdings bleibt Grundlage der Aufgabenübertragung unverändert der zwischen der jeweiligen Mitgliedsgemeinde und dem Verwaltungsverband geschlossene öffentlich-rechtliche Vertrag. Die Änderung der Verbandssatzung ist lediglich Rechtsfolge des weiteren öffentlich-rechtlichen Vertrages[937].

In Hinblick auf die Frage, ob dem Beschaffungsvorgang ein Vertrag zugrunde liegt, ist somit gegenüber der Frage, ob ein Beschaffungsvorgang vorliegt, eine andere Unterscheidung vorzunehmen. Während es bei letzterer Frage darauf ankommt, ob eine Aufgabe auf den Verwaltungsverband übergeht oder von diesem zu erledigen ist, kommt es vorliegend darauf an, ob eine Aufgabe von Gesetzes wegen oder freiwillig übertragen wird, unabhängig davon, ob diese auf den Verwaltungsverband übergeht oder von ihm zu erledigen ist.

III. Entgeltlichkeit

Als dritte Voraussetzung bedarf es für eine Anwendung des Vergaberechts gemäß § 99 Abs. 1 GWB der Entgeltlichkeit des dem Beschaffungsvorgang zugrunde liegenden Vertrages. Von einer Entgeltlichkeit ist in diesem Zusammenhang nicht nur bei Geldleistungen auszugehen. Vielmehr ist jegliche Art

935 Vgl. hierzu unten, fünfter Teil, dritter Abschnitt, C. II.

936 So auch *Müller*, Interkommunale Zusammenarbeit und Vergaberecht, 2006, S. 153 f., 157 f.

937 *Kohout*, Kartellvergaberecht und interkommunale Zusammenarbeit, 2008, S. 331 f., zu dem vergleichbaren Verfahren im Rahmen eines Zweckverbandes; a.A. *Müller*, Interkommunale Zusammenarbeit und Vergaberecht, 2006, S. 149.

geldwerter Gegenleistung ausreichend, so dass grundsätzlich alle zweiseitig verpflichtenden Verträge erfasst sind, in denen der Gegenleistung geldwerter Charakter zukommt[938]. Eine Gewinnerzielung ist nicht notwendig[939].

Um seinen Finanzbedarf zu decken, kann der Verwaltungsverband gemäß § 25 Abs. 1 SächsKomZG bezüglich der gesetzlich von ihm zu erfüllenden Aufgaben von den Mitgliedsgemeinden nach Maßgabe der Verbandssatzung eine Umlage erheben, soweit die sonstigen Erträge nicht ausreichen. Infolgedessen ist die Entgeltlichkeit diesbezüglich zu bejahen. Die vorrangigen sonstigen Erträge sind bei der Deckung des Finanzbedarfs in der Praxis ohnehin nur von untergeordneter Bedeutung[940].

Überträgt eine Mitgliedsgemeinde freiwillig weitere Aufgaben auf den Verwaltungsverband, so ist der hierfür zu leistende Kostenersatz gemäß § 25 Abs. 2 SächsKomZG in einem öffentlich-rechtlichen Vertrag gesondert zu regeln. Dies macht deutlich, dass es sich bei dem der Übertragung solcher Aufgaben zugrunde liegenden (öffentlich-rechtlichen) Vertrag[941] um einen entgeltlichen Vertrag im Sinne des § 99 Abs. 1 GWB handelt.

IV. Vorliegen eines In-house-Geschäfts

Die vorstehenden Ausführungen lassen bezüglich der Anwendung des Vergaberechts bei der Übertragung von Aufgaben auf einen Verwaltungsverband ein differenziertes Ergebnis erkennen: Kommt es gemäß § 7 SächsKomZG zu einem Übergang von Aufgaben, so unterliegt dieser nicht dem Vergaberecht. Denn es fehlt sowohl an einem Beschaffungsvorgang als auch, in Hinblick auf die gesetzlich übergehenden Aufgaben im Rahmen des § 7 Abs. 1 SächsKomZG, an dem Vorliegen eines Vertrages. Kommt es gemäß § 8 SächsKomZG lediglich zu einer Erledigung von Aufgaben, so unterliegt auch diese nicht dem Vergaberecht, soweit die zu erledigenden Aufgaben im Rahmen des § 8 Abs. 1 SächsKomZG gesetzlich festgelegt sind, da es wiederum an dem Vorliegen eines Vertrages fehlt. Die Voraussetzungen des Vergaberechts – Beschaffungsvorgang, Vertrag sowie Entgeltlichkeit desselben – liegen somit nur vor, wenn eine Mit-

---

938 *Bauer*, ZfBR 2006, 451 f.; *Eschenbruch*, in: Kulartz/Kus/Portz (Hrsg.), GWB-Vergaberecht, 2. Aufl. 2009, § 99 Rn. 70 ff.; *Krohn*, NZBau 2006, 613; *Wagner*, in: Langen/Bunte (Hrsg.), Deutsches und europäisches Kartellrecht, Bd. 1, 10. Aufl. 2006, § 99 GWB Rn. 15.

939 OLG Naumburg, NZBau 2006, 58 (62).

940 Zum Ganzen *Kohout*, Kartellvergaberecht und interkommunale Zusammenarbeit, 2008, S. 339 f., zu der vergleichbaren Deckung des Finanzbedarfs eines Zweckverbandes.

941 Vgl. §§ 7 Abs. 2, 8 Abs. 2 SächsKomZG.

gliedsgemeinde gemäß § 8 Abs. 2 SächsKomZG dem Verwaltungsverband freiwillig weitere Aufgaben zur Erledigung überträgt[942]. Bei dieser Konstellation stellt sich daher die Frage, ob die Ausnahme des In-house-Geschäfts in Betracht kommt.

Von dem Vorliegen eines In-house-Geschäfts ist auszugehen, wenn eine Kommune über eine rechtlich von ihr verschiedene Person eine Kontrolle wie über eine eigene Dienststelle ausübt und diese ihre Tätigkeit im Wesentlichen für die Kommune erbringt. Dies ist hier der Fall. Die jeweilige Mitgliedsgemeinde übt über den Verwaltungsverband eine Kontrolle wie über eine eigene Dienststelle aus. Dies ergibt sich jedoch nicht aus § 8 Abs. 2 SächsKomZG, dem zufolge die Erledigung der Aufgabe durch den Verwaltungsverband den Weisungen der übertragenden Mitgliedsgemeinde unterliegt. Denn die Möglichkeit, im Einzelfall Weisungen erteilen zu können, führt noch nicht zu einer umfassenden, dienststellenähnlichen Kontrolle. Ein Weisungsrecht bezüglich der Erledigung übertragener Aufgaben kann sich eine Kommune immer vorbehalten. Eine umfassende, dienststellenähnliche Kontrolle des Verwaltungsverbandes ist der jeweiligen Mitgliedsgemeinde allerdings über ihre weisungsabhängigen Vertreter in der Verbandsversammlung, dem Hauptorgan des Verwaltungsverbandes, möglich. Zwar kann sie diese nur gemeinsam mit sämtlichen Mitgliedsgemeinden ausüben. Dies steht der Annahme des Kontrollkriteriums aber nicht entgegen[943]. Davon, dass der Verwaltungsverband im Wesentlichen für seine Mitgliedsgemeinden tätig ist, kann ebenfalls grundsätzlich ausgegangen werden[944].

Vor diesem Hintergrund kommt es bei der Übertragung von Aufgaben auf einen Verwaltungsverband generell nicht zu einer Anwendung des Vergaberechts.

B. Die Verwaltungsgemeinschaft

I. Beschaffungsvorgang

Die Verwaltungsgemeinschaft ist dem Verwaltungsverband stark angenähert. Beide unterscheiden sich im Wesentlichen lediglich darin, dass bei der Bildung

942 Dies ist auch dann der Fall, wenn funktional betrachtet trotz des freiwilligen Übergangs weiterer Aufgaben auf den Verwaltungsverband von einem Beschaffungsvorgang auszugehen ist.

943 Zu den Voraussetzungen des Kontrollkriteriums vgl. oben, dritter Teil, dritter Abschnitt, C. II., insbesondere 4.

944 Zu den Voraussetzungen des Wesentlichkeitskriteriums vgl. oben, dritter Teil, dritter Abschnitt, C. III.

einer Verwaltungsgemeinschaft keine neue Körperschaft des öffentlichen Rechts entsteht, sondern an die Stelle des Verwaltungsverbandes eine leistungsfähige Gemeinde[945], die so genannte erfüllende Gemeinde, tritt. Dementsprechend müssen auch im Rahmen einer Verwaltungsgemeinschaft gesetzlich festgelegte Aufgaben zwingend auf die erfüllende Gemeinde übergehen oder von dieser erledigt werden. Zugleich haben die beteiligten Gemeinden wiederum die Möglichkeit, freiwillig weitere Aufgaben auf die erfüllende Gemeinde übergehen oder von dieser erledigen zu lassen. Das Sächsische Gesetz über kommunale Zusammenarbeit verweist in § 36 Abs. 3 insoweit auf die den Verwaltungsverband betreffenden Vorschriften. In Hinblick auf die Frage des Vorliegens eines Beschaffungsvorgangs ist es daher erneut notwendig, zwischen übergehenden und zu erledigenden Aufgaben zu differenzieren.

Da der *Übergang von Aufgaben* einen Zuständigkeitswechsel mit sich bringt – statt der übertragenden ist nunmehr die erfüllende Gemeinde zuständig – kommt es hier zu einer Verkaufshandlung der übertragenden Gemeinde. Dies führt zu der grundsätzlichen Verneinung eines Beschaffungsvorgangs[946]. Anders verhält es sich hingegen, wenn der erfüllenden Gemeinde *Aufgaben zur Erledigung* übertragen werden. Es kommt dann nicht zu einem Zuständigkeitswechsel, sondern nur zu der Abgabe der Durchführung einer Aufgabe. Infolgedessen kann nicht von einer Verkaufshandlung gesprochen werden. Vielmehr kauft die übertragende Gemeinde eine Leistung, nämlich die Durchführung der Aufgabe, ein. Vor diesem Hintergrund liegt in der Übertragung von Aufgaben zur Erledigung ein Beschaffungsvorgang[947].

II. Vertrag

Gemäß § 37 SächsKomZG sind die Rechtsverhältnisse der Verwaltungsgemeinschaft durch die beteiligten Gemeinden in einer Gemeinschaftsvereinbarung zu regeln. Die Gemeinschaftsvereinbarung stellt einen öffentlich-rechtlichen Vertrag dar[948]. Hieraus folgt jedoch nicht, dass jeglicher Aufgabenübertragung auf die erfüllende Gemeinde ein (öffentlich-rechtlicher) Vertrag zugrunde liegt. Zwar wird die Gemeinschaftsvereinbarung zwischen sämtlichen an der Verwaltungsgemeinschaft beteiligten Gemeinden geschlossen. An dieser ist – anders als

945 *Menke*, in: Sponer/Jacob/Menke, Landkreisordnung für den Freistaat Sachsen, 3. Aufl. 2004, § 36 SächsKomZG Rn. 1.

946 Vgl. ausführlich oben, fünfter Teil, dritter Abschnitt, A. I. 1.

947 Vgl. ausführlich oben, fünfter Teil, dritter Abschnitt, A. I. 2.

948 Vgl. oben, fünfter Teil, erster Abschnitt, B. II.

im Rahmen des Verwaltungsverbandes der Verwaltungsverband – somit auch die erfüllende Gemeinde als „Unternehmen“ beteiligt. Allerdings sind aufgrund der Nähe zum Verwaltungsverband auch bei der Verwaltungsgemeinschaft Aufgaben gesetzlich festgelegt, die zwingend auf die erfüllende Gemeinde übergehen oder von ihr zu erledigen sind[949]. Aufgrund dieser gesetzlichen Anordnung ist die Gemeinschaftsvereinbarung jedoch nicht als Rechtsgrund der Übertragung der festgelegten Aufgaben anzusehen. Vielmehr beruht die Übertragung unmittelbar auf den betreffenden gesetzlichen Vorschriften[950].

Dies gilt hingegen auch im Rahmen der Verwaltungsgemeinschaft nicht, wenn die beteiligten Gemeinden weitere Aufgaben auf die erfüllende Gemeinde übergehen lassen oder diese erledigen lassen. Denn die Übertragung solcher Aufgaben erfolgt freiwillig und ihr liegt ein weiterer öffentlich-rechtlicher Vertrag zugrunde[951].

III. Entgeltlichkeit

Um ihren Finanzbedarf zu decken, kommen der erfüllenden Gemeinde einer Verwaltungsgemeinschaft gemäß § 42 SächsKomZG dieselben Möglichkeiten zu, wie einem Verwaltungsverband. Sie kann somit nach Maßgabe der Gemeinschaftsvereinbarung von den beteiligten Gemeinden eine Umlage erheben, soweit die sonstigen Erträge nicht ausreichen. Lassen die beteiligten Gemeinden freiwillig weitere Aufgaben auf die erfüllende Gemeinde übergehen oder diese erledigen, so ist der hierfür zu leistende Kostenersatz in einem öffentlich-rechtlichen Vertrag gesondert zu regeln. Infolgedessen ist auch im Rahmen der Verwaltungsgemeinschaft die Entgeltlichkeit in jedem Fall zu bejahen[952].

IV. Vorliegen eines In-house-Geschäfts

Betrachtet man die Anwendung des Vergaberechts bei der Übertragung von Aufgaben auf die erfüllende Gemeinde einer Verwaltungsgemeinschaft, so gelangt man – wie bereits bei der entsprechenden Betrachtung des Verwaltungs-

---

949 Vgl. § 36 Abs. 3 i.V.m. §§ 7 Abs. 1, 8 Abs. 1 SächsKomZG.

950 Vgl. ausführlich oben, fünfter Teil, dritter Abschnitt, A. II. sowie *Müller*, Interkommunale Zusammenarbeit und Vergaberecht, 2006, S. 153 f., 157 f.

951 Vgl. § 36 Abs. 3 i.V.m. §§ 7 Abs. 2, 8 Abs. 2 SächsKomZG sowie ausführlich oben, fünfter Teil, dritter Abschnitt, A. II.

952 Vgl. ausführlich oben, fünfter Teil, dritter Abschnitt, A. III.

verbandes – zu einem differenzierten Ergebnis: Ausschreibungspflichtig ist lediglich die freiwillige Übertragung weiterer Aufgaben zur Erledigung durch die erfüllende Gemeinde. Nur in diesem Fall sind die Voraussetzungen des Vergaberechts erfüllt[953]. Infolgedessen stellt sich hier wiederum die Frage, ob die Ausnahme des In-house-Geschäfts in Betracht kommt und aus diesem Grund die Ausschreibungspflichtigkeit letztendlich zu verneinen ist.

Über ihre in den Gemeinschaftsausschuss entsandten weisungsabhängigen Vertreter können die beteiligten Gemeinden in Angelegenheiten der Verwaltungsgemeinschaft über die erfüllende Gemeinde einen bestimmenden Einfluss, also eine Kontrolle wie über eine eigene Dienststelle, ausüben. Erforderlich ist nicht, dass diese Kontrollmöglichkeit jeder beteiligten Gemeinde zukommt. Dies allerdings ist nicht ausreichend, da die beteiligten Gemeinden nur über einen Teil der erfüllenden Gemeinde einen bestimmenden Einfluss ausüben können. Das Vorliegen eines In-house-Geschäfts erfordert es jedoch, dass der Auftraggeber einen bestimmenden Einfluss über die In-house-Gesellschaft in ihrer Gesamtheit auszuüben in der Lage ist. Denn eine lediglich partielle Kontrolle entspricht gerade nicht der notwendigen dienststellenähnlichen Kontrolle[954]. Zudem wird die erfüllende Gemeinde vor dem Hintergrund der ihr originär obliegenden Aufgaben nicht im Wesentlichen für die an der Verwaltungsgemeinschaft beteiligten Gemeinden tätig[955].

Daher kommt es bei der Übertragung von Aufgaben auf die erfüllende Gemeinde einer Verwaltungsgemeinschaft in bestimmten Fällen zu einer Ausschreibungspflicht.

C. Der Zweckverband

I. Beschaffungsvorgang

Der Zweckverband ist dem Verwaltungsverband ebenfalls nicht unähnlich: Mit der Bildung eines Zweckverbandes entsteht eine neue Körperschaft des öffentlichen Rechts. Der Zweckverband wird Träger der Aufgaben, die ihm seine Mit-

953 Dies gilt gleichermaßen, wenn auf die erfüllende Gemeinde freiwillig weitere Aufgaben übergehen, aufgrund einer funktionalen Betrachtung jedoch von einem Beschaffungsvorgang auszugehen ist.

954 Zu den Voraussetzungen des Kontrollkriteriums vgl. oben, dritter Teil, dritter Abschnitt, C. II.

955 Zu den Voraussetzungen des Wesentlichkeitskriteriums vgl. oben, dritter Teil, dritter Abschnitt, C. III.

glieder übertragen. Es kommt insofern zu einer Zuständigkeitsverlagerung[956]. Dies bedeutet, dass auch die Übertragung von Aufgaben auf einen Zweckverband keinen Beschaffungsvorgang darstellt. Denn es kommt gerade nicht zu einer Einkaufs-, sondern einer Verkaufshandlung. Die Mitglieder entledigen sich zugunsten des Zweckverbandes sowohl der Aufgabendurchführung als auch der Aufgabenzuständigkeit[957].

Hieran zeigt sich, dass die Frage des Vorliegens eines Beschaffungsvorgangs nicht davon abhängt, ob an dem Zweckverband auch Private beteiligt sind[958]. Entscheidend für die Verneinung eines Beschaffungsvorgangs ist die Tatsache, dass es bei der Übertragung von Aufgaben auf einen Zweckverband zu einer Zuständigkeitsverlagerung und somit gerade nicht zu einem Einkauf von Leistungen kommt. Die Beteiligung Privater an dem Zweckverband ändert dies nicht. So unterfällt auch die Aufgabenprivatisierung nicht dem Vergaberecht[959]. Die gegenteilige Auffassung[960] beruht auf dem Missverständnis, dass der Zweckverband der kommunalen Eigenleistung diene und Ausdruck der den Kommunen zukommenden Organisationshoheit sei und es *infolgedessen* an einem Beschaffungsvorgang fehle. Dem kann indes nicht zugestimmt werden, da auch der Zweckverband eine von seinen Mitgliedern rechtlich verschiedene Person und funktional als „Unternehmen" anzusehen ist[961].

Wie im Rahmen des Verwaltungsverbandes kann jedoch auch die Übertragung von Aufgaben auf einen Zweckverband trotz einhergehender Zuständigkeitsverlagerung ausschreibungspflichtig sein, wenn sich ein Mitglied bezüglich von ihm übertragener Aufgaben bestimmte Rechte vorbehält. Denn dies kann dazu führen, dass bei funktionaler Betrachtung die Zuständigkeitsverlagerung lediglich als formaler Akt anzusehen ist und von einem Beschaffungsvorgang des Mitglieds ausgegangen werden muss. Dies ist insbesondere der Fall, wenn das Mitglied das Recht zurückbehält, Satzungen zu erlassen. Gemäß § 46 SächsKomZG geht auf den Zweckverband allerdings auch das Satzungsrecht bezüglich der auf ihn übertragenen Aufgaben über. Die gesetzlichen Mitglied-

956 *Bergmann/Vetter*, NVwZ 2006, 500; *Kasper*, VergabeR 2006, 844; *Recker*, ZKF 2005, 242; *Schröder*, NVwZ 2005, 25.

957 *Kohout*, Kartellvergaberecht und interkommunale Zusammenarbeit, 2008, S. 323 f.; *Loer*, Public Private Partnership und Public Public Partnership, 2007, S. 277 f., der allerdings davon ausgeht, dass einem Zweckverband auch nur die Durchführung einer Aufgabe übertragen werden kann; *Müller*, Interkommunale Zusammenarbeit und Vergaberecht, 2006, S. 135 f., 139, 141 f. Vgl. zudem oben, fünfter Teil, dritter Abschnitt, A. I. 1.

958 Gemäß § 44 Abs. 2 SächsKomZG ist dies grundsätzlich möglich.

959 Vgl. hierzu oben, vierter Teil, zweiter Abschnitt, B.

960 *Schröder*, NVwZ 2005, 28; *Wilke*, ZfBR 2007, 25.

961 Vgl. oben, fünfter Teil, zweiter Abschnitt, A. II. 2.

schaftsrechte führen grundsätzlich nicht zu einer Ausschreibungspflicht[962]. Zwar sind die Mitglieder über ihre weisungsabhängigen Vertreter in der Verbandsversammlung an der Aufgabenerfüllung beteiligt. Allerdings ist es ihnen einzeln in der Regel nicht möglich, einen bestimmenden Einfluss auszuüben[963]. Ist dies jedoch der Fall, liegt eine Ausschreibungspflicht nahe. Besteht ein Zweckverband nur aus zwei Mitgliedern, kann einem gemäß § 52 Abs. 2 Satz 1 SächsKomZG die Mehrheit in der Verbandsversammlung zukommen, soweit diese mit Stimmenmehrheit entscheidet. Da der Verbandsversammlung gemäß § 53 SächsKomZG der Erlass von Satzungen und Rechtsverordnungen obliegt, behält dieses Mitglied dann faktisch sein Satzungsrecht zurück[964].

II. Vertrag

Gemäß § 48 SächsKomZG setzt auch die Gründung eines Zweckverbandes zwingend die Vereinbarung einer Verbandssatzung durch die Beteiligten voraus. Bei dieser Vereinbarung handelt es sich um einen öffentlich-rechtlichen Vertrag[965]. Der Übertragung von Aufgaben auf den Zweckverband liegt somit ein vergaberechtlich relevanter Vertrag zugrunde[966]. Wie bereits im Rahmen des Verwaltungsverbandes kann hiergegen nicht eingewandt werden, dass die Vereinbarung einer Verbandssatzung lediglich zwischen den zukünftigen Mitgliedern des Zweckverbandes geschlossen wird, der Zweckverband – mangels Existenz zu diesem Zeitpunkt – jedoch nicht beteiligt ist[967]. Auch wenn infolgedessen zwischen dem Zweckverband und seinen Mitgliedern formal betrachtet kein Vertrag besteht, so kann es funktional betrachtet doch keinen Unterschied machen, ob die Mitglieder dem Zweckverband Aufgaben aufgrund eines untereinander geschlossenen Vertrages übertragen oder zu diesem Zweck später einen Vertrag direkt mit dem Zweckverband schließen[968].

---

962 Zum Ganzen ausführlich oben, fünfter Teil, dritter Abschnitt, A. I. 1.

963 Dies verkennt *Bauer*, ZfBR 2006, 451. Seine Aussage, die Mitglieder des Zweckverbandes würden die übertragenen Aufgaben weiter selbst erbringen, ist daher zu weitgehend.

964 Zum Ganzen ausführlich oben, fünfter Teil, dritter Abschnitt, A. I. 1.

965 Vgl. oben, fünfter Teil, erster Abschnitt, B. III.

966 *Kohout*, Kartellvergaberecht und interkommunale Zusammenarbeit, 2008, S. 330.

967 So aber OLG Düsseldorf, NZBau 2006, 662 (665); *Bergmann/Vetter*, NVwZ 2006, 500 Fn. 44; *Müller*, Interkommunale Zusammenarbeit und Vergaberecht, 2006, S. 128 ff.; *Müller*, VergabeR 2005, 446 f.; *Schröder*, NVwZ 2005, 28; *Wilke*, ZfBR 2007, 24.

968 *Hahn*, Vergaberecht als Störfaktor der kommunalen Zusammenarbeit?, 2007, S. 111 f.; *Krohn*, NZBau 2006, 612 f.

Der Überlegung, die Vereinbarung einer Verbandssatzung als Grundlage der Übertragung von Aufgaben auf den Zweckverband anzusehen, steht hier auch nicht entgegen, dass § 46 SächsKomZG den Übergang der dem Zweckverband übertragenen Aufgaben anordnet. Denn anders als im Rahmen des Verwaltungsverbandes und der Verwaltungsgemeinschaft beschränkt sich das Gesetz darauf, den Aufgabenübergang anzuordnen, ohne aber zwingend überzugehende Aufgaben zu benennen. Welche Aufgaben dem Zweckverband übertragen werden und auf ihn übergehen, bleibt den Mitgliedern überlassen und beruht auf der Verbandssatzung, der wiederum die Vereinbarung der Verbandssatzung zugrunde liegt[969]. Die von dem Zweckverband zu erfüllenden Aufgaben haben ihren Rechtsgrund somit in diesem Vertrag. Allein die gesetzliche Anordnung des Übergangs der dem Zweckverband übertragenen Aufgaben kann hingegen nicht zu der Annahme einer insgesamt auf Gesetz beruhenden Aufgabenübertragung führen[970]. Denn der gesetzliche Aufgabenübergang bezieht sich gerade nur auf die von den zukünftigen Mitgliedern in der Verbandssatzung – für die wiederum die Vereinbarung der Verbandssatzung Voraussetzung ist – benannten Aufgaben. Rechtsgrund der Aufgabenübertragung bleibt dieser Vertrag[971].

Werden dem Zweckverband zu einem späteren Zeitpunkt weitere Aufgaben übertragen, führt dies zu keinem anderen Ergebnis: Gemäß § 61 Abs. 2 in Verbindung mit § 7 Abs. 2 SächsKomZG ist hierzu der Abschluss eines weiteren (öffentlich-rechtlichen) Vertrages erforderlich. Zwar wird dieser Vertrag erst mit der Änderung der Verbandssatzung wirksam. Allerdings bleibt er Grundlage der erneuten Aufgabenübertragung, während die Änderung der Verbandssatzung nur eine Rechtsfolge des weiteren öffentlich-rechtlichen Vertrages ist[972].

III. Entgeltlichkeit

Die Möglichkeiten des Zweckverbandes seinen Finanzbedarf zu decken, unterscheiden sich nicht von denjenigen des Verwaltungsverbandes oder der erfüllenden Gemeinde einer Verwaltungsgemeinschaft. Gemäß § 60 Abs. 1 SächsKomZG kann der Zweckverband, soweit die sonstigen Erträge nicht ausreichen, von seinen Mitgliedern eine Umlage erheben. Für die Kostentragung bei einzel-

---

969 Vgl. § 48 i.V.m. § 11 Abs. 2 Nr. 2 SächsKomZG.

970 So aber *Müller*, Interkommunale Zusammenarbeit und Vergaberecht, 2006, S. 131.

971 Zum Ganzen *Kohout*, Kartellvergaberecht und interkommunale Zusammenarbeit, 2008, S. 330 f.

972 *Kohout*, Kartellvergaberecht und interkommunale Zusammenarbeit, 2008, S. 331 f.; a.A. *Müller*, Interkommunale Zusammenarbeit und Vergaberecht, 2006, S. 141.

nen Aufgaben kann gemäß § 60 Abs. 2 SächsKomZG eine gesonderte Regelung vereinbart werden. Vor diesem Hintergrund ist auch die Entgeltlichkeit von Aufgabenübertragungen auf einen Zweckverband zu bejahen[973].

IV. Vorliegen eines In-house-Geschäfts

Die Übertragung von Aufgaben auf einen Zweckverband ist grundsätzlich nicht ausschreibungspflichtig. Da es immer zu einer Zuständigkeitsverlagerung kommt – der Zweckverband wird Aufgabenträger – fehlt es an einem Beschaffungsvorgang auf Seiten der übertragenden Mitglieder. Infolgedessen bedarf es hier nicht der Ausnahme des In-house-Geschäfts. Von Relevanz ist diese allenfalls dann, wenn aufgrund einer funktionalen Betrachtung trotz der Zuständigkeitsverlagerung von einem Beschaffungsvorgang auszugehen ist.

In diesem Fall sind die Voraussetzungen des In-house-Geschäfts jedoch erfüllt[974]. Durch ihre weisungsabhängigen Vertreter in der Verbandsversammlung ist es den Mitgliedern des Zweckverbandes gemeinsam möglich, über diesen einen bestimmenden Einfluss auszuüben. Die Ausübung eines bestimmenden Einflusses durch jedes Mitglied ist nicht erforderlich. Darüber hinaus ist anzunehmen, dass der Zweckverband im Wesentlichen für seine Mitglieder tätig ist[975]. Eine andere Bewertung ergibt sich allerdings, wenn der Zweckverband gemäß § 44 Abs. 2 Satz 2 SächsKomZG private Mitglieder hat. Denn nach der Rechtsprechung des Europäischen Gerichtshofs[976] schließt dies eine Kontrolle der öffentlich-rechtlichen Mitglieder über den Zweckverband wie über eine eigene Dienststelle und somit die Ausnahme des In-house-Geschäfts aus[977].

Mit dieser Einschränkung ist daher auch die Übertragung von Aufgaben auf einen Zweckverband letztendlich ausschreibungsfrei.

---

973 Vgl. oben, fünfter Teil, dritter Abschnitt, A. III.

974 So auch – grundsätzlich – OLG Düsseldorf, NZBau 2006, 662 (666 f.); *Bauer*, ZfBR 2006, 450 f.; *Schröder*, NVwZ 2005, 29.

975 Vgl. ausführlich oben, fünfter Teil, dritter Abschnitt, A. IV.

976 Vgl. EuGH, Rs. C-26/03, Slg. 2005, I-1 Rn. 49 – *„Stadt Halle"* und zuletzt Rs. C-324/07, Slg. 2008, I-8486, Rn. 30 – *„Coditel Brabant"*.

977 Ebenso *Bauer*, ZfBR 2006, 450 f.; *Wilke*, ZfBR 2007, 25.

D. Die Zweckvereinbarung

Nicht zuletzt eröffnet das Sächsische Gesetz über kommunale Zusammenarbeit den Kommunen die Möglichkeit, Zweckvereinbarungen zu schließen. Die §§ 71 ff. SächsKomZG regeln allerdings nur die delegierende Zweckvereinbarung und nicht – wie andere Landesgesetze über die kommunale Zusammenarbeit[978] – auch die mandatierende Zweckvereinbarung. Aufgrund des engen Zusammenhangs von delegierender und mandatierender Zweckvereinbarung sollen beide vorliegend jedoch gemeinsam behandelt werden.

I. Beschaffungsvorgang

Der Abschluss einer delegierenden Zweckvereinbarung führt gemäß § 72 Abs. 2 Satz 1 SächsKomZG dazu, dass das Recht und die Pflicht, die übertragene Aufgabe wahrzunehmen, sowie die hierzu notwendigen Befugnisse auf die so genannte beauftragte Körperschaft übergehen. Es kommt zu einer Zuständigkeitsverlagerung, infolge derer die beauftragte Körperschaft neuer Aufgabenträger wird. Da die übertragende Körperschaft sich so nicht nur der Aufgabendurchführung, sondern auch der Aufgabenzuständigkeit entledigt, liegt in der Übertragung der Aufgabe auf die beauftragte Körperschaft kein Beschaffungsvorgang[979].

Anders verhält es sich bei dem Abschluss einer mandatierenden Zweckvereinbarung. Hier kommt es nicht zu einer Zuständigkeitsverlagerung. Vielmehr wird eine Kommune von einer anderen mit der Durchführung einer bestimmten Aufgabe beauftragt. Die beauftragende Kommune kauft also eine Leistung am Markt ein, das Vorliegen eines Beschaffungsvorgangs ist zu bejahen[980].

Jedoch gilt es auch in Hinblick auf die delegierende Zweckvereinbarung zu beachten, dass bei funktionaler Betrachtung trotz Zuständigkeitsverlagerung ein Beschaffungsvorgang zu bejahen sein kann, wenn sich die jeweilige Körperschaft bezüglich der von ihr übertragenen Aufgabe solche Rechte vorbehält, welche die Zuständigkeitsverlagerung als nur noch formaler Natur erscheinen lassen. So bestimmt § 72 Abs. 2 Sätze 2 und 3 SächsKomZG, dass den beteilig-

978 Vgl. z.B. § 24 Abs. 1 HessKGG oder § 23 Abs. 1 GKG NRW.

979 Vgl. ausführlich oben, fünfter Teil, dritter Abschnitt, A. I. 1.

980 OLG Düsseldorf, NZBau 2004, 398 (399); OLG Frankfurt a. M., NZBau 2004, 692 (694); *Bergmann/Vetter*, NVwZ 2006, 500; *Hattig/Ruhland*, VergabeR 2005, 433 f.; *Krajewski/Wethkamp*, DVBl 2008, 362; *Loer*, Public Private Partnership und Public Public Partnership, 2007, S. 267 f.; *Müller*, Interkommunale Zusammenarbeit und Vergaberecht, 2006, S. 108 f. Vgl. zudem oben, fünfter Teil, dritter Abschnitt, A. I. 2.

ten Körperschaften in der Zweckvereinbarung ein Mitwirkungsrecht bei der Wahrnehmung der übertragenen Aufgaben eingeräumt werden kann und insbesondere ein – an die Zweckverbandsversammlung angelehnter – so genannter gemeinsamer Ausschuss gebildet werden kann[981].

II. Vertrag

Die weitere Voraussetzung für eine Anwendung des Vergaberechts, das Beruhen der Aufgabenübertragung auf einem Vertrag, liegt sowohl für die delegierende als auch für die mandatierende Zweckvereinbarung vor, da es sich bei der Zweckvereinbarung um einen öffentlich-rechtlichen Vertrag handelt[982].

III. Entgeltlichkeit

Das Sächsische Gesetz über kommunale Zusammenarbeit regelt nicht, inwiefern der beauftragten Körperschaft ein Entgelt für die Übernahme der übertragenen Aufgaben zusteht. Infolgedessen ist davon auszugehen, dass es den beteiligten Körperschaften freisteht, ein solches in der (delegierenden) Zweckvereinbarung festzulegen. Eine unentgeltliche Übernahme der übertragenen Aufgaben wird nicht vorkommen. Dem stehen bereits – wie *Müller* zutreffend anmerkt[983] – die von der beauftragten Körperschaft zu beachtenden Grundsätze der Sparsamkeit und Wirtschaftlichkeit[984] entgegen. Nichts anderes kann im Rahmen der mandatierenden Zweckvereinbarung gelten.

IV. Vorliegen eines In-house-Geschäfts

Die vorstehenden Ausführungen haben gezeigt, dass die Aufgabenübertragung im Rahmen von Zweckvereinbarungen in vielen Fällen dem Vergaberecht unterliegt. So ist bei einer delegierenden Zweckvereinbarung zwar grundsätzlich kein Beschaffungsvorgang zu bejahen. Allerdings kann – abhängig von dem genauen Inhalt der Zweckvereinbarung – eine funktionale Betrachtung letztendlich den-

---

981 Vgl. hierzu ausführlich oben, fünfter Teil, dritter Abschnitt, A. I. 1. sowie C. I.

982 *Müller*, Interkommunale Zusammenarbeit und Vergaberecht, 2006, S. 17 m.w.N.

983 *Müller*, Interkommunale Zusammenarbeit und Vergaberecht, 2006, S. 83 Fn. 386.

984 Vgl. § 72 Abs. 2 SächsGemO.

noch zu der Annahme eines solchen führen. Liegt der Aufgabenübertragung eine mandatierende Zweckvereinbarung zugrunde, sind die Voraussetzungen des Vergaberechts ohnehin immer erfüllt. Ein Wegfall der Ausschreibungspflicht aufgrund der Ausnahme des In-house-Geschäfts kommt indes nicht in Betracht. Denn es fehlt bereits an einer Kontrolle wie über eine eigene Dienststelle, welche die beteiligten Körperschaften über die beauftragte Körperschaft ausüben können müssten. Darüber hinaus ist aber auch nicht davon auszugehen, dass die beauftragte Körperschaft im Wesentlichen für die beteiligten Körperschaften tätig wird[985].

Somit ist die Übertragung von Aufgaben aufgrund von Zweckvereinbarungen in bestimmten Fällen auszuschreiben.

E. Weitere Formen der interkommunalen Zusammenarbeit

I. Die gemeinsame kommunale Anstalt

Der Vollständigkeit halber soll an dieser Stelle noch in der gebotenen Kürze auf die kommunale Zusammenarbeitsform der gemeinsamen kommunalen Anstalt oder des gemeinsamen Kommunalunternehmens eingegangen werden, die in dem Sächsischen Gesetz über kommunale Zusammenarbeit keinen Niederschlag gefunden hat.

Die beteiligten Kommunen haben die Möglichkeit, Aufgaben auf die gemeinsame kommunale Anstalt mit der Folge einer Zuständigkeitsverlagerung übergehen zu lassen oder von dieser lediglich erledigen zu lassen. Dementsprechend ist ein Beschaffungsvorgang grundsätzlich zu verneinen oder zu bejahen[986]. Da die Gründung einer gemeinsamen kommunalen Anstalt zwingend die Vereinbarung einer Anstaltssatzung voraussetzt[987], liegt der Übertragung von Aufgaben auf die gemeinsame kommunale Anstalt letztendlich auch ein Vertrag zugrunde[988]. Die gemeinsame kommunale Anstalt ist mit einem Stammkapital auszustatten und

---

985 Zu den Voraussetzungen des Kontrollkriteriums und des Wesentlichkeitskriteriums vgl. oben, dritter Teil, dritter Abschnitt, C. II. und C. III.

986 Vgl. ausführlich oben, fünfter Teil, dritter Abschnitt, A. I.

987 Vgl. z.B. § 3 Abs. 1, 3 Satz 1 NKomZG.

988 *Kohout*, Kartellvergaberecht und interkommunale Zusammenarbeit, 2008, S. 332 f. Vgl. zudem oben, fünfter Teil, dritter Abschnitt, C. II.

kann darüber hinaus von den beteiligten Kommunen Unterstützungsleistungen erhalten[989], so dass zudem die Entgeltlichkeit zu bejahen ist[990].

Übertragen Kommunen ihnen obliegende Aufgaben auf eine gemeinsame kommunale Anstalt kommt eine Anwendung des Vergaberechts in bestimmten Fällen somit in Betracht. Allerdings sind die Voraussetzungen des In-house-Geschäfts hier grundsätzlich erfüllt. Die beteiligten Kommunen können über die von ihnen in den Verwaltungsrat der gemeinsamen kommunalen Anstalt entsandten[991] weisungsabhängigen[992] Vertreter einen bestimmenden Einfluss und somit eine Kontrolle wie über eine eigene Dienststelle über die gemeinsame kommunale Anstalt ausüben. Denn der Verwaltungsrat bestellt die Vorstandsmitglieder und überwacht die Geschäftsführung des Vorstands. Soweit die Anstaltssatzung dies vorsieht, ist der Verwaltungsrat neben dem Vorstand auch für die Leitung der gemeinsamen kommunalen Anstalt zuständig[993]. Darüber hinaus kann davon ausgegangen werden, dass die gemeinsame kommunale Anstalt im Wesentlichen für die an ihr beteiligten Kommunen tätig ist[994].

Vor diesem Hintergrund ist die Aufgabenübertragung auf eine gemeinsame kommunale Anstalt über die Ausnahme des In-house-Geschäfts grundsätzlich ausschreibungsfrei.

II. Privatrechtliche Kooperationsformen

Bezüglich der vergaberechtlichen Behandlung interkommunaler Zusammenarbeit in privatrechtlichen Kooperationsformen ist auf die Ausführungen zu der Ausnahme des In-house-Geschäfts zu verweisen[995].

---

989 Vgl. z.B. § 3 Abs. 2 NKomZG i.V.m. § 113b Satz 1 und § 113d Abs. 1 NGO sowie § 3 Abs. 3 Satz 3 Nr. 1 NKomZG. Gemäß § 19d Abs. 1 GkZ SH i.V.m. § 106a Abs. 4 GO SH besteht sogar ein Anspruch auf Unterstützungsleistungen.

990 *Kohout*, Kartellvergaberecht und interkommunale Zusammenarbeit, 2008, S. 341.

991 Vgl. z.B. § 3 Abs. 2 NKomZG i.V.m. § 113e Abs. 7 Satz 1 NGO sowie § 3 Abs. 4 NKomZG.

992 Vgl. z.B. § 3 Abs. 2 NKomZG i.V.m. § 113e Abs. 3 Satz 5 NGO.

993 Vgl. z.B. § 3 Abs. 2 NKomZG i.V.m. § 113e Abs. 2 Satz 1 und Abs. 3 NGO sowie – zum Ganzen – *Kohout*, Kartellvergaberecht und interkommunale Zusammenarbeit, 2008, S. 370 f.

994 Zu den Voraussetzungen des Kontrollkriteriums und des Wesentlichkeitskriteriums vgl. oben, dritter Teil, dritter Abschnitt, C. II., insbesondere 4., und C. III.

995 Vgl. oben, dritter Teil, dritter Abschnitt.

F. Allgemeine Ausnahmen von der Anwendung des Vergaberechts

Nachdem feststeht, dass auch die gemeinsame Durchführung von Aufgaben im Rahmen der interkommunalen Zusammenarbeit in bestimmten Fällen dem Vergaberecht unterliegt, ist zu prüfen, ob – unabhängig von der einzelfallabhängigen Ausnahme des In-house-Geschäfts – die Voraussetzungen allgemeiner Ausnahmen gegeben sind, so dass die Ausschreibungspflicht letzten Endes zu verneinen ist. In Betracht kommt in diesem Zusammenhang die ausdrücklich gesetzlich geregelte Ausnahme des § 100 Abs. 2 lit. g GWB sowie der Vorgang der Rekommunalisierung[996].

I. Die Ausnahme des § 100 Abs. 2 lit. g GWB

§ 100 Abs. 2 lit. g GWB bestimmt, dass Aufträge, die an eine Person vergeben werden, die ihrerseits Auftraggeber nach § 98 Nr. 1, 2 oder 3 GWB ist und ein auf Gesetz oder Verordnung beruhendes ausschließliches Recht zur Erbringung der Leistung hat, nicht den Vorschriften der §§ 97 ff. GWB unterfallen[997]. Aufgrund dessen liegt es nahe, diese Vorschrift heranzuziehen, wenn es um die Ausschreibungspflichtigkeit kommunaler Kooperationen geht. Die Voraussetzung des § 100 Abs. 2 lit. g GWB, nämlich ein dem Auftragnehmer bereits vor der Auftragsvergabe und unabhängig von dieser verliehenes[998] auf Gesetz oder Verordnung beruhendes ausschließliches Recht zur Erbringung der Leistung, dürfte bei der interkommunalen Zusammenarbeit in der Regel allerdings nicht vorliegen. Hier liegt dem Tätigwerden des kommunalen Auftragnehmers – z.B. einer anderen Kommune oder eines Zweckverbandes – gerade der jeweilige (öffentlich-rechtliche) Vertrag zugrunde, nicht aber eine Rechtsvorschrift[999]. Eine

996 *Kohout*, Kartellvergaberecht und interkommunale Zusammenarbeit, 2008, S. 353.

997 Nunmehr – beschränkt auf die Vergabe von Dienstleistungsaufträgen – § 100a Abs. 3 GWB und für den Sektorenbereich § 100b Abs. 3 GWB.

998 *Bungenberg*, in: Loewenheim/Meessen/Riesenkampff (Hrsg.), Kartellrecht, 2. Aufl. 2009, § 100 GWB Rn. 33; *Röwekamp*, in: Kulartz/Kus/Portz (Hrsg.), GWB-Vergaberecht, 2. Aufl. 2009, § 100 Rn. 45.

999 *Loer*, Public Private Partnership und Public Public Partnership, 2007, S. 270; *Ziekow/Siegel*, VergabeR 2005, 152.

Anwendung des § 100 Abs. 2 lit. g GWB im Rahmen der interkommunalen Zusammenarbeit scheidet daher grundsätzlich aus[1000].

II. Der Vorgang der Rekommunalisierung

Der Begriff der Rekommunalisierung beschreibt das Zurückholen einer funktional privatisierten Aufgabe in den kommunalen Bereich. Die Kommune, der die Aufgabe obliegt, ist gewillt, diese nunmehr wieder selbst – gegebenenfalls im Rahmen eines In-house-Geschäfts – durchzuführen[1001]. Eine Anwendung des Vergaberechts kommt hier nicht in Betracht, da die Kommune keinen Auftrag nach außen, an den Markt, vergibt. Dieser Punkt macht aber zugleich deutlich, dass eine Rekommunalisierung eine kommunale Kooperation nur insoweit von der Anwendung des Vergaberechts zu befreien vermag, als die Voraussetzungen eines In-house-Geschäfts gegeben sind. Von einer Rekommunalisierung kann also nicht allein aus dem Grund gesprochen werden, weil eine Aufgabe in den kommunalen Bereich zurückgeholt wird[1002]. Sie stellt somit in Hinblick auf die interkommunale Zusammenarbeit gerade keine allgemeine Ausnahme von dem vergaberechtlichen Anwendungsbereich dar[1003].

1000 *Röwekamp*, in: Kulartz/Kus/Portz (Hrsg.), GWB-Vergaberecht, 2. Aufl. 2009, § 100 Rn. 46 für die Beauftragung mit Entsorgungsleistungen; *Loer*, Public Private Partnership und Public Public Partnership, 2007, S. 270; *Müller*, Interkommunale Zusammenarbeit und Vergaberecht, 2006, S. 120 und 160 f.

1001 OLG Düsseldorf, NZBau 2004, 58 ff.; NZBau 2004, 398 (399); OLG Frankfurt a. M., NZBau 2004, 692 (694); *Loer*, Public Private Partnership und Public Public Partnership, 2007, S. 269 f.

1002 So auch *Kohout*, Kartellvergaberecht und interkommunale Zusammenarbeit, 2008, S. 378 f.

1003 Vgl. OLG Düsseldorf, NZBau 2004, 398 (399); OLG Frankfurt a. M., NZBau 2004, 692 (694); *Loer*, Public Private Partnership und Public Public Partnership, 2007, S. 270; *Ziekow/Siegel*, VergabeR 2005, 151 f.

Vierter Abschnitt
Ergebnis

Die vorstehenden Ausführungen haben gezeigt, dass die Frage der Ausschreibungspflichtigkeit kommunaler Kooperationen nicht einheitlich zu beantworten ist. Weder sind kommunale Kooperationen generell ausschreibungspflichtig noch kann von einer generellen Ausschreibungsfreiheit die Rede sein. Entscheidend ist vielmehr eine individuelle Betrachtung der einzelnen Formen. Die Anwendung des Vergaberechts ist hierbei zuvorderst davon abhängig, ob es im Rahmen der interkommunalen Zusammenarbeit zu einer Delegation oder einer Mandatierung, also einem Verkaufs- oder Einkaufsvorgang der jeweiligen Kommune kommt. Zudem ist darauf zu achten, ob die Aufgabenerfüllung tatsächlich auf einem Vertrag und nicht einer gesetzlichen Anordnung beruht. Es ist allerdings festzustellen, dass letztendlich eine Ausschreibungspflicht zumeist nicht gegeben ist, da häufig jedenfalls die Voraussetzungen der Ausnahme des In-house-Geschäfts vorliegen werden.

Sechster Teil
Ausschreibungspflichten bei Nichtanwendbarkeit des Vergaberechts sowie Folgen der Nichtbeachtung des Vergaberechts

Abschließend ist auf zwei mit der Privatisierung kommunaler Einrichtungen zusammenhängende Punkte einzugehen, die für die Kommunen ebenfalls von erheblicher Bedeutung sind. Hierbei handelt es sich zum einen um Ausschreibungspflichten, die trotz der Nichtanwendbarkeit des Vergaberechts bestehen, sowie um die Folgen, wenn eine Kommune das Vergaberecht unzulässigerweise nicht beachtet oder fehlerhaft angewandt hat.

Erster Abschnitt
Ausschreibungspflichten bei Nichtanwendbarkeit des Vergaberechts

Nunmehr steht fest, dass die strengen Vorschriften des europäischen und deutschen Vergaberechts nicht durchgehend bei der Privatisierung kommunaler Einrichtungen Geltung beanspruchen. Dies bedeutet allerdings nicht, dass öffentliche Auftraggeber in den Fällen der Beschaffung einer Leistung[1004] keinerlei Ausschreibungspflichten zu beachten hätten. Das Vergaberecht ergibt sich aus bzw. basiert auf den Richtlinien 2004/18/EG und 2004/17/EG, bei denen es sich um sekundäres Gemeinschaftsrecht handelt. Ist das spezielle sekundäre Gemeinschaftsrecht nicht anwendbar, so muss es jedoch zu einer Anwendung des primären Gemeinschaftsrechts, also des EG-Vertrages kommen.

A. Allgemeine Vorgaben

Vor diesem Hintergrund unterliegen öffentliche Auftraggeber[1005] bei Nichtanwendbarkeit des Vergaberechts dennoch zumindest den Grundregeln des EG-Vertrages. Hierzu zählen in erster Linie die Art. 43 und 49 EGV[1006], welche die Niederlassungs- und Dienstleistungsfreiheit gewährleisten, sowie Art. 12 EGV[1007], der jede Diskriminierung aus Gründen der Staatsangehörigkeit untersagt[1008]. Bei allen drei Vorschriften handelt es sich um Ausprägungen des allge-

1004 In Betracht kommt in diesem Zusammenhang z.B. auch das Nichterreichen der Schwellenwerte, Kommission, Mitteilung zu Auslegungsfragen in Bezug auf das Gemeinschaftsrecht, das für die Vergabe öffentlicher Aufträge gilt, die nicht oder nur teilweise unter die Vergaberichtlinien fallen, ABlEG 2006, Nr. C 179/02, S. 3, Ziff. 1.2. Hierzu *Braun*, EuZW 2006, 683 ff.; *Gabriel*, NVwZ 2006, 1262 ff.; *Lutz*, WuW 2006, 890 ff.; *Schnieders*, DVBl 2007, 287 ff.

1005 *Bitterich*, NVwZ 2007, 890; *Wollenschläger*, NVwZ 2007, 389 f.

1006 Nach dem Inkrafttreten des Vertrages von Lissabon entsprechen die Art. 43 und 49 EGV den Art. 49 und 56 des in Vertrag über die Arbeitsweise der Europäischen Union umbenannten EGV.

1007 Nach dem Inkrafttreten des Vertrages von Lissabon entspricht Art. 12 EGV Art. 18 des in Vertrag über die Arbeitsweise der Europäischen Union umbenannten EGV.

1008 *Braun*, VergabeR 2007, 19; *Wollenschläger*, NVwZ 2007, 390.

meinen Gleichbehandlungsgrundsatzes[1009]. Der allgemeine Gleichbehandlungsgrundsatz auferlegt den öffentlichen Auftraggebern insbesondere wegen des Diskriminierungsverbots aus Gründen der Staatsangehörigkeit eine Pflicht zur Transparenz. Diese beinhaltet, einen „angemessenen Grad von Öffentlichkeit" sicherzustellen, um die Vergabe des Auftrags dem Wettbewerb zu öffnen und die Nachprüfung zu ermöglichen, ob das Vergabeverfahren unparteiisch durchgeführt worden ist[1010].

Dem Transparenzgebot liegt somit die Überlegung zugrunde, dass potentielle Bieter auch und gerade in anderen Staaten ansässig sein können, ihnen aber dieselben Chancen zukommen müssen, um sie nicht in ihren aus den Art. 12, 43 und 49 EGV herrührenden Rechten zu verletzen. Dies verdeutlicht, dass die aus dem EG-Vertrag abgeleiteten Anforderungen nur für Aufträge gelten, die für das Funktionieren des Binnenmarktes relevant sind[1011]. Entscheidend ist infolgedessen, unter welchen Voraussetzungen hiervon auszugehen und dem Transparenzgebot Genüge getan ist.

B. Konkretisierung der allgemeinen Vorgaben

I. Binnenmarktrelevanz

Die Entscheidung, wann ein Auftrag auch für potentielle Bieter in anderen Staaten von Interessen sein könnte, obliegt dem Auftraggeber. Allerdings behält sich die Kommission eine Prüfung dieser Entscheidung und gegebenenfalls die Einleitung eines Vertragsverletzungsverfahrens gemäß Art. 226 EGV[1012] vor[1013]. Dem Europäischen Gerichtshof zufolge ist als Kriterium die wirtschaftliche Bedeutung des Auftrags heranzuziehen. Nur wenn diese sehr gering sei, könne

1009 EuGH, Rs. C-458/03, Slg. 2005, I-8612, Rn. 46 ff. – *„Parking Brixen"*.

1010 Zum Ganzen EuGH, Rs. C-458/03, Slg. 2005, I-8612, Rn. 49 – *„Parking Brixen"*. So bereits zuvor EuGH, Rs. C-324/98, Slg. 2000, I-10770, Rn. 60 ff. – *„Telaustria"*; Rs. 59/00, Slg. 2001, I-9507, Rn. 19 ff. – *„Vestergaard"*; Rs. C-231/03, Slg. 2005, I-7310, Rn. 17 ff. – *„Co.Na.Me."*.

1011 EuGH, Rs. C-507/03, Slg. 2007, I-9797, Rn. 29 – *„An Post"*; Kommission, Mitteilung zu Auslegungsfragen in Bezug auf das Gemeinschaftsrecht, das für die Vergabe öffentlicher Aufträge gilt, die nicht oder nur teilweise unter die Vergaberichtlinien fallen, ABlEG 2006, Nr. C 179/02, S. 3, Ziff. 1.3.

1012 Nach dem Inkrafttreten des Vertrages von Lissabon entspricht Art. 226 EGV Art. 258 des in Vertrag über die Arbeitsweise der Europäischen Union umbenannten EGV.

1013 Kommission, Mitteilung zu Auslegungsfragen in Bezug auf das Gemeinschaftsrecht, das für die Vergabe öffentlicher Aufträge gilt, die nicht oder nur teilweise unter die Vergaberichtlinien fallen, ABlEG 2006, Nr. C 179/02, S. 3, Ziff. 1.3.

vernünftigerweise davon ausgegangen werden, dass in anderen Staaten ansässige potentielle Bieter kein Interesse an diesem Auftrag hätten. Die Auswirkungen auf die betreffenden Grundfreiheiten seien dann zu zufällig und mittelbar, als dass auf eine Verletzung derselben geschlossen werden könne[1014]. Das völlige Fehlen einer Ausschreibung hält der Europäische Gerichtshof in der Regel jedoch nicht für mit dem allgemeinen Gleichbehandlungsgrundsatz vereinbar[1015]. Die Binnenmarktrelevanz hängt infolgedessen von den Umständen des Einzelfalls ab. Zu berücksichtigen sind insbesondere der Auftragsgegenstand, der geschätzte Auftragswert, die Besonderheiten des betreffenden Sektors (hierzu gehören unter anderem die Größe und Struktur des Marktes sowie die wirtschaftlichen Gepflogenheiten) und die geographische Lage des Ortes der Leistungserbringung[1016].

II. Transparenzgebot

Um die gebotene Transparenz zu gewährleisten, bietet sich die Durchführung eines strukturierten Bieterverfahrens an. Dieses umfasst fünf Schritte:

„(1) Veröffentlichung einer Bekanntmachung mit Aufforderung zur Einreichung von Interessenbekundungen;
(2) Prüfung der Interessenbekundungen;
(3) diskriminierungsfreie Auswahl der Verhandlungspartner;
(4) Aufnahme von Verhandlungen mit den ausgewählten Bewerbern und
(5) Beendigung der Verhandlungen und Vertragsabschluss“[1017].

Die Durchführung eines strukturierten Bieterverfahrens entspricht damit auch den diesbezüglichen Vorgaben der Kommission in der *Mitteilung zu Auslegungsfragen in Bezug auf das Gemeinschaftsrecht, das für die Vergabe öffentlicher Aufträge gilt, die nicht oder nur teilweise unter die Vergaberichtlinien fallen.* So hält die Kommission die Veröffentlichung einer für *alle* potentiellen Bieter zugänglichen Bekanntmachung für erforderlich. Die Benachrichtigung nur einzelner potentieller Bieter ist nicht ausreichend. Für die Veröffentlichung kommen

---

1014 EuGH, Rs. C-231/03, Slg. 2005, I-7310, Rn. 20 – *„Co.Na.Me.“*.

1015 EuGH, Rs. C-458/03, Slg. 2005, I-8612, Rn. 50 – *„Parking Brixen“*; Rs. C-410/04, Slg. 2006, I-3311, Rn. 22 – *„ANAV“*.

1016 Zum Ganzen Kommission, Mitteilung zu Auslegungsfragen in Bezug auf das Gemeinschaftsrecht, das für die Vergabe öffentlicher Aufträge gilt, die nicht oder nur teilweise unter die Vergaberichtlinien fallen, ABlEG 2006, Nr. C 179/02, S. 3, Ziff. 1.3.

1017 *Prieß/Gabriel*, NZBau 2007, 618, 619.

das Internet, Amts- oder Ausschreibungsblätter, aber auch Zeitungen oder (Fach-)Zeitschriften in Betracht. Die Wahl des Mediums und seine Reichweite bestimmen sich wiederum nach der wirtschaftlichen Bedeutung des Auftrags[1018]. In der Bekanntmachung sollten – so die Kommission – der Auftrag in seinen wesentlichen Punkten sowie der weitere Ablauf des Vergabeverfahrens erläutert werden[1019]. Das Vergabeverfahren selbst muss insbesondere angemessene Fristen sowie Transparenz und Objektivität sicherstellen. Die Entscheidung über die Auftragsvergabe hat dementsprechend auf den zu Beginn mitgeteilten Regeln des Vergabeverfahrens und dem allgemeinen Gleichbehandlungsgrundsatz zu beruhen[1020].

Zusammenfassend ist somit festzustellen, dass die aus dem EG-Vertrag abgeleiteten Ausschreibungspflichten in ihrem Inhalt hinter den förmlichen Ausschreibungspflichten zurück bleiben[1021]. Aufgrund des immer noch ungenauen Inhalts der von den öffentlichen Auftraggebern zu beachtenden Vorgaben besteht jedoch die Befürchtung, dass sich sowohl der Europäische Gerichtshof als auch die Kommission diesbezüglich im Zweifel an den förmlichen Ausschreibungspflichten orientieren werden und die primärrechtlichen Anforderungen infolgedessen die fehlende sekundärrechrechtliche Erfassung relativieren[1022]. Allerdings kommt es nicht zu einer Anwendung des vergaberechtlich geregelten Rechtsschutzes, so dass zumindest hier wesentliche Unterschiede bestehen bleiben[1023].

Auch die aus dem EG-Vertrag abgeleiteten Ausschreibungspflichten können jedoch keine Anwendung finden, wenn Auftraggeber und Auftragnehmer in

---

1018 Zum Ganzen Kommission, Mitteilung zu Auslegungsfragen in Bezug auf das Gemeinschaftsrecht, das für die Vergabe öffentlicher Aufträge gilt, die nicht oder nur teilweise unter die Vergaberichtlinien fallen, ABlEG 2006, Nr. C 179/02, S. 3 f., Ziff. 2.1.1. und 2.1.2.

1019 Kommission, Mitteilung zu Auslegungsfragen in Bezug auf das Gemeinschaftsrecht, das für die Vergabe öffentlicher Aufträge gilt, die nicht oder nur teilweise unter die Vergaberichtlinien fallen, ABlEG 2006, Nr. C 179/02, S. 5, Ziff. 2.1.3.

1020 Kommission, Mitteilung zu Auslegungsfragen in Bezug auf das Gemeinschaftsrecht, das für die Vergabe öffentlicher Aufträge gilt, die nicht oder nur teilweise unter die Vergaberichtlinien fallen, ABlEG 2006, Nr. C 179/02, S. 5, Ziff. 2.2. Zum näheren Ablauf des Vergabe- bzw. strukturierten Bieterverfahrens *Prieß/Gabriel*, NZBau 2007, 620 f.; vgl. auch *Ortner*, Vergabe von Dienstleistungskonzessionen, 2007, S. 174 ff.

1021 Vgl. EuGH, Rs. C-231/03, Slg. 2005, I-7310, Rn. 28 – *„Co.Na.Me."*; *Gabriel*, NVwZ 2006, 1263; *Prieß/Gabriel*, NZBau 2007, 618.

1022 *Kühling*, ZfBR 2006, 664; *Prieß/Gabriel*, NZBau 2007, 618; *Schnieders*, DVBl 2007, 291; *Wollenschläger*, NVwZ 2007, 394 f.

1023 Für die Gewährung von Primärrechtsschutz auch bei Verstößen gegen das primäre Gemeinschaftsrecht *Bitterich*, NVwZ 2007, 892 ff.; *Wollenschläger*, NVwZ 2007, 395 f.

einer Person zusammenfallen. Daher entbindet das Vorliegen eines In-house-Geschäfts von jeglichen Ausschreibungspflichten[1024].

1024 EuGH, Rs. C-458/03, Slg. 2005, I-8612, Rn. 62 – *„Parking Brixen"*; Rs. C-410/04, Slg. 2006, I-3311, Rn. 24 – *„ANAV"*.

Zweiter Abschnitt
Folgen für die Kommunen bei Nichtbeachtung oder fehlerhafter Anwendung des Vergaberechts

A. Einführung

Immer wieder kommt es dazu, dass Kommunen die gebotene Anwendung des Vergaberechts, teilweise in Verkennung der Rechtslage, unterlassen. Es ist daher notwendig, sich einen Überblick über die Folgen zu verschaffen, wenn das Vergaberecht unzulässigerweise nicht beachtet oder fehlerhaft angewendet worden ist. Entscheidend in diesem Zusammenhang sind die Auswirkungen eines Vergaberechtsverstoßes auf bereits geschlossene Verträge sowie auf die Rechtmäßigkeit von kommunalen Gebührensatzungen und -bescheiden.

B. Auswirkungen eines Vergaberechtsverstoßes auf bereits geschlossene Verträge

Die Vergabe eines öffentlichen Auftrags unter Nichtbeachtung des Vergaberechts – de facto-Vergabe genannt – gilt als einer der schwerwiegendsten Verstöße gegen das Vergaberecht und wird dementsprechend geahndet. Gemäß § 101b GWB kommt es, soweit der Verstoß rechtzeitig geltend gemacht wird, zur Nichtigkeit des Vertrages. Eine fehlerhafte Anwendung des Vergaberechts dagegen zieht die Nichtigkeit des Vertrages nicht zwingend nach sich[1025]. Doch auch wenn der Vertrag trotz Nichtbeachtung oder fehlerhafter Anwendung des Vergaberechts wirksam ist – oder gerade dann – stellt sich die Frage, ob die Vertragspartner sich auf den im deutschen Recht geltenden Grundsatz „pacta sunt servanda" verlassen und mit einem Fortbestand des Vertrages bis zu seinem vereinbarten Ende rechnen können.

Ihren Ausgangspunkt findet diese Frage in Art. 226 EGV, welcher der Kommission das Recht gibt, von Amts wegen oder auf die Beschwerde eines Ge-

1025 Ausführlich zu den im Rahmen der Novellierung des Vergaberechts erfolgten Änderungen des vergaberechtlich geregelten Rechtsschutzes *Herrmann*, VergabeR 2009, 259 ff.; *Knauff/Streit*, EuZW 2009, 37 ff.

meinschaftsbürgers hin[1026] gegen die Mitgliedstaaten ein Vertragsverletzungsverfahren einzuleiten. Dies ist jederzeit möglich, dient die Einleitung eines Vertragsverletzungsverfahrens doch (objektiv-rechtlich) der einheitlichen Beachtung und Durchsetzung des Gemeinschaftsrechts – eine der Kommission gemäß Art. 211 EGV[1027] zugewiesene Aufgabe[1028]. Aus diesem Grund bedarf es auch nicht der Verletzung eigener Rechte der Kommission oder sonstiger individueller Rechte[1029]. Das Vertragsverletzungsverfahren kann sich ausschließlich gegen einen Mitgliedstaat richten[1030]. Infolgedessen hat es im Fall eines von einer Kommune vergaberechtswidrig geschlossenen Vertrages auch nicht unmittelbar diesen Vertrag zum Gegenstand, sondern die hierdurch hervorgerufene Vertragsverletzung der Bundesrepublik Deutschland[1031]. Das Verhalten der Kommune wird der Bundesrepublik Deutschland zugerechnet[1032].

Dennoch sind die Kommune und der von ihr geschlossene Vertrag nicht unbedingt vor den Auswirkungen des Vertragsverletzungsverfahrens geschützt. Stellt der Europäische Gerichtshof auf Betreiben der Kommission fest, dass die Bundesrepublik Deutschland eine Vertragsverletzung begangen hat, obliegt es gemäß Art. 228 Abs. 1 EGV[1033] der Bundesrepublik Deutschland die Maßnahmen zu ergreifen, die sich aus dem Urteil des Europäischen Gerichtshofs ergeben. Gemäß Art. 228 Abs. 1 EGV besteht somit die Verpflichtung, aufgrund des selbst keine Verpflichtung aussprechenden und nicht vollstreckbaren Feststellungsurteils[1034] die Vertragsverletzung zu beenden[1035]. Kommt der Mitgliedstaat

1026 *Bitterich*, EWS 2005, 163; *Cremer*, in: Calliess/Ruffert (Hrsg.), EUV/EGV, 3. Aufl. 2007, Art. 226 EGV Rn. 4; *Ehricke*, in: Streinz (Hrsg.), EUV/EGV, 1. Aufl. 2003, Art. 226 EGV Rn. 2.

1027 Nach dem Inkrafttreten des Vertrages von Lissabon entspricht Art. 211 EGV Art. 17 Abs. 1 EUV.

1028 *Ehricke*, in: Streinz (Hrsg.), EUV/EGV, 1. Aufl. 2003, Art. 226 EGV Rn. 1; *Gaitanides*, in: v. d. Groeben/Schwarze (Hrsg.), EUV/EGV, Bd. 4, 6. Aufl. 2004, Art. 226 EGV Rn. 2.

1029 *Cremer*, in: Calliess/Ruffert (Hrsg.), EUV/EGV, 3. Aufl. 2007, Art. 226 EGV Rn. 2; *Gaitanides*, in: v. d. Groeben/Schwarze (Hrsg.), EUV/EGV, Bd. 4, 6. Aufl. 2004, Art. 226 EGV Rn. 2.

1030 *Cremer*, in: Calliess/Ruffert (Hrsg.), EUV/EGV, 3. Aufl. 2007, Art. 226 EGV Rn. 26; *Ehricke*, in: Streinz (Hrsg.), EUV/EGV, 1. Aufl. 2003, Art. 226 EGV Rn. 33; *Schweitzer/Hummer/Obwexer*, Europarecht, 1. Aufl. 2007, Rn. 754.

1031 *Bitterich*, EWS 2005, 163.

1032 *Ehricke*, in: Streinz (Hrsg.), EUV/EGV, 1. Aufl. 2003, Art. 226 EGV Rn. 33.

1033 Nach dem Inkrafttreten des Vertrages von Lissabon entspricht Art. 228 EGV Art. 260 des in Vertrag über die Arbeitsweise der Europäischen Union umbenannten EGV.

1034 *Cremer*, in: Calliess/Ruffert (Hrsg.), EUV/EGV, 3. Aufl. 2007, Art. 228 EGV Rn. 1; *Schweitzer/Hummer/Obwexer*, Europarecht, 1. Aufl. 2007, Rn. 767.

1035 *Gaitanides*, in: v. d. Groeben/Schwarze (Hrsg.), EUV/EGV, Bd. 4, 6. Aufl. 2004, Art. 228 EGV Rn. 1; *Schweitzer/Hummer/Obwexer*, Europarecht, 1. Aufl. 2007, Rn. 767.

dem nicht nach, kann der Europäische Gerichtshof gemäß Art. 228 Abs. 2 EGV auf Antrag der Kommission die Zahlung eines Pauschalbetrags oder Zwangsgeldes verhängen. Art. 228 Abs. 1 EGV könnte daher die Bundesrepublik Deutschland verpflichten, vergaberechtswidrig geschlossene Verträge auch zu beenden, sollte der Vergaberechtsverstoß und mit diesem die Vertragsverletzung ansonsten weiter bestehen.

Hiergegen ist vorgebracht worden, dass das europäische Vergaberecht lediglich Verfahrensrecht sei. Mit seiner Begehung seien alle Wirkungen eines Verstoßes bereits erschöpft. Zudem sei in den Rechtsmittelrichtlinien 89/665/EWG und 92/13/EWG der Grundsatz „pacta sunt servanda" verankert. Denn Art. 2 Abs. 6 der Rechtsmittelrichtlinien[1036] gebe den Mitgliedstaaten die Möglichkeit, die Befugnisse der für die Nachprüfung von Vergabeverfahren zuständigen Stellen auf die Zuerkennung von Schadensersatz zu beschränken[1037]. Dem ist der Europäische Gerichtshof indes nicht gefolgt. Das europäische Vergaberecht enthalte zwar im Wesentlichen Verfahrensvorschriften, diene jedoch der Beseitigung von Hemmnissen für den freien Dienstleistungsverkehr. Ein vergaberechtswidrig geschlossener Vertrag beeinträchtige den freien Dienstleistungsverkehr jedoch während seiner gesamten Dauer. Art. 2 Abs. 6 der Rechtsmittelrichtlinien erlaube den Mitgliedstaaten zwar tatsächlich, die Wirkungen vergaberechtswidrig geschlossener Verträge aufrechtzuerhalten, und schütze so das berechtigte Vertrauen der Vertragspartner. Allerdings führten diese Vorschriften nicht dazu, dass das Verhalten des Auftraggebers als gemeinschaftsrechtskonform anzusehen sei[1038].

Insbesondere aufgrund der nicht eindeutigen Aussage des Europäischen Gerichtshofs zu der Wirkung von Art. 2 Abs. 6 der Rechtsmittelrichtlinien ist vertreten worden, dass eine Verpflichtung, unter Missachtung des Vergaberechts geschlossene Verträge zu beenden, weiter nicht bestehe. Die Rechtsmittelrichtlinien machten nur für die Phase der Auftragsvergabe verbindliche Vorgaben.

1036 Die Richtlinien 89/665/EWG und 92/13/EWG sind durch die Richtlinie 2007/66/EG v. 11.12.2007 zur Änderung der Richtlinien 89/665/EWG und 92/13/EWG des Rates im Hinblick auf die Verbesserung der Wirksamkeit der Nachprüfungsverfahren bezüglich der Vergabe öffentlicher Aufträge, ABl. L 335 v. 20.12.2007, S. 31, geändert worden. Die Regelung des Art. 2 Abs. 6 der Richtlinie 89/665/EWG a.F. enthält daher nun Art. 2 Abs. 7.

1037 So die Verteidigung der Bundesrepublik Deutschland in den Verfahren *„Abwasservertrag Bockhorn und Abfallentsorgung Braunschweig I"* sowie *„Kommission/Deutschland"*, vgl. EuGH, verb. Rs. C-20/01 und C-28/01, Slg. 2003, I-3630, Rn. 21 ff. sowie Rs. C-125/03, NZBau 2004, 563, Rn. 12 ff.

1038 EuGH, verb. Rs. C-20/01 und C-28/01, Slg. 2003, I-3630, Rn. 35 f. und 39 – *„Abwasservertrag Bockhorn und Abfallentsorgung Braunschweig I"*; Rs. C-125/03, NZBau 2004, 563, Rn. 12 und 15 – *„Kommission/Deutschland"*; Rs. C-414/03, NZBau 2005, 410, Rn. 7 – *„Müllentsorgung Landkreis Friesland"*.

Darüber hinaus komme eine Pflicht, vergaberechtswidrig geschlossene Verträge zu beenden nur in Betracht, wenn die Fortführung des Vertrages selbst einen Verstoß darstellen würde, es sich also um einen fort*währenden* Verstoß handele. Dem Europäischen Gerichtshof zufolge handele es sich hingegen lediglich um einen fort*wirkenden* Verstoß[1039]. Eine andere Auffassung stellte demgegenüber darauf ab, dass der Europäische Gerichtshof die Verwirklichung der Dienstleistungs- bzw. Warenverkehrsfreiheit durch das europäische Vergaberecht betont habe. Zudem habe der Europäische Gerichtshof später[1040] auf den Einwand der Bundesrepublik Deutschland hin, es bestehe keine Verpflichtung vergaberechtswidrig geschlossene Verträge auch zu beenden, darauf verwiesen, dass gemäß Art. 228 Abs. 1 EGV der jeweilige Mitgliedstaat die sich aus dem Urteil des Europäischen Gerichtshofs ergebenden Maßnahmen zu ergreifen habe. Hieraus folge eine Verpflichtung, vergaberechtswidrig geschlossene Verträge zu beenden[1041].

In dem Verfahren *„Abwasservertrag Bockhorn und Abfallentsorgung Braunschweig"* hat der Europäische Gerichtshof dann – im Sinne der letztgenannten Auffassung – ausdrücklich entschieden, dass die Bundesrepublik Deutschland dem hier zuvor ergangenen Feststellungsurteil[1042] nicht in ausreichendem Maße nachgekommen sei, da, anders als der Abwasservertrag, der Abfallentsorgungsvertrag nicht beendet worden sei[1043]. Art. 2 Abs. 6 der Rechtsmittelrichtlinien stehe dieser Verpflichtung nicht entgegen, da diese Vorschriften sowohl Art. 226 als auch Art. 228 EGV unberührt ließen. Andernfalls würden diese der Schaffung des Binnenmarkts dienenden Bestimmungen des EG-Vertrages beschränkt. Zudem regele Art. 2 Abs. 6 der Rechtsmittelrichtlinien nicht auch die Beziehungen zwischen den Mitgliedstaaten und der Gemeinschaft. Der nationale Grundsatz „pacta sunt servanda" führe nicht dazu, dass sich ein Mitgliedstaat aus dem Gemeinschaftsrecht folgenden Verpflichtungen entziehen könne[1044].

Vor diesem Hintergrund sind unter Missachtung des Vergaberechts geschlossene Verträge zu beenden, wenn der Vergaberechtsverstoß und mit ihm die Ver-

---

1039 *Heuvels*, NZBau 2005, 33 f.

1040 EuGH, Rs. C-126/03, Slg. 2004, I-11209, Rn. 25 f. – *„Heizkraftwerk München"*; vgl. auch Rs. C-414/03, NZBau 2005, 410, Rn. 10 f. – *„Müllentsorgung Landkreis Friesland"*.

1041 *Bitterich*, EWS 2005, 165 f.; *Frenz*, Handbuch Europarecht, Bd. 3, 1. Aufl. 2007, Rn. 3387 ff., bezogen auf de facto-Vergaben; *Horn*, VergabeR 2006, 669. Im Ergebnis ebenso *Prieß/Gabriel*, NZBau 2006, 220 f.; *Probst/Wurzel*, ELR 2007, 263.

1042 EuGH verb. Rs. C-20/01 und C-28/01, Slg. 2003, I-3630 – *„Abwasservertrag Bockhorn und Abfallentsorgung Braunschweig I"*.

1043 EuGH, Rs. C-503/04, Slg. 2007, I-6183, Rn. 29 f. – *„Abwasservertrag Bockhorn und Abfallentsorgung Braunschweig II"*.

1044 EuGH, Rs. C-503/04, Slg. 2007, I-6183, Rn. 34 ff. – *„Abwasservertrag Bockhorn und Abfallentsorgung Braunschweig II"*.

tragsverletzung ansonsten weiter bestehen. Keine Bedeutung kommt dem Umstand zu, dass die Verträge nach deutschem Recht wirksam sind[1045]. Einschränkungen ergeben sich hier lediglich aus dem Grundsatz der Verhältnismäßigkeit[1046], nicht aber aus einer Geltung der Rechtsprechung des Europäischen Gerichtshofs nur für bestimmte Vergaberechtsverstöße[1047]. Praktisch bedeutet dies, dass die Kommune unverzüglich von ihr zustehenden vertraglichen oder gesetzlichen Kündigungsrechten Gebrauch zu machen hat[1048]. Als letzte Möglichkeit kommt in diesem Zusammenhang in Betracht, dass sich die Kommune auf die in Verträgen zumeist enthaltene Loyalitäts- oder salvatorische Klausel in Verbindung mit § 313 BGB beruft. Denn ist durch den Europäischen Gerichtshof die Vergaberechtswidrigkeit eines Vertrages festgestellt worden, kann der Kommune aufgrund ihrer Bindung an Recht und Gesetz ein Festhalten an diesem Vertrag nicht weiter zugemutet werden[1049]. Es bleibt jedoch festzustellen, dass allenfalls die zuständige Kommunalaufsichtbehörde eine Kommune auch tatsächlich zwingen kann, einen unter Missachtung des Vergaberechts geschlossenen Vertrag zu beenden[1050].

C. Auswirkungen eines Vergaberechtsverstoßes auf kommunale Gebührensatzungen und -bescheide

Ein Vergaberechtsverstoß kann zudem Auswirkungen auf Bereiche haben, die mit dem Vergaberecht auf den ersten Blick keinen Zusammenhang aufweisen und auch nicht in den vergaberechtlichen Schutzbereich einbezogen sind. Hierzu zählt unter anderen der Bereich des Gebührenrechts. Da die Kommunen finanziell auf die Einnahmen aus Gebühren zwingend angewiesen sind, kommt der Frage, inwiefern sich Vergaberechtsverstöße auf die Rechtmäßigkeit kommunaler Gebührensatzungen und -bescheide auswirken, große Bedeutung zu.

1045 *Jaeger*, EWiR 2008, 108; *Knauff*, in: Müller-Wrede (Hrsg.), Kompendium des Vergaberechts, 1. Aufl. 2008, S. 575 f.

1046 *Bitterich*, NJW 2006, 1849; *Shirvani*, ELR 2008, 55.

1047 *Bitterich*, EWS 2005, 164 f.; *ders.*, NJW 2006, 1849 f.

1048 *Bitterich*, EWS 2005, 167.

1049 So LG München I, NZBau 2006, 269; zustimmend *Bitterich*, NJW 2006, 1847 ff.; *Herrmann*, VergabeR 2009, 256; *Jennert/Räuchle*, NZBau 2007, 557; *Prieß/Gabriel*, NZBau 2006, 221; *Shirvani*, ELR 2008, 55 f., der wie *Bitterich* und *Jennert/Räuchle* eine Anwendung des § 314 BGB allerdings für vorzugswürdig hält.

1050 Zu den Einflussnahmemöglichkeiten und der Schadensersatzberechtigung des Bundes und den Einflussnahmemöglichkeiten der Länder ausführlich *Horn*, VergabeR 2006, 670 ff.

Zunächst gilt es festzustellen, dass das Sächsische Kommunalabgabengesetz[1051] bei der Gebührenkalkulation nicht die Einhaltung der Vorschriften des Vergaberechts fordert. Infolgedessen kann ein Vergaberechtsverstoß von vornherein keine unmittelbaren Auswirkungen auf die Rechtmäßigkeit eines Gebührenbescheides haben, sondern allenfalls mittelbare über die Nichtigkeit der zugrundeliegenden Gebührensatzung[1052].

Vor diesem Hintergrund ist der Verknüpfungspunkt des Vergabe- mit dem Gebührenrecht zu klären – die Grundlage, auf der es überhaupt zu einer Nichtigkeit der Gebührensatzung aufgrund eines Vergaberechtsverstoßes kommen kann. Unbestritten ist, dass es einer Kommune nicht verwehrt ist, die von ihr an den beauftragten Privaten zu zahlende Vergütung gebührenrechtlich auf die Bürger umzulegen[1053]. Allerdings hat die Kommune hier – wie generell im Gebührenrecht – das Gebot der sparsamen und wirtschaftlichen Haushaltsführung und somit den Grundsatz der Erforderlichkeit zu beachten[1054]. Dem trägt die Durchführung eines Vergabeverfahrens Rechnung[1055]. Der Verknüpfungspunkt des Vergabe- mit dem Gebührenrecht ist somit der Grundsatz der Erforderlichkeit[1056]. Dennoch war das Oberverwaltungsgericht Koblenz zunächst der Auffassung, dass die unterbliebene Durchführung eines Vergabeverfahrens nicht zu einer rechtmäßigen Gebührenermittlung führen könne und zwingend die (teilweise) Nichtigkeit der Gebührensatzung nach sich ziehe. Das nicht durchgeführte Vergabeverfahren wirke sich unmittelbar auf die Ermittlung der den Gebühren zugrundezulegenden Kosten aus. Darauf, ob die Gebühren letztendlich trotzdem zutreffend ermittelt worden seien, komme es nicht an. Denn dem sei nur nachzugehen, wenn bei der Gebührenermittlung ein Kalkulationsfehler unterlaufen sei. Vorliegend gehe es jedoch um die – Schätzungen und Bewertungen nicht zugängliche – Feststellung der umzulegenden Kosten[1057].

Diese strenge Auffassung ist in der Literatur auf Ablehnung gestoßen[1058] und auch von anderen Oberverwaltungsgerichten nicht aufgegriffen worden. Die (sonstige) Rechtsprechung ging, von dem Grundsatz der Erforderlichkeit kom-

---

1051 V. 26.8.2004, SächsGVBl. 2004, S. 418.

1052 Vgl. hierzu ausführlich *Mager*, Vergaberecht und Gebührenrecht, 2007, S. 122 ff.

1053 Vgl. z.B. § 10 Abs. 1 i.V.m. § 11 Abs. 1, 2 Nr. 3 SächsKAG; BVerwG, NVwZ 1999, 653; *Pencereci*, NordÖR 1998, 220; *Quaas*, NVwZ 2002, 144 f.; *Wiesemann*, NVwZ 2005, 393.

1054 OVG Schleswig, NordÖR 1998, 314 (315); OVG Koblenz, NVwZ-RR 1999, 673 (673); *Quaas*, NVwZ 2002, 145; *Zacharias*, GemHH 2001, 49.

1055 OVG Koblenz, NVwZ-RR 1999, 673 (673).

1056 *Frenz/Kafka*, GewArch 2000, 133; *Pencereci*, NordÖR 1998, 223; *Siegel*, DVBl 2008, 1488; *Zacharias*, GemHH 2001, 49.

1057 OVG Koblenz, NVwZ-RR 1996, 230 (230 f.).

1058 Vgl. nur *Mager*, Vergaberecht und Gebührenrecht, 2007, S. 138 ff. m.w.N.

mend, vielmehr davon aus, dass die unterbliebene Durchführung eines Vergabeverfahrens gerade nicht zwingend die (teilweise) Nichtigkeit der Gebührensatzung nach sich zieht. Nach den Oberverwaltungsgerichten Schleswig und Lüneburg ist entscheidend, ob die Durchführung eines Vergabeverfahrens tatsächlich zu niedrigeren Kosten und Gebühren geführt hätte[1059]. Die Darlegungs- und Beweislast, dass dies nicht der Fall gewesen wäre, obliege hierbei der Kommune[1060]. In diesem Zusammenhang geht das Oberverwaltungsgericht Schleswig allerdings davon aus, dass sich eine Wettbewerbssituation nachträglich nicht konstruieren lässt, so dass sowohl eine nachträgliche Ausschreibung als auch die Einholung eines Sachverständigengutachtens nicht in Betracht kam. Auf die Vorschriften des Preisrechts wollte sich das Oberverwaltungsgericht Schleswig ebenso wenig stützen, da es sich bei den so ermittelten Preisen nur um die zulässigen Höchstpreise handele. Da auch ein verkehrsüblicher Preis nicht feststellbar war, erklärte das Oberverwaltungsgericht Schleswig die Gebührensatzung teilweise für nichtig[1061]. Das Oberverwaltungsgericht Lüneburg sieht den Nachweis hingegen bereits als erbracht an, wenn der mit dem beauftragten Privaten abgeschlossene Vertrag den Vorschriften des Preisrechts entspricht[1062].

Auch das Oberverwaltungsgericht Koblenz hat sich dieser Auffassung inzwischen angeschlossen und geht nicht mehr von einer zwingenden (teilweisen) Nichtigkeit der Gebührensatzung aufgrund eines Vergaberechtsverstoßes aus. Es spricht der Kommune nunmehr einen Ermessensspielraum bei der Beurteilung des Grundsatzes der Erforderlichkeit zu, der seine Grenze erst findet, wenn sich die Kommune „offensichtlich nicht an das Gebot der Wirtschaftlichkeit gehalten hat und dadurch augenfällige Mehrkosten entstanden sind". Die Kosten müssten für die Kommune erkennbar eine grob unangemessene Höhe erreichen[1063]. Um festzustellen, ob dies der Fall ist, befürwortet das Oberverwaltungsgericht Koblenz einen Vergleich mit dem aus den Gebühren anderer Kommunen gebildeten Mittelwert[1064].

Es bleibt somit festzuhalten, dass Vergaberechtsverstöße nach der Rechtsprechung, die in der jüngeren Vergangenheit fortgeführt worden ist[1065], nicht zwin-

1059 OVG Schleswig, NordÖR 1998, 314 (317); OVG Lüneburg NVwZ 1999, 1128 (1129).

1060 OVG Schleswig, NordÖR 1998, 314 (317); OVG Lüneburg NVwZ 1999, 1128 (1129).

1061 OVG Schleswig, NordÖR 1998, 314 (317).

1062 OVG Lüneburg, NVwZ 1999, 1128 (1129).

1063 OVG Koblenz, NVwZ-RR 1999, 673 (674); NVwZ-RR 2005, 850 (851). Ebenfalls einen Ermessensspielraum der Kommune befürwortend *Siegel*, DVBl 2008, 1489.

1064 OVG Koblenz, NVwZ-RR 1999, 673 (674); NVwZ-RR 2005, 850 (852). Ausführlich zu der Rechtsprechung der Oberverwaltungsgerichte *Mager*, Vergaberecht und Gebührenrecht, 2007, S. 164 ff.

1065 Vgl. OVG Schleswig, NordÖR 2008, 236; OVG Münster, NVwZ-RR 2008, 442.

gend gebührenrechtliche Auswirkungen haben. Entscheidend ist, ob es bei fehlerfreier Durchführung eines gebotenen Vergabeverfahrens zu niedrigeren Kosten und Gebühren gekommen wäre. Die den Kommunen diesbezüglich obliegende Darlegungs- und Beweislast kann jedoch – abhängig von den an den Nachweis gestellten Anforderungen – zu einem Verlust des Prozesses und der (teilweisen) Nichtigkeit der Gebührensatzung führen. Dieser Rechtsprechung ist auch zu folgen, trägt sie doch dem Umstand Rechnung, dass Vergaberecht und Gebührenrecht einerseits getrennt zu betrachtende Rechtsgebiete sind, andererseits das Vergaberecht über den Grundsatz der Erforderlichkeit aber das Gebührenrecht – eng umgrenzt – in Hinblick auf die den Gebühren zugrundezulegenden Kosten konkretisiert[1066]. Dementsprechend ist diese Rechtsprechung auch in der Literatur grundsätzlich auf Zustimmung gestoßen[1067].

1066 So auch *Burgi*, NVwZ 2001, 607.

1067 *Frenz/Kafka*, GewArch 2000, 133 f.; *Pencereci*, NordÖR 1998, 223; *Zacharias*, GemHH 2001, 49 ff.; vgl. auch ausführlich *Mager*, Vergaberecht und Gebührenrecht, 2007, S. 176 ff.

Zusammenfassung der Ergebnisse

Der *Begriff der Privatisierung* beschreibt die Übertragung von dem Staat obliegenden Aufgaben auf Rechtssubjekte des privaten Rechts. Er ist somit weitgehend gleichbedeutend mit dem Begriff der Entstaatlichung, jedoch zu trennen von dem Begriff der Deregulierung. Mit der Deregulierung ist zunächst nur die Zulassung Privater neben dem Staat verbunden, nicht aber die Verlagerung von Aufgaben auf Private[1068].

Trotz uneinheitlicher Terminologie und zahlreicher Untergliederungen lassen sich anhand der Reichweite der Privatisierung drei Hauptformen herausarbeiten. Die *Organisationsprivatisierung* ist die schwächste Form der Privatisierung. Sie ist nicht auf eine Beteiligung von Privaten ausgerichtet, sondern führt lediglich zu einem Wechsel der Rechtsform, in der die Kommune eine Aufgabe erfüllt. Die *Aufgabenprivatisierung* ist demgegenüber die stärkste Form der Privatisierung. Die Kommune überträgt hier eine bisher von ihr erfüllte Aufgabe auf einen Privaten. Es kommt somit zu der Verlagerung einer Aufgabe als solcher in den privaten Sektor. Als Unterform der Aufgabenprivatisierung ist die *Vermögensprivatisierung* zu nennen. Im Gegensatz zu der Aufgabenprivatisierung entledigt sich die Kommune hier nicht ihr obliegenden Aufgaben, sondern Vermögensgegenständen. Die *funktionale Privatisierung* ist – ihrer Reichweite nach – zwischen der Organisations- und der Aufgabenprivatisierung einzuordnen. Es kommt zu einer Beteiligung Privater, allerdings nur an der Durchführung einer Aufgabe. Die Kommune privatisiert nicht eine Aufgabe als solche, sondern deren Vollzug. Das Zusammenwirken des staatlichen und des privaten Sektors bei der Erfüllung einer kommunalen Aufgabe ist insbesondere in der Form einer gemischt-wirtschaftlichen Gesellschaft möglich, an der sowohl die Kommune als auch der Private beteiligt sind. Man spricht in diesem Fall von einer institutionellen Public Private Partnership. Eine solche kann auf zwei Wegen zustande kommen: Entweder errichtet die Kommune im Rahmen einer Organisationsprivatisierung zunächst eine Eigengesellschaft und veräußert zu einem späteren Zeitpunkt Anteile derselben an einen Privaten oder der Private ist bereits an der Errichtung der (gemischt-wirtschaftlichen) Gesellschaft beteiligt. Der funktionalen Privatisierung sind zwei Unterformen zuzuordnen, die *Dienstleistungs-*

1068 Zum Ganzen vgl. oben, erster Teil, zweiter Abschnitt, B.

konzession und die *Beleihung*. Bei der Dienstleistungskonzession bedient sich die Kommune ebenfalls eines Privaten, um eine ihr obliegende Aufgabe durchzuführen. Die Besonderheit besteht lediglich darin, dass der Private das wirtschaftliche Risiko seiner Tätigkeit trägt. Er erhält keine Vergütung von der Kommune, sondern finanziert sich aus den – in der Höhe unbestimmten – Einnahmen, die ihm unmittelbar von den Leistungsempfängern oder sonstigen Dritten zufließen. Beliehene sind Privatrechtssubjekte, die mit der hoheitlichen Wahrnehmung von Staatsaufgaben betraut sind. Sie sind infolgedessen nicht wie eine staatliche Behörde tätig, vielmehr sind sie in Bezug auf die von ihnen wahrzunehmenden Aufgaben selbst Behörde im Sinne der §§ 1 Abs. 4, 35 VwVfG[1069].

Der Anwendungsbereich des Vergaberechts ist eröffnet, wenn ein öffentlicher Auftraggeber einen Vertrag über die Erbringung von Leistungen abschließt. Nach der Rechtsprechung des Europäischen Gerichtshofs ist es für die Annahme eines Vertrages bereits ausreichend, wenn es sich um eine Vereinbarung zwischen einem öffentlichen Auftraggeber und einer rechtlich von dieser verschiedenen Person handelt. Von diesem weiten Anwendungsbereich des Vergaberechts bestehen jedoch aus unterschiedlichen Gründen *Ausnahmen*.

So findet das Vergaberecht auf die *Dienstleistungskonzession* bereits aus rechtstechnischen Erwägungen keine Anwendung, da die Dienstleistungskonzession nicht in die europäischen Vergaberichtlinien einbezogen war und ist. Die Herausnahme der Dienstleistungskonzession aus dem Anwendungsbereich des Vergaberechts lässt sich allerdings auch materiellrechtlich begründen. Denn wenn der Konzessionsnehmer das sich aus seiner Tätigkeit ergebende wirtschaftliche Risiko übernimmt, fehlt es an dem für die Anwendung des Vergaberechts notwendigen Merkmal der Entgeltlichkeit[1070].

Demgegenüber ist die *Beleihung* dem Anwendungsbereich des Vergaberechts nur entzogen, soweit die Durchführung der Aufgabe durch den Beliehenen mit der Ausübung öffentlicher Gewalt im Sinne des Art. 45 EGV verbunden ist. Ist dies nicht der Fall, muss zwischen dem Beleihungsakt und dem Akt der Aufgabenübertragung differenziert werden. Auf den Beleihungsakt findet das Vergaberecht mangels der Beschaffung von Leistungen keine Anwendung. Anders verhält es sich mit dem Akt der Aufgabenübertragung. Dieser stellt eine Beschaffung von Leistungen dar und ist somit ausschreibungspflichtig[1071].

Als dritte Ausnahme von dem Anwendungsbereich des Vergaberechts stellt sich das *In-house-Geschäft* dar. Das In-house-Geschäft setzt voraus, dass der öffentliche Auftraggeber und der Auftragnehmer faktisch in einer Person zu-

1069 Zum Ganzen vgl. oben, erster Teil, vierter Abschnitt.
1070 Zum Ganzen vgl. oben, dritter Teil, erster Abschnitt.
1071 Zum Ganzen vgl. oben, dritter Teil, zweiter Abschnitt.

sammenfallen. Somit muss die Kommune auf den Auftragnehmer – die In-house-Gesellschaft – bestimmenden Einfluss nehmen. Dies kann nur der Fall sein, wenn an der In-house-Gesellschaft Private nicht beteiligt sind. Darüber hinaus muss eine bestimmende Einflussnahme auch gesellschaftsrechtlich möglich sein. Diesbezüglich ist zwischen der Gesellschaft mit beschränkter Haftung und der Aktiengesellschaft zu unterscheiden. Während bei Ersterer eine bestimmende Einflussnahme keine Probleme aufwirft, ist bei Letzterer der Abschluss eines Beherrschungsvertrages unabdingbar. Handelt es sich um eine gemischt-öffentliche (In-house-)Gesellschaft, ist eine gemeinsame bestimmende Einflussnahme ausreichend. Um die Herausnahme des In-house-Geschäfts aus dem Anwendungsbereich des Vergaberechts zu rechtfertigen, ist es zudem notwendig, dass die In-house-Gesellschaft im Wesentlichen für den oder die öffentlichen Auftraggeber tätig wird. Dies erfordert eine Einzelfallbetrachtung anhand von Umständen quantitativer und qualitativer Art. Ein bestimmter Umfang kann hier nicht beziffert werden[1072].

In Hinblick auf die *Ausschreibungspflichtigkeit der verschiedenen Privatisierungsformen* ist zu differenzieren. Da sich die *Organisationsprivatisierung* darauf beschränkt, dass es zu einem Wechsel der Rechtsform kommt, in der eine Kommune eine ihr obliegende Aufgabe erfüllt, kommt es hier nicht zu einer Anwendung des Vergaberechts. Denn allein hierdurch nimmt die Kommune nicht den Markt in Anspruch, um für sich eine Leistung zu beschaffen[1073].

Aus diesem Grund sind auch die *Aufgaben- und die Vermögensprivatisierung* grundsätzlich nicht ausschreibungspflichtig. Entledigt sich die Kommune einer Aufgabe oder eines Vermögensgegenstandes liegt darin keine Beschaffung einer Leistung. Zu einer Anwendung des Vergaberechts kommt es hingegen, wenn der Entledigungsvorgang mit der Beschaffung einer Leistung verbunden ist. Als Beispiel sind kommunale Grundstücksveräußerungen zu nennen, bei denen sich die Kommune aus städtebaulichen Gründen ein Mitspracherecht auf die zukünftige Gestaltung des Grundstücks ausbedingt. Ein solcher Vorgang unterliegt dem Vergaberecht, wenn die Kommune die dem Vertragspartner ohnehin gegebenen gesetzlichen Möglichkeiten erweitert, um städtebauliche Ziele zu verwirklichen. Zudem hat die Kommune durch eine dahingehende Verpflichtung des Vertragspartners die Erstellung des Bauwerks sicherzustellen und dafür Sorge zu tragen, dass dieses seinem öffentlichen Zweck entsprechend zur Verfügung gestellt wird. Dergestalt bringt die Kommune zum Ausdruck, dass sie mit der Bebauung

1072 Zum Ganzen vgl. oben, dritter Teil, dritter Abschnitt.
1073 Zum Ganzen vgl. oben, vierter Teil, erster Abschnitt.

des Grundstücks einen eigenen Bedarf zu decken beabsichtigt, der in der Verwirklichung städtebaulicher Ziele liegt[1074].

Die Gründung einer gemischtwirtschaftlichen Gesellschaft im Rahmen einer *funktionalen Privatisierung* ist ausschreibungspflichtig, soweit mit der Gründung die Vergabe eines öffentlichen Auftrags verbunden ist. Kommt es zu dem Verkauf von Anteilen einer kommunalen Eigengesellschaft, die von der Kommune mit einem öffentlichen Auftrag betraut ist, an einen Privaten, ist der Anwendungsbereich des Vergaberechts stets eröffnet. Denn durch den Anteilsverkauf ändert die Eigengesellschaft ihre Identität von einer In-house-Gesellschaft, an welche die Kommune ausschreibungsfrei öffentliche Aufträge vergeben kann, zu einer gemischtwirtschaftlichen Gesellschaft, die vergaberechtlich Privaten gleichgestellt ist[1075].

Ebenfalls ausschreibungspflichtig sein kann die *Zusammenarbeit von Kommunen* aufgrund der Landesgesetze über die kommunale Zusammenarbeit. Nicht in Betracht kommt in diesem Zusammenhang eine generelle Ausschreibungsfreiheit oder generelle Ausschreibungspflichtigkeit. Vielmehr ist nach der Form der interkommunalen Zusammenarbeit zu differenzieren, insbesondere danach, ob es zu einer Delegation oder einer Mandatierung kommt. Zudem ist zu berücksichtigen, ob die Aufgabenerfüllung tatsächlich auf einem Vertrag und nicht einer gesetzlichen Anordnung beruht[1076].

Abschließend ist zu berücksichtigen, dass öffentliche Auftraggeber zumindest primärrechtlichen Ausschreibungspflichten unterliegen können, auch wenn das europäische oder nationale Vergaberecht keine Anwendung findet. Zudem darf nicht verkannt werden, dass unter Verstoß gegen das Vergaberecht zustande gekommene Verträge zu beenden sind und Verstöße gegen das Vergaberecht auch Auswirkungen auf andere Bereiche haben können, wie z.B. das kommunale Gebührenrecht[1077].

1074 Zum Ganzen vgl. oben, vierter Teil, zweiter Abschnitt.

1075 Zum Ganzen vgl. oben, vierter Teil, dritter Abschnitt.

1076 Zum Ganzen vgl. oben, fünfter Teil.

1077 Zum Ganzen vgl. oben, sechster Teil.

Literaturverzeichnis

Althaus, Stefan, Öffentlich-rechtliche Verträge als öffentliche Aufträge gem. § 99 GWB, NZBau 2000, 277.

App, Michael / Wettlaufer, Arno, Verwaltungsvollstreckungsrecht, Lehrbuch, 4. Auflage, Carl Heymanns, Köln, 2005.

Bauer, Stefan, Die Zusammenarbeit zwischen Gemeinden und ihr Verhältnis zum Vergaberecht, ZfBR 2006, 446.

Baumbach, Adolf / Hueck, Alfred (Hrsg.), GmbH-Gesetz, Kommentar, 18. Auflage, C.H. Beck, München, 2006.

Bausback, Winfried, Public Private Partnerships im deutschen Öffentlichen Recht und im Europarecht, DÖV 2006, 901.

Bechtold, Rainer (Hrsg.), GWB – Kartellgesetz, Gesetz gegen Wettbewerbsbeschränkungen, Kommentar, 5. Auflage, C.H. Beck, München, 2008.

Behr, Volker, Zur vergaberechtlichen Relevanz von Privatisierungen, VergabeR 2009, 136.

Bell, Albrecht / Rehak, Heinrich, Vergaberecht und kommunale Privatisierung der Abfallentsorgung, LKV 2001, 185.

Bergmann, Tina, Die Vergabe öffentlicher Aufträge und das In-house-Geschäft, Dissertation, Schriften zum Planungs-, Verkehrs- und Technikrecht, Band 15, Dr. Kovač, Hamburg, 2005;

– / *Vetter, Rainer*, Interkommunale Zusammenarbeit und Vergaberecht, NVwZ 2006, 497.

Bieber, Roland / Epiney, Astrid / Haag, Marcel, Die Europäische Union – Europarecht und Politik, zitiert: Die Europäische Union, Lehrbuch, 7. Auflage, Nomos, Baden-Baden, 2006;

– Die Europäische Union – Europarecht und Politik, zitiert: Die Europäische Union, Lehrbuch, 8. Auflage, Nomos, Baden-Baden, 2009.

Bitterich, Klaus, Kein „Bestandsschutz" für vergaberechtswidrige Verträge gegenüber Aufsichtsmaßnahmen nach Art. 226 EGV – Zugleich Anmerkung zum EuGH-Urteil vom 9.9.2004 – Rs. C-125/03, Kommission/Bundesrepublik Deutschland, EWS 2005, 162;

– Kündigung vergaberechtswidrig zu Stande gekommener Verträge durch öffentliche Auftraggeber, NJW 2006, 1845;

– Rechtsschutz bei Verletzung aus dem EG-Vertrag abgeleiteter „Grundanforderungen“ an die Vergabe öffentlicher Aufträge, NVwZ 2007, 890.

Blankart, Charles B., Modelle der Daseinsvorsorge aus EG-rechtlicher und ökonomischer Sicht, WuW 2002, 340.

Böckel, Markus, Vergaberechtliche Behandlung von Dienstleistungskonzessionen, LKV 2003, 393.

Bohne, Jochen / Heinbuch, Holger, Die Dienstleistungskonzession als Privatisierungsmodell in der kommunalen Abwasserbeseitigung, NVwZ 2006, 489.

Braun, Christian, Besprechung der Mitteilung der Kommission zum Vergaberecht, EuZW 2006, 683;

– Ausschreibungspflichtigkeit des Verkaufs von Gesellschaftsanteilen, VergabeR 2006, 657;

– / *Buchmann, Anne*, Beleihung als Ausstiegsmöglichkeit aus der Ausschreibungsverpflichtung?, NZBau 2007, 691;

– Europarechtlicher Vergaberechtsschutz unterhalb der Schwellenwerte, VergabeR 2007, 17.

Bull, Hans Peter, Die Staatsaufgaben nach dem Grundgesetz, Habilitation, Athenäum, Frankfurt a.M., 1973;

– / *Mehde, Veith*, Allgemeines Verwaltungsrecht mit Verwaltungslehre, Lehrbuch, 8. Auflage, C.F. Müller, Heidelberg, 2009.

Bultmann, Peter Friedrich, Zur Privilegierung gemischt-öffentlicher Eigengesellschaften bei der Vergabe öffentlicher Aufträge, NZBau 2006, 222.

Burgi, Martin, Funktionale Privatisierung und Verwaltungshilfe, Habilitation, Jus publicum – Beiträge zum öffentlichen Recht, Band 37, Mohr Siebeck, Tübingen, 1999;

– Kommunales Privatisierungsfolgenrecht: Vergabe, Regulierung und Finanzierung, NVwZ 2001, 601;

– Der Verwaltungsvertrag im Vergaberecht, NZBau 2002, 57;

– Die Ausschreibungsverwaltung – Dogmatische Herausforderungen des Verwaltens mit Dienstleistungskonzessionen –, DVBl 2003, 949;

– Die Dienstleistungskonzession ersten Grades, Monographie, Schriften zum Wirtschaftsverwaltungs- und Vergaberecht, Band 1, 1. Auflage, Nomos, Baden-Baden, 2004;

– Warum die „kommunale Zusammenarbeit“ kein vergaberechtspflichtiger Beschaffungsvorgang ist, NZBau 2005, 208;

– Die Vergabe von Dienstleistungskonzessionen: Verfahren, Vergabekriterien, Rechtsschutz, NZBau 2005, 610;

– Vergabe- und Wettbewerbsrecht als zusätzliche Maßstäbe für Verwaltungszusammenarbeit, ZG 2006, 189;

– Die Beleihung als kartellvergaberechtlicher Ausnahmetatbestand (am Beispiel des Subventionsmittlers nach § 44 III BHO), NVwZ 2007, 383;
– BauGB-Verträge und Vergaberecht, NVwZ 2008, 929.

Busch, Ralph, Die Ausschreibungspflichtigkeit von Erschließungsverträgen – Die „Teatro alla Bicocca"-Entscheidung des EuGH, VergabeR 2003, 622.

Byok, Jan, Das neue Vergaberecht, NJW 1998, 2774;
– Die Entwicklung des Vergaberechts seit 1999, NJW 2001, 2295.

Calliess, Christian / Ruffert, Matthias (Hrsg.), EUV/EGV – Das Verfassungsrecht der Europäischen Union mit Europäischer Grundrechtecharta, Kommentar, 3. Auflage, C.H. Beck, München, 2007.

Creifelds, Carl (Begr.), Rechtswörterbuch, 19. Auflage, C.H. Beck, München, 2007.

Cronauge, Ulrich (Begr.) / Westermann, Georg, Kommunale Unternehmen – Eigenbetriebe, Kapitalgesellschaften, Zweckverbände, Lehrbuch, 5. Auflage, Erich Schmidt, Berlin, 2006.

Deilmann, Barbara, Abgrenzung der Überwachungsbefugnisse von Gesellschafterversammlung und Aufsichtsrat einer GmbH unter besonderer Berücksichtigung des mitbestimmten Aufsichtsrats, BB 2004, 2253.

Detterbeck, Steffen, Allgemeines Verwaltungsrecht mit Verwaltungsprozessrecht, zitiert: Allgemeines Verwaltungsrecht, Lehrbuch, 7. Auflage, C.H. Beck, München, 2009.

Di Fabio, Udo, Privatisierung und Staatsvorbehalt – Zum dogmatischen Schlüsselbegriff der öffentlichen Aufgabe, JZ 1999, 585.

Doerfert, Carsten, Daseinsvorsorge – eine juristische Entdeckung und ihre heutige Bedeutung, JA 2006, 316.

Dörr, Oliver, Das europäisierte Vergaberecht in Deutschland, JZ 2004, 703.

Donhauser, Christoph, Neue Akzentuierung bei der Vergabe von Standplätzen auf gemeindlichen Volksfesten und Märkten, NVwZ 2010, 931.

Dreier, Horst (Hrsg.), Grundgesetz, Band II (Art. 20 – Art. 82), Kommentar, 2. Auflage, Mohr Siebeck, Tübingen, 2006.

Dreher, Meinrad, Der Anwendungsbereich des Kartellvergaberechts, DB 1998, 2579;
– Public Private Partnerships und Kartellvergaberecht, NZBau 2002, 245;
– Das In-house-Geschäft, NZBau 2004, 14.

Düsterdiek, Bernd, Aufgabenübertragung auf einen Zweckverband und Vergaberecht, NZBau 2006, 618.

Ehlers, Dirk, Verwaltung in Privatrechtsform, Habilitation, Schriften zum Öffentlichen Recht, Band 464, Duncker & Humblot, Berlin, 1984;

– Die Entscheidung der Kommunen für eine öffentlich-rechtliche oder privatrechtliche Organisation ihrer Einrichtungen und Unternehmen, DÖV 1986, 897;
– Die wirtschaftliche Betätigung der öffentlichen Hand in der Bundesrepublik Deutschland, JZ 1990, 1089;
– Interkommunale Zusammenarbeit in Gesellschaftsform, DVBl 1997, 137;
– Die Anstalt öffentlichen Rechts als neue Unternehmensform der kommunalen Wirtschaft, ZHR 167 (2003), 546;
– Privatisierung eines kommunalen Weihnachtsmarktes nicht zulässig – Anmerkung zu BVerwG, Urteil vom 27.5.2009 – 8 C 10.08 –, DVBl 2009, 1456.

Eilmansberger, Thomas, Vergaberechtliche Schranken von Ausgliederungen und Privatisierungen, JBl 2001, 562.

Eisenreich, Klaus / Barth, Karl-Heinz, Vergaberechtspflichtigkeit von Grundstücksverkäufen der öffentlichen Hand, NVwZ 2008, 635.

Emmerich, Volker / Habersack, Mathias, Aktien- und GmbH-Konzernrecht, Kommentar, 5. Auflage, C.H. Beck, München, 2008.

Endler, Jan, Privatisierungen und Vergaberecht, NZBau 2002, 125.

Engellandt, Frank, Die Einflussnahme der Kommunen auf ihre Kapitalgesellschaften über das Anteilseignerorgan, zitiert: Die Einflussnahme der Kommunen auf ihre Kapitalgesellschaften, Dissertation, Schriften zum Wirtschafts-, Arbeits- und Sozialrecht, Band 65, C.F. Müller, Heidelberg, 1995.

Enzian, Sabine, Zur Frage, ob das Vergaberecht auf Dienstleistungskonzessionen anwendbar ist, DVBl 2002, 235.

Erbguth, Wilfried / Stollmann, Frank, Erfüllung öffentlicher Aufgaben durch private Rechtssubjekte? – Zu den Kriterien bei der Wahl der Rechtsform –, DÖV 1993, 798.

Erichsen, Hans-Uwe / Ehlers, Dirk (Hrsg.), Allgemeines Verwaltungsrecht, Lehrbuch, 13. Auflage, De Gruyter Recht, Berlin, 2006.

Eyermann, Erich, Verwaltungsgerichtsordnung, Kommentar, 12. Auflage, C.H. Beck, München, 2006

Faber, Angela, Öffentliche Aufträge an kommunalbeherrschte Unternehmen – in-house-Geschäfte oder Vergabe im Wettbewerb?, DVBl 2001, 248.

Fischer, Martin / Zwetkow, Katrin, Systematisierung der derzeitigen Privatisierungsmöglichkeiten auf dem deutschen Wassermarkt – Trennung von Netz und Betrieb als zusätzliche Option?, NVwZ 2003, 281.

Flömer, Volker / Tomerius, Stephan, Interkommunale Zusammenarbeit unter Vergaberechtsvorbehalt?, NZBau 2004, 660.

Forster, Frank, Privatisierung und Regulierung der Wasserversorgung in Deutschland und den Vereinigten Staaten von Amerika, zitiert: Privatisierung

und Regulierung der Wasserversorgung, Dissertation, Schriften zum internationalen Recht, Band 166, Duncker & Humblot, Berlin, 2007.
Forsthoff, Ernst, Die Verwaltung als Leistungsträger, Monographie, Königsberger rechtswissenschaftliche Forschungen, Band 2, W. Kohlhammer, Stuttgart/
Berlin, 1938;
– Der Staat der Industriegesellschaft – Dargestellt am Beispiel der Bundesrepublik Deutschland, Monographie, 2. Auflage, C.H. Beck, München, 1971.
Freitag, Oliver, Das Beleihungsrechtsverhältnis – Rahmen, Begründung und Inhalt, Dissertation, Schriften zum Wirtschaftsverwaltungs- und Vergaberecht, Band 3, Nomos, Baden-Baden, 2005.
Frenz, Walter / Kafka, Axel, Vergaberechtliche Grenzen bei der Einbeziehung Privater in die Abfallentsorgung, GewArch 2000, 129;
– Ausschreibungspflicht einer Übertragung von Gesellschaftsanteilen?, DÖV 2002, 186;
– Ausschreibungspflicht bei Anteilsveräußerungen und Enkelgesellschaften – In-House-Geschäfte nach den Urteilen Bari und Carbotermo, NJW 2006, 2665;
– Die Ausschreibungspflicht kommunaler Kooperationen auf dem Prüfstand des Europarechts, VergabeR 2006, 831;
– Die Abgrenzung von ausschreibungsfreien In-House-Geschäften am Scheideweg – Vor dem Urteil „Carbotermo", WRP 2006, 874;
– Anteilsveräußerungen und Ausschreibungspflicht nach den Urteilen „Mödling" und „Bari", WRP 2006, 1216;
– Handbuch Europarecht, Band 3 (Beihilfe- und Vergaberecht), Lehrbuch, 1. Auflage, Springer, Berlin, 2007;
– Vergaberecht und institutionalisierte PPP, NZBau 2008, 673.
Gabriel, Marc, Abfallrechtliche Pflichtenübertragungen als Ausnahme von der Ausschreibungspflicht? – Zu Folgen der „Stadt Halle"-Entscheidung des EuGH über unzulässige In-House-Vergaben aus Sicht der Abfallwirtschaft, LKV 2005, 285;
– Die Kommissionsmitteilung zur öffentlichen Auftragsvergabe außerhalb der EG-Richtlinien, NVwZ 2006, 1262;
– Die Vergaberechtsreform 2009 und die Neufassung des vierten Teils des GWB, NZBau 2009, 2011.
Gallwas, Birgitta, Das Recht der Vergabe öffentlicher Aufträge – ein Überblick, GewArch 2000, 401.
Gartz, Benjamin, „Ahlhorn" und (k)ein Ende?, NZBau 2008, 473.

Geiger, Rudolf, EUV/EGV – Vertrag über die Europäische Union und Vertrag zur Gründung der Europäischen Gemeinschaft, Kommentar, 4. Auflage, C.H. Beck, München, 2004.

Geis, Max-Emanuel, Kommunalrecht, Lehrbuch, 1. Auflage, C.H. Beck, München, 2008.

Gern, Alfons, Deutsches Kommunalrecht, Lehrbuch, 3. Auflage, Nomos, Baden-Baden, 2003.

Goette, Wulf / Habersack, Mathias (Hrsg.), Münchener Kommentar zum Aktiengesetz, Band 1 (§ 1 – § 75), Kommentar, 3. Auflage, C.H. Beck / Franz Vahlen, München, 2008.

Görgmaier, Dietmar, Möglichkeiten und Grenzen der Entstaatlichung öffentlicher Aufgaben, DÖV 1977, 356.

Grabbe, Jürgen, Verfassungsrechtliche Grenzen der Privatisierung kommunaler Aufgaben, Dissertation, Schriften zum Öffentlichen Recht, Band 359, Duncker & Humblot, Berlin, 1979.

Grabitz, Eberhard, Europäisches Verwaltungsrecht – Gemeinschaftsrechtliche Grundsätze des Verwaltungsverfahrens, NJW 1989, 1776;

– */ Hilf, Meinhard,* Das Recht der Europäischen Union, Band I und II (EUV/EGV), Kommentar (Loseblattsammlung), C.H. Beck, München.

Graef, Eberhard, Grundsatzfragen des Vergaberechts bei der Übertragung von Aufgaben der Notfallrettung und des Krankentransportes, VergabeR 2004, 166.

Graf Kerssenbrock, Trutz, Ist der Verkauf von Geschäftsanteilen oder Aktienmehrheiten kommunaler Stromversorger einem Vergabeverfahren gemäß §§ 97 ff. GWB zu unterziehen?, WuW 2001, 122.

Graf Vitzthum, Wolfgang, Gemeinderechtliche Grenzen der Privatisierung kommunaler Wirtschaftsunternehmen, AöR Band 104 (1979), S. 580.

Gramm, Christof, Schranken der Personalprivatisierung bei der inneren Sicherheit – Zugleich ein Beitrag zur Rechtsdogmatik des Art. 33 Abs. 4 GG –, VerwArch Band 90 (1999), S. 329.

Greb, Klaus / Rolshoven, Michael, Die „Ahlhorn"-Linie – Grundstückskaufvertrag, Planungs- und Vergaberecht, NZBau 2008, 163.

Gröning, Jochem, Public Private Partnerships bei Dienstleistungskonzessionen – Vergaberechtliche Konsequenzen aus dem „Telaustria"-Urteil des EuGH, NZBau 2001, 123;

– Der Begriff der Dienstleistungskonzession, Rechtsschutz und Rechtsweg – Zugleich Besprechung des Beschlusses des VG Neustadt an der Weinstraße vom 6.9.2001 – Stadtmöblierung –, VergabeR 2002, 24.

Grotelüschen, Henning / Lübben, Natalie, Einheitliche Maßstäbe für die vergaberechtliche Infizierung von Veräußerungsgeschäften der öffentlichen Hand, VergabeR 2008, 169.

Gruneberg, Ralf / Wilden, Anke, Höhere Hürden für In-House-Geschäfte – Verschärfung des Wesentlichkeitskriteriums, VergabeR 2012, 149.

Grüb, Michael, Europäische Niederlassungs- und Dienstleistungsfreiheit für Private mit hoheitlichen Befugnissen, zitiert: Niederlassungs- und Dienstleistungsfreiheit für Private mit hoheitlichen Befugnissen, Dissertation, Schriften zum Europa- und Völkerrecht und zur Rechtsvergleichung, Band 2, Peter Lang, Frankfurt a.M., 1999.

Gusy, Christoph (Hrsg.), Privatisierung von Staatsaufgaben – Kriterien – Grenzen – Folgen, Interdisziplinäre Studien zu Recht und Staat, Band 8, 1. Auflage, Nomos, Baden-Baden, 1998.

Habersack, Mathias, Private public partnership: Gemeinschaftsunternehmen zwischen Privaten und der öffentlichen Hand – Gesellschaftsrechtliche Analyse –, ZGR 1996, 544.

Hachenburg, Max / Ulmer, Peter (Hrsg.), Gesetz betreffend die Gesellschaften mit beschränkter Haftung, Band 3 (§ 53 – § 85), Kommentar, 8. Auflage, Walter de Gruyter, Berlin, 1997.

Hahn, Christine, Vergaberecht als Störfaktor der kommunalen Zusammenarbeit?, Dissertation, Studien zum öffentlichen Wirtschaftsrecht, Band 76, Carl Heymanns, Köln, 2007.

Hardraht, Karsten, In-house-Geschäfte und europäisches Vergaberecht, Dissertation, Schriften zum Europäischen Recht, Band 119, Duncker & Humblot, Berlin, 2006.

Hattig, Oliver / Ruhland, Bettina, Die Rechtsfigur der Dienstleistungskonzession, NZBau 2005, 626;

– Kooperationen der Kommunen mit öffentlichen und privaten Partnern und ihr Verhältnis zum Vergaberecht, VergabeR 2005, 425.

Haug, Thomas, Anmerkung zu OLG Karlsruhe, Beschl. v. 15. Oktober 2008 – 15 Verg 9/08, VergabeR 2009, 171.

Hauser, Werner, Die Wahl der Organisationsform kommunaler Einrichtungen, Schriftenreihe des Freiherr-vom-Stein-Instituts, Band 8, 1. Auflage, Deutscher Gemeindeverlag / W. Kohlhammer, Köln, 1987.

Heidel, Thomas (Hrsg.), Aktienrecht, Kommentar, 2. Auflage, Nomos, Baden-Baden, 2007.

Heiermann, Wolfgang / Zeiss, Christopher / Kullack, Andrea Maria / Blaufuß, Jörg (Hrsg.), Vergaberecht, Kommentar, 2. Auflage, juris, Saarbrücken, 2008.

Herrmann, Alexander, Begrenzung der Aufhebungsbedürftigkeit vergaberechtswidriger Verträge, VergabeR 2009, 249.

Hertel, Karl-August / Recktenwald, Claus, Die Privatisierung der öffentlichen Entsorgung durch eine gemischtwirtschaftliche Gesellschaft des Handelsrechts und das Vergaberecht, NZBau 2001, 538.

Heuvels, Klaus, Fortwirkender Richtlinienverstoß nach De-facto-Vergaben, NZBau 2005, 32.

Hoffmann-Becking, Michael (Hrsg.), Münchener Handbuch des Gesellschaftsrechts, Band 4 (Aktiengesellschaft), Lehrbuch, 3. Auflage, C.H. Beck, München, 2007.

Hoffmann-Riem, Wolfgang, Tendenzen in der Verwaltungsrechtsentwicklung, DÖV 1997, 433.

Hommelhoff, Peter, Unternehmensführung in der mitbestimmten GmbH, ZGR 1978, 119.

Horn, Lutz, Verstoß gegen Ausschreibungspflichten: Festgestellte Gemeinschaftsrechtswidrigkeiten und Rechtsfolgen für die abgeschlossenen Verträge, VergabeR 2006, 667;

– Ausschreibungspflichten bei Grundstücksgeschäften der öffentlichen Hand, VergabeR 2008, 158.

Hüffer, Uwe, Aktiengesetz, Kommentar, 8. Auflage, C.H. Beck, München, 2008.

Hüser, Christian, Ausschreibungspflichten bei der Privatisierung öffentlicher Aufgaben – Eine Analyse des sachlichen Anwendungsbereichs des Kartellvergaberechts, Dissertation, Münsterische Beiträge zur Rechtswissenschaft, Band 157, Duncker & Humblot, Berlin, 2005.

Immenga, Ulrich / Mestmäcker, Ernst-Joachim (Hrsg.), Wettbewerbsrecht, Band 2 (GWB – Kommentar zum Deutschen Kartellrecht), Kommentar, 4. Auflage, C.H. Beck, München, 2007.

Ipsen, Jörg, Allgemeines Verwaltungsrecht, Lehrbuch, 5. Auflage, Carl Heymanns, Köln, 2007.

Isensee, Josef / Kirchhof, Paul (Hrsg.), Handbuch des Staatsrechts, Band II (Verfassungsstaat), Lehrbuch, 3. Auflage, C.F. Müller, Heidelberg, 2004;

– Handbuch des Staatsrechts, Band IV (Aufgaben des Staates), Lehrbuch, 3. Auflage, C.F. Müller, Heidelberg, 2006.

Jaeger, Wolfgang, Public Private Partnership und Vergaberecht, NZBau 2001, 6;

– Anmerkung zu EuGH, Urt. v. 18.7.2007, Az. C-503/04, EWiR 2008, 107.

Jarass, Hans Dieter / Pieroth, Bodo, Grundgesetz, Kommentar, 11. Auflage, C. H. Beck, München, 2011.

Jasper, Ute / Pooth, Stefan, Die Auslegung der In-House-Kriterien – Anmerkung zu den In-House-Kriterien anlässlich des Beschlusses des OLG Naumburg vom 8.1.2003 – 1 Verg 7/02 –, VergabeR 2003, 613;

– / *Arnold, Hans*, Die Ausschreibungspflicht im Fall der „Stadt Mödling", NZBau 2006, 24;

– / *Seidel, Jan*, Neue Dissonanzen beim Verkauf kommunaler Grundstücke, NZBau 2008, 427;
– / *Freifrau v. d. Recke, Barbara*, Ausnahmen von der Vergabepflicht bei Grundstücksveräußerungen der öffentlichen Hand, ZfBR 2008, 561.
Jennert, Carsten, Der Begriff der Dienstleistungskonzession im Gemeinschaftsrecht, NZBau 2005, 131;
– Das Urteil „Parking Brixen“: Übernahme des Betriebsrisikos als rechtssicheres Abgrenzungsmerkmal für die Dienstleistungskonzession?, NZBau 2005, 623;
– In-house-Vergabe nach „Carbotermo“: Bei der kommunalen GmbH möglich, beim Zweckverband nicht?, NZBau 2006, 421;
– / *Räuchle, Robert*, Beendigungspflicht für vergaberechtswidrige Verträge, NZBau 2007, 555.
Kämmerer, Jörn, Privatisierung: Typologie, Determinanten, Rechtspraxis, Folgen, Habilitation, Mohr Siebeck, Tübingen, 2001.
Kapellmann, Klaus / Messerschmidt, Burkhard, VOB Teile A und B, Kommentar, 1. Auflage, C. H. Beck, München, 2003.
Kasper, Andreas, Interkommunale Kooperation und Vergaberecht, VergabeR 2006, 839.
Katz, Alfred, Verantwortlichkeiten und Grenzen bei „Privatisierung“ kommunaler Aufgaben, NVwZ 2010, 405.
Klein, Hans, Zum Begriff der öffentlichen Aufgabe, DÖV 1965, 755.
Klein, Sebastian, Veräußerung öffentlicher Unternehmen und Vergaberecht, Dissertation, Europäische Hochschulschriften, Reihe II Rechtswissenschaft, Band 4158, Peter Lang, Frankfurt a.M., 2005.
Knack, Hans Joachim, Verwaltungsverfahrensgesetz, Kommentar, 8. Auflage, Carl Heymanns, Köln, 2004.
Knauff, Matthias / Streit, Thomas, Die Reform des EU-Vergaberechtsschutzes – Überblick unter Berücksichtigung des Entwurfs des Vergaberechtsmodernisierungsgesetzes, EuZW 2009, 37.
Koch, Thorsten, Der rechtliche Status kommunaler Unternehmen in Privatrechtsform, Dissertation, Kommunalrecht – Kommunalverwaltung, Band 9, Nomos, Baden-Baden, 1994.
Kohout, Sonja Johanna, Kartellvergaberecht und interkommunale Zusammenarbeit, Dissertation, Schriften zum deutschen und europäischen Kommunalrecht, Band 34, Richard Boorberg, Stuttgart, 2008.
Konstas, Jannis, Das vergaberechtliche Inhouse-Geschäft – Die Ausschreibungspflicht für öffentliche Aufträge an verselbständigte Verwaltungseinheiten und Rechtsschutzmöglichkeiten übergangener Wettbewerber, Dissertation,

Forum Rechtswissenschaften, Band 6, Martin Meidenbauer Verlagsbuchhandlung, München, 2004.

Kopp, Ferdinand / Schenke, Wolf-Rüdiger, Verwaltungsgerichtsordnung, Kommentar, 15. Auflage, C.H. Beck, München, 2007;

– / *Ramsauer, Ulrich*, Verwaltungsverfahrensgesetz, Kommentar, 10. Auflage, C.H. Beck, München, 2008.

Köster, Bernd / Häfner, Christof, Ausschreibungspflichtigkeit des Erschließungsvertrags nach § 124 BauGB – das Ende eines bewährten Handlungsinstruments?, NVwZ 2007, 410.

Krajewski, Markus / Wethkamp, Nadine Maria, Die vergaberechtsfreie Übertragung öffentlicher Aufgaben – Zur Anwendbarkeit des Vergaberechts auf Eigengeschäfte und Verwaltungskooperationen –, DVBl 2008, 355.

Krasemann, Detlef, Public Private Partnership – Rechtliche Determinanten der Auswahl und Konkretisierung von Projekten als Public Private Partnership, Dissertation, Studienreihe Wirtschaftliche Forschungsergebnisse, Band 117, Dr. Kovač, Hamburg, 2008.

Krohn, Wolfram, „Aus" für In-house-Vergaben an gemischtwirtschaftliche Unternehmen, NZBau 2005, 92;

– Interkommunale Zusammenarbeit und Vergaberecht, NZBau 2006, 610;

– „Flugplatz Ahlhorn": Ausschreibungspflicht für Grundstücksgeschäfte der öffentlichen Hand? – Zugleich Anmerkung zu OLG Düsseldorf, Beschl. v. 13. Juni 2007 – VII-Verg 2/07, ZfBR 2008, 27;

– „In-house"-Fähigkeit kommunaler Gemeinschaftsunternehmen, NZBau 2009, 222.

Kropff, Bruno / Semler, Johannes (Hrsg.), Münchener Kommentar zum Aktiengesetz, Band 3 (§ 76 – § 117, MitbestG, § 76 BetrVG 1952) und Band 4 (§ 118 – § 147), Kommentar, 2. Auflage, C.H. Beck / Franz Vahlen, München, 2004;

– Münchener Kommentar zum Aktiengesetz, Band 8 (§ 278 – § 328), Kommentar, 2. Auflage, C.H. Beck / Franz Vahlen, München, 2000.

Kugelmann, Dieter, Wirkungen des EU-Rechts auf die Verwaltungsorganisation der Mitgliedstaaten, VerwArch Band 98 (2007), S. 78.

Kulartz, Hans-Peter, Vergaberecht und Verkehr, NZBau 2001, 173;

– / *Kus, Alexander / Portz, Norbert (Hrsg.)*, GWB-Vergaberecht, Kommentar, 1. Auflage, Werner, Neuwied, 2006;

– GWB-Vergaberecht, Kommentar, 2. Auflage, Werner, Neuwied, 2009;

– Ausschreibungspflichten bei Grundstücksveräußerungen, VergabeR 2009, 282.

Kühling, Jürgen, Ausschreibungszwänge bei der Gründung gemischt-wirtschaftlicher Gesellschaften – Das EuGH-Urteil im Fall Mödling und seine Folgen –, ZfBR 2006, 661 .

Kunert, Oliver, Vergaberecht und öffentliches Recht – Zur öffentlichen Auftragsvergabe in sicherheitssensiblen Rechtsbereichen, Dissertation, Studien zum öffentlichen Wirtschaftsrecht, Band 54, Carl Heymanns, Köln, 2003.

Kupczyk, Björn, Vergaberechtliche Aspekte des In-house-Geschäfts, Dissertation, Kölner Schriften zum Europarecht, Band 45, Carl Heymanns, Köln, 2008.

Lämmerzahl, Torsten, Die Beteiligung Privater an der Erledigung öffentlicher Aufgaben – Eine Untersuchung ihrer verfassungs- und verwaltungsrechtlichen Möglichkeiten und Grenzen, Dissertation, Schriften zum Öffentlichen Recht, Band 1080, Duncker & Humblot, Berlin, 2007.

Lange, Christoph, Privatisierung der Rechtsform, Dissertation, Europäische Hochschulschriften, Reihe II Rechtswissenschaft, Band 381, Peter Lang, Frankfurt a.M., 1984.

Langen, Eugen / Bunte, Hermann-Josef (Hrsg.), Deutsches und europäisches Kartellrecht, Band 1 (Deutsches Kartellrecht), Kommentar, 10. Auflage, Luchterhand, München, 2006.

Loer, Elmar, Public Private Partnership und Public Public Partnership – Kooperations- und Konzessionsmodelle sowie interkommunale Zusammenarbeit im Lichte des Vergaberechts, Dissertation, Schriften zum Europäischen und Internationalen Recht, Band 15, V&R unipress / Universitätsverlag Osnabrück, Göttingen, 2007.

Loewenheim, Ulrich / Meessen, Karl / Riesenkampff, Alexander (Hrsg.), Kartellrecht – Europäisches und Deutsches Recht, Kommentar, 2. Auflage, C.H. Beck, München, 2009.

Losch, Alexandra, Anmerkung zu OLG Düsseldorf, Beschl. v. 6. Februar 2008 – VII Verg 37/07, VergabeR 2008, 239.

Lübbecke, Barbara, Das Kommunalunternehmen – Neue Organisationsform im kommunalen Wirtschaftsrecht von Nordrhein-Westfalen, Dissertation, Schriftenreihe des Freiherr-vom-Stein-Institutes, wissenschaftliche Forschungsstelle des Landkreistages Nordrhein-Westfalen an der Universität Münster, Band 49, Kohlhammer / Deutscher Gemeindeverlag, Stuttgart, 2004.

Lutter, Marcus / Hommelhoff, Peter (Hrsg.), GmbH-Gesetz, Kommentar, 17. Auflage, Dr. Otto Schmidt, Köln, 2009.

Lutz, Martin, Vergaberegime außerhalb des Vergaberechts? – Die Mitteilung der Europäischen Kommission zur Vergabe öffentlicher Aufträge, die nicht oder nur teilweise unter die Vergaberichtlinien fallen, WuW 2006, 890.

Machura, Stefan, Von der Problemlösung zur Problemverschiebung: Privatisierung kommunaler Einrichtungen, VR 2001, 79.

Mager, Stefan, Vergaberecht und Gebührenrecht, Dissertation, Schriften zum Wirtschaftsverwaltungs- und Vergaberecht, Band 12, Nomos, Baden-Baden 2007;

– Neue Maßgabe zur Inhouse-Vergabe und zu den Anforderungen vergabefreier Vertragsänderungen, NZBau 2012, 25.

Marx, Fridhelm, Verlängerung bestehender Verträge und Vergaberecht, NZBau 2002, 311.

Masing, Tobias, Die Beteiligung Privater an kommunalen Gesellschaften und das öffentliche Vergaberecht, ZfBR 2002, 450.

Maunz, Theodor / Dürig, Günter, Grundgesetz, Band III (Art. 17 – Art. 27) und Band IV (Art. 28 – Art. 69), Kommentar (Loseblattsammlung), C.H. Beck, München.

Maurer, Hartmut, Staatsrecht I – Grundlagen, Verfassungsorgane, Staatsfunktionen, Lehrbuch, 5. Auflage, C.H. Beck, München, 2007.

Mayen, Thomas, Privatisierung öffentlicher Aufgaben: Rechtliche Grenzen und rechtliche Möglichkeiten, DÖV 2001, 110.

Mecking, Christoph / Schulte, Martin (Hrsg.), Grenzen der Instrumentalisierung von Stiftungen, herausgegeben für den Bundesverband Deutscher Stiftungen, Mohr Siebeck, Tübingen, 2003, hieraus: *Rozek, Jochen*, Entlastung des Staates durch Outsourcing?, S. 57.

Mehde, Veith, Ausübung von Staatsgewalt und Public Private Partnership, VerwArch Band 91 (2000), S. 540.

Mehlitz, Jenny, Der Verkauf von Gesellschaftsanteilen durch öffentliche Auftraggeber unterliegt nicht dem Vergaberecht!, WuW 2001, 569.

Meinen, Jörg, Konzernrecht im kommunalen Bereich, Dissertation, Schriften zur öffentlichen Verwaltung und öffentlichen Wirtschaft, Band 192, Berliner Wissenschafts-Verlag, Berlin, 2006.

Meyer-Hofmann, Bettina / Weng, Nils-Alexander, Es ist soweit! – Der Vorlagebeschluss des OLG Düsseldorf und mögliche Verfahrensgestaltungen beim Verkauf von Grundstücken der öffentlichen Hand, ZfBR 2009, 228.

Meyer, Dieter, Gerichtskostengesetz, Kommentar, 10. Auflage, De Gruyter Recht, Berlin, 2008.

Michaelis, Rüdiger, Der Beliehene – Ein Beitrag zur Verflechtung von öffentlichem und privatem Recht, Dissertation, Münster, 1969.

Müller, Hans-Peter, Verordnung über die Vergabe von Aufträgen im Bereich des Verkehrs, der Trinkwasserversorgung und der Energieversorgung – Sektorenverordnung (SektVO) – Ein Überblick, VergabeR 2010, 302.

Müller, Jürgen, Interkommunale Zusammenarbeit und Vergaberecht, VergabeR 2005, 436.
Müller, Manfred, Anmerkung zu OLG Koblenz, Beschl. v. 20. Dezember 2001 – 1 Verg 4/01, VergabeR 2002, 151.
Müller, Martin / Brauser-Jung, Gerrit, Öffentlich-Private-Partnerschaften und Vergaberecht – Ein Beitrag zu den vergaberechtlichen Rahmenbedingungen, NVwZ 2007, 884.
Müller, Matthias, Interkommunale Zusammenarbeit und Vergaberecht, Dissertation, Medien Verlag Köhler, Tübingen, 2006.
Müller-Wrede, Malte (Hrsg.), Kompendium des Vergaberechts – Systematische Darstellung unter Berücksichtigung des EU-Vergaberechts, Lehrbuch, 1. Auflage, Bundesanzeiger, 2008.
Naendrup, Peter-Hubert, Mitbestimmungsgesetz und Organisationsfreiheit, AuR 1977, 225.
Nettesheim, Martin, Die Dienstleistungskonzession – Privates Unternehmertum in Gemeinwohlverantwortung, EWS 2007, 145.
Neumann, Dieter / Müller, Hermann, Privat- und Benutzerfinanzierung der Bundesfernstraßen, NZBau 2003, 299.
Noch, Rainer, Wettbewerbsrechtliche Aspekte öffentlicher Auftragsvergaben in der Rechtsfindung der Vergabeüberwachungsausschüsse und Gerichte, WuW 1998, 1059.
Opitz, Marc, Kontraktive Privatisierung und Kartellvergaberecht, ZVgR 2000, 97.
Oppermann, Thomas / Classen, Claus Dieter / Nettesheim, Martin, Europarecht, Lehrbuch, 4. Auflage, C.H. Beck, München, 2009.
Orlowski, Matthias Christian, Zulässigkeit und Grenzen der In-house-Vergabe, NZBau 2007, 80.
Ortner, Roderic, Vergabe von Dienstleistungskonzessionen, Dissertation, Kölner Schriften zum Europarecht, Band 44, Carl Heymanns, Köln, 2007.
Ossenbühl, Fritz, Daseinsvorsorge und Verwaltungsprivatrecht, DÖV 1971, 513;
– Die Erfüllung von Verwaltungsaufgaben durch Private, VVDStRL Band 29 (1971), 137;
– Öffentliches Recht und Privatrecht in der Leistungsverwaltung, DVBl 1974, 541.
Osterloh, Lerke, Privatisierung von Verwaltungsaufgaben, VVDStRL Band 54 (1995), S. 204.
Otting, Olaf, Die neue Vergaberechtsordnung, NVwZ 2001, 775;
– Privatisierung und Vergaberecht, VergabeR 2002, 11.
Pache, Eckhard, Der Staat als Kunde – System und Defizite des neuen deutschen Vergaberechts, DVBl 2001, 1781.

Palandt, Otto, Bürgerliches Gesetzbuch, Kommentar, 68. Auflage, C.H. Beck, München, 2009.

Pape, Ulf-Dieter / Holz, Henning, Die Voraussetzungen vergabefreier In-house-Geschäfte, NJW 2005, 2264.

Paschke, Marian, Die kommunalen Unternehmen im Lichte des GmbH-Konzernrechts, ZHR 152 (1988), 263.

Peine, Franz-Joseph, Grenzen der Privatisierung – verwaltungsrechtliche Aspekte, DÖV 1997, 353.

Pencereci, Turgut, Privatisierung öffentlicher Aufgaben und Kommunalabgabenrecht – das Beispiel Abwasserentsorgung, NordÖR 1998, 220.

Pfeifer, Axel, Möglichkeiten und Grenzen der Steuerung kommunaler Aktiengesellschaften durch ihre Gebietskörperschaften, zitiert: Möglichkeiten und Grenzen der Steuerung kommunaler Aktiengesellschaften, Dissertation, Rechtswissenschaftliche Forschung und Entwicklung, Band 306, V. Florentz, München, 1991.

Pieper, Stefan, Keine Flucht ins öffentliche Recht – Die Vergabe öffentlicher Aufträge durch öffentlich-rechtlichen Vertrag –, DVBl 2000, 160.

Pietzcker, Jost, Grundstücksverkäufe, städtebauliche Verträge und Vergaberecht, NZBau 2008, 293.

Portz, Norbert, Zur Frage der Zulässigkeit interkommunaler Aufgabenübertragung in Bezug auf Abfallentsorgungsdienstleistungen im Lichte des Vergaberechts, VergabeR 2006, 96

Prieß, Hans-Joachim / Gabriel, Marc, Beendigung des Dogmas durch Kündigung: Keine Bestandsgarantie für vergaberechtswidrige Verträge, NZBau 2006, 219;

– M&A-Verfahrensrecht – EG-rechtliche Verfahrensvorgaben bei staatlichen Beteiligungsveräußerungen, NZBau 2007, 617;

– / *Eichler, Jochen*, SPNV-Bieter mit In-house-Verträgen: You can't have it both (rail)ways! – Anmerkung zu OLG München, Beschluss vom 21.5.2008 – Verg 5/08 – VergabeR 2008, 845, VergabeR 2008, 751;

– / *Hölzl, Franz Josef*, GWB 2009: Öffentlicher Auftraggeber und Auftrag – keine Überraschungen!, NZBau 2009, 159.

Priester, Hans-Joachim / Mayer, Dieter (Hrsg.), Münchener Handbuch des Gesellschaftsrechts, Band 3 (Gesellschaft mit beschränkter Haftung), Lehrbuch, 3. Auflage, C.H. Beck, München, 2009.

Probst, Peter / Wurzel, Gabriele, Zulässigkeit von In-house-Vergaben und Rechtsfolgen des Abschlusses von vergaberechtswidrigen Verträgen (Asemfo ./. Tragsa, EuGH vom 19. April 2007, C-295/05 und Kommission ./. Deutschland, Schlussanträge GA Trstenjak vom 28. März 2007, C-503/04), ELR 2007, 257.

Püttner, Günter, Die öffentlichen Unternehmen – Verfassungsfragen zur wirtschaftlichen Betätigung der öffentlichen Hand, Habilitation, Gehlen, Bad Homburg v.d.H., 1969;
– Privatisierung, LKV 1994, 193.
Quaas, Michael, Aktuelle Rechtsfragen des Benutzungsgebührenrechts unter besonderer Berücksichtigung der Privatisierung kommunaler Infrastruktureinrichtungen, NVwZ 2002, 144.
Raiser, Thomas, Konzernverflechtungen unter Einschluß öffentlicher Unternehmen, ZGR 1996, 458;
– / *Veil, Rüdiger*, Mitbestimmungsgesetz und Drittelbeteiligungsgesetz, Kommentar, 5. Auflage, De Gruyter Recht, Berlin, 2009.
Rautenberg, Thomas, Ausschreibungspflicht von Leistungen in städtebaulichen Verträgen, ZfBR 2002, 238.
Recker, Engelbert, Europäisches Vergaberecht und interkommunale Zusammenarbeit, ZKF 2005, 241.
Reich, Norbert / Lewerenz, Karl-Jochen, Das Mitbestimmungsgesetz, AuR 1976, 261.
Reidt, Olaf / Stickler, Thomas / Glahs, Heike, Vergaberecht, Kommentar, 2. Auflage, Dr. Otto Schmidt, Köln, 2003;
– Grundstücksveräußerungen und städtebauliche Verträge außerhalb des Kartellvergaberechts – Welche Spielräume verbleiben noch für Kommunen?, VergabeR 2008, 11.
Rinken, Alfred, Alternativen zur Privatisierung – Das selbständige Kommunalunternehmen als Organisationsform der kommunalen Daseinsvorsorge am Beispiel der kommunalen Krankenhäuser, Monographie, Schriften der Hans-Böckler-Stiftung, Band 73, 1. Auflage, Nomos, Baden-Baden, 2008.
Röbke, Marc, Anmerkung zur Entscheidung des Bundesgerichtshofes vom 01.12.2008, X ZB 31/08, NZBau 2009, 205.
Ronellenfitsch, Michael, Schranken einer Privatisierung der staatlichen Unfalluntersuchung im Bereich der Eisenbahn, NVwZ 1998, 1021.
– Staat und Markt: Rechtliche Grenzen einer Privatisierung kommunaler Aufgaben, DÖV 1999, 705.
Rosenkötter, Annette / Fritz, Aline, Investorenauswahlverfahren im Fokus des Vergaberechts, NZBau 2007, 559.
Roth, Günter H. / Altmeppen, Holger, GmbHG, Kommentar, 6. Auflage, C.H. Beck, München, 2009.
Rüfner, Wolfgang, Formen öffentlicher Verwaltung im Bereich der Wirtschaft – Untersuchungen zum Problem der leistenden Verwaltung, Habilitation, Schriften zum Öffentlichen Recht, Band 44, Duncker & Humblot, Berlin, 1967.

Ruhland, Bettina, Die Dienstleistungskonzession: Begriff, Standort und Rechtsrahmen der Vergabe, Dissertation, Schriften zum Wirtschafts- und Vergaberecht, Band 9, Nomos, Baden-Baden 2006.

Sachs, Michael (Hrsg.), Grundgesetz, Kommentar, 5. Auflage, C.H. Beck, München, 2009.

Säcker, Franz Jürgen, Die Anpassung des Gesellschaftsvertrages der GmbH an das Mitbestimmungsgesetz, DB 1977, 1845;

– / Rixecker, Roland (Hrsg.), Münchener Kommentar zum Bürgerlichen Gesetzbuch, Band 1 (§ 1 – § 240), Kommentar, 5. Auflage, C.H. Beck, München, 2006;

– / Wolf, Maik, Die Auswirkungen der Rechtsprechung des EuGH zu In-House-Geschäften auf Public-Private-Partnerships, WRP 2007, 282.

Schäfer, Ralf, Mitbestimmung in kommunalen Eigengesellschaften, Dissertation, Schriften zum öffentlichen Recht, Band 538, Duncker & Humblot, Berlin, 1988.

Schäffer, Heinz, Neue Technologien in der öffentlichen Verwaltung Österreichs, DÖV 1988, 149.

Scheike, Alexander, Rechtliche Voraussetzungen für die materielle Privatisierung kommunaler Sparkassen – Eine Untersuchung unter besonderer Berücksichtigung der Rechtsform der eingetragenen Genossenschaft, zitiert: Materielle Privatisierung kommunaler Sparkassen, Dissertation, Europäische Hochschulschriften, Reihe II Rechtswissenschaft, Band 3903, Peter Lang, Frankfurt a.M., 2004.

Schiessl, Maximilian, Abhängigkeit bei Beteiligung der öffentlichen Hand – Besprechung des Beschlusses BGHZ 135, 107 – VW/Niedersachsen –, ZGR 1998, 871.

Schimanek, Peter, Die Ausschreibungspflicht von Privatisierungen, NZBau 2005, 304.

Schink, Alexander, Kommunale Daseinsvorsorge in Europa, DVBl 2005, 861.

Schmidt-Aßmann, Eberhard / Dolde, Klaus-Peter (Hrsg.), Beiträge zum öffentlichen Wirtschaftsrecht: Verfassungsrechtliche Grundlagen, Liberalisierung und Regulierung, öffentliche Unternehmen, zitiert: Beiträge zum öffentlichen Wirtschaftsrecht, Abhandlungen aus dem gesamten Bürgerlichen Recht, Handelsrecht und Wirtschaftsrecht; Beihefte der Zeitschrift für das gesamte Handelsrecht und Wirtschaftsrecht (ZHR), Heft 73, Recht und Wirtschaft, Frankfurt a.M., 2005, hieraus: *Ehlers, Dirk*, Die Anstalt öffentlichen Rechts als neue Unternehmensform der kommunalen Wirtschaft, 203.

Schmidt, Karsten, Gesellschaftsrecht, Lehrbuch, 4. Auflage, Carl Heymanns, Köln, 2002;

– / *Lutter, Marcus (Hrsg.)* , Aktiengesetz, Band I (§ 1 – § 149) und Band II (§ 150 – § 410), Kommentar, 1. Auflage, Dr. Otto Schmidt, Köln, 2008.
Schmidt-Bleibtreu, Bruno / Hofmann, Hans / Hopfauf, Axel (Hrsg.), Grundgesetz, Kommentar, 11. Auflage, Carl Heymanns, Köln, 2008;
– Grundgesetz, Kommentar, 12. Auflage, Carl Heymanns, Köln, 2011.
Schmidt, Reiner, Der Übergang öffentlicher Aufgabenerfüllung in private Rechtsformen, ZGR 1996, 345.
Schnieders, Ralf, Die kleine Vergabe, DVBl 2007, 287.
Schoch, Friedrich, Der Beitrag des kommunalen Wirtschaftsrechts zur Privatisierung öffentlicher Aufgaben, DÖV 1993, 377;
– Privatisierung von Verwaltungsaufgaben, DVBl 1994, 962;
– Das gemeindliche Selbstverwaltungsrecht als Privatisierungsverbot?, DVBl 2009, 1534.
Scholz, Rupert, Verkehrsüberwachung durch Private?, NJW 1997, 14.
Scholz, Franz, GmbHG, Band II (§ 35 – § 52), Kommentar, 10. Auflage, Dr. Otto Schmidt, Köln, 2007.
Schröder, Holger, Vergaberechtliche Probleme bei der Public-Private-Partnership in Form der gemischtwirtschaftlichen Unternehmung, NJW 2002, 1831;
– Die vergaberechtliche Problematik der interkommunalen Zusammenarbeit am Beispiel der Bildung von Zweckverbänden, NVwZ 2005, 25;
– In-house-Vergabe zwischen Beteiligungsunternehmen der öffentlichen Hand?, NZBau 2005, 127.
Schröder, Rainer, Outsourcing und Sponsoring der Verwaltung: Rechtsfragen einer Einbeziehung Privater in die Aufgabenerfüllung der öffentlichen Hand, LKV 2007, 207.
Schubert, Jörg, Privatisierungen und öffentliches Vergaberecht, WuW 2001, 254.
Schulte, Martin, Ausnahmen vom neuen Vergaberecht durch öffentlich-rechtliche Verträge? – Eine Darstellung am Beispiel des Rettungswesens, NZBau 2000, 272.
Schultz, Christian, Ausschreibungspflicht für kommunale Grundstücksverträge – Neue Rechtsprechung zum Dauerbrenner kommunaler Grundstücksverkäufe, NZBau 2009, 18.
Schuppert, Gunnar Folke, Die Erfüllung öffentlicher Aufgaben durch verselbständigte Verwaltungseinheiten, zitiert: Die Erfüllung öffentlicher Aufgaben, Habilitation, Göttinger rechtswissenschaftliche Studien, Band 109, Otto Schwartz & Co., Göttingen, 1981;
– Staatsaufsicht im Wandel, DÖV 1998, 831.

Schwarze, Jürgen (Hrsg.), EU-Kommentar, Kommentar, 2. Auflage, Nomos, Baden-Baden, 2009.

Schweitzer, Michael / Hummer, Waldemar / Obwexer, Walter, Europarecht – Das Recht der Europäischen Union, Lehrbuch, 1. Auflage, Manzsche Verlags- und Universitätsbuchhandlung, Wien, 2007.

Shirvani, Fardad, Kein Bestandsschutz für Verträge nach einer unzulässigen Direktvergabe (de-facto-Vergabe) (Kommission ./. Deutschland, EuGH vom 18.7.2007, C-503/04), ELR 2008, 51.

Siegel, Thorsten, Zum Expansionsdrang des Vergaberechts – Erobert das Vergaberecht jetzt auch das Kommunalabgabenrecht? –, DVBl 2008, 1486;

– Wie rechtssicher sind In-House-Geschäfte? – Aktuelle Entwicklungstendenzen in der Rechtsprechung des EuGH, NVwZ 2008, 7;

– Auslegungsmitteilungen der Europäischen Kommission als tertiäres Unionsrecht – Zugleich eine Anmerkung zur Auslegungsmitteilung zu institutionalisierten Öffentlich-Privaten Partnerschaften (IÖPP), NVwZ 2008, 620.

Sodan, Helge / Ziekow, Jan, Verwaltungsgerichtsordnung, Kommentar, 2. Auflage, Nomos, Baden-Baden, 2006.

Spannowsky, Willy, Die Verantwortung der öffentlichen Hand für die Erfüllung öffentlicher Aufgaben und die Reichweite ihrer Einwirkungspflicht auf Beteiligungsunternehmen, DVBl 1992, 1072;

– Der Einfluss öffentlich-rechtlicher Zielsetzungen auf das Statut privatrechtlicher Eigengesellschaften in öffentlicher Hand – Öffentlich-rechtliche Vorgaben, insbesondere zur Ingerenzpflicht –, ZGR 1996, 400.

Sponer, Wolf-Uwe / Jacob, André / Menke, Ulrich, Landkreisordnung für den Freistaat Sachsen, Sächsisches Gesetz über kommunale Zusammenarbeit, zitiert: Landkreisordnung für den Freistaat Sachsen, Kommentar, 3. Auflage, Richard Boorberg, Stuttgart, 2004.

Steiff, Jakob, Interkommunale Auftragsvergabe unterliegt dem Kartellvergaberecht, NZBau 2005, 205.

Stein, Ekkehart / Frank, Götz, Staatsrecht, Lehrbuch, 20. Auflage, Mohr Siebeck, Tübingen, 2007.

Steinberg, Philipp, Die Auftragsvergabe durch den öffentlichen Auftraggeber als Mehrheitsaktionär des Auftragnehmers, EuZW 2006, 378.

Steiner, Udo, Straßenbau durch Private, NJW 1994, 3150.

Stelkens, Ulrich, Die Stellung des Beliehenen innerhalb der Verwaltungsorganisation – dargestellt am Beispiel der Beleihung nach § 44 III BHO/LHO, NVwZ 2004, 304.

Stober, Rolf, Die privatrechtlich organisierte öffentliche Verwaltung – Zur Problematik privatrechtlicher Gesellschaften und Beteiligungen der öffentlichen Hand, NJW 1984, 449;

– Deregulierung im Wirtschaftsverwaltungsrecht – Die Wirtschaftsverwaltung zwischen Staats- und Privatfunktionen, DÖV 1995, 125.

Storr, Stefan, Public-Public-Partnerships, LKV 2005, 521;

– Das neue Kommunalunternehmen in Schleswig-Holstein, NordÖR 2005, 94.

Streinz, Rudolf (Hrsg.), EUV/EGV – Vertrag über die Europäische Union und Vertrag zur Gründung der Europäischen Gemeinschaft, Kommentar, 1. Auflage, C.H. Beck, München, 2003;

– Europarecht, Lehrbuch, 8. Auflage, C.F. Müller, Heidelberg, 2008.

Teichmann, Arndt, Die Gesetzesumgehung, Dissertation, Göttinger rechtswissenschaftliche Studien, Band 46, Otto Schwartz & Co., Göttingen, 1962.

Tettinger, Peter J., Public Private Partnership, Möglichkeiten und Grenzen – ein Sachstandsbericht, NWVBl. 2005, 1.

Tiemann, Konstantin, Privatisierung öffentlicher Unternehmen in Deutschland und Frankreich – Ein verfassungs- und wettbewerbliches Problem, dargestellt am Beispiel des Bankensektors, Dissertation, Europäische Hochschulschriften, Reihe II Rechtswissenschaft, Band 4864, Peter Lang, Frankfurt a.M., 2009.

Tittel, Frank / Weinrich, Stephan, Das Kontrollkriterium des EuGH zur In-House-Vergabe nach „Carbotermo“, IR 2007, 29.

Tomerius, Stephan, Kommunale Abfallwirtschaft und Vergaberecht, NVwZ 2000, 727.

Ullrich, Hanns, Dienstleistungskonzessionen und europäisches Vergaberecht, ZVgR 2000, 85.

Ulmer, Peter / Habersack, Mathias / Winter, Martin (Hrsg.), GmbHG, Band II (§ 29 – § 52), Kommentar, 1. Auflage, Mohr Siebeck, Tübingen, 2006;

– / *Habersack, Mathias / Henssler, Martin*, Mitbestimmungsrecht, Kommentar, 2. Auflage, C.H. Beck, München, 2006.

Unruh, Peter, Kritik des privatrechtlichen Verwaltungshandelns, DÖV 1997, 653.

Vetter, Andrea / Bergmann, Tina, Investorenwettbewerbe und Vergaberecht – Eine kritische Auseinandersetzung mit der Ahlhorn-Entscheidung des OLG Düsseldorf, NVwZ 2008, 133.

Vogelgesang, Klaus / Lübking, Uwe / Ulbrich, Ina-Maria, Kommunale Selbstverwaltung – Rechtsgrundlagen – Organisation – Aufgaben – Neue Steuerungsmodelle, Lehrbuch, 3. Auflage, Erich Schmidt, Berlin, 2005.

Vollmer, Lothar, Die mitbestimmte GmbH – Gesetzliches Normalstatut, mitbestimmungsrechtliche Satzungsgestaltungen und gesellschaftsrechtlicher Minderheitenschutz –, ZGR 1979, 135.

Völmicke, Christine, Privatisierung öffentlicher Leistungen in Deutschland – Potential, Umsetzung, Auswirkungen, Dissertation, Europäische Hochschulschriften, Reihe V Volks- und Betriebswirtschaft, Band 1880, Peter Lang, Frankfurt a.M., 1996.

v. d. Groeben, Hans / Schwarze, Jürgen (Hrsg.), Vertrag über die Europäische Union und zur Gründung der Europäischen Gemeinschaft, Band 1 (Art. 1 – Art. 53 EUV, Art. 1 – Art. 80 EGV), Kommentar, 6. Auflage, Nomos, Baden-Baden, 2003;

– Vertrag über die Europäische Union und zur Gründung der Europäischen Gemeinschaft, Band 4 (Art. 189 – Art. 314 EGV), Kommentar, 6. Auflage, Nomos, Baden-Baden, 2004.

v. Hagemeister, Adrian, Die Privatisierung öffentlicher Aufgaben, Dissertation, Rechtswissenschaftliche Forschung und Entwicklung, Band 315, V. Florenz, München, 1992.

v. Heimburg, Sibylle, Verwaltungsaufgaben und Private – Funktionen und Typen der Beteiligung Privater an öffentlichen Aufgaben unter besonderer Berücksichtigung des Baurechts, Monographie, Schriften zum Öffentlichen Recht, Band 417, 1. Auflage, Duncker & Humblot, Berlin, 1982.

v. Mangoldt, Hermann / Klein, Friedrich / Starck, Christian (Hrsg.), Grundgesetz, Band 2 (Art. 20 – Art. 82), Kommentar, 5. Auflage, Franz Vahlen, München, 2005;

– Grundgesetz, Band 2 (Art. 20 – Art. 82), Kommentar, 6. Auflage, Franz Vahlen, München, 2010.

v. Mutius, Albert, Kommunalrecht, Lehrbuch, 1. Auflage, C.H. Beck, München, 1996.

v. Unruh, Georg-Christoph, Vorsorge für das Dasein, DÖV 2005, 779.

Waechter, Kay, Die Organisation der Verkehrsüberwachung – Auch zur Auslegung des Art. 33 IV GG, NZV 1997, 329.

Wais, Edgar, Ist die „Privatisierung" eine sinnvolle Lösung für öffentliche Unternehmen? Untersuchung über die vier Stufen der Privatisierung, DÖV 1977, 268.

Weiß, Wolfgang, Privatisierung und Staatsaufgaben, Habilitation, Jus Publicum – Beiträge zum öffentlichen Recht, Band 88, Mohr Siebeck, Tübingen, 2002;

– Beteiligung Privater an der Wahrnehmung öffentlicher Aufgaben und staatliche Verantwortung, DVBl 2002, 1167;

– Europarecht und Privatisierung, AöR Band 128 (2003), S. 91.

Werner, Michael Jürgen / Köster, Thomas, Die Auslegung des Tatbestandsmerkmals „entgeltlich" i.S. von § 99 I GWB, NZBau 2003, 420.

Wiesemann, Hermann, Auswirkungen von Privatisierungen auf kommunale Benutzungsgebühren, NVwZ 2005, 391.

Wilke, Reinhard, Vergaberechtliche Aspekte städtebaulicher Verträge, ZfBR 2004, 141;

– Zweckverbände und Vergaberecht, ZfBR 2007, 23;
– Ausschreibungspflichten bei städtebaulichen Investorenwettbewerben?, NordÖR 2008, 104.

Willenbruch, Klaus / Bischoff, Kristina (Hrsg.), Kompaktkommentar Vergaberecht, Kommentar, 1. Auflage, Werner, Köln, 2008.

Winkler, Markus, Anmerkung zu BVerwG, Urteil v. 27.5.2009 – 8 C 10.08, JZ 2009, 1169.

Wittek, A. Nicolas, Das In-House Geschäft im EG-Vergaberecht, Dissertation, Europäische Hochschulschriften, Reihe II Rechtswissenschaft, Band 4032, Peter Lang, Frankfurt a.M., 2004.

Wolff, Hans J. / Bachof, Otto / Stober, Rolf, Verwaltungsrecht, Band 3, Lehrbuch, 5. Auflage, C.H. Beck, München, 2004.

Wollenschläger, Ferdinand, Das EU-Vergaberegime für Aufträge unterhalb der Schwellenwerte, NVwZ 2007, 388.

Zacharias, Diana, Privatisierung der Abwasserbeseitigung, DÖV 2001, 454;
– Zu den gebührenrechtlichen Folgen einer Verletzung von Ausschreibungspflichten, GemHH 2001, 49.

Zeiss, Christopher, Beleihung: Ende einer lieb gewonnenen Ausnahme von der Ausschreibungspflicht?, DVBl 2003, 435.

Ziekow, Jan / Siegel, Thorsten, Die Vergaberechtspflichtigkeit von Partnerschaften der öffentlichen Hand – Neue Entwicklungstendenzen im Bereich der In-House-Geschäfte und der In-State-Geschäfte –, VergabeR 2005, 145;
– Public Public Partnerships und Vergaberecht: Vergaberechtliche Sonderbehandlung der „In-State-Geschäfte“?, VerwArch Band 96 (2005), S. 119;
– In-House-Geschäfte – werden die Spielräume enger?, VergabeR 2006, 608;
– Städtebauliche Verträge zwischen Bauauftrag und Baukonzession, DVBl 2008, 137;
– Die vergaberechtliche Bewertung von Grundstücksveräußerungen durch die öffentliche Hand – Vom Flughafen auf den Kirmesplatz? –, VergabeR 2008, 151.

Zippelius, Reinhold / Würtenberger, Thomas, Deutsches Staatsrecht, Lehrbuch, 32. Auflage, C.H. Beck, München, 2008.

Zirbes, Heinz-Peter, Anmerkung zu OLG Naumburg, Beschl. v. 4. Dezember 2001 – 1 Verg 10/01, VergabeR 2002, 311.

Zöllner, Wolfgang, GmbH und GmbH & Co KG in der Mitbestimmung, ZGR 1977, 319;
– / *Noack, Ulrich (Hrsg.)*, Kölner Kommentar zum Aktiengesetz, Band 6 (§ 15 – § 22 sowie § 291 – § 328), Kommentar, 3. Auflage, Carl Heymanns, Köln, 2004.

Dresdner Schriften zum Öffentlichen Recht

Herausgegeben von Jochen Rozek

Band 1 Matthias Röhl: Die Regulierung der Zusammenschaltung. Voraussetzungen und Rechtsfolgen der Zusammenschaltungsanordnung nach §§ 35, 36, 37 Telekommunikationsgesetz durch die Regulierungsbehörde für Telekommunikation und Post. 2002.

Band 2 Georg Mester: Die Volksinitiative in Sachsen. Ein Beitrag zur verfassungsgeschichtlichen und verfassungsrechtlichen Entwicklung des legislativen Einleitungsverfahrens seit der Verfassung von 1831. 2003.

Band 3 Ansgar Hense (Hrsg.): Denkmalrecht unter Denkmalschutz? Aktuelle rechtspolitische, verfassungs- und verwaltungsrechtliche Probleme von Denkmalschutz und Denkmalpflege. 2003.

Band 4 Jördis Bürger: Carl Friedrich Wilhelm von Gerber als sächsischer Kultusminister. Eine rechts- und verfassungsgeschichtliche Untersuchung zu seinem rechtlichen und politischen Wirken im Spannungsfeld von Staat und Kirche im ausgehenden 19. Jahrhundert. 2007.

Band 5 Diana Zschoch: Die präventiv-polizeiliche Rasterfahndung. Im Spannungsverhältnis zwischen der Staatsaufgabe Sicherheit und dem informationellen Selbstbestimmungsrecht der betroffenen Nichtverantwortlichen. 2007.

Band 6 Christian Zentner: Die Bedeutung der Beihilfevorschriften des EG-Vertrages für die Vermögensprivatisierung. Unter besonderer Berücksichtigung der Privatisierung von Unternehmen. 2008.

Band 7 Kerstin Heinig: Das Selbstauflösungsrecht des Sächsischen Landtages. Eine verfassungsrechtliche, verfassungshistorische und verfassungsvergleichende Untersuchung mit rechtspolitischen Folgerungen für den Sächsischen Landtag und den Deutschen Bundestag. 2008.

Band 8 Daniel Kresser: Die Bedeutung der Form für Begriff und Rechtsfolgen des Verwaltungsakts. 2009.

Band 9 Falk Seckel: Zur Geschichte des Gewässerschutzrechts in Sachsen. 2010.

Band 10 Andreas Stricker: Die Bedeutung der Europäischen Menschenrechtskonvention und der gemeinsamen Verfassungsüberlieferungen für den Grundrechtsschutz der Europäischen Union. 2010.

Band 11 Raphael Leukart: Das Bürgerbegehren und der Bürgerentscheid in der Sächsischen Gemeindeordnung (§§ 24, 25 SächsGemO). 2012.

Band 12 Barbara Helmert: Vorläufigkeit und Vorfinanzierung bei kommunalabgabenrechtlichen Vorzugslasten. 2012.

Band 13 Reinald Cornelius Günther: Die Privatisierung kommunaler Einrichtungen und die interkommunale Zusammenarbeit unter dem Blickwinkel des Vergaberechts. 2013.

www.peterlang.de

www.ingramcontent.com/pod-product-compliance
Ingram Content Group UK Ltd.
Pitfield, Milton Keynes, MK11 3LW, UK
UKHW021836290926
8980IPUK00004B/492

9 783631 633519